Für
Hans-Georg Soeffner
mit Dank
für lehrreiche Anregungen, Beistand
und Jahre ungetrübter Freundschaft

Klaus E. Müller

Magie

Die verborgenen Grundmuster unseres Denkens und Handelns

Reimer

Bibliografische Information der Deutschen Nationalbibliothek

Die Deutsche Nationalbibliothek verzeichnet diese Publikation in der Deutschen Nationalbibliografie; detaillierte bibliografische Daten sind im Internet über http://dnb.d-nb.de abrufbar.
Umschlaggestaltung: Alexander Burgold · Berlin
Layout: Reimer Verlag · Berlin

Papier: 115 g/m² Profimatt
Schrift: Adobe Garamond Pro, Brandon Grotesque

Druck: Hubert & Co, Göttingen

www.reimer-verlag.de

Printed in Germany
Gedruckt auf alterungsbeständigem Papier

ISBN 978-3-496-01658-8 (Druckfassung)
ISBN 978-3-496-03049-2 (PDF)

Inhalt

Vorwort

Die Ethnologie führt seit gut einem halben Jahrhundert an Universitäten und bei transdisziplinären Forschungsprojekten nur mehr ein Nischendasein. Im Grunde hat sie sich – und so sehen es auch die meisten Fachvertreter – mit der weitgehenden Vernichtung der indigenen Völker und ihrer Kulturen erübrigt. Ein Restinteresse, mit dem ihr Fortbestand gemeinhin gerechtfertigt wird, finden lediglich noch Fragen, die damit zu tun haben, wie sich die letzten Überlebenden mit den Herausforderungen der modernen Welt auseinandersetzen, Fragen also der Anpassungs- und der Integrationsproblematik, auf welchen Feldern auch immer. Allerdings sind die Ethnologen hier nicht mehr unter sich, sondern auf Kooperation und Abstimmung mit Vertretern benachbarter Wissenschaften angewiesen, die in diesem Fall, in dem es sich um Grenz- beziehungsweise Übergangsregionen handelt, gleichermaßen Zuständigkeits- und Kompetenzansprüche geltend machen können, seien es Soziologen, Psychologen, Pädagogen, Ökonomen oder Historiker.

Doch trifft diese entmutigende Bilanz nur mit erheblichen Einschränkungen zu. Die herkömmliche Geschichtsschreibung widmete sich *per definitionem* allein den schriftführenden, das heißt den «Hochkulturen», und zwar speziell der westlichen Mittelmeerländer und Europas. Die nach Maßgabe dieser dezidiert eurozentrischen Sichtweise räumlich und zeitlich «peripheren» Bereiche der vielfältigen prä- und paramodernen, «abgelegenen» ländlichen Kulturen zu erforschen, setzte sich dagegen seit gut 2000 Jahren die Ethnologie zum Ziel. Ihre Ergebnisse, seit der Antike niedergelegt in zahllosen ethnographischen Berichten und Monographien, schließen mithin nicht nur weitreichende Lücken im Geschichtsbild der gängigen Historiographie und tragen so wesentlich zu ihrer Ergänzung bei, sie erweitern auch den Gesichtskreis der Geschichts- und Kulturwissenschaften, wodurch ihr Erklärungsvermögen an Tiefe wie Breite, insgesamt an solidem Grund gewinnt. Insofern kommt der heutigen Ethnologie zum einen die quasi archivarische Aufgabe zu, dieses bislang nur unzureichend ausgeschöpfte Quellenmaterial zu bewahren und durch die Fortführung seiner Auswertung einen Beitrag zur universalgeschichtlichen Kenntnis zu leisten. So gesehen, besitzt sie aktuell einen wesentlichen *Bildungsauftrag*.

Zum zweiten bieten die globale Verbreitung, die zeitliche Tiefe (bezieht man die Befunde der prähistorischen Archäologie mit ein) und formale Vielfalt der Kulturen, die den Gegenstand der ethnologischen Forschung bilden, die einzigartige Möglichkeit, durch systematische Vergleiche hinter der Fassade der anpassungs- und geschichtsbedingten Besonderheiten die allen gemeinsamen, invarianten Züge aufzudecken und damit eine tragfähige Basis für generell gültige Erklärungen des menschlichen Verhaltens und damit auch zum Abbau von Vorurteilen zu gewinnen. So gesehen, läßt sich die Ethnologie als *Grundlagenwissenschaft* aller Kulturwissenschaften verstehen und besitzt neben dem Bildungs- auch einen *Aufklärungsauftrag* und mithin auch in dieser Hinsicht aktuelle Bedeutung.

In den letzten Jahrzehnten kam es infolge der fortschreitenden Verelendung in den Ländern der «Dritten Welt» aufgrund anhaltender Dürreperioden, unfähiger Regierungen, Mißwirtschaft und gewalttätiger Auseinandersetzungen um Land, Nahrungsquellen und Rohstoffressourcen zu weiträumigen inner-, dann transkontinentalen Flüchtlingsbewegungen, letztere in der Alten Welt praktisch alle in Richtung Europa. Das führte dort, wo die Hilfesuchenden Aufnahme fanden, aber natürlich nicht *ad hoc* integriert werden konnten, unter der einheimischen Bevölkerung zu Unwillen, Ablehnung der Neuankömmlinge, Fremdenfurcht (Xenophobie), ja Fremdenhaß und offener Feindseligkeit, die immer häufiger in Gewalt umschlug. Aufgeschreckt, teils in Panik versetzt, fragten sich Bürger und Politiker, wie konnte es nur soweit kommen? War das nicht vorherzusehen? Haben die Verantwortlichen versagt? Weithin griff Ratlosigkeit um sich. In den Parlamenten wurden (und werden) «Beauftragte» für die Situation vor Ort ernannt, Gremien aus Abgeordneten, Vertretern der Gewerkschaften, Kirchen, Sozialverbände und Migrantenorganisationen zusammengestellt, um nach Lösungen der Problematik zu suchen, die möglicherweise zwar eine gewisse Erfahrung, aber kaum die erforderliche Kompetenz besitzen. Allenthalben finden, meist in derselben Zusammensetzung, Tagungen zur Thematik «des Fremden» statt, mahnen führende Politiker in Interviews und Reden zu Besonnenheit und Dialogbereitschaft. Kommt es zu gewaltsamen Übergriffen, werden an den Tatorten Trauerfeiern unter höchster Beteiligung anberaumt, die Fahnen auf Halbmast gesetzt, Blumen abgelegt, Lichterketten gebildet und Demonstrationen veranstaltet, ferner mehr Mittel und Personal für die Polizei gefordert und so weiter mehr – nur eines geschieht nicht: Man wendet sich nicht um Rat an die sachverständigen Wissenschaftler, in diesem Fall an Ethnologen und Soziologen!

Der Ethnologie ist die Problematik seit gut 2500 Jahren nicht nur bestens bekannt (Herodot), sie zählte schon immer zu ihren zentralen Themen. Die ablehnende bis feindselige Einstellung gegenüber Unzugehörigen, also in der Regel Fremden, stellt einen typischen Zug aller Gesellschaften mit mehr oder weniger ausgeprägtem Identitätsbewußtsein, mithin eine *Konstante* des menschlichen Gruppenverhaltens dar und konnte als solche (mittels der oben angesprochenen Vergleichsarbeit) hinsichtlich ihrer Ursachen wie Konsequenzen gründlich erforscht werden, so daß sie heute als verstanden gelten darf. Für Ethnologen (und Soziologen) wäre es daher ein Leichtes, in Konfliktfällen ebenso Erklärungen wie Empfehlungen zu ihrer Lösung zu liefern.

In dem Zusammenhang fällt neuerlich immer wieder der Begriff «Rassismus» – auch dies ein seit langem gängiges Thema der Gesellschaftswissenschaften. Formal handelt es sich dabei lediglich um eine Ausdrucksvariante aus dem Vokabular der Fremdenfeindlichkeit. Gemeint ist in diesem Fall die Diffamierung (vorgeblich) unzugehöriger beziehungsweise noch ungenügend integrierter und insofern als abweichend oder gar «abartig» wahrgenommener Gruppenmitglieder speziell in Bezug auf ihr rein *äußerliches* Erscheinungsbild. Dazu ist zunächst zu sagen, daß seit dem Aussterben der Neandertaler nur mehr eine einzige «Rasse» auf Erden existiert, der mithin *alle* gegenwärtig lebenden Menschen gleichermaßen angehören: der *Homo sapiens recens*. Insofern ist der Begriff «Rassismus» *de facto* schon seit Jahrzehntausenden obsolet, sein heutiger Gebrauch auf jeden Fall falsch und unangemessen. Hinzu kommt, daß die inkriminierten Besonderheiten der einen oder anderen «rassischen Varietät», wie es anthropologisch korrekt heißen müßte (z.B. Pigmentierung von Haut, Iris und Haaren, Größe und Proportionen des Körpers, Schädel-, Nasen- und Lippenform), gegenüber der grundlegenden physiologischen *Einheitlichkeit* der Menschheit nur kaum ins Gewicht fallen. Die Zahl der Erbanlagen, die für die Differenzierung verantwortlich sind, bewegt sich geradeмal zwischen 6 und (maximal) 30, wohingegen der Mensch an sich über rund 6,7 Millionen verfügt! Das deckt sich mit dem, was ein Vergleich der Kulturen lehrt: Die Übereinstimmungen überwiegen bei weitem die Divergenzen. Letztere springen nur stärker ins Auge und werden im Verhältnis zum eigenen, nostrozentrisch idealisierten Erscheinungsbild gleichsam als Mißbildung empfunden – im übrigen nicht allein dem Eindruck nach, der sich Mitteleuropäern bei der Begegnung mit semitischen, afrikanischen, südostasiatischen oder ozeanischen (usw.) Bevölkerungen aufdrängt, sondern ganz genauso auch umgekehrt.

Es handelt sich also auch hier um eine universale Konstante, wobei die rein phänotypischen Divergenzen unzulässig auch für Psyche, Charakter und Intelligenz der Menschen vorausgesetzt und ideologisch zu ihrer Diffamierung *in toto* mißbraucht werden. Dies deutlich zu machen und den Zusammenhang zu *erklären*, nähme dem Rassismus den Stachel und trüge zum Abbau eines der verabscheuungswürdigsten, weil gezielt Feindseligkeiten und Konflikte schürenden Vorurteile bei. Allerdings würde auch das erfordern, daß man die Ergebnisse der wissenschaftlichen Forschung zur Kenntnis und ernst nimmt, das heißt vom vorhandenen Sachverstand Gebrauch macht, statt ständig nur über den um sich greifenden Rassismus zu lamentieren und die Lösung der Polizei und den Gerichten zu überlassen.

Schließlich zählt auch die Magie zu den universalen Konstanten. Allgegenwärtig in nahezu sämtlichen Bereichen des Daseins, anscheinend unentbehrlich und zudem ein faszinierendes Phänomen, fesselte auch sie bereits seit der Antike das Interesse der Gelehrten praktisch aller Disziplinen (Plinius), in der Neuzeit speziell der Ethnologen, Brauchtumsforscher («Volkskundler»), Psychologen und Soziologen. In Übereinstimmung mit der Xenophobie gilt sie als *peripheres* Phänomen. Dazu ist zu sagen, daß sich die Determination als «peripher» sowohl in «horizontaler» (d.h. räumlicher) als auch in «vertikaler» (d.h. zeitlicher) «Hin-Sicht» verstehen läßt. Im letzteren Fall entspricht eine periphere Positionierung entweder einem weit entfernten zukünftigen oder aber, sozusagen am entgegengesetzten Ende weit unten, einem urtümlichen, das heißt minder entwickelten, rückständigen Zustand. Spätestens seit dem Durchbruch des Rationalismus (Aristoteles), in der Neuzeit verstärkt durch die Aufklärung, geriet die Magie, gerieten magische Vorstellungen und Praktiken an die Peripherie des vernunftgemäß Einsichtigen und somit der Glaubwürdigkeit. Getreu den Beurteilungskriterien alles Abseitigen wurde die Magie abschätzig einmal als obsoletes Relikt einer frühen Phase der geistesgeschichtlichen Entwicklung der Menschheit oder auch generell als Ausdruck mangelnden Denkvermögens, ja einer psychischen Störung verstanden, ein andermal zum Irr- beziehungsweise «Aberglauben» oder schlichtweg zur Zauberei im Sinne von Trickbetrug und geschickter Täuschung erklärt. Vor allem bei der ersteren Ursprungsbestimmung handelt es sich unverkennbar um eine Konsequenz des evolutionistischen Denkens, wie es die Geister Ende des 19. und während der ersten Hälfte des 20. Jahrhunderts beherrschte, nach der Formel: Je abweichender (be-fremdlicher), desto urtümlicher, das heißt desto rudimentärer entwickelt.

In beiden, weniger sachlich als ideologisch begründeten Fällen der Herleitung wurde die *fundamentale*, zeitlose Bedeutung der Magie übersehen, wie sie nicht zuletzt auch daraus folgt, daß sie, wenngleich heute zumeist eher verdeckt als auffällig, das Denken und Handeln *aller* Menschen, selbst derer, die sich als «aufgeklärt» dünken, quasi «hintergründig» (mit)bestimmt, zumindest aber beeinflußt und daß insofern ein jeder immer schon Partizipant dieser – im doppelten Sinne des Wortes – verworfenen Geisteshaltung war beziehungsweise ist. Denn in der Tat liegen nahezu allen Entscheidungen und Tätigkeiten des täglichen Lebens, gleichbleibend gestern wie heute, magische Motivationen und Direktiven zugrunde – sei es bei der Arbeit, beim Sport, bei der Vorbereitung auf ein riskantes Unternehmen (etwa ein Examen), bei der Krankenbehandlung, bei Festen oder in der Kirche (Bekreuzigen, Vaterunser, Eucharistie).

Dies deutlich zu machen und damit so manchem Vorurteil, wie namentlich der evolutionistischen Entstehungsthese mit der Konsequenz der Peripherisierung der Magie, den Boden zu entziehen und statt dessen die positive Bedeutung der Magie als altüberkommenes Erbgut mit wesentlich arterhaltenden – unter anderem angstreduzierenden, Phantasie und Kreativität motivierenden, Zuversicht stiftenden – Funktionen zu erweisen, ist das Anliegen dieses, meines vermutlich letzten (größeren) Buches. Möge es den Leser von der Aktualität der Ethnologie überzeugen und seinen Teil zu ihrer Standardaufgabe, der *Aufklärung*, beitragen!

Nihil tam difficile est, quin quaerendo investigari possiet.
(Terenz: *Heauton timonumenos,* v. 675)

Kelsterbach, im März 2020, Klaus E. Müller

Einführung

«Sie haben gute Chancen, schon bald wieder ganz der alte zu sein», sagt der Arzt zum Patienten nach einer gründlichen Untersuchung und legt ihm einen Momentlang die Hand auf die Schulter, «wenn Sie sich strikt», und hier hebt er, verschwörerisch lächelnd, den Zeigefinger, «an meine Anweisungen halten». Er tritt zurück, setzt sich hinter seinen Schreibtisch und fährt fort: «Nehmen Sie die Medikamente, die ich Ihnen verordnet habe, aber genau nach Vorschrift. Bewegen Sie sich. Gehen Sie öfters mal spazieren, möglichst ein bis zwei Stunden am Tag. Legen Sie Ruhepausen ein. Trinken Sie viel – damit meine ich Wasser oder Kräutertees, keinen Alkohol natürlich, höchstens ein Glas Wein am Abend. Stellen Sie das Rauchen ein. Essen Sie mäßig und vermeiden Sie Aufregungen.»

Der Patient ist erleichtert. Die Untersuchung geschah routiniert und sichtlich professionell, zudem mit Hilfe neuester technischer Geräte und Apparaturen. Der weiße, glatt gebügelte Kittel des Arztes, das Stethoskop, locker um den Hals gehängt, verliehen dem Ganzen eine beruhigende, quasi keimfreie Laboratmosphäre. Der Patient ist sich gewiß, der Erfahrung und Kompetenz sowie, als Folge von beidem, der Autorität des Arztes voll vertrauen zu dürfen. Der apodiktische Tenor seiner Worte schloß jeden Zweifel aus. Gleichzeitig gab ihm die freundliche Zuwendung zu verstehen, daß er keinen Anlaß mehr hat, sich noch weiterhin Sorgen zu machen. Die Hand auf der Schulter vermittelte ihm das Empfinden, als ströme irgendwie Kraft auf ihn über. Und schließlich der kurze, feste Händedruck zum Abschied wirkte auf ihn wie die vertragliche Zusicherung, daß der Arzt alles tun werde, ihn gesund und lebenstüchtig zu erhalten. Er nimmt sich vor, auch seinerseits den «Vertrag» zu erfüllen und den ärztlichen Anweisungen Punkt für Punkt nachzukommen, da eben nur dann die Gewähr gegeben scheint, daß die Behandlung erfolgreich verläuft. Zudem dünkte ihn, was der Arzt gesagt hatte, rational plausibel.

Gleichwohl folgten beide, der Arzt in Verhalten und Sprachduktus, der Patient in seiner Reaktion darauf, Kriterien, die sich eher nicht rational begründen lassen. Der Patient befand sich in einer *kritischen* Situation, die ihn besonders sensibilisierte und motivierte, konzentriert und genauestens hinzuhören, damit ihm auch ja nichts von dem entging, was der *Fachmann* ihm anriet. Er vertraute dem Sachverstand des ausgewiesenen Spezialisten – ohne ihn beurteilen zu können. Der Arzt wiederum war von seiner Kompetenz überzeugt, weil er sie während seines Studiums an der Universität bei renommierten Lehrern und als Assistenzarzt in einem führenden Universitätskrankenhaus erworben hatte, weil sie auf den objektiv gesicherten Ergebnissen jahrzehntelanger *naturwissenschaftlicher* Forschung basierte und ihm in seiner Praxis die modernsten technischen Diagnose- und Behandlungsmittel zur Verfügung standen: Der Mensch kann sich immer mal irren, die emotionslosen Geräte und Apparaturen nicht.

Der Patient akzeptierte die Überlegenheit des Arztes vorbehaltlos. Die Autorität, die sie ihm verlieh, bestärkte die Zuversicht des Patienten in den Erfolg der Behandlung. Er nahm die Medikamente in der vorgeschriebenen Reihenfolge und Menge sowie pünktlich zu den genannten Tageszeiten ein; er trank zweieinhalb Liter Wasser pro Tag, ging zwei Stunden spazieren, legte sich zwischendurch immer wieder mal hin und so weiter mehr – kurz: Er *formalisierte* sein Verhalten. Hätte er einmal aus Versehen zuwenig oder zuviel Medikamente genommen, den

Zeitpunkt nicht genau eingehalten oder die Einnahme gar vergessen, wäre ihm dies als Unterbrechung, als *Regelverletzung*, das heißt als *Störung* der Therapie erschienen, die den Heilerfolg in Frage gestellt haben würde. Eine derartige Unachtsamkeit galt es daher um jeden Preis zu vermeiden; Abweichungen von den ärztlichen Anweisungen waren tabu.

Aber wieso genau bürgten die Kompetenz und Autorität des Arztes, die strikte Formalisierung der Therapie und die Vermeidung jeder Störung für den Erfolg der Behandlung? Wie sich noch zeigen wird, liegen dem vorwiegend «magische» Prinzipien zugrunde, wie sie im übrigen auch sonst bis zum heutigen Tag Einfluß auf praktisch alle Bereiche des menschlichen Denkens und Handelns nehmen. Im alltäglichen Leben spielt die Neigung zu magischem Denken und Verhalten besonders im Zusammenhang mit Tätigkeiten und Situationen eine Rolle, die mit *Risiken* verbunden sind und deren Ausgang daher unsicher erscheint, wie etwa im Bergbau, bei sportlichen Wettkämpfen, in Liebesbeziehungen, bei Schwangerschaften oder vor Prüfungen. Anfang des 20. Jahrhunderts machte unter deutschen Studenten ein Sektkorken die Runde, der in dem Ruf stand, sicher durchs Abschlußexamen zu führen. Er befand sich im Besitz einer Charlottenburger Akademiker-Gesellschaft. Wer davon wußte, bat ihn sich aus und trug ihn während der Prüfung bei sich. Wie es heißt, soll er sich stets bewährt haben. Und natürlich wuchs die Kraft, die man ihm beimaß, mit jedem Erfolg.[1] In Autos hängen Maskottchen, zum Beispiel die ersten Schuhe der Kinder oder Heiligenbildchen. Gläubige wie Ungläubige tragen ein Kreuz um den Hals. Unter Sportlern bauen vor allem Boxer auf «Glücksbringer» (Talismane) zur Verstärkung ihrer Schlagkraft. Manche tragen zum Beispiel beim Kampf immer die gleiche Hose, in der sie ihren ersten Sieg errangen, oder nehmen die Namen früherer, besonders erfolgreicher Vorgänger an.[2] Zu Beginn eines neuen Lebens- und Zeitabschnitts, wie beispielsweise zum Geburtstag, zur erreichten Volljährigkeit, zu Richtfesten, zur Hochzeit, zu Jubiläen, an Neujahr, pflegt man einander zu beglückwünschen. Im Gegenzug scheut man sich, wichtige Vorhaben am 13. eines Monats, und erst recht nicht, wenn es sich dabei noch um einen Freitag handelt, in Angriff zu nehmen. Untersuchungen in kalifornischen Geburtskliniken in den 1960er Jahren ergaben, daß werdende Mütter, unabhängig von Hautfarbe und Status, dieselben Vorstellungen über Zusammenhänge zwischen ihrem Verhalten, der Umwelt und dem heranreifenden neuen Leben in ihnen entwickeln, wie sie uns aus indigenen Kulturen sattsam bekannt sind. So sollten Schwangere zum Beispiel nichts sehen, geschweige denn berühren, was *versehrt* ist oder Zerstörung ausstrahlt (wie etwa eine Feuersbrunst), damit ihr Kind auch möglichst wohlbehalten zur Welt kommt.[3] Anderen Erhebungen etwa zur gleichen Zeit und ebenfalls in den USA zufolge besuchen Mütter, deren Kinder an Tuberkulose, Masern oder Kinderlähmung erkrankt sind, entgegen ihrer sonstigen Gewohnheit nicht nur häufig die Kirche, beten viel und lesen in der Bibel, sondern suchen ihre Zuflucht auch zu gewissen «*magical or superstitious acts*», das heißt wechseln die Wohnung, hängen dem Kind ein vermeintlich heilkräftiges Medaillon um den Hals und verabreichen ihm zusätzlich zu den ärztlich verordneten Medikamenten Säfte, Kräuter und andere «Arzneien» aus der Volksmedizin.[4]

Die Magie in Vergangenheit und Gegenwart

Urzeit

Magie scheint ein fester Bestandteil der Kultur zu sein. Schon die ersten «echten» Menschen vom Typus des *Homo erectus* liefern einen untrüglichen Beleg dafür. Sie existierten während des mittleren Pleistozäns (Eiszeit) etwa von 2.000.000 bis 300.000 v. Chr. in nahezu allen Teilen der Alten Welt und besaßen bereits ein hochdifferenziertes Gerätearsenal. Dabei kam unter den Werkzeugen eine besondere Bedeutung dem sogenannten «Faustkeil» zu, der den *Homo erectus* zeit seines Daseins, also immerhin über annähernd 1,5 Millionen Jahre, begleitete. Kein anderes Gerät blieb jemals so lange im Gebrauch des Menschen. Man weiß nicht, wozu genau er verwandt wurde; vermutlich handelte es sich um eine Art Allzweckgerät. Und bemerkenswert daran ist, daß einzig der Faustkeil unter den (materiellen) Kulturgütern des *Homo erectus* eine ganz bestimmte, besondere Entwicklung durchlief. Nach und nach gewann er nämlich zunehmend ebenmäßigere, manchmal geradezu geometrisch ausgewogene Formen. Doch galt das nicht für alle Stücke im gleichen Maß. Einzelne erfuhren eine Sonderbehandlung. Bei ihnen legte man noch größeren Wert auf die Struktur, Maserung und Farbe der Steine, manche von ihnen besaßen gar eine Länge von bis zu 40 cm, wogen also mehrere Kilogramm! Das aber konnte nur bedeuten, daß sie nicht zum profanen Gebrauch bestimmt waren (der zu ihrer rascheren Abnutzung oder Beschädigung geführt hätte), was wiederum die Annahme nahelegt, daß sie – zumal sie auch seltener vorkamen – nur zu bestimmten Anlässen Verwendung fanden,

Abb. 1 Bison, fernmagisch von Speeren getroffen; Höhle von Niaux, Südfrankreich (Ariège), um 11 000 v. Chr.

a) b)

Abb. 2 Jungpaläolithische Frauenstatuetten (ca. 25 000–21 000 v. Chr.).
a) Zwei Statuetten aus Osteuropa, Höhe 10–12 cm.
b) die sog. «Venus von Willendorf» (Österreich), Höhe 10,5 cm

das heißt *Wertgegenstände* darstellten, denen man eine höhere Bedeutung und somit auch (magische) *Wirkkraft* zuschrieb.[5]

Bei den nächstfolgenden Homininen, den Neandertalern (ca. 200.000–30.000 v. Chr.), deren Verbreitung, kleinräumiger als die des *Homo erectus*, lediglich von Vorderasien über Nordafrika, Süd- und Mitteleuropa bis in die angrenzenden Bereiche Zentralasiens reichte, spielte die Magie ebenfalls eine bedeutsame, in einem Fall gar existentiell grundlegende Rolle. Abgesehen von Schmuckstücken und Ritzmustern auf Gebrauchsgegenständen, die apotropäischen Zwecken gedient haben dürften, waren sie nämlich die ersten, die ihre Toten auf *rituelle* Weise bestatteten. Dazu wurden Gruben *innerhalb des Lagerbereichs* ausgehoben, in die man die Leichname teils wie schlafend in Seitenlage, teils in embryonaler «Hockerstellung» legte und sie mit Nahrungsmitteln, Gebrauchsgütern und die Männer speziell mit Jagdwaffen ausrüstete, woraus sich – mit Blick auf rezente Vorkommen – entnehmen läßt, daß man an die Wiedergeburt, zunächst unter den Ahnen im Totenreich (unterhalb des Lagers!), später im Kreis der Nachfahren glaubte. Manchmal bestreute man den Leichnam zudem noch mit rotem Ocker, in indigenen Kulturen einem typischen Mittel zur magischen Stärkung der Lebenskraft. Und das wiederum kann nur bedeuten, daß die Neandertaler den Glauben an eine leibunabhängige, unsterbliche Spiritualseele und so auch an die Existenz einer diesseitigen und einer jenseitigen Welt, das heißt eine dualistische Weltanschauung besaßen.[6]

Schließlich mit der Besiedlung Vorderasiens, des Mittelmeerraums und Europas durch die ältesten Vertreter des anatomisch modernen Menschen, des *Homo sapiens recens*, schrittweise etwa ab 200.000 v. Chr., die zur Verdrängung und endlich dem Untergang der Neandertaler führte, mehren sich die Zeugnisse für die Bedeutung der Magie im Leben der Menschen abermals. Ihre Kulturen – mit der Blütezeit während des Jungpaläolithikums (36.000–8.000 v. Chr.) – waren überhaupt ungleich differenzierter und vielfältiger als die ihrer Vorgänger. Bekannt sind vor allem ihre zahlreichen Felszeichnungen und Höhlenmalereien, die vielfach Jagdszenen darstellen, bei denen die abgebildeten Tiere viele Einstich- beziehungsweise Einschußstellen aufweisen. Offensichtlich stach man mit dem Speer auf sie ein oder beschoß sie mit Pfeilen, vermutlich (wie später) begleitet von entsprechenden Beschwörungsformeln, um durch die analogiemagische Vorwegnahme des Jagderfolgs diesen selbst *in actu* sicherzustellen.[7] Frauenidole aus Stein oder Ton mit ausladendem Unterteil und schweren hängenden Brüsten, stehend oder in Gebärstellung, mit einem Säugling auf dem Schoß oder in den Armen, in einer «heiligen» Ecke der Behausung deponiert oder vielleicht auch als Amulett getragen, dienten offensichtlich fruchtbarkeitsmagischen Zwecken.[8] Funde von Musikinstrumenten (z.B. Flöten) und entsprechende szenische Darstellungen bezeugen ferner, daß man zu gegebenem Anlaß Musik machte, dazu tanzte und wohl auch sang – alles künstlerische Ausdrucksformen, denen in der Folgezeit immer auch eine magische Bedeutung zukam. Und nach wie vor pflegte man die Toten mit Ocker zu bestreuen und Schmuck – Ringe, Ketten und verschiedenartige Anhängsel (also Amulette bzw. Talismane) – zu tragen.

Altertum

Mit der Urbanisierung nach Entstehung der Archaischen Hochkulturen (im 5. Jt. v. Chr.) rückten die Menschen aufs engste zusammen, ohne einander ausweichen zu können. Das führte verstärkt zu Spannungen, Feindseligkeiten und Konflikten, bei denen man, da man sie schwerlich offen, unter den Augen der mit der Aufrechterhaltung betrauten Staatsbediensteten, austragen konnte, zunehmend auf magische Mittel zurückgriff beziehungsweise sich mit ihrer Hilfe zu schützen suchte. Davon zeugen nicht zuletzt zahlreiche Tontafeltexte mit gezielten Verwünschungen und Beschwörungen sowie Anleitungen zur Behandlung von Krankheiten und anderem mehr. Zur Zeit des sumerischen Königs Gudea von Lagasch (ca. 2050–2000 v. Chr.) hatte die Magie bereits ein derartiges Ausmaß angenommen, daß sich der Herrscher entschloß, alle «Zauberer» – womit natürlich in erster Linie die mit bösartiger Absicht agierenden gemeint waren – des Landes zu verweisen.[9] Im alten Ägypten herrschten, wie einschlägige Inschriften und Abbildungen belegen, analoge Verhältnisse. Eine Schlange suchte man zum Beispiel mit der Formel zu bezwingen: «Die Schlange fällt, die aus der Erde kommt, die Flamme fällt, die aus dem Meere kommt! Falle!»[10] Noch späte, kaiserzeitliche Papyri empfahlen neben gewissen Medikamenten gegen Kopfschmerzen und Husten auch Mittel, kraft derer sich der Unmut eines Vorgesetzten besänftigen oder das Herz einer widerstrebenden Schönen gewinnen ließ.[11] Auch die Israeliten zögerten keinesfalls, sich – wenngleich von der Priesterschaft ungern gesehen – bei Bedarf magischer Mittel und Praktiken zu bedienen. Entsprechend harsch suchte die geistliche Obrigkeit dem Unwesen mit dem Gebot zu begegnen: «Die Zauberinnen [!] sollst du nicht leben lassen!»[12] Auch Wahrsager und Zeichendeuter sollten schonungslos «ausgerottet» werden: «Man soll sie steinigen; ihr Blut sei auf ihnen!»[13] Doch blühte, trotz aller priesterlichen Unnachgiebigkeit, die Magie, wie zahlreiche Hinweise in der Bibel zeigen, unvermindert fort – sichtlich entsprach sie einem tiefsitzenden Bedürfnis.[14]

Antike

Daran änderte sich auch in der griechisch-römischen Antike – trotz des wachsenden Einflusses, den die Naturwissenschaften seit den Vorsokratikern (6.–5. Jh. v. Chr.) auf das Denken der Gebildeten gewannen – schon insofern nichts, als der Glaube an die Potentiale der Magie durch die zunehmenden kriegerischen Operationen über den gesamten Mittelmeerraum hinweg, die verstärkten Kontakte mit fremdartigen Völkern und Kulturen, die entsprechend gemischte Bevölkerungsstruktur in den Städten und die daraus erwachsenden Konflikte ständig neue Nahrung fand. Dabei blieb es bei den seit alters überlieferten Mitteln und Praktiken; lediglich die Texte und Materialien wechselten je nach den gegebenen lokalen Voraussetzungen. Wie schon zuvor und später noch bis in die Gegenwart fesselte das Interesse an der Magie besonders die Besorgnis um Gesundheit und Wohlbefinden. Der «Universalgelehrte» Plinius der Ältere (23–79 n. Chr.) empfahl zum Beispiel in seiner *Naturgeschichte* (*Naturalis historia*), einer Art Enzyklopädie der gesamten naturkundlichen (und kulturgeschichtlichen) Kenntnisse seiner Zeit, um nur *eine* Kostprobe zu geben, als probates Mittel wider den Husten:

> «Gegen den Husten sollen Frösche heilen, wenn sie wie Fische in offenen Gefäßen in einer Brühe gekocht werden. Man soll die Frösche dazu an den Füßen aufhängen, sie, wenn ihr *Geifer* in das offene Gefäß gelaufen ist, ausweiden, die Eingeweide wegwerfen und dann sie selbst einsalzen. Es gibt auch einen kleinen Frosch, der auf die Bäume klettert, von wo er seine Stimme hören läßt. Spuckt jemand diesem *in den Mund* und läßt ihn dann frei, so soll er dadurch vom Husten frei werden.»[15]

Ernstlich Erkrankte, die es sich leisten konnten, suchten nicht nur renommierte Ärzte, sondern auch Heiligtümer des verewigten Patrons der Medizin, des Gottes Asklepios (lat. Aesculapius) auf, um sich dort einer ausgedehnten Behandlung, die ebenso Heilbäder wie eine besondere Ernährungsweise, Meditationen und sonstige «Kuren» einschloß, zu unterziehen. In verzweifelten Fällen suchte man «Wunderheiler» auf, wie sie spätestens seit der Römerzeit im gesamten Mittelmeerraum in großer Zahl praktizierten. Das waren – in der Regel – Männer, die scheinbar über außergewöhnliche Gaben verfügten und es demzufolge auf ihrem Betätigungsfeld, in diesem Fall der Medizin, sehr viel weiter als andere gebracht, sozusagen «Ausnahmeerfolge», eben «Wunder» erzielt hatten. Aristoteles (384–322 v. Chr.) bezeichnete derart – in welcher Hinsicht auch immer – Begnadete in der *Politik* als «Götter unter den Menschen», die insofern nicht nur über allen anderen, sondern selbst über dem Gesetz stünden.[16] Ihnen kam mithin, gleich den Königen in vielen indigenen Kulturen, *sakrale* Autorität (das sog. «Königsmana») zu, die ihnen ein besonderes Charisma (von griech. χάρισμα, «Gnadengabe»), wie es Max Weber (1864–1920) nannte[17], verlieh, das *per definitionem* den Besitz außergewöhnlicher Kräfte einschloß.

Sakrale Autorität und Charisma in diesem Sinn besaßen auch die römischen Kaiser – sozusagen die erfolgreichsten unter den Bürgern des Reichs und verehrt gleich Göttern. Für das «*numen*» (hier: «göttliches Wesen», «Wunderkraft») des Augustus (63 v. Chr.–14 n. Chr.), den der Senat nach seinem Tod zum «*divus Augustus*» erklärte, wurden seit dem Jahr 6 n. Chr. eigene Altäre errichtet, auf denen man Opfer darbrachte. Die Bevölkerung schrieb den Kaisern die Gabe zu, nicht allein Kranke heilen, sondern dabei auch wahre Wunder wirken zu können. Namentlich von Vespasian (69–79 n. Chr.) und Hadrian (117–138 n. Chr.) ist überliefert, daß sie insbesondere scheinbar unheilbar Gelähmte und Blinde erfolgreich behandelten – und zwar durch Berührung und Bestreichen mit ihrem Speichel. Als ersterer einmal Alexandria besuchte, drängten sich zwei derart Geschlagene an ihn heran und flehten ihn an, sie von ihren Leiden zu befreien. Nach kurzem Zögern und Rücksprache mit seinen Ärzten – er war erst seit einigen Monaten Kaiser und daher noch ungeübt – berührte er den Gelähmten mit seinem Fuß und benetzte die Augen des Blinden mit seinem Speichel, woraufhin beide auf der Stelle ihre Gesundheit wiedererlangten.[18]

Zur römischen Kaiserzeit zogen aber auch zahlreiche einfache Männer durch das Reich, die den Anspruch erhoben, selbst Schwerstleidende heilen, das heißt Wunder vollbringen zu können. Jesus von Nazareth war nur einer von ihnen. Er heilte überwiegend – und ganz konventionell, wie auch Vespasian – auf dreierlei Weise: Er *berührte* seine Patienten beziehungsweise legte ihnen die Hand auf oder nahm ihre Hand in die seine und hielt sie[19]; er strich, offenbar bevorzugt wieder bei der Behandlung von Blinden, seinen *Speichel* über ihre Augen[20] oder er griff zur *Verbalmagie* und hieß sie, sich als geheilt zu betrachten – «Sei sehend!», «Stehe auf, nimm dein Bett und gehe hin!»[21] Oftmals geschah die Heilung durch Berühren auch passiv, indem die Kranken den «Saum seines Kleides» ergriffen.[22] Dabei geht aus einzelnen Beschreibungen der Behandlung unzweideutig hervor, worauf die magische Heilung beruhte. Unmittelbar während des Kontaktes spürten entweder Jesus selbst oder seine Patienten deutlich, daß «eine Kraft von ihm ausging».[23] An den Stellen, an denen davon die Rede ist, wird – in der griechischen Fassung des *Neuen Testaments* – für «Kraft» der Begriff *dýnamis* (δύναμις) verwandt, das heißt es handelte sich um Jesu *Vitalenergie* (bzw. «Lebensseele»), in seinem Fall speziell verstärkt durch den Heiligen Geist (πνεῦμα ἅγιον, *pneũma hágion*, «heiliger *Hauch*, Luftzug»), den er zum einen durch seine Mutter, der er bei ihrer Empfängnis vom Erzengel Gabriel übermittelt worden war[24], zum andern dann noch einmal während seiner Taufe im Jordan – vom Himmel herabfahrend «gleich einer Taube» – empfangen hatte.[25] Dank dieser besonderen Gnadengabe konnte, wie noch Paulus bestätigt[26], Jesus nicht nur erfolgreich heilen, sondern auch Wunder tun, wie zum Beispiel Tote zum Leben erwecken.[27]

Da die christlichen Gemeinden anfangs klein und ständig gefährdet waren, bedurften sie zunächst noch der überirdischen Hilfe des Heiligen Geistes. Daher hatte Jesus seinen Jüngern, als er Abschied von ihnen nahm, verheißen, die besondere, pneumatische Gnadenkraft werde ihnen vorerst noch erhalten bleiben und im Bedarfsfall zur Seite stehen. Die Apostel ihrerseits übertrugen sie auf ausgesuchte Gemeindeälteste, von denen sie dann auch auf einige der ersten Bischöfe überging.[28] Insofern waren sie alle imstande, aufs Schwerste Erkrankte und Versehrte – insbesondere wieder Lahme, Blinde und Besessene – zu heilen, das heißt Wunder zu tun und den Gemeinden neue Anhänger zu gewinnen.[29] Als Paulus einst zu Lystra (Westkleinasien) einen Gelähmten von seinem Gebrechen befreite, riefen die Anwesenden ganz im aristotelischen Sinne aus: «Die Götter sind den Menschen gleich geworden!»[30] Zeigten die «Ungläubigen» sich allerdings verstockt, konnte Paulus den Heiligen Geist auch in sehr unheiliger Weise in Anspruch nehmen. Als er dereinst im Garten des Herrn auf Zypern tätig war und ihm ein jüdischer «Zauberer und falscher Prophet» entgegentrat, verfluchte er ihn und schlug ihn mit Blindheit: «Und siehe, die Hand des Herrn kommt über dich, und sollst blind sein und die Sonne eine Zeitlang nicht sehen!»[31] Noch Kaiser Julian (360–363) beschuldigte ihn, der «größte Magier und Scharlatan aller Zeiten und aller Gegenden» gewesen zu sein.[32]

Im übrigen blieben aber auch die Neubekehrten durchaus dem unchristlichen Erbe ihrer Altvorderen treu – eben weil die Magie, wie gesagt, einem elementaren Bedürfnis entsprach. Die Quellen berichten von Zauber mit Wurzeln, Eisen und Gold, mit Knochen, die man in Wände einließ, getrockneten Tierköpfen und anderem mehr[33], von Priestern selbst, die Amulette anfertigten und den Gläubigen empfahlen, Geschwüre und Kopfweh mit gewissen Zaubersprüchen zu kurieren sowie Riemen zusammenzubinden, zu versiegeln und in einem tiefen Brunnen zu versenken, um einem Mann zur Gnade der Keuschheit zu verhelfen – zu Deutsch: ihn seiner

Manneskraft zu berauben.[34] Libanios von Antiochia in Syrien (4. Jh.), der berühmteste Rhetor seiner Zeit und erklärter Christenfeind, fühlte sich eines Tages mit einem Mal physisch wie geistig empfindlich geschwächt. Ein Christ hatte ein Chamäleon getötet, verstümmelt und im Vortragssaal des Redners versteckt. Nachdem das Tier aufgespürt und entfernt worden war, erholte sich Libanios alsbald.[35] Es geschieht «nicht selten», beklagte sich der Kirchenvater Hippolytos von Rom (1. Hälfte des 3. Jh.s) über die Widerstandskraft des Unwesens, «daß einige bis in das Alter darin verharren». Kein Wunder daher, daß sich die Bischöfe wiederholt zu der Aufforderung veranlaßt sahen, Gläubige, die der Zauberei überführt waren, vom Abendmahl auszuschließen, in schweren Fällen vollends zu exkommunizieren.[36]

Mittelalter

Die nachfolgenden Jahrhunderte vermitteln im wesentlichen dasselbe Bild, obwohl die Christianisierung das Leben der Menschen zunehmend tiefer durchdrang und später, nach der Aufklärung, die Wissenschaften dem «Aberglauben» den Boden entzogen zu haben schienen. Welche Bedeutung ihm dennoch nach wie vor zukam, lehrt schon ein flüchtiger Blick in eines der zahlreichen Handbücher über den «Volksaberglauben» im Mittelalter. Abgesehen von den markanteren Einschnitten in der Biographie eines jeden (wie der Geburt, der Hochzeit, einer Amtsübernahme oder dem Tod), waren selbst die weniger bedeutsamen Ereignisse – ein Besuch, ein Reiseantritt, eine bevorstehende Prüfung – von einer Vielzahl magischer Vorkehrungs-, Schutz- und Abwehrmaßnahmen, von Segnungen, kleineren Formalien und Ritualen umwoben.[37] Das übertrug sich selbst auf den kirchlichen Kult. «Die Zeichen der immer bereiten göttlichen Gnade», resümiert der bekannte niederländische Mediävist Johan Huizinga (1872–1945) diese inflationäre Entwicklung, «hatten sich stets vermehrt; rings um die Sakramente blühten die Benediktionen; von den Reliquien kam man zu den Amuletten; die Kraft des Gebets wurde formalisiert in den Rosenkränzen, die bunte Galerie der Heiligen bekam immer mehr Farbe und Leben.»[38] Diese Gesegneten traten die Nachfolge der wundertätigen Apostel, Gemeindeältesten und Bischöfe der Frühzeit an. Ihr Kreis erweiterte sich nunmehr indes um fromme Einsiedler sowie weiterhin eine Vielzahl von Ordensgeistlichen, auch Nonnen, Äbten und Äbtissinen und nach wie vor auch Bischöfen. Um als Heilige anerkannt werden zu können, mußten sie zwei Voraussetzungen erfüllen: ein untadeliges Leben nach dem Vorbild Jesu Christi geführt, zum andern mindestens drei Wunder getan haben[39] (als Ausweis dafür, daß der Heilige Geist mit ihnen war). Dabei handelte es sich in der Hauptsache wieder um *Heilungen* – nach biblischem Vorbild namentlich Blinder, Taubstummer, Gelähmter und Gichtbrüchiger[40], daneben chronisch Kranker, die etwa an ständigen Kopfschmerzen, Gallensteinen oder Asthma litten.[41] Generell unterscheidet die Kirche zwischen Wundern beziehungsweise Wunderheilungen, die der Heilige zu seinen Lebzeiten (*in vita*), und solchen, die er nach seinem Tod (*post mortem*) vollbracht hat. Letztere bildeten bis in die Neuzeit die überwältigende Mehrheit[42] und ereigneten sich verständlicherweise nur mehr indirekt, durch Berührung, indem die Genesungsuchenden zu den Gräbern der Heiligen pilgerten und die Hand auf ihre Gebeine oder andere «Reliquien» aus ihrem persönlichen Besitz (Kleidungsstücke, Gebrauchsgüter aller Art) legten. Laut Thiofrid, Abt von Echternach (1081–1110), der eine Abhandlung über die Wunderwirkung der Reliquien verfaßte, beruhte sie darin, daß die – vor allem – in den Gebeinen enthaltene göttliche Kraft (*virtus*) durch die Berührung auf die Gläubigen überging.[43] Trat dann die Heilung ein, legten die Genesenen zum Dank an den heiligen Stätten sogenannte «Votivgaben» ab: Rosenkränze, später Fotos von Säuglingen und Kleinkindern sowie Nachbildungen der geheilten Organe (z.B. Herzen) und Körperteile aus Wachs, Silber und anderen Materialien.[44]

Neben den weltlichen und geistlichen «Charismatikern» praktizierten aber, wie zuvor schon, immer auch sozusagen gestandene, «niedergelassene» Ärzte, die teils die bewährten Kuren ihrer antiken Vorgänger – Fasten, Bettruhe, mineralische und pflanzliche Heilmittel, operative Eingriffe – anwandten, teils durch gezielte, vor allem botanische Forschung in dazu eigens angelegten Gärten neue Arzneimittel entdeckten und so nicht unwesentlich zur Entwicklung der naturwissenschaftlichen Medizin beitrugen. Erinnert sei nur an Hildegard von Bingen (1098–1179), Äbtissin eines Benediktinerinnen-Klosters (auf dem Rupertsberg bei Bingen), die das älteste deutsche Lehrbuch der Mönchsmedizin (*Libri subtilitatum diversarum naturalium creaturarum*) verfaßte, an den vielleicht bedeutendsten Naturkundler des Mittelalters, den Dominikaner Albertus Magnus (ca. 1193–1280), sowie den Theologen und Philosophen Agrippa von Nettesheim (1486–1535). Doch auch bei Größen wie diesen blieben die ärztlichen Verordnungen durchsetzt von eher magischen Medikationen. Hildegard von Bingen empfahl zum Beispiel Menstrualblutbäder bei Aussatz[45], und Albertus Magnus riet bei Fieber, den Urin des Patienten mit ein wenig Mehl zu mischen, aus dem Teig daraus 77 (!) kleine Kuchen zu formen und diese vor Sonnenaufgang in einem Ameisenhügel zu vergraben. Sobald sie die Insekten gefressen hätten, werde das Fieber mit Sicherheit abklingen.[46] Den präzisen Angaben ist zu entnehmen, daß auch hier – wie bei dem Plinius-Rezept gegen Husten – der Erfolg nur garantiert war, wenn der Patient sich strikt an die Vorschriften hielt. Agrippa von Nettesheim benannte als erstes der sieben (!) «höchsten und größten Geheimnisse» der Naturbeherrschung die Kunst, «alle Krankheiten kurieren und heilen zu können innerhalb sieben [!] Tagen, entweder durch Charaktere[47] oder natürliche Mittel oder durch die oberen Geister mit der Hilfe Gottes.»[48] An zweiter und dritter Stelle rangieren, «das Leben auf ein jedes Alter verlängern zu können» sowie «die Kreaturen, die in Gestalt persönlicher Geister in den Elementen wohnen, zu seinem Dienste haben; desgleichen die Zwerge, Nymphen, Dryaden und Waldmännlein». Unter den sieben Geheimnissen mittlerer Ordnung listet er zum Beispiel die Verwandlung der Metalle, also die Alchemie, die Krankenheilung mittels «metallischer» Arzneien, durch Edelsteine und den «Stein der Weisen», sowie die Kunst auf, «astronomische und mathematische Wunder zu verrichten».[49]

Rezepturen und Instruktionen wie die von Albertus Magnus und Agrippa von Nettesheim erfolgreich anzuwenden, scheint nur einem gelungen zu sein: dem legendären Doktor Johann Faustus, der dazu allerdings seine Seele dem Teufel verschrieben hatte. Nicht nur, was er an Wundern wirkte, sondern auch deren Vielseitigkeit waren beachtlich. Er konnte die herrlichsten Gerichte herbeizaubern, drehte den Leuten Strohwische für Schweine und Pferde an, war imstande, alle möglichen Gegenstände, ja selbst Menschen zu verschlingen, ritt zu Leipzig auf einem Faß aus dem Keller eines Wirtshauses, vermochte zu fliegen und soll es sogar geschafft haben, was man zu seiner Zeit offenbar für ganz besonders erstaunlich hielt, Juden und Wucherer zu prellen.[50]

Die *Legende* vom Doktor Faust reicht bis tief ins Mittelalter zurück. Im 11. und 12. Jahrhundert jedenfalls scheint sie bereits Allgemeingut der Überlieferung gewesen zu sein; anders hätte sie nicht ein beliebtes Thema der Prediger bilden können, die es benutzten, um Anfälligen die Folgen der Versuchung vor Augen zu führen.[51] Im 16. Jahrhundert verband sie sich mit dem *historischen* Georg Faust, der vermutlich aus Knittlingen in Schwaben stammte und in der ersten Hälfte des 15. Jahrhunderts gelebt haben dürfte. Auch er tat sich als Wundertäter hervor, besonders auf dem Gebiet der Astrologie. Er führte ein Leben als Vagant, spielte an diversen Höfen eine ansehnliche, wenn auch zumeist unselige Rolle und neigte zur Prahlsucht – alles in allem noch ein Renaissancemensch[52] – und insofern eine Idealfigur für das Theater. Verständlich daher, daß er bis in die Neuzeit hinein Dichter wie Komponisten gleichermaßen faszinierte. Erinnert sei nur an die Dramatisierungen des Stoffs von Christopher Marlowe (1564–1593, *The tragical history of Doctor Faust*) und Johann Wolfgang von Goethe (1749–1832, *Faust*) sowie die Opern von Louis Spohr (1784–1859, *Faust*), Charles Gounod (1818–1893, *Faust* bzw. *Margarete*), Ferruccio Benvenuto Busoni (1866–1924, *Doktor Faust*), Hans Pfitzner (1869–1949, *Das Herz*) und Wolfgang Rihm (geb. 1952, *Faust und Yorick*).

In Zeiten drückender Not, wie immer wieder im Mittelalter und zu Beginn der Frühen Neuzeit während des Dreißigjährigen Krieges (1618–1648) und der Glaubenskämpfe, standen weder gefüllte Vorratslager, finanzielle Rücklagen, Versicherungen, Hilfsorganisationen noch Psychotherapeuten bereit, um den Menschen die Angst zu nehmen und das Elend erträglicher zu machen. In derartigen Lebenslagen suchten sie daher verstärkt Zuflucht und Hoffnung in der Magie – auch die Kirche. Es entwickelte sich dann, um noch einmal Johan Huizinga das Wort zu geben,

> «eine Neigung, jede Einzelheit der Verehrung der Mutter Gottes mit einem besonderen Dienst zu verknüpfen. Da gab es besondere, später von der Kirche abgeschaffte Messen auf Marias Frömmigkeit, auf ihre Sieben Schmerzen, auf alle Marienfeste zusammen, auf ihre Schwestern Maria Jakobi und Maria Salome, auf den Engel Gabriel, auf alle Heiligen, die den Stammbaum des Herrn bildeten. Die Verehrung des Kreuzweges, der Fünf Wunden, das Angelusläuten am Abend und am Morgen stammen alle aus der Spätzeit des Mittelalters.»[53]

Nicht jeder freilich billigte die Entwicklung und wollte sie als Ausdruck verstärkter Frömmigkeit verstanden wissen; lag ihr *de facto* doch das rein magische *Quantifizierungsprinzip* zugrunde (die Erfolgsaussicht wächst mit dem Aufwand an Bemühungen). Strenggläubige Autoren erhoben mit Entschiedenheit ihre Stimme wider die wachsende Zahl von Kapellen und Kirchen, von Heiligen, Festen, Gebeten und Hymnen, die Übertreibungen bei Fasten und anderen Formen christlicher Askese.[54] Zwar drohte Artikel 109 der «Peinlichen Gerichtsordnung» Kaiser Karls V. (reg. 1519–1556) von 1532, die formell bis zum Ende des 18. Jahrhunderts gültig blieb, zumindest Schadenszauberern die Todesstrafe an[55], doch trugen weder diese noch andere Maßnahmen, zumal in bezug auf die Magie *an sich*, wirklich Früchte.

Neuzeit

In den urbanen Zentren Europas, Nordamerikas und Südostasiens sind heute sicherlich die meisten Menschen der Auffassung, daß die Magie der Vergangenheit angehöre und auf jeden Fall in *ihrem* Leben keinerlei Rolle mehr spiele. Doch trifft das *de facto* nur sehr bedingt zu. Einmal ganz abgesehen von den letzten indigenen Gesellschaften und den genuin krisengeschüttelten Ländern der «Dritten Welt», in der sie nach wie vor nicht nur in vollem Flor steht, sondern man, Kennern zufolge, demnächst noch mit beträchtlichen Zuwachsraten rechnen darf[56], lebt magisches Denken und Verhalten, wie noch zu zeigen sein wird, unterschwellig auch in der «Ersten Welt», ja selbst in den Wissenschaften fort und bricht in kritischen Situationen – wovon kurz schon die Rede war – sofort wieder auf. Gefährliche Krankheiten, Schwangerschaften, riskante Berufe (Dachdecker, Bergleute), sportliche Wettkämpfe, Kriegserfahrungen ebenso wie bestimmte festliche Veranstaltungen (Amtseinführungen, Gedenkfeiern, Staatsvisiten, Hochzeiten, Bestattungen usw.) sind typische Beispiele dafür.[57]

Überdies wird leicht übersehen, daß bis in die Anfänge des 20. Jahrhunderts der Magie im Leben der Landleute entlegenerer Gebiete und der bildungsfernen Bevölkerungsschichten an der Peripherie der größeren Städte auch in der modernen Welt durchaus noch eine vitale Bedeutung zukam – hessische Bauern zum Beispiel wanderten damals aus ihren Dörfern nach Amerika aus, weil sie in ihrer Heimat als «Hexer» (bzw. «Hexen») verrufen waren.[58] Andere, die wirklich Meister magischer Praktiken waren, zogen es vor, daheim zu bleiben und sich dort unredlich zu nähren. Diebe gingen am sichersten, wenn sie sich unsichtbar zu machen verstanden. In Pommern und anderwärts in Europa herrschte der Glaube, daß man sich dazu in den Besitz eines noch ungeborenen (noch unsichtbaren!) Kindes setzen, es trocknen, in ein Holzkistchen legen und bei der «Besorgung» bei sich tragen müsse. In anderen Gegenden, wie in der Pfalz, hielt man auch bereits ein einzelnes Glied eines derartigen fötalen Leichnams für ausreichend. In Speyer war noch zu Anfang des 19. Jahrhunderts die Nachfrage danach so groß, daß sich die Obrigkeit genötigt sah, die Friedhöfe bewachen zu lassen.[59] Eine zweite, ebenso naheliegende Möglichkeit, ihrer Arbeit ungestört nachgehen zu können, bestand für Diebe darin, Einfluß auf den Schlaf derer zu nehmen, an deren Eigentum sie sich zu vergreifen gedachten. Als eines der probatesten Mittel galt hier eine Kerze aus Leichenfett. Ihr schrieb man – namentlich in Osteuropa – die Wirkung zu, jeden bereits Schlafenden in einen totenähnlichen Tiefschlaf zu versetzen.[60] Denselben Effekt konnte man aber auch (auf appetitlichere Weise) mit Graberde erzielen, die man, wie bei Dieben auf Java üblich, rings um das Haus streute, in das einzusteigen man plante.[61]

Auf der anderen Seite gingen aber auch potentielle Opfer davon aus, daß sie das Ziel schadensmagischer Übergriffe werden konnten, und suchten sich entsprechend zu wappnen. Die Verfahren dazu, die Methoden der apotropäischen Magie, waren Legion. Zur generellen Vorkehrung stieg man etwa des Morgens zuerst mit dem linken, statt mit dem rechten Fuß aus dem Bett, hing sich bestimmte Amulette um oder bewehrte sich mit Abwehrmitteln anderer Art. Begegnete man Menschen, die im Ruch standen, den Bösen Blick zu besitzen, hütete man sich, sie anzusehen, beziehungsweise mied ihre Nähe. Hatte einen die Unheilsausstrahlung oder toxische Kraft einer schadensmagischen Attacke bereits infiziert, standen auch in den neuzeitlichen Zivilisationen eine Menge von Gegenmitteln parat, der Gefahr für Leib und Leben zu begegnen. Eher oberflächliche Einwirkungen ließen sich durch Abreiben (mit Asche, Kuhdung, bestimmten Erden), Ablutionen (mit Wasser, auch Blut), Räuchern und Schwitzkuren tilgen, solcher, die sich schon tiefer eingefressen hatten, konnte man sich durch die Einnahme von «Medizinen», die zu Durchfall oder Erbrechen führten, entledigen.[62]

Noch bis spätestens um die Mitte des letzten Jahrhunderts erfreuten sich auch die sogenannten «Zauberbücher» großer Beliebtheit. Eines davon, das *Romanusbüchlein*, das zu Anfang des 20. Jahrhunderts immerhin noch in mehreren Auflagen erschien, trägt – um ein Beispiel für den Gegenstand dieser Art Literatur zu geben – den programmatischen Titel:

> «Romanus-Büchlein oder Gott der Herr bewahre meine Seele, meinen Aus- und Eingang; von nun an bis in alle Ewigkeit, Amen. Halleluja. Oder allerley fürtreffliche und bewährte

> Spruch- und Schrift-Segen vor Schmerzen, Blutstillung, Zahnpein, Brand, Reißen in den Gliedern, Hexerei, Gewächse am Leib, Schwund, Unglück, Feinde, Diebe, Räuber, Schußstellung, daß einer nicht kann schießen, einen Mann zu zwingen, Feuersegen, Glückssegen fürs Spiel, einen Dieb herzucitieren, Kugelabweisung und kräftige Hilfe in allerley Anfechtung.»[63]

Besonders geschätzt war (und ist es möglicherweise nach wie vor) auch das *6. und 7. Buch Moses oder der magisch-sympathetische Hausschatz,* eine Sammlung verschiedenster magischer Abhandlungen mit Rezepten gegen alle möglichen Leiden, Anweisungen, wie den Widerwärtigkeiten des Lebens, einschließlich der Untreue der Ehefrau, zu begegnen sei, mit Zauberformeln für das Öffnen von Schlössern, die Übertragung einer Erkältung auf Vorübergehende, der Herstellung eines Stockes, mit dem man einen Feind über jede Entfernung verprügeln kann – und anderen brauchbaren Hinweisen mehr.[64] Um 1958 war die Schrift noch für ganze 10,50 DM erhältlich![65]

Anfang des 20. Jahrhunderts gab es des großen Interesses halber, das selbst damals noch an dieser Art Literatur bestand, nicht nur Verlage (wie z.B. der Verlag Hans Bartels in Berlin-Weißensee), sondern auch Buchhandlungen, die sich eigens auf die Publikation und den Vertrieb von Zauberbüchern spezialisiert hatten. Adolf Spamer analysierte die Kundenkorrespondenz einer der letzteren, um Aufschluß über die Motive der Kundschaft zu gewinnen. Das Ergebnis spricht Bände. Ein Magdeburger Postbeamter mittleren Ranges, bat da um die Anschrift des Doktor Faust, weil er im Begriff stand, sich auf Schatzsuche zu begeben und sich zuvor des genaueren über die Bedingungen und Erfolgsaussichten informieren wollte. Er habe ihm, erläuterte er, zwar bereits dreimal nach Wittenberg geschrieben, aber keine Antwort erhalten. Ein Kunde aus Schlawe in Pommern führte zur Begründung seines Interesses an: «Den Glauben an Gott habe ich verloren. Jetzt will ich mich dem andern Geist übergeben und den um Hilfe und Beistand rufen, sonst anders weiß ich mir nicht zu helfen.» Ein Landwirt aus Rathmisch bei Doberan (Mecklenburg) schrieb: «Schick mir ein Buch, damit man sicherlich Goldschätze mit entdecken kann [...] Ich habe das 6. und 7. Buch Moses auch, aber das ist ja zu schwer zu lernen und mit vielen Geldkosten verbunden, bin auch man schwach im Gedächtnis, das kann ich auch nicht begreifen. Sei bitte so gut und schick mir solches, wo man drin bloß zu lesen braucht und ein Geist kommt und nach dem Begehr fragt und daß der Geist einem die Goldschätze zeigt dann zu holen!» Wieder ein anderer hatte mehr persönliche Gründe: «Könnte ich nicht mich durch das Buch Moses von der bösen Frau befreien, daß sie gleich sterben müßte und ich bin dann befreit?» Allerdings war er nicht bereit, allzuviel dafür anzulegen, und bat den Buchhändler abschließend allein darum, ihm das *6. und 7. Buch Moses* lediglich für kurze Zeit auszuleihen.[66]

Scheinen derartige Wünsche ihre Erklärung in den sozialen Voraussetzungen und dem Bildungsniveau der Bittsteller zu finden, die sich tatsächlich nicht anders zu helfen wissen, so ist es doch damit allein nicht abgetan. Magie ist, wie schon gesagt, eine *generelle* Vorstellungs- und Verhaltenskonstante und insofern in *allen* Milieus gegenwärtig, nur eben nicht ganz so unverhüllt, sondern, je nach den Umständen, der aktuellen Situation und der beruflichen Bildung der Beteiligten, mehr oder weniger kaschiert. Bei einem Praxis-Besuch schöpft der Patient, wie eingangs bereits angesprochen, oft schon aus der Art, wie ihm der Arzt entgegenkommt, dem weißen Kittel, der ihn der Alltagswelt enthebt, dem Stethoskop um den Hals, verstärkt durch die quasi aseptische Sachlichkeit des Behandlungszimmers, sowie nicht zuletzt seiner Zuwendung Vertrauen und die Bereitschaft, sich der Kompetenz des Fachkundigen zu fügen.

Ist der Arzt eine anerkannte Größe auf seinem Gebiet, tritt ruhig und sicher auf und erteilt seine Anweisungen mit gleichsam «beschwörender» Suggestivkraft, die keinerlei Zweifel an ihrer Richtigkeit aufkommen läßt, führen nicht selten allein schon seine bloße Gegenwart, das Gespräch, seine Hand, die einen Moment lang auf der Schulter des Patienten ruht, und der Nimbus seiner Autorität zu einer spürbaren Besserung. Unter den Ärzten, die gelegentlich Placebos – Tabletten, die aus nichts als Stärke oder Zucker bestehen, Ampullen, die lediglich eine physiologische Kochsalzlösung enthalten, oder Zäpfchen aus reaktionsloser Suppositorienmasse – verordnen, erzielen manche deutlich größere Erfolge als andere. Wie Untersuchungen ergaben, sind das besonders liebenswürdige und gewinnende, gleichzeitig aber auch selbstbewußte, «starke» Persönlichkeiten, die treffend mitunter als «*Powerful Placebo Personalities*» bezeichnet werden. Bei ihnen kann ein *echtes* Aspirin schon innerhalb weniger Minuten – sehr viel früher also, als die pharmakodynamische Wirkung tatsächlich einsetzt – selbst stärkste Kopfschmerzen beheben.[67] Man denke auch an das Ritual der Chefarztvisite im Krankenhaus mit dem ehrfurchtgebietenden, einem antiken Priesteraufzug nicht unähnlichen Gefolge aus untergeordneten Ärzten, Heilgymnastikerinnen, Krankenschwestern und Pflegern, alle korrekt ihrem Rang nach gestaffelt. Gerade unter den Chefärzten sind *Powerful Placebo Personalities*, sozusagen echte «Charismatiker am Krankenbett», nicht selten, die weniger durch eine detaillierte Begründung ihrer Behandlungsmethoden und schon gar nicht den Hinweis auf deren mögliche Risiken[68], sondern, gleich den römischen Kaisern, allein durch ihr autoritäres, «herrschaftliches» Auftreten oftmals *unmittelbare* Heilerfolge bewirken.[69]

Abb. 3 Arzt, einem Patienten Zuversicht spendend

Anlässe

Scheinbar «rein» rationales Denken und Handeln tritt nahezu immer in Verbindung mit mal weniger, mal mehr ausgeprägten magischen Vorstellungen und Verhaltensweisen auf. Offenbar besteht zwischen beiden ein genuiner Zusammenhang, wenn auch mit fließenden Grenzen. Wie vergleichende Analysen lehren, liefern die Beweggründe für das stärkere Hervortreten der magischen Komponente vorhersehbare potentielle oder aktuelle *prekäre* Situationen, in denen viel auf dem Spiel steht und deren Ausgang unsicher ist, weshalb man sie nicht mit den gewöhnlichen Mitteln meistern zu können glaubt und zu *übergewöhnlichen*, das heißt magischen greift. Legte man Holz aufs Feuer, briet Fleisch, aß es gemeinsam, ließ die Trinkschale kreisen, reinigte das Geschirr oder holte Wasser, bedurfte es dessen nicht; man tat das jeden Tag, alles war eingespielt und zur Routine geworden; es barg kein Risiko mehr. Anders verhielt es sich dagegen, wenn jemand gefährlich erkrankt war oder sich eine schwere Verletzung zugezogen hatte, vor einer Geburt, anläßlich der Erstaussaat und des Ernteanschnitts, während der Jagd, zur Vorbereitung auf eine Reise über die Territoriumsgrenze hinaus oder zur Bereinigung innergesellschaftlicher Zerwürfnisse, vor einer Prüfung, einem Vorstellungsgespräch und so weiter mehr.[70] Die Trobriand-Insulaner (Melanesien) bedienten sich nur bei der risikoreichen Hochsee-, nicht aber der gefahrlosen Lagunenfischerei zusätzlich magischer Mittel[71]; die Amahuaca im Osten Perus, deren Anbau stets ebenso verläßliche wie ergiebige Erträge abwarf, kannten so gut wie keine Agrarmagie, betrieben dafür jedoch einen erheblichen Aufwand an Magie bei der Jagd, da diese nicht immer aussichtsreich und mit Gefahren verbunden war.[72] Entsprechend konnten auch unsichere Zeiten, in denen etwa Krieg und Chaos herrschten, die Menschen befürchten mußten, beraubt und verstümmelt zu werden, in Not und Elend zu geraten oder ihr Leben zu verlieren, den Anlaß bieten, daß man seine Hoffnung verstärkt auf magische Hilfsmittel setzte. Solche Verhältnisse waren in Europa, wie schon gesagt, beispielsweise während der Spätantike, als das Römische Reich im Zuge der Völkerwanderung zunehmend zerfiel, im Spätmittelalter, das vom Bedeutungsverlust des alten Kaisertums und dem Schisma der Kirche erschüttert wurde, und zumal während des Dreißigjährigen Krieges (1618–1648) und der Glaubenskämpfe gegeben. Entsprechend sahen sich fromme Autoren, wie schon erwähnt, immer wieder veranlaßt, gegen die ständige Vermehrung der Kirchenfeste und Heiligen, die Aufnahme apokrypher Texte in die Liturgie, die Einführung neuer Gebete und Hymnen und Übertreibungen bei Bußübungen und Fasten zu wettern[73] – alles zwar Praktiken formal im Gewand der offiziellen Religiosität, in der Art ihres übertriebenen Aufwands und der Vervielfältigung aber doch eindeutig von magischen Intentionen bestimmt.

Verständlicherweise besteht in derartigen kritischen, Verunsicherung und Besorgnis, unter Umständen Verzweiflung und Angst auslösenden Situationen das dringende Bedürfnis, so rasch wie möglich nach einem rettenden Ausweg zu suchen. Sich hier *ad hoc* irgendetwas einfallen zu lassen, hieße ein Risiko eingehen, das heißt unverantwortlich handeln, weil man sich des Erfolgs mangels Erfahrung nicht sicher sein konnte. Gerade unter prekären Umständen gebietet sich daher, auf «Experimente» zu verzichten, den sicheren Weg zu gehen und sich allein auf (vermeintlich) bewährte Verhaltensweisen und Mittel zu verlassen und ihren Vorgaben genauestens zu folgen – also nichts zu verändern oder auszulassen. Besonders gilt das für Menschen, die an sich schon labil, unsicher und ängstlich[74] oder auch weniger gebildet («aufgeklärt») sind beziehungsweise in Unterschichtenmilieus oder abgelegenen Gegenden leben.[75]

Als prekär können indes auch Situationen eingeschätzt werden, die eine entscheidende Bedeutung für die persönliche Zukunft besitzen, wie die Aufnahme einer bestimmten, lohnend erscheinenden Beziehung, Prüfungen oder ein Vorstellungsgespräch. Auch dabei sind, mehr als sonst, Umsicht und Gewissenhaftigkeit geboten. Man sucht sich, nach der Maxime, nur ja «nichts dem Zufall zu überlassen», aufs beste vorzubereiten und lieber des Guten zuviel zu tun, bemüht sich, wiederum «bewährten» Methoden und Vorbildern zu folgen, nicht unmanierlich oder gar herausfordernd, sondern eher zurückhaltend, höflich und «korrekt», auch in der Kleidung, aufzutreten, das heißt insgesamt einen «guten Eindruck» zu machen, weil eben dadurch, wie in den Fällen, an denen man sich orientiert, der Erfolg am sichersten garantiert schien.

Viele prekäre Situationen kehren im Leben häufig wieder. Man weiß dann um ihre Ursachen, um die Risiken und Gefahren, die ihnen möglicherweise innewohnen. Das bedeutet, daß man schon lange Zeit Gelegenheit hatte, Wege und Mittel zu erproben, ihnen das Bedrohliche zu nehmen oder es doch ganz erheblich einzuschränken. Die Vorsichts-, Abwehr- und Sicherungsmaßnahmen konnten standardisiert, die magischen Handlungsweisen *ritualisiert* werden, wodurch insgesamt eine verläßliche *Kontrolle* des Geschehens gewährleistet schien.

Funktionen

Die Magie bietet für kritische Lebenslagen, die leicht verwirren, unsicher, «kopflos» machen und die Betroffenen zu fehlerhaften Reaktionen verleiten können, Auswege und Hilfsmittel an, die Bedürftigen (scheinbar) verläßliche Richtlinien und der Situation angemessene Verhaltensregeln vorgeben, so daß sie ihre Sicherheit zurückgewinnen. Und das nicht nur im akuten Fall. Viele Komplikationen wiederholen sich, das heißt sind *vorhersehbar* – etwa, wenn man sich auf fremdes Terrain begibt, einer Herausforderung mit ungewissem Ausgang gegenübersteht, mit einer mageren Ernte, der infausten Entwicklung einer Krankheit oder dem Scheitern einer Unternehmung rechnen muß. In diesen Fällen sucht man dem noch potentiellen Problem durch magische Prophylaxe vorzubeugen, die Bedrohung durch Amulette, «bannende» Zauberformeln über der Haustür, ein moralisch einwandfreies Verhalten (*Unversehrtheitsprinzip*), vermehrte Gebete, den Besuch einer Wallfahrtsstätte, Opfergaben und dergleichen mehr (*Quantifizierungsprinzip*) *abzuwehren* (apotropäische Magie). Kommt es zur befürchteten Krise und wird sie – dem Vermeinen nach – mit den dafür aufgewandten magischen Mitteln behoben, fühlt man sich gleichsam vom Übel befreit, «entschlackt» und *gereinigt* (kathartische Magie).

Magie besitzt mithin eine *Entlastungsfunktion*. Sie stärkt das Vertrauen in die eigenen Möglichkeiten und Kräfte, verleiht die Zuversicht, daß auch in scheinbar aussichtslosen Situationen noch Hoffnung besteht, und mindert oder beseitigt gar die Sorgen und Ängste der betroffenen Menschen. Ihnen diesergestalt das Bewußtsein der Handlungsunfähigkeit zu nehmen und Mittel und standardisierte Verfahren zur Bewältigung auch komplizierterer Probleme beziehungsweise schwerer Lebenskrisen an die Hand zu geben, das heißt ihnen das Dasein wesentlich zu erleichtern, war speziell nach Auffassung Bronislaw Malinowskis (1884–1942) und anderer Vertreter der sogenannten «funktionalistischen» Ethnologie die eigentliche Funktion der Magie. Sie habe die Aufgabe, so Malinowski, «den Optimismus des Menschen zu ritualisieren und seinen Glauben an den Sieg der Hoffnung über die Furcht zu stärken».[76] Darin bewährte sie sich offensichtlich mit großem Erfolg; anders läßt sich ihre Allgegenwärtigkeit nicht erklären.

Doch gilt das nicht nur für bedrohliche Situationen. Die Erfahrung, daß sich schwierigen Problemen mit Hilfe magischer Mittel (scheinbar) leichter beikommen läßt, legt den Gedanken nahe, auf dieselbe Weise auch Vorhaben, an denen einem besonders liegt, mit größerer Erfolgsaussicht in die Tat umsetzen zu können. Neben der vorbeugenden und abwehrenden «negativen» spielt daher die «positive» Magie eine mindestens ebenbürtige Rolle im Leben der Menschen.

Wie und in welchem Ausmaß das eine oder andere Mittel beziehungsweise Verfahren eingesetzt wird, hängt von den gegebenen Voraussetzungen ab. Vor Entstehung des Bodenbaus (um 10 000 bis 8000 v. Chr.), das heißt vor gut zwei Millionen Jahren, lebten die Menschen sozusagen von der Hand in den Mund auf rein prädatorische («beutemachende») Weise von der «Wild- und Feldbeuterei», wie man früher zu sagen pflegte: Sie lasen auf, ernteten ab, gruben aus und erlegten an Tieren, was die Natur ihnen an genußtauglichen Pflanzen, Früchten und Jagdwild darbot. Und das war in den überwiegend bewohnten gemäßigten, subtropischen und tropischen Bereichen der Erde reichlich genug. Den Frauen fiel dabei das «Ernten» der Pflanzen (bzw. Wurzel- und Blattkost), Samenkörner, Früchte, Nüsse und Pilze, das Einsammeln von

Insekten, Würmern, Raupen, Käfern und Schnecken, das Erbeuten von Eidechsen, Fröschen, Mäusen und anderem Kleingetier sowie der Fischfang in Bächen, Flüssen und Seen zu, während Sache der Männer die Jagd auf das Großwild und die Hochseesäuger (Robben, Delphine, Wale) war. Den Hauptteil des Nahrungsaufkommens – im Schnitt bis zu 70 Prozent – machten dabei die Sammel- und Fangerträge der Frauen aus.

Nahrung war indes nicht nur überreichlich vorhanden, sie lieferte den Menschen überdies noch eine durch und durch vollwertige Kost. Engerlinge, mehr noch Termiten und Heuschrekken, stellten zum Beispiel einen Großteil der Fettzufuhr sicher. In den Tropen ergibt eine Tagesration von 20 bis 40 Larven und Raupen gut 160 Gramm, was etwa 1300 Kalorien entspricht, der Genuß einer analogen Menge an ausgewachsenen Insekten gar das Drei- bis Fünffache davon. Tierisches Eiweiß, zur Hauptsache im Wildbret enthalten, konnte dem Körper zusätzlich durch den Verzehr großer Landschnecken zugeführt werden. Pflanzliches Eiweiß und vor allem Kohlehydrate (Stärke, Zellulose, Glykogen) lieferten Wurzeln, Blattgemüse, Beeren (Früchte) und Wildhonig. Der Tisch der prädatorisch lebenden Völker war sonach immer ebenso dicht und abwechslungsreich wie mit hoch nährwerthaltigen Speisen besetzt – selbst noch in weithin bewuchslosen Trockensteppen, ihren heutigen Rückzugsgebieten. Buschmann-Gruppen in den annähernd wüstenhaften Strichen Botswanas lebten bis in die jüngste Vergangenheit zu einem Großteil von der Mongongo-Nuß (*Ricinodendron rautanenii* Schinz), die fünfmal soviel Kalorien und das Zehnfache an Proteinen wie Weizen, Gerste, Hirse oder Reis enthält. Die Bestände waren so groß, daß alljährlich immer noch Tausende Pfund ungenutzt blieben. Und daneben standen ihnen noch über 80 weitere genußtaugliche Wildvegetabilien, ebenfalls in reichlichem Ausmaß, sowie genügend Jagdwild zur Verfügung, so daß ihre Versorgung selbst in ausgesprochenen Dürrejahren keinerlei Engpässe kannte. Bei den Hadza, die immer mehr von vorrückenden agrarischen und pastoralen Ethnien in die felsenreiche Trockensteppe südlich des Victoria-Sees in Tansania abgedrängt wurden, herrschen eher noch günstigere Bedingungen. Neuere medizinische Untersuchungen ergaben, daß ihre Ernährung nicht nur voll ausreichend, sondern auch optimal zusammengesetzt ist und sie infolgedessen über eine hervorragende Konstitution verfügen. An Arbeit brauchen sie dafür im Schnitt lediglich zwei Stunden pro Tag aufzuwenden.[77] Unter ähnlichen quasiparadiesischen Verhältnissen lebten, und das noch bis vor kurzem, auch andere prädatorische Gruppen der gemäßigten, subtropischen und tropischen Breiten, wie zum Beispiel die Chenchu im Hochland von Dekhan (Zentralindien)[78] oder die Pirahã am Maici, einem Nebenfluß des Rio dos Marmelos im nordostbrasilianischen Amazonasraum, die ihr jüngster Ethnograph, der Amerikaner Daniel Everett, als «das glücklichste Volk» bezeichnete, das er je kennengelernt habe.[79] Es wurde schon vorgeschlagen, Gruppen dieses Typs als «Überflußgesellschaften (*affluent societies*)» zu bezeichnen.[80]

Menschen wie diese kannten keine existentiellen Ängste; sie brauchten sich weder um ihr tägliches Brot noch um ihre Gesundheit ernste Sorgen zu machen. Als Gruppe lebte man nur wenig formalisiert und weithin unbekümmert zusammen. Schlüsselereignisse wie Heirat oder Tod, in agrarischen Gesellschaften von einem Bündel von Zeremonien umflochten, waren hier, wenn überhaupt, lediglich ansatzweise ritualisiert. Es gab so gut wie nichts, was der Entlastung noch der *Ermutigung* bedurft hätte. Christoph von Fürer-Haimendorf (1909–1995) charakterisiert die Chenchu in diesem Sinne:

> «Es kann kein Zweifel daran bestehen, daß der Chenchu die Welt mit nüchtern-rationalen Augen betrachtet. Phänomene, die er nicht versteht, interessieren ihn nicht, und er zeigt

> wenig Furcht vor unsichtbaren Mächten [...] Sein Ideal ist ein starker und ausgeglichener Mann, der ein guter Sammler und Jäger ist und so viel Besitztum zusammenzubringen vermag, als die Chenchu sich eben vorstellen können [...] Mystischen Erfahrungen in der spirituellen Welt wird keinerlei Wert beigemessen. Potaru, der einzige Chenchu der derzeitigen Generation, von dem es heißt, er habe die Vision einer Gottheit gehabt und dessen Geist (*mind*) sich manchmal in fremde Regionen begeben soll, gilt als entschieden abnormal und wird als sozialer Versager entweder bemitleidet oder leicht belächelt.»[81]

Insofern spielte Magie in Gesellschaften dieses Typs nur eine äußerst geringfügige, eher beiläufige Rolle[82] – bis auf eine Ausnahme: Probleme warf einzig die *Jagd auf Großwild* auf, da sie immer riskant, häufig gefährlich und ihr Ausgang oft genug unsicher war. Nur die Jagd begleitete daher auch – vom Angang bis zum Verzehr der Beute – ein, wenngleich selbst in diesem Fall noch begrenzter Satz an magischen Verhaltensweisen und Praktiken.

Das alles änderte sich mit der Entstehung des Bodenbaus zwar erst allmählich in mehreren Übergangsschritten, letzten Endes aber doch in einschneidender Weise. Die Territorien schrumpften um die nunmehr ortsgebundenen Siedlungen im Zentrum des Kulturlandes zusammen. Zu Saisonbeginn mußte der Boden gegebenenfalls gerodet, mit Grabstock oder Hacke (später dem Pflug) umgebrochen, das Saatgut mit der Hand ausgebracht, von «Dornen und Disteln» freigehalten, vor Wildschäden geschützt, endlich die Frucht geerntet und heimgetragen werden. Fortan hatten die Menschen ihr «Leben lang» den Acker «mit Kummer» zu bestellen und «ihr Brot im Schweiße ihres Angesichts zu essen».[83] Die so ganz andere Art des Unterhaltserwerbs machte neue Werkzeug- und Gerätetypen, Verarbeitungstechniken, Konservierungsverfahren und mehr witterungsfest umbauten Raum für den gewachsenen Materialgüterbesitz, die Lagerung der Vorräte und teils auch die Unterbringung der Haustiere erforderlich. Alle arbeiteten unmittelbarer und auf engerem Raum einander zu. Die Distanzen zwischen Individuen, Geschlechtern und Familien verringerten, ihre Abhängigkeiten verdichteten sich. Entsprechend wuchs der Bedarf an eindeutigen Ordnungsstrukturen, Zugehörigkeits-, Besitz- und Zuständigkeits-, das heißt an strikten Verhaltensregeln und im Gegenzug an wirksamen Normenkontrollmechanismen. Dem trugen der Ausbau der Verwandtschaftsorganisation, hierarchisch gegliedert nach genealogischem Vorrang (Abkunft), Alter, Geschlecht, Position und Status, sowie verbindliche Erziehungs- und Sozialisationsverfahren zwecks Disziplinierung und Integration der nachwachsenden Generationen Rechnung, was wiederum plausible Begründungen und, zu deren letztinstanzlicher Legitimierung, den Rückbezug auf den Menschen vorgeordnete, transzendente Übermächte zur Voraussetzung hatte. Das alles barg eine Vielzahl neuer, nicht zuletzt sozialer Probleme und damit potentieller Konflikte, die indes nicht offen ausgetragen werden durften, da die Mitglieder einer dörflichen Gemeinschaft auf Gedeih und Verderb aufeinander angewiesen beziehungsweise voneinander abhängig waren. Feindseligkeiten hätten sofort die Existenzfähigkeit aller in Frage gestellt. Spannungen mußten zurückgedrängt und geheimgehalten, das heißt in die Phantasie verschoben und unter Umständen dort ausgefochten werden. Die Folge war, daß sich nunmehr, in den frühagrarischen Dorfgesellschaften, die Magie zu einem ebenso differenzierten wie umfassenden, «hintergründigen» Vorstellungs- und Verhaltenssystem zu entwickeln begann.

Einmal ganz abgesehen davon, Sorge für die Fruchtbarkeit der Böden, ausreichende Niederschläge und den Schutz der Ernte vor Wildtieren zu tragen, bediente man sich magischer Mittel auch, um seine und seiner Familie Gesundheit zu erhalten beziehungsweise wiederherzustellen,

Unzufriedenheit, Neid und Streitereien möglichst schon im Keim zu ersticken sowie, falls es zu offenen Konflikten kam, die Schuldigen zur Rechenschaft zu ziehen. Neben ökonomischen und therapeutischen erfüllte die Magie so immer auch soziale Funktionen, trug mit zur Aufrechterhaltung der Ordnung bei.[84] Reiche zeigten sich hilfsbereit und großzügig, um sich nicht dem Unmut und magischen Revancheattacken der weniger Bemittelten auszusetzen.[85] Diebe, die in Versuchung gerieten, überlegten es sich lieber noch einmal, da sie, selbst wenn sie unerkannt entkamen, damit rechnen mußten, daß die Geschädigten etwa einen bestimmten Knochen zur Hand nehmen, ihn mit gewissen schadensträchtigen Zeichen bemalen und ihnen, begleitet von wilden Verwünschungen, nachschleudern würden.[86] Allgemein wird erwartet, so der englische Ethnologe John Beattie (1915–1990) zu den Verhältnissen in Bunyoro, einem kleinen Königreich in Uganda,

> «daß jemand freundlich, gastlich, generös und von guten Manieren ist. Ein Mensch, der immer übellaunig erscheint, der seine Hütte im Busch, weit von den andern entfernt errichtet, der niemanden einlädt, mit ihm zusammen zu essen, und auch nicht bereit ist, zu anderen zu gehen und mit ihnen Speise und Trank zu teilen, wird über kurz oder lang von irgendjemandem, den er beleidigt hat, der Zauberei beschuldigt.»[87]

Die Situation verwickelte und verschärfte sich noch einmal mehr mit der Entstehung der Archaischen Hochkulturen im 5. Jahrtausend v. Chr. Die Menschen rückten in den engen Gassen und Vierteln der Städte noch dichter zusammen, ohne sich aus dem Weg gehen zu können. An die Stelle der agrarischen Urproduktion traten das verarbeitende Gewerbe, der Nahrungserwerb aus fremder Hand auf den Märkten, Dienstleistungs- und Administrationstätigkeiten, sich allesamt ständig weiterentwickelnd, das heißt differenzierend gemäß dem wachsenden Bedarf an handwerklichen Gerätschaften, Gebrauchs-, Nahrungs-, teils auch Luxusgütern der vielschichtig gegliederten, streng hierarchisch gestuften Gesellschaft bis hinauf zum Königshof. Tagelöhner und Lastenträger, Fischer, Schlachter, Abdecker, Ziegelbrenner, Töpfer, Weber, Färber, Wagner, Schmiede, Bäcker, Händler und andere Gewerbetreibende mehr, Schreiber, Ordnungshüter und Verwaltungsbeamte nahmen, in konzentrischer Abfolge entsprechend ihrem Status, eigene Straßenzüge und Viertel rings um den Kern der Städte mit den Palästen der hohen säkularen und geistlichen Würdenträger und der Residenz des Herrschers im Zentrum ein. Die alten verwandtschaftlichen Bande lösten sich auf, Fremde, der Herkunft wie Beschäftigung nach, wohnten Tür an Tür. Die komplexe, hoch verschachtelte Mosaikstruktur der urbanen Gemeinwesen hatte zur Folge, daß die sozialen Zusammenhänge und Abhängigkeitsbeziehungen zunehmend undurchsichtiger wurden, was seinerseits wiederum dazu führte, daß den Obrigkeiten immer mehr Aufsichts-, Organisations- und Entscheidungshoheit, das heißt *Macht* zuwuchs.

Gleichzeitig verstärkten die räumliche Enge und soziale Verflechtung der teils so unterschiedlichen Berufs- und Sozialgruppen das Reibungs- und Konfliktpotential. War es vormals keine Frage gewesen, daß man die Ursache für ein Unglück zunächst in einem eigenen oder dem Verschulden eines Angehörigen zu suchen hatte, so ließ sich das nunmehr kaum noch eindeutig entscheiden, gewann der Verdacht, daß man ein Opfer mißgünstiger Konkurrenten, übler Nachrede verärgerter Nachbarn, einer Intrige, einer böswilligen Anzeige bei der Obrigkeit – kurz: einer *magischen* Nachstellung sein könnte, mehr und mehr an Gewicht. In den alten Städten schoß die Magie wie niemals sonst ins Kraut, beherrschte und bedrückte die Menschen in einem Ausmaß, daß sich der sumerische König Gudea von Lagasch (ca. 2050–2000 v. Chr.), wie schon erwähnt, gezwungen sah, alle «Zauberer» des Landes zu verweisen.[88]

Doch ängstigte die Magie die Menschen nicht nur; sie trug auch zu ihrer Entängstigung bei, enthob sie ihrer Hilflosigkeit, indem sie für unerwartet eintretende unheilvolle und schmerzliche Widerfahrnisse, für scheinbar «unglückliche» Zu-Fälle eine *Erklärung* bereitstellte, so daß sich angemessen auf sie reagieren ließ.[89] Ein Mann verletzte sich bei der Arbeit, zog sich unter Umständen eine Blutvergiftung zu und starb daran. Eheleute entzweiten sich «aus heiterem Himmel», eine Frau verlor mit einem Mal ihre Fruchtbarkeit, die Kinder starben plötzlich noch im Säuglingsalter, ein Unwetter vernichtete die Ernte, das Vieh wurde von einer Seuche dahingerafft und so weiter mehr – alles Geschehnisse, für die sich in der Magie, das heißt in schadensmagischen Attacken übelwollender Gruppenmitglieder, eine plausible Erklärung ausmachen ließ. Auch der Tod wurde, wie schon gesagt, zumeist auf diese Weise begründet; nur in den wenigsten Fällen führte man ihn tatsächlich einmal auf «natürliche» Ursachen – wie zum Beispiel Altersschwäche – zurück.[90]

Der bekannte englische Ethnologe Edward E. Evans-Pritchard (1902–1973) veranschaulicht diese Art Denken an einem sehr bezeichnenden Beispiel. Bei den Zande in der heutigen Republik Südsudan, bei denen er sehr eingehende ethnographische Forschungen durchführte, bricht immer wieder mal ein alter Getreidespeicher zusammen. Daran ist nichts Besonderes; jedermann ist bewußt, daß die Stützpfeiler irgendwann einmal den Termiten zum Opfer fallen werden. Doch kann es geschehen, daß just zu dieser Zeit Leute darunter sitzen, um sich in seinem Schatten von der Feldarbeit auszuruhen, und von den herabfallenden Balken verletzt oder getötet werden. Warum, stellt sich den Zande prompt die Frage, mußte der Speicher ausgerechnet zu dieser Zeit, als Menschen unter ihm Schutz gesucht hatten, zusammenbrechen? Wir sähen darin vielleicht eine rein zufällige Koinzidenz. Nicht so die Zande. Für sie ist der Umstand, daß genau zu der Zeit, als einer der Pfeiler so zerfressen war, daß er zusammenbrach und den Speicher zum Einsturz brachte, ganz bestimmte Leute eben ihn als Schutzdach für ihre Arbeitspause ausgewählt hatten, ein untrügliches Zeichen dafür, daß hier nur Magie im Spiel gewesen sein konnte.[91]

Der Verdacht wiegt vermutlich noch heute, auch in Europa, wenngleich mehr in bestimmten «abergläubischen» Kreisen. Allerdings wird er meist eher unter der Hand geäußert. Anders im gerade mal gut 100 Jahre zurückliegenden Fall eines Bauern aus der Bodensee-Region, der nicht der Mann war, aus seinem Herzen eine Mördergrube zu machen. Er glaubte, Hinweise darauf zu haben, daß seine Nachbarin eine «Hexe» sei. Und eines Morgens lieferte ihm folgendes Erlebnis dann auch den Beweis dafür: Während er sich anschickte, seinen Traktor anzufahren, radelte besagte Nachbarin an seiner Hofeinfahrt vorbei – und sah hinein. Auf der Stelle starb ihm der Motor ab. Nach einer Reihe vergeblicher Versuche, ihn wieder zum Anspringen zu bringen, ergriff ihn die Wut und er rammte dem vermeintlich «verhexten» Gefährt sein offenes Klappmesser in die stählerne Flanke. Und siehe da: Beim nächsten Versuch sprang der Motor an. Der noch mürrische, aber zufriedene Bauer sah seinen Verdacht aufs vollste bestätigt.[92]

Um noch einmal hervorzuheben: Magie ist nicht, wie der «Akademozentrismus» der neuzeitlichen Gebildeten den Eindruck erwecken will, ein überständiges Relikt aus alten, unaufgeklärten Zeiten. Magisches Denken und Verhalten lebt fort und wird das auch fürderhin tun, da es sich um eine gemeinmenschliche *Konstante* handelt, die existentielle Funktionen erfüllt. Sie trägt zur Entlastung und Ermutigung bei, indem sie den Menschen in unsicheren und gefährlichen Situationen (z.B. in Krankheitsfällen) Richtlinien und Mittel zur Verfügung stellt, die ihnen die Hilflosigkeit nehmen, Zweifel zerstreuen, ihr Selbstvertrauen und ihre Zuversicht stärken. Besorgte wie Leidtragende fassen Hoffnung, auch einer schwierigen Lage Herr werden, eine wichtige Prüfung bestehen, einen Mißerfolg wettmachen und selbst von einer scheinbar tödlichen Krankheit geheilt werden zu können. Unerwartet auftretende Probleme und Unglücksfälle, die Ratlosigkeit und Verzweiflung auslösen, finden im Magieglauben eine Erklärung, die einen Ausweg weist und die Kraft und den Mut verleiht, zumindest den Versuch zu wagen, sich aus der mißlichen Situation zu befreien.

So besteht, nochmals auf den Punkt gebracht, eine wesentliche Funktion der Magie darin, den Menschen die Selbstzweifel und den Kleinmut zu nehmen, im Lebenskampf nicht bestehen zu können, zu straucheln und zwangsläufig das Opfer anderer, Überlegener zu werden. Magie hilft – wie auch im weiteren noch hinlänglich zu sehen sein wird – diese Ängste abzubauen und in Zuversicht und den Glauben an die eigene Leistungs- und Durchsetzungskraft zu verkehren. Sie stellt Mittel und Wege zum Konfliktabbau und eusozialen Zusammenleben bereit. Insofern besitzt sie eine geradezu *therapeutische* Funktion, nicht unähnlich den Tagträumen, in denen bedrängte Menschen ihre Sorgen für eine Weile außer Acht lassen und sich vorstellen, ihre Probleme gäbe es gar nicht, der Erfolg wiche ihnen nicht von der Seite, sie könnten sich alle Wünsche erfüllen und glücklich und in Frieden mit ihren Mitmenschen zusammenleben. Magie verleiht derartigen Phantasien den Anschein der Gewißheit, trägt bei zu Willen und Zuversicht, trotz allem weiterleben zu wollen.

Begriffsbestimmung

Der Begriff «Magie» geht im Deutschen auf altgriechisch *mageía* (μαγεία), latinisiert *magia*, «Zauberei», «Zauberkunst», zurück, gebildet in Anlehnung an die altpersische Bezeichnung für die zoroastrische Priesterschaft, die «*Magoi*» (μάγοι, sing. *mágos*, μάγος), die bei den Griechen in dem Ruf standen, große Zauberer zu sein.[93]

Demzufolge wird unter «Magie» allgemein der Glaube verstanden, eine Intention (einen Wunsch) oder ein kompliziertes Problem, die sich vermeintlich auf die gewohnte, allfällige Weise nicht verwirklichen beziehungsweise lösen lassen, mit Hilfe *übergewöhnlicher* Mittel in die Tat umsetzen beziehungsweise beheben zu können. Daraus folgt, daß, wie schon verschiedentlich hervorgehoben, den Anlaß dazu eine irgendwie prekäre, das heißt *kritische*, unter Umständen akut bedrohliche Situation darstellt, wie etwa eine schwere, möglicherweise unheilbare Krankheit, berufliche Probleme, der Tod eines Partners, Verarmung oder sonst ein ernstes Mißgeschick, dem es zu begegnen gilt. Dabei kann die Einflußnahme, je nach der gegebenen Situation, *unmittelbar* durch Berührung (Kontakt) oder *mittelbar* erfolgen – in dem Fall über größere Distanzen hinweg und indem man das Gemeinte durch analoge Gesten und Handlungen verdeutlicht.

Magisches Handeln ist überwiegend konkret-praktischer Art, das heißt explizit zweckgerichtet. Auch wenn es sich gängiger Verfahren und Mittel bedient, wird der erhoffte Erfolg doch nicht diesen, sondern den magischen Begleitmaßnahmen zugeschrieben. Melanesische Heiler verstehen es zum Beispiel, Trepanationen auf eine überaus kunstfertige Weise durchzuführen; allein für das Gelingen der Operationen machen sie nicht ihr Geschick, sondern die Zaubersprüche, die sie während der Eingriffe rezitieren, verantwortlich.[94]

Das Anwendungsgebiet der Magie umfaßt generell alle Bereiche der menschlichen Existenz, konzentriert sich besonders jedoch im Fall persönlicher, familiärer und sozialer Probleme und Komplikationen. Dabei werden oft, teils selbst im wissenschaftlichen Schrifttum, Magie und «Hexerei» in Verbindung gebracht, ja gleichgesetzt. Beide stimmen zwar gelegentlich in den Auswirkungen überein, sind jedoch, worauf ethnologischerseits nicht nachdrücklich genug aufmerksam gemacht werden kann, zwei absolut unterschiedliche Phänomene. Hexerei ist annähernd weltweit, wenn auch nicht lückenlos – beispielsweise in Melanesien und Neuguinea, in Südostasien, im pakistanischen Hindukusch, in Afrika und Europa bis in die Neuzeit – belegt und weist dabei in Vorstellung wie Praxis überraschende Gemeinsamkeiten auf. Hexen, in der überwiegenden Mehrheit erwachsene Frauen, sollen die Fähigkeit, ja geradezu den Drang besitzen, nachts, bevorzugt um die Mitternachtszeit, in Gestalt ihrer Spiritualseele ihren Leib zu verlassen und sich mit anderen an einem bestimmten Ort, gewöhnlich auf einem hohen Berg, zu orgiastischen Umtrieben zu versammeln, anschließend, gleichsam «aufgeputscht», über einige ihrer schlafenden Nachbarn herzufallen und ihnen das Blut, das heißt die Lebenskraft auszusaugen – ein Prozeß, der sich unter Umständen über mehrere Wochen, wenn nicht Monate hinziehen kann. Äußerlich erkennt man das daran, daß die Betroffenen ohne ersichtlichen Grund plötzlich *dahinzusiechen*, gleichsam an «Auszehrung» zu leiden beginnen.[95]

Es bestehen also gravierende Unterschiede. Magie kann von jedermann erlernt und angewandt werden; sie ist sozusagen eine Kunstfertigkeit eigener Art, die immer bewußt, willentlich und zweckorientiert ausgeübt wird und sich gleichermaßen für negative wie positive Ziele nutzen läßt. Hexerei dagegen ist eine angeborene Gabe, die nur bestimmte Menschen besitzen. Sie kann vererbt werden (als sei sie genetisch bedingt!) und tritt so in einzelnen Familien und Sippen besonders häufig auf.[96] Sie geschieht zudem, da die Hexen während ihres Treibens schlafen, unwissent- und unwillentlich, weshalb sie für die Leiden und den Tod ihrer Opfer nicht eigentlich verantwortlich gemacht werden können, wiewohl manche Frauen zu ahnen scheinen, ja überzeugt sind, nachts als Hexen unterwegs zu sein.[97] Und schließlich unterscheidet Magie und Hexerei auch, daß letztere allein schadenstiftenden, bösartigen Zielen dient.[98]

Medien

Kräfte

Wie bei jeder zielgerichteten, sei es einer manuellen oder geistigen Aktivität gilt auch für magische Handlungen, daß mit dem angestrebten Ergebnis nur gerechnet werden kann, wenn sie zum einen fehllos und korrekt auf die altüberlieferte, das heißt (vermeintlich) bestens bewährte Weise, zum andern unter möglichst optimalen Voraussetzungen vorgenommen werden. Unter Umständen stellt schon eine geringfügige Auslassung, erst recht ein Fehler den Erfolg des Ganzen in Frage (in derartigen Fällen begann man gewöhnlich noch einmal von vorn).

Um Unkonzentriertheiten und Fehler zu vermeiden, sollten sich magisch Handelnde in einem insgesamt *unversehrten* Zustand befinden, das heißt erwachsen, gesund und im Vollbesitz ihrer physischen und geistigen Kräfte sein sowie über hinreichende Erfahrung verfügen. Dabei fiel, um in Gang zu kommen und den intendierten Effekt bewirken zu können, der – kontrollierten – Verfügungsgewalt über die erforderlichen, seien es die eigenen oder sonst zu aktivierenden Kräfte eine Schlüsselrolle zu. In indigenen und traditionellen (prämodernen) Kulturen unterschied man vier «Grundkräfte», die teils ineinander überführbar und alle in der einen oder anderen Weise an magischen Aktivitäten beteiligt waren. Dabei handelte es sich um:

1. Die **Naturkraft**, die den Bewegungsprozessen der *unbelebten* Natur zugrunde liegt und sich auf verschiedenerlei Weise, besonders spürbar in fließendem (oder fallendem) Wasser, in Wind und Sturm, im Erdbeben, im Feuer, im Vulkanismus, in der Härte und Schwere von Materialien, der Bewegung der Himmelskörper sowie der Leuchtkraft und Wärme der Sonne bemerkbar macht.

2. Die **Vital-** oder **Lebenskraft**, welche die Funktionsfähigkeit der pflanzlichen, tierlichen und menschlichen Organismen aufrechterhält. Sie bildet das treibende Agens, das die physiologischen Bewegungsprozesse (Blutzirkulation, Verdauung, Atmung, Wahrnehmung, Blüte, Keimkraft, Fruchtbildung usw.) und die gesamtkörperliche Motorik (auch das Wachstum) möglich macht. Da sie für den Menschen tagtäglich und in bestimmten ihrer Äußerungsformen unmittelbar erfahrbar war und genutzt werden konnte, besaß man von ihr auch die differenziertesten Vorstellungen. Besonders konzentriert glaubte man sie in den stärker durchbluteten Organen (Herz, Leber, Nieren, Lungen), den fortwährend nachwachsenden Nägeln und Haaren, in allen konsistenteren, dem Verfall deutlich weniger ausgesetzten Bestandteilen des Körpers, wie Knochen und Zähnen, den Endpartien der Extremitäten, also in Händen, Füßen und Kopf, sowie den infolge von Bewegung (und Wärmeentwicklung) abgesonderten Sekreten Schweiß, Sperma, Speichel und Tränen, im erweiterten Sinn auch in der vom Körper abgestrahlten Wärme, dem Geruch, im Atem, den Worten und Blicken. Dem entsprachen bei Pflanzen Säfte, Harz, Blüten, Samen, Früchte, Wurzeln und Zweigenden, bei Tieren die der menschlichen Physis analogen Organe, Substanzen und Körperpartien samt Besonderungen wie Hufe, Hörner (El-

fenbein), Schwänze und anderes mehr. Generell besaßen Lebewesen mehr oder weniger Lebenskraft je nach ihrem körperlichen Zustand, Geschlecht, bestimmten spezifischen Eigenschaften, ihrem Alter und – bei Tier und Mensch – ihrem Rang (Status) in der Gruppe.

Die besonderen Äußerungsformen der Vital- wie ebenso auch der Naturkraft, das heißt die typischen Merkmale von Stoffen und Lebewesen, wurden als deren spezifische *Eigenschaften* verstanden. Bestimmte Pflanzen und Tiere waren giftig, Brennesseln «brannten», manche Vegetabilien und Früchte besaßen einen höheren Nährwert oder sättigten mehr als andere, der Genuß von Fliegenpilz «berauschte», metallene Messer schnitten besser als solche aus Stein. Daraus folgte auch, daß sich Vital- und Naturkraft, etwa durch Berühren, Einreiben, Impfen, Gespräche (Atem), den Blickkontakt oder Verzehr, unmittelbar übertragen, ineinander überführen und kombinieren ließen, sei es mit stärkendem oder schwächendem Effekt. Der Genuß bestimmter Mineralien oder organischer Substanzen, der Besuch sakraler Stätten stärkten die menschliche Lebens- und Widerstandskraft, Blut wie Knochenmehl fanden zu Düngungszwekken Verwendung, Rituale, die man bei aufgehender und hochstehender Sonne vornahm, besaßen ein verstärktes Wirkvermögen, der Verzehr von Fischblasen hatte nach Überzeugung der Jibaro im Bergland von Ekuador zur Folge, daß man leichter und länger schwimmen konnte.[99]

Derartige Konversions- und Kombinationsmöglichkeiten erscheinen nur unter der Voraussetzung denkbar, daß Natur- und Vitalkraft nichts anderes als zweierlei Aspekte beziehungsweise Wirkweisen ein und derselben, die gesamte Natur durchwaltenden «*Allkraft*» sind. Und dies entsprach in der Tat der allgemeinen Auffassung prämoderner Gesellschaften. In fast allen Sprachen kannte man dafür eine eigene Bezeichnung. Den breitesten, über die Ethnologie hinausreichenden Bekanntheitsgrad erreichte das *mana* der Melanesier und Polynesier. An analogen Begriffen ließen sich unter anderem das *pamali* der Malaien, das *aren* der Ao Naga in Assam (Hinterindien), das *bonga* der Ho im indischen Bundesstaat Bihar, das *hasina* der Madagassen, das *mahano* der Nyoro in Uganda, das *dzo* der Ewe im Westsudan und das *orenda* der Irokesen im mittleren Osten Nordamerikas nennen.[100]

3. Die **Sozialkraft**, das heißt eigentlich die durch Nähe, Berührung, den Atemaustausch bei Gesprächen, den Blickkontakt, durch Anteilnahme, Hilfeleistungen und so weiter gleichsam osmotisch diffundierte Vitalkraft der einzelnen Gruppenmitglieder, die, abbildlich zur Sozialstruktur der Gemeinschaft, ein zwar stärkemäßig ungleiches, aber geschlossenes «*Feld*» bildete. Ihre höchste Dichte erreichte sie zum einen verständlicherweise unter Engstangehörigen, also Familienmitgliedern, zum andern unter den Ältesten der Kommune, die nahezu täglich (auf der Agora im Zentrum) zusammenkamen, Informationen austauschten, anstehende Probleme berieten, Streitfälle schlichteten, Gemeinschaftsvorhaben besprachen und anderen mit ihren Kontroll- und Führungsaufgaben zusammenhängenden Fragen nachgingen. Im letzteren Fall trug die ständige Wechselbeziehung auf engstem Raum, im ersteren neben dieser auch die von den Ahnen überkommene, das heißt optimal verträgliche *eine* Vitalkraft zur Verstärkung des Einheitsempfindens bei. Sie mache sie, wie Informanten der Huli in Neuguinea dem amerikanischen Ethnologen Laurence Goldman erklärten, «eins (*makes us one*)».[101] Analog kam nach Auffassung der schon genannten Jibaro Individuen – außer Führungspersönlichkeiten – nur eine verschwindende Bedeutung zu; vielmehr bildete jeder «einen untrennbaren Teil des Ganzen der Familie und Gruppe, zu der er gehörte». Man empfand sich «als organisch kohärent miteinander verbunden, so daß einer für alle und alle für einen standen».[102] Vermöge des langen und vor allem gleichförmigen Zusammenlebens «schwangen» die Empfindungen, Gedanken und Wert-

vorstellungen sozusagen «gleich». Das bedeutete auf der anderen Seite, daß jede Störung der festversponnenen Wechselbeziehungen die Sozialkraft zu beeinträchtigen, zu schwächen drohte. Ein derartiges Risiko bestand stets in *kritischen Situationen*, also etwa bei Geburten (insbesondere Erst- und Schwergeburten), ernsten Erkrankungen oder gefährlichen Unternehmungen. Daher war üblich, in derartigen Fällen die Interferenzen zusätzlich zu stärken, indem man sie *ritualisierte*, das Verhalten der Beteiligten «gleichschaltete» und peinlichst darauf achtete, daß es zu keinerlei Fehler oder gar einem Tabubruch kam. Stand beispielsweise eine Geburt bevor, begaben sich die Eheleute, anfangs getrennt, in Seklusion, bewegten sich möglichst wenig, mieden ungute Gedanken und befolgten dieselben Enthaltsamkeitsvorschriften, damit, wie die Jibaro zur Begründung anführten, kurz vor, während und in den Wochen nach der Geburt des Kindes «*all three in one way form a single organism, a single personality*».[103] In ländlichen Bereichen Europas pflegte der Vater, um seinen Beitrag zum besagten Dreierbund zu leisten, den Säugling in das Hemd, das er gerade trug, zu wickeln.[104] Bei Erkrankungen, die zu Sorge Anlaß gaben, ließen sich die Nächstverwandten um das Krankenlager herum nieder, saßen einfach nur da und schwiegen, um dem Kranken ihr Mitleiden und ihre Solidarität zu bekunden und ihm so Kraft zu übermitteln und Zuversicht zu verleihen.[105] In anderen Fällen teilten sie auch die Diät mit ihm.[106] Begaben sich bei den Lhota Naga in Assam (Indien) die Männer auf die Jagd, stellten ihre Frauen das Weben ein, damit sie sich nicht in einer Schlingpflanze verfingen und wehrlos einem Raubtier zum Opfer fielen.[107] Befand ein Erkrankter sich auf dem Weg der Besserung und ein Familienangehöriger (Vater, Mutter, Gatte usw.) machte sich einer schweren Traditionsverletzung schuldig, indem er zum Beispiel die Ehe brach, erlitt der Patient sofort einen Rückfall.[108]

Je ungetrübter die Gemeinsinnigkeit, desto stärker die Sozialkraft. Sie bildete die wichtigste Voraussetzung für die Überlebensfähigkeit der Gesellschaft. Um mögliche Beeinträchtigungen von vornherein abzuwehren, herrschte allgemein, vor allem aber unter Familienangehörigen und Verwandten, ein dezidiertes Friedens-, ja Harmoniegebot. Manchen, wie den Boran in Südäthiopien, galt es geradezu als «geheiligte Verpflichtung». Zu jeder Gelegenheit appellierten sie, formelartig und zur steten Adhortation untereinander, an den «Frieden der Boran».[109] Zum gleichen Zweck schworen sich die Ältesten der Iraqw in Tansania zu Beginn jeder Ratsversammlung *unisono* im Chor ein: «Wir lieben einander», «wir sind einer Meinung», «wir sind eins».[110] Insofern bezeichnete sie Robert Thornton auch (mit Blick auf die allen gemeinsamen Werte) als «*a morally corporate body*».[111]

Im Normalfall verband die Mitglieder einer Lokalgemeinschaft eine starke wechselseitige Anziehungskraft. Man empfand Sympathie und Empathie füreinander, handelte – zumindest dem Ideal nach – strikt solidarisch. Es herrschte ein hohes Maß an Kongruenz und, als Folge davon, Kohäsion – gesetzt, daß niemand einen gravierenden Regelbruch beging oder es zu schwerwiegenden Unstimmigkeiten kam, was zur Störung, wenn nicht ernstlichen Erschütterung der Einmütigkeit, zu unguten Empfindungen, wie Verdächtigungen und Neid, und unter Umständen zu Zerwürfnissen hätte führen können. Denn das setzte dissoziative Kräfte frei, was möglich war, da nach Auffassung vieler Völker, wie zum Beispiel der Safwa in Tansania, die Vitalkraft (*itonga*) neben dem positiven (*linza*), bindenden und stärkenden, potentiell immer auch einen negativen (*libibi*), zersetzenden und zerstörerischen Aspekt besaß[112], der dann eben bei gesellschaftlichen Unstimmigkeiten virulent wurde. Je regelkonformer das Zusammenleben, desto gefestigter die Sozialkraft, desto lebensfähiger die Gruppe – wie es im Sprichwort heißt: «Einigkeit macht stark», oder: «Vereint sind auch die Schwachen mächtig.»

Die Sozialkraft ließe sich auch als «Feld» vom Umfang des Dorfareals beschreiben, mit der höchsten Konzentration im Bereich der Agora, personal verkörpert in den dort residierenden Ältesten und dem Gearchen, sowie den Sekundärzentren der familiären Feuerstellen mit den Patriarchen, ringsum bis zur Peripherie hin sich dann zunehmend abschwächend und diffundierend. Von den Dichtezentren («Polen») geht jeweils die stärkste Anziehungskraft aus, welche die Verhaltenskonventionen, das heißt den Kräftefluß (die Bewegungen im Feld) nach dem «Gefälle» im Kräftepotential der Gruppenmitglieder je nach Alter, Geschlecht, Status, Befindlichkeit, Situation und Tätigkeit bestimmt. Die Verteilung bleibt konstant, solange nichts Regelwidriges geschieht. Verletzt jemand eine Verhaltensvorschrift und unterbricht den Kräftefluß, bemüht man sich, den Schaden durch Restituierungsmaßnahmen wieder auszugleichen, das heißt sozusagen ungeschehen zu machen. Bleibt das Kräfteverhältnis unangetastet und ausgeglichen, entspricht das «Feld» beziehungsweise entspricht die Lokalgemeinschaft einem *stabilen System* (im Sinne des 1. Hauptsatzes der Thermodynamik). Allerdings war auch den prämodernen Gesellschaften bewußt, daß – durch nicht vollends gesühnte (oder unbemerkte) Vergehen, Fremdkontakte oder Naturkatastrophen – immer etwas der kommunalen Sozialkraft verlorenging («Entropie»). Um derartige Verluste möglichst geringzuhalten, setzte man auf strikte Regeltreue, herrschte die patrilineare, das heißt ortsgebundene Abstammungsordnung und schottete man sich vor der Umwelt weitgehend ab, führte also praktisch ein Leben in Seklusion – ein stabiles System konnte nur ein *geschlossenes* sein (wiederum im Sinne des 1. Haupt- oder auch «Allgemeinen Energieerhaltungssatzes»).

4. Die **Spiritualkraft**, die, anders als die drei vorgenannten Kräfte, immer entweder als «Geistseele» an physische Organismen (Menschen, Tiere) gebunden oder aber mit körperlosen, das heißt transzendenten Wesenheiten (Ahnen, Geister, Götter) identisch ist. Wie der «Geist Gottes» im Verhältnis zur Urmaterie vor der Erschaffung der Welt, nimmt sie gegenüber der Stofflichkeit der Körper, denen sie «einwohnt», eine vor- und übergeordnete Position ein und trennt sich von ihr, sobald sie verfällt beziehungsweise der Körper abstirbt. In den alten Kulturen dachte man sie sich beim Menschen gewöhnlich im Kopf, genauer unterhalb der Hauptfontanelle lokalisiert. Sie verlieh ihm das Bewußtsein, das Reflexions-, Erkenntnis- und Erinnerungsvermögen, war das Zentrum seiner Kognition, Vorstellungswelt und Willensbildung, das heißt sozusagen die «Schalt- und Steuerungszentrale» seiner Entscheidungen, Verhaltens- und Handlungsimpulse. Insofern gingen alle Veränderungsprozesse letzten Endes entweder unmittelbar auf Einflußnahmen der Geistseele eines oder mehrerer Menschen (Geräteherstellung, Anbau, Wissenserwerb), auf Geister und Götter (Regen, Wind, Steinschlag, Eklipsen) oder mittelbar, *via* Langzeitwirkung, auf die Schöpfung (organische Funktionen, Wachstum, Wechsel von Tag und Nacht, Verwitterungserscheinungen) zurück. Beim Menschen hing das Wirkpotential der Spiritualseele dabei, anders als bei Geistern und Göttern, immer auch vom Zustand des Körpers ab, mit dem sie verbunden war, über dessen «Fleisch» sie gebot: vom Alter, dem Geschlecht, dem Status, dem Befinden sowie auch der aktuellen Gemütsverfassung. Doch konnten Menschen die Einflußmöglichkeiten ihrer Geistseele auch verstärken beziehungsweise je nach Bedarf modifizieren, indem sie mit bestimmten Geistern oder Göttern ein partnerschaftliches Bündnis eingingen.

Daß Leib und Spiritualseele von unterschiedlicher Art waren und sich letztere insofern von ihrer körperlichen Umhüllung lösen konnte, stellte für den Menschen sowohl eine Gefährdung als auch eine Chance dar. Normalerweise verließen Spiritualseelen zum Beispiel allnächtlich den

Körper und gingen sozusagen auf Reisen, meist in die Unterwelt, um in Kontakt mit den Ahnen zu treten. Was sie dabei sahen und erlebten, bildete den Inhalt der *Traumgesichte.* Im Todesfall «stiegen» sie gleichfalls «aus», nur kehrten sie dann nicht mehr beziehungsweise erst nach Generationen wieder zurück, um sich in einem neuen Leib einzukörpern. Eigens Geschulte, wie Schamanen, konnten ihre Spiritualseelen auch willentlich, im Rahmen eines «Entrückungszustands» (d.h. einer Ekstase), auf Reisen bis tief in die jenseitige Welt schicken, um dort im Traum vom Weg abgekommene Geistseelen anderer aufzuspüren, den Standort des Jagdwilds zu erkunden oder von den Göttern Hinweise auf künftige Geschicke der Ihren zu erlangen. Dabei liefen sie allerdings immer Gefahr, von bösartigen Geistern abgefangen zu werden, was auf ihren Tod hinauslief.

Beging jemand ein schweres, unsühnbares Vergehen, versagte man ihm die übliche rituelle Bestattung und verscharrte ihn notdürftig im «Busch», was zur Folge hatte, daß seine Spiritualseele nicht den Weg ins Totenreich fand und fortan ein ruheloses Dasein zwischen Diesseits und Jenseits als «Untoter» zu führen verdammt war, das heißt sich nicht mehr reinkarnieren konnte. Häuften sich derartige Schwerstvergehen, drohte die Gruppe auszusterben. Auf der anderen Seite bot die Geistseele den Menschen aber auch die Möglichkeit, auf ihren Reisen im Jenseits, durch Visionen oder Kontakte mit Ahnen, Geistern und Göttern *via* «Besessenheit» weiter, das heißt «hellzusehen» und «höhere» Erkenntnisse mit Belang für alle Bereiche des Lebens zu gewinnen. Speziell im Bezug auf die Magie erlaubte der Besitz der Spiritualkraft Einflußnahmen über größere Distanzen hinweg, wie besonders im Fall des «Gedankenzaubers»: die vermöge der Willenskraft angetriebene Übertragung guter wie böser Wünsche beziehungsweise Verwünschungen.

Kräfte bilden das *Movens* des Lebens, konkreter des Denkens und Handelns und damit nicht nur, sondern gerade auch der Magie. Ihre Kenntnis und bewußte Nutzung sind ein Spezifikum des Menschen. Insofern bestand immer auch die Möglichkeit ihres Mißbrauchs. Überwog in den alten, vor allem den indigenen Kulturen immer der Wille, sie positiv, zum Erhalt der lokalen Umwelt und der eigenen Existenzfähigkeit zu nutzen, änderte sich das mit der Entstehung der urbanen, «hochkulturlichen» Gesellschaften radikal. Heute haben die zersetzenden, zerstörerischen Kräfte die Oberhand gewonnen. Der Mensch vermag sie kaum noch zu kontrollieren; unschwer läßt sich absehen, wann sie seine Existenzfähigkeit samt der globalen Umwelt vollends zunichte gemacht haben werden.

Orte

Zu den Voraussetzungen, die mit über den Erfolg einer magischen Handlung entscheiden, zählen – heute nicht mehr so dezidiert – auch die Orte, an denen sie vorgenommen wird, und zwar gemäß der Absicht, die man damit verfolgt. Handelt es sich um eine gute, empfiehlt sich eine sakrale beziehungsweise eine Weihestätte, die als solche über ein erhöhtes positives Kraftpotential verfügt, das sich zur Verstärkung beziehungsweise Beschleunigung des magischen Vorhabens nutzen läßt – beispielsweise der heimische Herd, auf dem die Nahrung der Familie zubereitet wird, die sie am Leben erhält, dessen Feuer sie wärmt und um den sich ihre Mitglieder allabendlich, ihre Zusammengehörigkeit demonstrierend und stabilisierend, versammelten, ferner der Ahnenaltar im Hof, Quellen, die «reines», für religiöse Zwecke wie den Lebenserhalt gleichermaßen unentbehrliches Wasser spenden, oder auch bestimmte «heilige» Bäume, die als Sitz fruchtbarkeits- und segenstiftender Genien oder Schutzgeister einzelner, der Familie und Lokalgruppe gelten. Verfolgte man ungute Absichten, wollte also andere etwa um ihre Gesundheit, Potenz, gesellschaftliche Reputation, ihren ökonomischen oder beruflichen Erfolg bringen, suchte man bevorzugt Stätten mit einer hohen Konzentration an negativen, das heißt zersetzenden, zerstörerischen Kräften auf, wie zum Beispiel Orte, an denen einmal ein schweres Verbrechen (mit Todesfolge) begangen wurde, Abfallhaufen, Friedhöfe oder Sumpfgebiete, die man früher als Gegenden begriff, bei denen Gott die Schöpfung sozusagen liegengelassen, nicht abgeschlossen, das Feuchte noch nicht vom Trockenen und Festen geschieden hatte, so daß hier chaotische Kräfte walteten und Dämonen ihr Unwesen trieben. Für gut- wie bösartige Zwecke gleichermaßen eigneten sich dagegen alle Arten von *Grenzbereichen*, speziell ihre Durchbruchstellen, also etwa Tore, Furten, Pässe und Kreuzungen. Grenzen scheiden eines von einem anderen Ordnungssystem, so daß im Bereich dazwischen weder die Gesetze des einen noch die des anderen Geltung besitzen und insofern ungeordnete, unbestimmte, instabile, quasichaotische Verhältnisse herrschen und Einflußnahmen in beiderlei Richtung keinem markanten Widerstand begegnen und leichter, wenn auch unter Umständen ein wenig gekrümmt und geknickt, durchkommen können. Aus diesem Grund pflegte man seit alters Grenzsteine, Wehranlagen an beziehungsweise über einer Straße, die den Zugang zum eigenen Territorium markierte, Türrahmen, Torbögen und die Portale von Grabheiligtümern, Tempeln, Kirchen, Burgen und Schlössern mit apotropäischen Signaturen, Formeln und bildlichen Darstellungen, denen man eine entsprechende Abwehrkraft zuschrieb, zu versehen sowie oft auch vitalkrafthaltige Substanzen (Samenkörner, bestimmte Pflanzen), Tiere und Menschen, bevorzugt Kinder, noch bei lebendigem Leibe, in die Fundamente der Grundmauern einzuschließen.[113] Im alten Mesopotamien verwandte man dazu – neben den soeben genannten «Bauopfern», wie der Terminus dafür lautet – häufig auch Tonstatuetten geistiger Schutzmächte, während die Tore der Städte, Paläste und Festungsanlagen zur Abschreckung mit halbplastisch herausgearbeiteten Darstellungen mythischer Ungeheuer ausgestattet wurden.[114]

Zeiten

Ferner maß man meist auch den Zeiten, während derer eine magische Handlung vorgenommen wurde, Einfluß auf ihren Ausgang zu. Eine effizienzsteigernde Wirkung schrieb man allgemein dem Tag, speziell dem Sonnenaufgang und der Zunahme der Leuchtkraft und Wärmeentfaltung des Zentralgestirns bis zum Mittag, seinem Höchststand, zu, ferner Festen, die der Stärkung der Fruchtbarkeit von Feldfrüchten, Haustieren und Menschen gewidmet waren, sowie wieder *Schwellen- und Übergangsphasen*, wie der Morgendämmerung, den Äquinoktien und Solstitien, der Aussaat und Ernte der wichtigsten Kulturpflanzen («kleine Jahreszeiten») und ganz besonders der Jahreswende selbst (Neujahr). Hatte man Böses im Sinn, wählte man die abgeschatteten Gegenphasen der genannten lichten: die Abenddämmerung, die Nacht, vor allem die Mitternacht, die Zeit des zu- und abnehmenden Mondes mit ihren «Höhepunkten», dem Voll- und Dunkelmond, denen man entsprechend die Freisetzung «zehrender», zerstörerischer Kräfte zuschrieb, und wiederum die Übergangsphasen, unter denen, analog zu Neujahr, die Hauptbedeutung (namentlich in Europa) den zwölf Nächten «zwischen den Jahren», das heißt den sogenannten «Rauchnächten» vom 25. Dezember (dem 1.

Weihnachtsfeiertag) bis zum 6. Januar (dem Dreikönigs- und ursprünglichen Neujahrstag) zukam.

Wie unschwer zu sehen, bestehen zwischen der Topographie und Chorographie des magischen Handelns strukturelle Übereinstimmungen. Der lichten endosphärischen Welt und ihren zentralen (i.d.R. sakralen) Stätten und der *aufgehenden* Sonne, gipfelnd in ihrem Zenit, der Mittagszeit, steht die exosphärische Dunkelwelt mit ihren Unheilsbereichen, wie zum Beispiel Dickichten, Mooren und Sümpfen, gegenüber, der zeitlich die *untergehende* Sonne mit dem Eintritt in die Nacht, dem zu- und abnehmenden Mond und als Tiefpunktzeit die Mitternacht entspricht; erstere ist ein Quell *positiver*, letztere ein Hort *negativer* Kräfte. Auf die wachstumsorientierte Anbauphase (den «Sommer» bzw. die «Regenzeit») folgt die gewissermaßen «dunkle» Jahreshälfte (der «Winter» bzw. die «Trockenzeit»), in der die Felder brach liegen und die Vegetation verdorrt und abstirbt. Den – strukturbedingt doppeldeutigen – Grenzbereichen, zu denen auch Höhlen und Friedhöfe als eine Art Kreuzungen (Einstiegsstellen zur Unterwelt) zählen, entsprechen die Übergangsphasen wie Morgen- und Abenddämmerung, die Wendezeiten im Anbau- und Jahreszyklus (Äquinoktien, Solstitien, Neujahr) und die «Zeit zwischen den Jahren». Nutzte man die Korrespondenzen und nahm eine magische Handlung in bösartiger Absicht auf einem Friedhof bei Vollmond um Mitternacht vor, durfte man sozusagen mit «durchschlagendem» Erfolg rechnen.

Schließlich hängt die Wirkung immer auch davon ab, inwieweit man sich absetzen, mögliche Störungen ausschließen und sich voll auf sein Vorhaben konzentrieren kann. Dazu begab man sich an einen einsamen, geschützten Ort – Gläubige suchen zu einem Bittgebet das sprichwörtliche «stille Kämmerlein» oder die Seitenkapelle einer Kirche auf – oder schuf sich, falls es an einer geeigneten Gelegenheit fehlte, die erforderliche Abgeschiedenheit auf magische Weise, indem man dort, wo man sich befand, um sich herum einen Kreis zog, sich also künstlich in Seklusion versetzte.

Säkulare Mittel

Die Optimierung magischen Handelns hängt in besonderem Maß auch von den Mitteln und Gerätschaften ab, derer man sich dabei bedient. Wie bei alltäglichen, «profanen» Tätigkeiten richtet sich ihre Auswahl nach den Zwecken, die man verfolgt – nur mit dem Unterschied, daß ihnen *de natura* Wirkkräfte, die das gewöhnliche Maß übersteigen, innewohnen sollten. Bestimmte Steine besitzen mehr Härte als andere; bestimmte Pflanzen lösen eine Art Rauschzustand und damit vermeintlich ein gesteigertes Wirkvermögen aus; bestimmte Tiere scheinen listiger oder mutiger als andere zu sein, weshalb man vermutet, daß diese Eigenschaften in Organen wie dem Herz, der Leber oder den Nieren konzentriert enthalten sind, die man daher vor Unternehmungen, die Mut oder List erfordern, ißt.

Überall auf der Welt wurden überwiegend vegetabilische Stoffe zu magischen Zwecken benutzt. Die Amahuaca in Ostperu banden zum Beispiel die Blätter einer bestimmten Pflanze um ihre Bögen oder steckten sie sich während eines jeden Weidgangs in die Gürtel, um sich ihres Jagdglücks zu versichern[115], während die Guaraní in Paraguay und Argentinien der Überzeugung waren, daß eine Frau, die ein Zwillingshirsekorn aß, Zwillinge zur Welt bringen werde.[116] Aus dem Altertum ist uns eine ganze Literatur zum Gebrauch von Zauberpflanzen überliefert. Bohnen, liest man da beispielsweise, würden, im Weinberg gesät, die Reben vor Reif bewahren;

ebenso erfolgversprechend sei, sie bei Auktionen bei sich zu tragen. Dill, so eine weitere Empfehlung, schütze vor Epilepsie.[117] Eine besondere Bedeutung maß man – nicht nur in der Antike, sondern auch später noch – der Alraune oder Mandragora (*Mandragora officinarum*) und dem Bilsenkraut (*Hyoscyamus*), auch «Teufelsauge» und «Tollkraut» genannt, zu, namentlich dem Schwarzen Bilsenkraut (*H. niger*).[118] Beide zählen nämlich zu den Nachtschattengewächsen und enthalten insofern – wie andere auch (z.B. Tollkirsche und Stechapfel) – Alkaloide (*Hyoscin, Atropin, Skopolamin*), die Unruhe und Erregungszustände hervorrufen, ja selbst Tobsucht bewirken können[119] – Grund genug also, ihnen besondere Kräfte zuzuschreiben. Verbreitetem Glauben nach sollen sich vor allem Hexen in Zauberkräutern und ihrem Gebrauch besonders gut ausgekannt haben – was nicht nur seinen Niederschlag im Märchen fand, sondern bis auf den heutigen Tag aus zahlreichen Pflanzennamen hervorgeht, wie «Hexenhaar», «Hexenwinde» oder «Hexenzwirn» für die Waldrebe (*Clematis vitalba*), „Hexenpilz" und «Hexenpulver» für den Bovist (*Lycoperdon*) und «Hexenkraut» und «Hexenmilch» für die Wolfsmilch (*Euphorbia*).

Die Kräuter und Pilze wurden dabei nicht allein im Rohzustand, sondern auch in verarbeiteter Form genutzt. Man bereitete Speisen aus ihnen oder setzte bestimmte Bestandteile von ihnen Gerichten zu, preßte Säfte aus ihnen, trocknete ihre Blätter und rauchte sie in der Pfeife oder stellte alkoholische Getränke aus ihnen her. Krieger tranken auch in indigenen Kulturen bereits vor Gefechten Alkohol, weil sie glaubten, dadurch ihre Kampfkraft zu stärken. Der Missionar Martin Dobrizhoffer (1717–1791), ein Jesuit, gibt davon eine lesenswerte Beschreibung. Sie handelt von den Abipón, einer inzwischen untergegangenen Indianergruppe im nördlichen Chaco (Paraguay), die im 17. und 18. Jahrhundert, nachdem sie – wie etwa gleichzeitig die Indianer in Nordamerika – in den Besitz von Pferden gelangt war, eine gewisse Rolle im Kampf gegen die Spanier spielte. Dobrizhoffer verbrachte bei ihnen sieben Jahre. Er schreibt:

> «Die Abiponer dünken sich niemals scharfsichtiger im Rathgeben und herzhafter im Kampfe, als wenn sie tüchtig berauschet sind. In diesem Zustande pflegen sie, ihrem Vorgeben nach, entweders die Gefahr nicht zu sehen, oder sich darüber hinwegzusetzen, sich in geringer Anzahl an viele Feinde zu wagen, die Schmerzen der Wunden nicht sehr zu fühlen, und, des Lebens uneingedenk, dem Tode muthig entgegen zu gehen. Selbst die sonst blos glimmenden Funken des Heldenmuths sollen dadurch bei ihnen in eine helle Flamme auflodern. [...] Zu S. Ferdinand [30. Mai] zogen wir gewisse Nachrichten ein, daß ein feindlicher Haufe von Tobas und Makobiern wider uns in großen Tagereisen heranziehe und daß sie längstens in Zeit von zweenen Tagen bei uns seyn würden. Erstaunt über diese Nachricht, aber nicht erschrocken, brachten sie die zween Tage mit Überlegen, Schwelgen und Jauchzen über den noch nicht erfochtenen Sieg zu. Nachdem sie die Pferde in die Verzäunung des Fleckens, um sie gleich bei der Hand zu haben, eingesperret, und ihr Gesicht nach ihrer Art schrecklich bemahlet hatten, erwarteten sie, den Becher in der einen Hand und ein Bündel Pfeile in der andern, den Angriff ihrer zahlreichen Feinde. Am Sonntage Quinquagesima[120] um 3 Uhr Nachmittag ließ sich ein Geschwader berittener Wilden von weitem sehen. Ungeachtet nun die Abiponer nach einem so langen Saufgelage weder ihrer Füße noch ihrer selbst mächtig waren, so griffen sie doch nach den Lanzen, schwangen sich durch Hilfe der Weiber auf ihre stets bereit gehaltenen Pferde, und sprengten ohne Ordnung, auf dem ganzen Felde zerstreuet, unter dem fürchterlichen Geheule ihrer Kriegspfeifen, mit verhängtem Zügel auf die heranziehenden Feinde, mit einem so glücklichen Erfolge, daß diese sogleich ihr Vorhaben, die Kolonie zu zerstören, aufgaben, und in den

nahen Wäldern Sicherheit suchten»[121] – sollte noch ergänzt werden, daß die Abipón ihnen nachsetzten und sie vernichtend schlugen.

Neben Pflanzen und Produkten daraus wurden, deutlich seltener, auch, wie ja schon kurz erwähnt, lebenswichtige Organe sowie Bestandteile des Körpers bestimmter Tiere zu magischen Zwecken verwandt. Die Dschagga in Tansania pflegten zum Beispiel ein Flügelbein des Geiers um eines ihrer Beine zu binden, um beim Laufen ebenso durchhaltefähig zu sein wie der Geier beim Fliegen.[122] Wer sich in der Antike einmal im Jahr den Mund mit dem Gehirn eines bestimmten Fisches spülte, bekam kein Zahnweh; Kinder, die man mit einem Eselsfell zudeckte, verloren die Furcht.[123]

Die Hauptbedeutung der magischen Hilfsmittel kam Organen, Stoffen, Partien, Sekreten – mit Ausnahme der Verdauungsausscheidungen[124] – und Gliedmaßen der menschlichen *Physis* zu, in denen man, so der Grund auch hier, die Vitalenergie (die «Lebensseele») des Menschen besonders konzentriert glaubte. Dabei handelte es sich, um das hier noch einmal hervorzuheben[125], zum einen um alle weniger vergänglichen, *konsistenteren* Partien des Körpers, die Substanzen und Organe, die sich in *steter Bewegung* (Durchblutung!) befinden, die Gliedmaßen, die sich willentlich, sei es zur Fortbewegung oder einer Tätigkeit, *aktivieren* lassen, sowie jene Stellen, an denen sich bei Anstrengung *Wärme* bildet und Sekrete austreten, das heißt konkret:

- das Knochengerüst und die Zähne;
- das ständig «kreisende» Blut;
- die stärker durchbluteten Organe (Lungen, Herz, Leber, Nieren);
- Hände, Füße und Kopf;
- Achselhöhlen, Genitalbereich und Mundraum;
- Handinnenflächen und Fußsohlen[126] sowie schließlich
- die «Ausscheidungen» Nägel und Haare, Schweiß, Speichel, Sperma und Tränen, Atem, Blicke, Worte und Wärme (die der Körper namentlich bei Anstrengung abstrahlt).

Die besondere Bedeutung der anthropogenen Mittel rührt vermutlich mit daher, daß die bei physischer *wie* emotionaler Bewegung freigesetzte Kraft *spürbar* ist – man müht sich ab, erwärmt sich, sieht, daß die Anstrengung etwas bewirkt, und fühlt sich anschließend geschwächt und entkräftet – und speziell die Sekrete den Vorteil bieten, sich ganz konkret, teils gleichsam wie Salben, übertragen zu lassen.

Unter den meist genutzten Mitteln galt *Blut* schon immer als «besonderer Saft». Sein ständig bewegter «Kreislauf» hielt die Funktionsfähigkeit des Organismus aufrecht; verlor ein Mensch, etwa infolge einer Verletzung, zuviel davon, starb er – sein Lebenselixier, seine Vitalseele, hatte ihn verlassen. Bei Kindern und Jugendlichen, die sich noch im Aufbau befanden und mehr als Ältere bewegten, dachte man sie sich gleichsam noch «frisch», noch kraftvoller als bei alten, bereits hinfälligen Menschen. In diesem Sinne war es bei indigenen Völkern Zentralaustraliens üblich, das Blut Jugendlicher als Stärkungsmittel Kranker und Hochbetagter zu verwenden: Ein junger Mann schnitt dazu eine seiner Armvenen an und besprengte entweder mit dem austretenden Blut die Bittsuchenden oder gab es ihnen zu trinken.[127] Entsprechend schrieb man auch dem Blut Jugendlicher oder Erwachsener, die in jungen Jahren, sozusagen «vor ihrer Zeit» starben, ein hohes Maß an – quasi noch unverbrauchtem – Kraftbesitz zu. Dazu ein Beispiel: Am 06. Juni 1755 sollte in Dresden ein Mann, der in trunkenem Zustand einen Mord begangen hatte, enthauptet werden. Prompt richteten kurz zuvor zwei Altgesellen der örtlichen Schneiderbrüderschaft ein Ersuchen an den Premierminister von Sachsen, seinerzeit der Reichsgraf Heinrich von Brühl (1700–1763), mit der Bitte, einem ihrer Mitgesellen zu gestatten, von dem Blut des Geköpften zu trinken, da er an Epilepsie leide und sich davon Genesung versprach. Brühl, offensichtlich mit der Kur vertraut, gab dem Ersuchen statt.[128]

Wie das Blut wurden auch *Schweiß* und *Speichel*, beide entstanden als Folge eines Kraftaufwands, im letzteren Fall der Kaubewegungen der Kieferknochen (die selbst als höchstmäßig krafthaltig galten, weil sie länger als alle anderen Knochen dem Verfall widerstehen), bevorzugt zu Heil- und Stärkungszwecken verwandt. Bei den Hua im Hochland von Neuguinea «salbten» Väter mit ihrem Gesichtsschweiß die Körper ihrer heranwachsenden Söhne «ein», um ihr Wachstum zu fördern und ihnen verstärkt Kraft zuzuführen.[129] Schwächliche Kinder, Initianden, die sich als solche in einer Übergangsphase befanden und insofern besonders anfällig für schädigende Einwirkungen waren[130], sowie Kranke «fütterte» man mit vorgekauten, das heißt mit dem eigenen Speichel durchtränkten Speisen. In andern Fällen bestrich man wunde Stellen mit Speichel, wie man das in Europa ja noch heute bei Kindern zu tun pflegt.[131] Jesus heilte bekanntlich Blinde, indem er ihnen entweder direkt auf die Augen spie und dann die Hand darauf legte[132] oder auf den Boden spuckte, den Auswurf mit Staub zu einer teigigen Masse verknetete und diese dem Blinden auf die Augen drückte.[133] Zu Segenszwecken pflegten Älteste Jüngeren die Rechte auf Kopf oder Schultern zu legen, in die Hände und ins Gesicht zu speien[134] oder ihren Speichel, begleitet von Segenswünschen, über ihre Köpfe zu verstreichen.[135] Im Gegenzug war in weiten Teilen der Welt, auch in Europa noch bis vor kurzem, so gut wie allgemein üblich, unerwünschte Einflüsse abzuwehren, indem man, wenn von derart verabscheuungswürdigen Dingen die Rede ging, kräftig ausspuckte.[136]

Auch der *Atem* galt gemeinhin als heilkräftig, ja lebenspendend, und fand insofern zur Hauptsache in der Heilmagie Verwendung. Man begriff ihn gewissermaßen als Vitalseele pur: Der Mensch verlor sein Leben, nachdem er seinen «letzten Atemzug» getan hatte. Oft werden «Atem» und «Seele» (die Lebens- bzw. Vitalseele) denn auch mit demselben Ausdruck bezeichnet – *ātman* im Altindischen, *psychē* (ψυχή) im Griechischen, *anima* im Lateinischen (*animus* entspricht der Spiritualseele). Die am häufigsten gebräuchliche Form, den Atem heilmagisch einzusetzen, bestand im einfachen Anhauchen, das ja auch in Europa noch bis auf den heutigen Tag – wenn auch nur mehr bei Kindern – angewandt wird, indem man die schmerzende oder verletzte Stelle «bepustet» und dazu noch die Zauberformel «Heile, heile, Segen…» murmelt.[137]

Eine vor allem bindende Kraft scheint man in weiten Teilen der Welt den *Tränen* zugeschrieben zu haben, wohl weil sie sich bilden und fließen, wenn man um nahe Angehörige leidet beziehungsweise diese einem Unglück zum Opfer gefallen sind. Doch lag in der Anteilnahme auch eine Gefahr. Einem weltweit verbreiteten Glauben zufolge können gerade Verstorbene durch die Tränen, die man über ihren Verlust vergießt, wiederbelebt oder zumindest in einen Zustand zwischen Leben und Tod zurückversetzt werden. Fallen die Tränen nämlich ohne Unterlaß auf einen Leichnam oder später sein Grab, erwacht der «Entschlafene», gerät in Verwirrung und ist nicht imstande, den Weg ins Totenreich zu finden.[138] Die Besorgnis galt wohl besonders den Kindern, die sich noch wenig in der Topographie zwischen Diesseits und Jenseits auskannten, weil sie nur eine geringe Traumerfahrung besaßen und ihre Seelen daher die Gesichte während ihrer Reisen in die «Anderswelt» nicht richtig zu deuten wußten. Insofern wird das Thema gelegentlich auch in den Märchen angesprochen. Es heißt dann etwa, daß jüngst verstorbene Kinder keine Ruhe finden können, weil ihre Mütter ohne Unterlaß um sie weinen. Im Grimmschen Märchen *Das Totenhemdchen* (Nr. 109) erscheint schließlich das Kind seiner Mutter und bittet sie inständig: «Ach Mutter, höre doch auf zu weinen, sonst kann ich in meinem Sarge nicht einschlafen, denn mein Totenhemdchen wird nicht trocken von deinen Tränen, die alle darauffallen.»[139]

Den Kraftstoff *par excellence* unter den körperlichen Ausscheidungen sah man begreiflicherweise im *Sperma*, weil es offensichtlich entscheidend zur Entstehung eines neuen Menschen beitrug und somit die *conditio sine qua non* für den Fortbestand einer jeden Gruppe bildete. Den in den Grundzügen weltweit übereinstimmenden Zeugungsvorstellungen nach empfing der Embryo nämlich die Vitalkraft vom «Samen» des Vaters, aus dem sich in der Folge dann alle *konsistenteren* Bestandteile des Körpers – Knochen, Zähne, Nägel und Haare – entwickelten, während der Beitrag der Mutter lediglich in den sehr viel weniger vitalkrafthaltigen weicheren und *vergänglicheren*, wie dem Blut, den Gewebsflüssigkeiten und dem Fleisch, bestand. Auch die Spiritualseele, die dem Kind erst eigentlich das Leben und insbesondere das Bewußtsein, den Willen und das Denkvermögen verlieh, übermittelte ihm einige Monate später, zu Beginn der fetalen Phase (wenn die ersten Bewegungen einsetzen!), der Vater; er nahm sie entweder im Traum oder beim Passieren einer Übergangsstelle zur jenseitigen Welt auf, wo die reinkarnationsbereiten Seelen der Verstorbenen aus dem Totenreich gleichsam «antrieben» und auf eine Gelegenheit zum «Übersprung» auf ihren künftigen Vater warteten, der sie dann beim nächsten Beischlaf auf seine Frau übertrug. Um dem Kind eine kräftige Konstitution zu verleihen, vollzog man den Geschlechtsverkehr konsequenterweise gerade während der ersten Schwangerschaftsmonate möglichst oft. Bei den Kgatla in Südostafrika (im Grenzbereich zwischen Transvaal und Botswana) tat der Ehemann noch ein Übriges, indem er zwei oder drei Wochen nach der Geburt sein Sperma – nach einem bewußt zu diesem Zweck begangenen *coitus interruptus* – auf dem Rücken des Säuglings verstrich, «um sein Rückgrat zu stärken».[140] Später verabreichte man in Melanesien und auf Neuguinea den Initianden Sperma oder rieb sie damit ein, um ihrer Manneskraft noch mehr an Potenz zu verleihen. Sonst jedoch wurden (männliche *und* weibliche) Genitalsekrete nahezu ausschließlich zu *fruchtbarkeitsmagischen* Zwecken verwandt, indem man sie etwa an Fruchtbäumen oder auf heranreifenden Wurzel- und Knollenpflanzen verstrich.

Gleich den Tränen wurden auch die *Blicke* als Ausscheidungen begriffen; nur kam ihnen größere Bedeutung zu, da sie, anders als Tränen, Speichel oder Schweiß, ohne Unterlaß, was immer der Mensch, sofern er jedenfalls wach war, auch tat, ihrer Quelle entströmten. Überdies hatte es mit den Augen, ihrer «Quelle», speziell in diesem Zusammenhang eine besondere Bewandtnis: zum einen als wichtigstes Kontaktorgan zur Außenwelt, zum andern, weil sie allgemein als «Tor zur Seele» aufgefaßt wurden, das heißt man glaubte, über sie Zugang zum Inneren seines Gegenübers gewinnen zu können. Und das war möglich allein durch den Blick, durch den, als Sekret, stets auch Vitalkraft übertragen wurde.

Insofern maß man Blicken – vor allem im Gespräch natürlich – schon immer ein magisches Einflußvermögen zu[141], je nach der Intensität der Empfindungen, die ihnen den Antrieb verlieh, mal mehr, mal weniger: Wie der Leser aus eigener Erfahrung weiß, können sie sowohl beschwichtigend, tröstlich und liebevoll oder unmittelbar «bezaubernd» wirken, als auch einen einschüchternden, bezwingenden, drohenden und ausgesprochen beängstigenden, bösartigen «Eindruck» machen. Dabei stellte man sich den Vorgang ganz konkret vor. Blicke wurden allgemein – auch Kinder sehen es so[142] – im Sinne feinstofflicher, quasi ätherischer Lichtstrahlen begriffen, wie sie bei Sonnenschein durch dichtes Laubwerk fallen.[143] Gelegentlich, wie bei den schon genannten Jibaro in Ekuador, verdinglichte sich die Vorstellung dahingehend, daß Blicke als kleine, wenn auch unsichtbare Pfeile aufgefaßt wurden; «schoß» man sie in bösartiger Absicht «ab», handelte es sich um «Giftpfeile» (wie sie in Südamerika bei der Jagd eine maßgebliche Rolle spielten).[144]

Derartige «*Böse Blicke*» waren überall auf der Welt besonders gefürchtet. Der «Augenstrahl» entsprach in diesem Fall, wie man auch in Europa von der Antike bis in die Neuzeit noch glaubte, einer toxischen «Ausdünstung», die sich rings von der Achse her in die nähere Umgebung verteilte, so daß sie auch Nahestehende affizieren konnte.[145] Die Strahlkraft von Leuten mit derart «sengenden Augen (*oculos urentes*)», schärfte noch Thomas von Aquin (1225–1274) seinen Zeitgenossen ein, beeinflusse

> «bis auf eine bestimmte Strecke den gesamten benachbarten Luftraum; und auf diese Weise ziehen sich Spiegel, wenn sie neu und rein sind, eine gewisse Trübung zu [...] Wenn also eine Seele sich heftig zur Bosheit hinreißen läßt, wie es vor allem bei alten Frauen vorkommt [!], so wird dadurch der Blick auf die eben besagte Weise giftig und schädlich (*venenosus et noxius*).»[146]

Menschen, die der Böse Blick unmittelbar traf, konnten unfruchtbar, blind, krank oder gar in den Wahnsinn getrieben werden, Speisen verloren ihre Genußtauglichkeit, Ernten verdorrten auf dem Halm, das Vieh raffte eine Seuche dahin.[147] Gewöhnlich schrieb man diese «sengende» Strahlkraft Menschen zu, die entweder physisch, psychisch oder in sozialer Hinsicht irgendwie anders, gestört und insofern befremdlich erschienen oder sich notorisch benachteiligt glaubten, in deren Herzen Gefühle wie Bitterkeit, Neid und Haß gärten und so ihre Blicke vergifteten. Das konnten Schielende, Rothaarige, Lahme, Bucklige und Aussätzige wie Angehörige verachteter («unreiner») Berufsgruppen, wie Abdecker und Totengräber, aber auch, und nicht zuletzt, alle *Fremden* sein[148] – sozusagen als Inbegriff der «Anormalität». In Irland wurden in dieser Hinsicht schon Menschen mit dunklen, überhängenden, in Indien solche mit durchgehenden Brauen gefürchtet. In Gegenden, in denen dunkle Augen überwiegen, wie im Mittelmeerraum, gelten Hell-, das heißt Blauäugige generell als verdächtig, den Bösen Blick zu besitzen. Daher warnt ein marokkanisches Sprichwort die Männer des Landes: «Heirate keine Frau mit blauen Augen, auch wenn ihre Taschen voll Geld sind.» Auch vorstehende, funkelnde oder glitzernde Augen erweckten allgemein Argwohn. Ein prominentes Opfer dieser Unterstellung war der Komponist Jacques Offenbach (1819–1880), der Augen dieser Art gehabt haben soll und von dem man in Paris, bekanntlich seiner Hauptwirkungsstätte, überzeugt war, daß er den Bösen Blick besitze.[149]

Eine analoge, vielleicht noch gefährlichere Wirkung als diesem wurde dem «brechenden» Blick Sterbender zugeschrieben, da er die zerstörerische Kraft der sich zersetzenden Vitalseele abstrahlte. Jäger fürchteten ihn schon bei den Tieren, die sie bei der Jagd erlegten[150], und sahen daher tunlichst weg. Beim Menschen suchte man sich ebenfalls zu schützen, indem man vermied, den Sterbenden anzuschauen, ihm nach Eintritt des Todes die Augen zudrückte, das Gesicht abdeckte oder, wie im Fall von zum Tod Verurteilten, ihnen bereits auf dem Weg zur Hinrichtung das gesamte Haupt verhüllte.[151] Den Einfluß des Bösen Blicks generell bemühte man sich in der Hauptsache durch Amulette abzuwehren – im Mittelmeerraum maß man dabei blaufarbigen Augenattrappen (gemalt oder aus Keramik) die effizienteste Wirkung zu. Mädchen und Frauen, besonders Bräute trugen, um sich vor der bedrohlichen Kraft des Bösen Blicks abzuschirmen, einen Schleier vor dem Gesicht.[152]

Eine analoge Bedeutung kam auch den *Worten* (der Sprache) zu, die allerdings mehr ins Gewicht fiel, weil Worte – ob in Gedanken oder hörbar ausgesprochen – an den meisten magischen Akten entscheidend beteiligt waren: Sie benannten die Absicht, leiteten die Handlung und lenkten sie ins Ziel. Davon soll im einzelnen später, bei Behandlung der Verfahrensweisen der Magie, die Rede sein.

Zu den Partien und Gliedmaßen beim Menschen (teils auch bei Tieren), die stärker vitalkrafthaltig waren und daher in der Magie Verwendung fanden, zählten, wie erwähnt (o. S. 42),

- die Endglieder der Extremitäten, also Hände, Füße und Kopf (bei Tieren entsprechend Hufe, Klauen, Krallen, Hörner, Schnäbel und Schädel), weil mit ihnen das Gros der *Bewegungen* und die *kreativen* Tätigkeiten ausgeführt wurden und sie überdies, scheinbar in der Folge davon, ständig *Sekrete*, also gleichfalls hoch krafthaltige Substanzen ausschieden: zu Lebensbeginn (zweimal) die Zähne, dann die Nägel sowie am Kopf, abgesehen von Speichel, Schweiß, Tränen, Blicken und Worten, die Haare, bei Männern, im Gegensatz zu den Frauen, zusätzlich dazu im Kiefernbereich (Bartwuchs), teils auch in Nase, Ohren und über den Augen, ferner
- die Genitalzone und die Achselhöhle, auch hier der Bewegung, des kreativen Aspekts und der Haarbildung halber, die in diesem Fall noch zudem erst mit der Geschlechtsreife, also der Reproduktionsfähigkeit einsetzt.

Als Hauptindiz für die besondere Wirkkraft der genannten Substanzen galt zum einen – und das betraf generell auch die *Knochen* – ihre außergewöhnliche Persistenz im Vergleich zu den übrigen Körperpartien, zum andern die erstaunliche Tatsache, daß einige der Sekrete unter ihnen (Nägel, Haupt- und Barthaar) immer noch weiterwachsen, wenn der physische Reifungsprozeß bereits abgeschlossen ist.[153] Namentlich die auffällige Bestandskraft der Knochen veranlaßte keinen Geringeren als Platon zu der Vermutung, daß sie annähernd unsterblich (ἀθάνατος) seien und insofern an Qualität fast der Seele (psychḗ, ψυχή, der Vitalseele!) gleichkämen.[154]

Ebendiese Eigenschaften empfahlen die genannten Gliedmaßen und Substanzen ganz besonders als Hilfsmittel sowohl zur magischen Einflußnahme als auch ihrer Abwehr. Die zum Gebet erhobenen Hände stellten die Beziehung zu der Gottheit her, auf die man Einfluß zu nehmen suchte; der Handschlag bei der Begrüßung versicherte den Beteiligten, daß sie einander friedfertig und hilfreich zu begegnen gedachten; die Hand auf der Schulter eines Leidenden spendete Trost und Zuversicht, auf den Kopf gelegt, begleitete sie eine Segnung, und überhaupt nahm sie bei so gut wie jeder Tätigkeit den ersten Kontakt mit deren Gegenstand auf, was die Kraftübertragung gleichsam «zündete» und so die Wirkeffizienz der Handlung verstärkte. Die Tembecuá und benachbarte Gruppen im Nordosten von Paraguay verwandten Partikel von Knochen und Nägeln, vermischten sie mit noch anderen zauberkräftigen Ingredienzen und setzten die «Medizin» unauffällig den Speisen derer zu, deren Herz sie gewinnen wollten.[155] Auf der anderen Seite barg es Gefahren für Leib und Leben in sich, wenn derart mit der eigenen Vitalenergie durchtränkte Stoffe wie Finger- und Fußnägel, Haare oder auch abgelegte Kleidungsstücke in die Hände von Leuten gerieten, mit denen man auf keinem guten Fuß stand. Mußten sie abgeschnitten werden beziehungsweise taugten nicht mehr zum Gebrauch, sammelte man sie daher sorgsam ein und versteckte sie – wie auch die Zähne, die in manchen Gegenden der

Welt den (männlichen) Jugendlichen während der Initiation ausgeschlagen wurden – unauffindbar, indem man sie etwa nachts heimlich irgendwo im Busch vergrub.[156]

Vielleicht mit die größte Bedeutung unter den magisch genutzten festen «Sekreten» des Körpers maß man den *Haaren* zu. Nicht nur, daß sie am Kopf und bei männlichen Jugendlichen auch im Kieferbereich – Männer stellten in den überwiegend patrilinearen Gesellschaften die Garanten für den Fortbestand der Gruppen dar – während der gesamten Lebenszeit weiterwuchsen, sie schienen auch eine nahezu unbegrenzte Haltbarkeit zu besitzen.[157] Außerdem setzte ihr Wuchs, und das wog bei der Beurteilung mindestens ebenso schwer, in der Schamgegend und den Achselhöhlen bei Erreichen der Fortpflanzungsfähigkeit ein. Die Folge war, daß langes Haupt- und Barthaar in vielen Kulturen als Ausweis männlicher Kraft und Schönheit galt. In feudalen Gesellschaften behielten es sich in der Regel die adeligen Oberschichten als standesgemäßes Privileg vor. Bei den Franken im frühmittelalterlichen Europa durften so zum Beispiel allein die Freien ihr Haar lang tragen.[158] Das ihrer Könige gar mußte ihr Leben lang unangetastet bleiben, so daß es ihnen teils bis zur Hüfte reichte. Der byzantinische Historiker Agathias (ca. 536–582 n. Chr.) beschreibt, welches Bild sie abgaben – streng genommen, galt die Regel nur für die Könige aus dem Geschlecht der Merowinger; unter den Karolingern nahm man es dann nicht mehr so genau damit:

> «Bei den Franken darf ein König sich niemals scheren lassen, sondern von Kind auf geht er ungeschoren einher, und die Locken wallen ihm, in der Mitte gescheitelt, auf die Schultern von beiden Seiten herab. Nicht wie die Türken und Awaren [damals Steppenvölker im Raum der heutigen Ukraine] gehen sie ungekämmt, borstig und schmutzig oder über Gebühr gesalbt einher, sondern sie flechten bunte Bänder hinein und strählen das Haar sorgfältig. Es so lang zu tragen, ist ein Erkennungszeichen und Ehrenrecht des königlichen Geblüts» (Agathias I 3).

Die Merowinger bildeten keinesfalls eine «exotische» Ausnahme; sie setzten lediglich eine sichtlich alte und ehemals weit verbreitete Tradition fort. Auch Könige – und Priester – Altvorderasiens pflegten ihr Haupt- und Barthaar lang zu tragen[159], worin ihnen Herrscher und Geistlichkeit der Nachfolgezeit bis hin zu den frühen und später den Ostchristen – diese, laut Vorschrift[160] bis zum heutigen Tag – folgten. Auch für die Muslime behielt die alte Tradition ihre Gültigkeit.[161] Carsten Niebuhr (1733–1815), der den Orient im 18. Jahrhundert bereiste, nennt zur Begründung eine anmutende Volksüberlieferung, die indes mit weniger gefälligen Konsequenzen einhergeht: Sie

> «glauben vielleicht, daß die Engel in ihrem Barte wohnen und daß sie ihn deswegen nicht abscheren dürfen, wie von einigen Reisenden bemerkt worden ist. Es ist aber auch gewiß, daß, wenn einer seinen Bart hat wachsen lassen und ihn hernach wieder abschiert, er dafür scharf bestraft werden kann. Zu Basra, wie ich glaube, nach dem Gesetze mit 300 Prügeln, wenn er die Obrigkeit nicht mit Geld befriedigen kann.»[162]

Gelang es jemandem, Partikel von Finger- und Fußnägeln, Haare, Fasern aus der Kleidung, Splitter von Gebrauchsgegenständen, die andere längere Zeit eng am Körper getragen hatten, unbemerkt in seinen zu Besitz bringen, verfügte er damit über vermeintlich äußerst wirksame Mittel, magisch auf die Betreffenden einzuwirken, sei es in guter, sei es in böser Absicht. So pflegten vielfach Mütter in einem besonderen Medaillon auf der Brust Locken ihrer Kinder, Verliebte Haare ihres Partners zu tragen, um über dieses «kraftgeladene» Medium – wenn auch nur über die begrenzte Entfernung des «Strahlungsradius» – in Verbindung bleiben und Einfluß auf einander nehmen zu können.[163]

Andererseits bot die besondere Bedeutung des Haupthaares ein probates Mittel, ebenso Gesetzesbrecher zu bestrafen wie Gegner zu schwächen: Man rasierte ihnen den Schädel (und ggf. den Bart) glatt ab – als Strafmaßnahme unter anderem im europäischen Mittelalter wie im Islam gang und gäbe.[164] Für den letzteren Fall steht der biblische Samson. Bekanntlich büßte er seine schier übermenschliche Stärke ein, als die Philisterin Delila ihm, während sein Kopf schlummernd in ihrem Schoß ruhte, seine «sieben Locken» von einem Gehilfen abschneiden ließ. Das war, wie er ihr unvorsichtigerweise zuvor gestanden hatte, noch niemals in seinem Leben geschehen. «Wenn man mich schöre», vertraute er ihr arglos an, «so wiche meine Kraft von mir, daß ich schwach würde und wie alle anderen Menschen».[165] Vom Typ des gutmütigen, naiven Kraftprotzen, war er, wie so viele Männer seit Adam vor und nach ihm, der Verschlagenheit des Weibes zum Opfer gefallen. *Vae victis*!

Sakrale Mittel

Abgesehen von den im Vorausgehenden gesondert herausgegriffenen kamen als magische Mittel im Grunde alle Substanzen, organischen Stoffe und Bestandteile, Gegenstände und Gerätschaften in Betracht, sofern sie die beiden Voraussetzungen erfüllten,

- als übergewöhnlich krafthaltig zu gelten, worauf insbesondere hinwies, daß sie eine seltene, besser noch bizarre Form und Farbe, einen hohen Härtegrad samt entsprechender Widerstandsfähigkeit sowie ungewöhnliche Eigenschaften (z.B. Magnetismus), das heißt insgesamt *Seltenheitswert* besaßen;
- von möglichst hohem Alter (ob Substanzen, Gegenstände, Formeln oder Riten) waren, weil man dann davon ausging, daß ihr Kraftpotential sich uneingeschränkt erhalten, ja durch die lange Anwendung gleichsam noch akkumuliert hatte und ihr Wirkvermögen als optimal *bewährt* gelten konnte.

Diesen Kriterien folgend, wurden, um nur die meistverwandten zu nennen (bzw. noch einmal in Erinnerung zu rufen), vor allem genutzt: feste und schwere, unter Umständen farbig gemaserte Steine, insbesondere Edelsteine, Donnerkeile, seltene Minerale und Erze (wie Magnetit), Kupfer und Eisen, hartes, langlebiges Holz, Alraun-Wurzeln, Doppelähren, Früchte generell, toxische, heilkräftige, halluzinogene und narkotisierende Pflanzen, flüssige und feste organische Sekrete (Säfte, Harze, Honig, Nägel, Haare, Krallen, Gehörne), Trägerknochen, insbesondere die Wirbelsäule (mit dem Mark) und der Unterkiefer mit den Zähnen.

Daneben fanden an nichtorganischen, *artifiziellen* Mitteln bevorzugt Stoffe, Formeln, Texte, Abbilder und Gebrauchsgegenstände Verwendung, denen man aufgrund ihrer Nutzung besondere, übergewöhnliche Eigenschaften und insofern magische Wirksamkeit zuschrieb. Das konnten ebensogut Donnerkeile, alle möglichen Eisengeräte (Messer, Dolche, Hufeisen)[166], Sakraltrachten, Dinge aus dem persönlichen Besitz eines Heiligen, die mit seiner Wirkkraft – besonders über den Schweiß – imprägniert waren[167], wie zur Apostelzeit die Schweißtücher (und

Schurze, σιμικίνθια) des Apostels Paulus, mit denen nicht nur er selbst, sondern auch andere, die sie ihm entwendeten, etliche Heilwunder vollbrachten[168], ferner Kultgegenstände, Idole, heilige Texte (die Bibel!), Signaturen und sakral genutzte Musikinstrumente (Schwirrhölzer, Flöten, Trompeten usw.) sein.[169] Als sich die Schatztruhen des letzten (14.) fatimidischen Kalifen al-'Āḍid li-Dīn Allāh (reg. 1160–1171) in Kairo 1171 seinem Bezwinger Saladin (S. Ṣalāḥ ad-Dīn Yūsuf ibn Ayyūb, 1138–1193) öffneten, stieß man unter den Kostbarkeiten auch auf eine «magische Handtrommel», die, wenn man sie schlug, bei Blähungen die Winde löste – wie die Soldaten der kurdischen Leibgarde Saladins, die der Versuchung nicht zu widerstehen vermochten, die Probe aufs Exempel zu machen, zu ihrer nicht geringen Verlegenheit am eigenen Leibe erfuhren.[170] Bewußt mehr am nachhaltigen Gewinn für die Gesellschaft orientiert (und ästhetischer) als die rohe Neugier der Söldner Saladins war demgegenüber der Usus arabischer Frauen, von dem Wasser zu trinken, von dem zuvor renommierte Vollblutpferde getrunken hatten, um möglichst kräftigen und «rassigen» Söhnen das Leben zu schenken.[171] Standen im Augenblick keine originalen Besitztümer eines mit besonderer Kraft Gesegneten zur Verfügung, behalf man sich, indem man irgendwelche eigenen Gebrauchsgüter mit ihm in Berührung brachte, so daß sie sich gleichsam «aufluden», und benutzte sie dann – beispielsweise Tücher – zum Reinigen, Heilen, Stärken und dergleichen Ähnlichem mehr.[172]

Eine ganz besondere, vorrangige Bedeutung kam unter den magischen Mitteln praktisch zu allen Zeiten (bzw. genauer: seit Beginn der Seßhaftigkeit, als man die Möglichkeit hatte, Wertgüter aufzubewahren, zu «thesaurieren») den Reliquien im engeren Sinne zu, da sie den beiden genannten Kriterien der Anciennität und des übergewöhnlichen Kraftpotentials im höchsten Maße entsprachen. Das konnten wieder alle Arten von Gebrauchsgegenständen – Kleidungsstücke (Hemden, Röcke, Mäntel, Hauben), Trinkschalen, Gehstöcke, Messer, Insignien oder Waffen sein, sofern sie sich nur lange genug im Besitz des wundertätigen Verstorbenen befunden hatten; selbst die Folterwerkzeuge, mit denen sie, falls es sich um Märtyrer handelte, zu Tode gequält worden waren[173], kamen in Betracht, ferner, als besonders begehrte Reliquien, wieder auch die als Kraftträger bevorzugt geschätzten Organe und Gliedmaßen, wie etwa das Herz, die Knochen, Hände, Finger, Nägel, Zähne, Haare, Hautpartien, der gesamte Schädel und so weiter mehr.

Da es sich in diesem Fall um besonders wirksame und mithin kostbare Kraftträger handelte, die es nicht nur unversehrt zu erhalten, sondern auch vor unbefugter Nutzung zu schützen galt, deponierte man sie an Stellen, die nicht jedermann zugänglich waren: in indigenen Gesellschaften in der rechten, der Männerhälfte der Hütte unmittelbar am oder hinter dem Sitz des Patriarchen oder im Männerhaus, das zu betreten allein die initiierten erwachsenen Männer und Ältesten die Befugnis besaßen, in den christlichen Gemeinden in den Kirchen, und zwar meist in einem eigens dafür geschaffenen, künstlerisch gestalteten Hohlraum im Altar oder einer für die Reliquien und andere Erbstücke und Pretiosen der Diözese bestimmten Schatzkammer.[174] Das heißt der Umgang damit, das «Zaubern», blieb im einen Fall den erfahrenen Ältesten, im andern den kirchlichen Amtsträgern vorbehalten.

Sofern die Regel der Wirklichkeit standhielt. In den ländlichen und urbanen Gesellschaften des christlichen Abendlandes herrschte bis in die jüngere Vergangenheit oftmals große Not. Da sich die Errungenschaften der Aufklärung lange Zeit nur in kleinen Kreisen durchzusetzen vermochten, überwog die Zahl der «Bedürftigen», das heißt der Kranken, Armen, Verelendeten, von Mißerfolg oder sonst einem Unglück Geschlagenen, die sich von der Wunderwirkung der Reliquien Heilung und Erlösung aus ihrer Drangsal erhofften, stets die (begüterte) Minderheit der «Aufgeklärten» bei weitem. Die Not, der sich die Bevölkerung immer wieder ausgesetzt sah, erreichte zuweilen ein derartiges Ausmaß, daß sie sich nicht anders zu helfen wußte, als sich mit Gewalt in den Besitz der Mittel zu setzen, die allein ihnen noch die Linderung ihrer Leiden verhieß.

Die Kirche, die unliebsame Exzesse der Frömmigkeit gerne mit verharmlosenden, notfalls elliptischen Formulierungen umschreibt, bezeichnet die letztere Praxis als «andächtige Beraubung». Starb plötzlich ein wundertätiger, schon im Ruch der Heiligkeit stehender Welt- oder Ordensgeistlicher, fielen die Gläubigen der Umgebung förmlich über seinen Leichnam her und rissen sich um Teile seines Leibes, seine Haare, Nägel und alles, was er am Leibe bei sich trug.[175] Als die heilige Elisabeth von Thüringen (1207–1231) gestorben, aber noch nicht beigesetzt war, «schnitt oder riß eine Schar Frommer nicht nur Stücke von den Tüchern ab, mit denen ihr Antlitz umwickelt war; man schnitt ihr die Haare und Nägel ab, ja sogar Stücke von den Ohren und die Brustwarzen». Einzelfälle waren das nicht. Auch dem großen Scholastiker und später gleichfalls heiliggesprochenen Thomas von Aquin (ca. 1225–1274) widerfuhr diese besondere Auszeichnung. Als er auf der Reise zum 2. Konzil von Lyon (1274) zur Nacht in der berühmten Zisterzienser-Abtei Fossanuova (unweit Rom) einkehrte und es Gott gefiel, just ebenda seine Seele zu sich zu berufen, nahmen die Mönche die glückliche Fügung augenblicks wahr und «weckten» seinen Leichnam aus Angst, er könne ihnen entführt werden, buchstäblich «ein», indem sie ihn, nachdem sie den Kopf abgetrennt hatten, kochten und entsprechend präparierten. Kaiser Karl IV. (1346–1378), ein passionierter Reliquiensammler, schätzte sich glücklich, zu seinen besten Stücken auch einen Finger des «Äquinaten» zählen zu dürfen.[176]

Das einfache Landvolk, das zu Notzeiten besonders litt, brachte nicht immer die Geduld auf zu warten, bis ein heiliger Mann verstarb und seine sterblichen Überreste sozusagen frei zur Verfügung standen. Um 1000 hatte sich der rührige Sankt Romuald (ca. 952–1027), Gründer des Ordens der Kamaldulenser, in die Berge Umbriens zurückgezogen, um dort, wie er auch sonst gerne tat, eine Zeitlang als Einsiedler zu leben. Die Bevölkerung der Umgebung sah darin eine einmalige Chance. Gelang ihnen, sich in den Besitz seiner Gebeine zu setzen, war ihnen ein sorgloses Dasein sicher. Also sannen sie darauf, ihn zu erschlagen, um so seiner Knochen habhaft zu werden – was indessen mißlang.[177]

Reliquien waren in erster Linie als Heilmittel begehrt. Das bot den weiteren Vorteil, daß sich vortrefflich Geschäfte mit ihnen machen ließen, sei es durch Handel, der sich in Zeiten, in denen eine verstärkte Nachfrage nach ihnen bestand, denn auch auf das schwungvollste entwickelte, sei es durch ihren Besitz: Kirchen, die über eine Sammlung verfügten, die reich an besonders heilkräftigen Stücken waren, zogen vermehrt Wallfahrer an, die entsprechend Geld in die Kassen der Sprengel spülten. Wer nicht über die erforderlichen Mittel gebot, aber bitter litt und glaubte, nur durch eine bestimmte Reliquie von seinem Leiden erlöst werden zu können, scheute sich nicht, sie durch Raub in seinen Besitz zu bringen.[178] War das Bedürfnis nicht ganz so dringend, nahm man mit gleichsam «sekundären» Reliquien vorlieb: mit Tüchern zum Beispiel, die man kurz auf den Leichnam des Verstorbenen legte, an einem Seil auf das Grab Petri tief unter dem Vatikan hinabließ und nach einem inbrünstigen Gebet wieder heraufzog, oder, wie noch heute bei Pilgern in Jerusalem zu beobachten ist, Kleidungsstücke und andere Gebrauchsgegenstände aus dem eigenen Besitz über die Steinplatte reibt, die (seit dem Spätmittelalter) als Salbstein Jesu gilt.[179] Die Wirkung in diesen wie den unmittelbaren Anwendungsfällen begründete (neben anderen) Thiofrid (amt. 1081–1110), seinerzeit Abt von Echternach, mit der göttlichen Kraft, die den Gebeinen der Heiligen innewohne[180], die Wände der Behälter, die sie bargen, durchdringe und sich durch die Berührung, das heißt einen «Kommunikations- und Transfusionsprozeß», über den dadurch zur Reliquie geweihten Gegenstand auf die Bedürftigen übergehe.[181] Allerdings blieb diese, an sich eine der ältesten Vorstellungen der Menschheit, nicht unwidersprochen. Schon Jahrhunderte vorher hatte Alkuin (ca. 730–804), einer der berühmtesten «Hofgelehrten» Karls des Großen (747–814), die Reliquienverehrung bündig mit den trokkenen Worten abgefertigt: «Es ist besser, die Beispiele der Heiligen im Herzen zu imitieren, als ihre Knochen in Säckchen mit sich zu tragen.»[182] Alkuin war die Ethnologie noch fremd, und so konnte er nicht wissen, daß, ganz allgemein gesagt, Dinge von Wert zu sammeln – in den präagrarischen, prädatorischen Kulturen handelte es sich dabei zwangsläufig allein um *Wissensgüter* wie etwa die Kenntnis von Wasserlöchern, Pflanzen- und Fruchtvorkommen, Wildstandorten, Honignestern, aber auch Mythen vom Ursprung der Welt und des Menschen – und von ihrem Besitz, in welcher Hinsicht auch immer, zu profitieren, eine Konstante des menschlichen Verhaltens darstellt. Stammen die Dinge von außergewöhnlichen, «prominenten» Menschen, die offensichtlich über außergewöhnliche Gaben verfügen, erhöht sich ihr Wert, weil die Sammler der uneingestandenen *magischen* Ansicht sind, durch ihren Besitz an den Gaben teilzuhaben. Daher kommt es auch heute noch zu Akten einer – allerdings alles andere als «andächtigen» – Beraubung. Nur drei Tage nach dem Tod des amerikanischen Filmschauspielers und Jugendidols James Dean (1931–1955) brachen Mitglieder seiner Fangemeinde in den Fundus des Warner-Brothers-Studios ein und bemächtigten sich seiner gesamten Garderobe «bis auf den letzten Kleiderfetzen». Damit nicht genug, «stürmten» unmittelbar nachdem die Gedenkfeier zu seinem ersten Todestag auf dem Friedhof zu Fairmont (Indiana) beendet war, «Rudel heulender Backfische das Grab, zerrissen Kränze im Wert von tausend Dollar» und «schleppten», was sie in die Hand bekommen konnten, samt «Erde, Gras und Blumen als ‹Reliquien› davon».[183]

Mehrere, in etwa gleichwertige Reliquien oder sonstige «Zaubermittel», und zwar möglichst *verschiedener* Art, versprechen, *gemeinsam* eingesetzt, eine stärkere Wirkung als lediglich eines von ihnen. Diesem, dem *Quantifizierungsprinzip* zufolge (s. o. S. 48 f.) pflegten indigene wie hochkulturliche Völker ihre Kräfte, wenn der Zweck es geboten erscheinen ließ, zu «bündeln». Bekannt sind die «Medizinbeutel» der nordamerikanischen Indianer – Bündel oder Ledersäckchen, analog den von Alkuin bespöttelten, in denen zum Beispiel Federn, Knochen, Kieselsteine, Vogelkrallen, Flöten, Rasseln, Idole, Heilkräuter und anderes dergleichen mehr zusammengeschnürt beziehungsweise unverbunden kombiniert waren.[184] Bei den Kayan auf Borneo konnten derartige Beutel – unter anderem! – Haare erbeuteter Menschenschädel, Zähne von Schweinen und Krokodilen, Kristalle, Kiesel von auffallender Form und Färbung und Hühnerfedern enthalten[185], während die schon genannten Tembecuá im Nordosten Paraguays lediglich eine Sammlung verschiedener Heilpflanzen mit sich führten, die sie in Bambusetuis aufzubewahren pflegten.[186]

Formal gesehen handelte es sich bei allen diesen Behältnissen mit magischen Wirkstoffen – daneben wurden auch Einzelstücke, wie Anhänger mit heilkräftigen Pflanzen, Steinen oder Bibelsprüchen darin, seit alters in der Familie vererbter Schmuck, das Kruzifix und anderes mehr der Art getragen – um «*Talismane*», was so viel wie «Glücksbringer» bedeutet.[187] In den Mittelmeerländern und Europa versprach man sich von einem Talisman vor allem, daß er seinen Besitzer gesund erhielt, seine Potenz beziehungsweise Fruchtbarkeit stärkte, seine Ziele – auch in der Liebe – verwirklichen half und ihm so insgesamt ein erfolgreiches, eben «glückliches» Leben bescherte. Dazu trug man ihn im übrigen nicht nur am Körper, sondern brachte ihn auch mit Stellen oder Gegenständen in Verbindung, auf die man positiv Einfluß zu nehmen wünschte.[188]

In den differenzierteren städtischen Gesellschaften hatte man, aufbauend auf den Schriften der bereits hochentwickelten antiken, byzantinischen und arabischen Medizin, genauer zwischen den einzelnen Krankheiten zu unterscheiden gelernt. Dem entsprach ein adäquates Angebot an Medikamenten und Kuren. Familien, teils auch hochrenommierte Ärzte[189], zunehmend aber allein darauf spezialisierte Geschäftsleute hielten sich ihre eigenen «Hausapotheken». Worum es sich dabei handelte, verrät der Titel einer einschlägigen Schrift, die ihr Autor, der sich selbst als «Liebhaber der Medicin» vorstellt, 1699 in Frankfurt am Main, leicht faßlich in Versform, publizierte. Er lautet (leicht verkürzt!): «Curieuse, neue seltene, leichte, wohlfeile, gewisse, bewehrte, nützliche, nöthige, ergötzliche und verwunderungswürdige Hauß-Apothec. Wie man durch seine eigne bey sich habende Mittel, als dem Blut, dem Urin, Hinter- und Ohren-Dreck, Speichel und andren natürlichen geringen Mitteln, seine Gesundheit erhalten, fast alle sonst vor incurabel gehaltene Kranckheiten [...] heilen, und sein Leben, vermittelst Gottes Gnade [...] conserviren möge und könne.» Zum Stand der Dinge zur damaligen Zeit eine Kostprobe daraus:

> «Der Mensch, das Ebenbild, ist Gott selbst angenehm, hat vierundzwanzig Stück zur Arzenei bequem, Bein, Mark, die Hirnschal samt derselben Moos ist gut, das Fleisch und Fett, die Haut, Haar, Harn, Herz und Blut, die Gall, die Milch, der Kot, der Schweiß und auch der Stein, das gelbe Schmalz, so in den Ohren pflegt zu sein, die Nägel, Speichel, auch die Nachgeburt ist gut, der Helm[190], der Samen und menstruosisches Blut.»[191]

Schutz- und Abwehrmaßnahmen

Was stärkt, besitzt auch die Kraft, abzuwenden, was den Menschen bedrohen oder ihm unmittelbar schaden könnte. Das setzt allerdings voraus, daß man selbst integer bleibt und keine (schwerwiegenden) Fehler begeht, das heißt sich sozusagen Blößen gibt, an denen magische Einflußnahmen anderer leichter ansetzen können. Gewöhnlich glaubt man indessen nicht, daß es reicht, ein untadeliges Leben zu führen. «Doppelt genäht, hält besser», wie eine alte, bewährte Erfahrung lehrt. Also tut man ein Übriges, um sich zu schützen.

Dem dienen die verschiedensten *apotropäischen*[192] Mittel und Verfahren, allen voran die der Form wie Zusammensetzung nach den Talismanen analogen «*Amulette*»[193], die gleichfalls überwiegend am Körper getragen werden – also, neben den im Vorausgehenden bereits genannten Objekten, Anhänger mit besonders abwehrkräftigen Pflanzen (einem verbreiteten Glauben zufolge namentlich Knoblauch) oder auch Bündel daraus, Medaillons mit dem Bildnis des persönlichen Schutzpatrons oder (in Mitteleuropa) sogenannte «Fraisketten»[194], bestehend in der Hauptsache wieder aus bestimmten Pflanzen und pflanzlichen Substanzen (Samenkapseln, Eichenmistel, Weinraute, Haselwurz, Bocksbart), aber auch wertvollen Steinen, Korallen, gegerbter Menschenhaut, in Silber gefaßt, und Glasperlen.[195] Auch Nutztiere, insbesondere Rinder, versah man mit dergleichen Anhängseln. Bei vielen Völkern war zudem üblich, unbedeckte Körperöffnungen, wie vor allem Mund und Augen, durch die leicht schädliche Kräfte ins Innere gelangen konnten, eigens zu schützen, indem man sie ringsum mit Tatauierungen von Zeichen und Mustern umgab, die man für magisch besonders abwehrwirksam hielt.

Doch abgesehen vom eigenen Leib, bedurften auch die Räumlichkeiten, in denen man lebte und sich vor allem *nachts* aufhielt, wenn die Gefahr feindseliger magischer Einflußnahmen und

a)

b)

c)

Abb. 4 Apotropäische Signaturen an Türen und Toren.
a) Haustür, Oberägypten, mit Augenmotiv.
b) Rumänisches Gehöfttor, Maramuresh.
c) Jahresschutzformel C + M + B (Kaspar, Melchior, Balthasar bzw. Christus mansionem benedictat) über der Haustür des Verfassers, dort alljährlich von den «Sternsingern» der Gemeinde am Dreikönigstag aufgebracht.
d) Dieselbe Formel (hier in der Reihenfolge B + M + C) über der Darstellung der Heiligen Drei Könige in einem Mosaik der Kirche Sant' Appolinare Nuovo in Ravenna (5.–6. Jh.)

d)

Abb. 5 Magische Kreise. Links: Zur ungestörten Orakelbefragung, Mofu, Kamerun. Oben: Zum Schutz der Opfergaben, Bambara, Mali

Übergriffe bösartiger Geistmächte besonders groß war, bedurften ferner Behälter mit den Nahrungsvorräten der Familie sowie lebenswichtige Tätigkeiten wirksamer Schutzvorkehrungen. Bei Hütten, Häusern, Ställen und Heiligtümern (Männerhäusern, Tempeln) betraf das insonderheit wieder Türen, Tore und Fenster, in deren Umrahmungen – wie gelegentlich auch in die Deckel von Truhen – apotropäische Signaturen, Ornamente und Darstellungen von Raubtieren mit geöffnetem Rachen und mythischen Ungeheuern eingeschnitzt wurden.[196] Befand man sich in einer kritischen Situation oder ging einer prekären, namentlich kreativen Beschäftigung nach, das heißt bewegte sich an der Peripherie der dörflichen Sicherungsinstitutionen, boten, abgesehen von den üblichen Apotropäika, unter anderem etwa Wachs[197], Salz[198], Ocker – einem mit Ton und Kalk angereicherten Eisenoxidhydrat von rötlichbrauner Farbe – und vor allem Eisen vermeintlich verläßliche Schutzmittel. Letzteres, weil es in den indigenen und traditionellen ländlichen Kulturen lange Zeit, teils bis in die jüngere Vergangenheit, ein Fremdelement war und blieb: Es handelte sich um einen Stoff, der verflüssigt und beliebig geformt werden konnte, was an sich schon ungewöhnlich genug erschien, und dennoch in kaltem Zustand härter und widerstandsfähiger als Stein war. Seine Bearbeitung erforderte bestimmte Spezialkenntnisse, die lange Zeit nur bestimmte Fremde besaßen, die gewöhnlich unstet lebten, das heißt von Gruppe zu Gruppe zogen, einige Tage unter anderem fahrenden Volk (Färber, Korbmacher, Musikanten) am Rand der Siedlung lebten, ihre Kunst, von der sie lebten, wohlweislich für sich behielten und, nachdem sie ihre Aufträge ausgeführt hatten, wieder weiterzogen. Nur wo ihre Dienste gefragter waren, siedelten sie sich gelegentlich an – auch in diesem Fall an die Peripherie des Dorfes verwiesen und ohne engeren Kontakt zur Bevölkerung. Man scheute sich allgemein vor ihnen; teils bewunderte man sie, teils fürchtete man sie ihrer geheimnisvollen Fertigkeiten wegen als mächtige Zauberer, die man sich besser nicht zum Feind machte. Und ähnlich stand es mit ihrem Element, dem Eisen: Es schützte so ziemlich vor allem, was der Gesellschaft hätte zum Schaden gereichen können, selbst an sich furchtlose bösartige Geister wichen vor ihm zurück. Und auf der anderen Seite blieb es von religiösen Zeremonien und Kulten strikt ausgeschlossen. Man glaubte, daß Riten, bei denen Eisengeräte verwendet würden, ihre Wirkung verlören. Es handelte sich um einen klassischen Fall von Ambivalenz: Als *Fremdelement* stellte es eine Gefahr für die Menschen und ihre Kultur dar, bot als solches aber gleichzeitig auch eine wehrhafte Waffe gegen andere Einflüsse und Elemente exogener Herkunft.

Was sonst als allgemein schützenswert galt, wurde *tabuisiert*, das heißt – und besonders konsequent in kritischen Situationen – gemieden oder unterlassen, auch in der Kommunikation: Man nannte nicht, was dem Tabu unterlag, sprach nicht davon oder lediglich in Umschreibungen, tilgte es gewissermaßen aus der Wirklichkeit aus. Jedes «treffende» Wort stellte eine Beziehung her, die in diesem Fall unerwünscht war – denn: «Wenn man den Teufel nennt, kommt er gerennt.»

Vom «magischen Kreis» war schon die Rede. Wollte man unbeeinträchtigt von störenden Einwirkungen meditieren, ein Gebet sprechen oder einen Ritus vollziehen, zog man eine Kreislinie um sich herum oder begab sich auf andere Weise in Seklusion, etwa den Schutzbereich eines Heiligtums. Und schließlich stellte ein offenbar uraltes Mittel, eine unmittelbar drohende Gefahr abzuwehren, dar, nach Kräften Lärm zu schlagen – wie noch in späterer Zeit in ländlichen Gemeinden Europas üblich war, angesichts eines heraufziehenden Unwetters die Kirchenglocken zu läuten.[199]

Namen

Ein Mittel von schlechthin elementarer Bedeutung für magisches Handeln stellt die Be-«*zeichnung*» dessen dar, worauf man es jeweils abgesehen hat; anders hätte das Bemühen buchstäblich «daneben» gehen können. Das Problem ergibt sich unmittelbar, wenn es sich bei dem Objekt der intendierten Einflußnahme um etwas noch Unbekanntes, eine begrifflich noch nicht eindeutig festgelegte Neuheit handelt. In diesem Fall stellt die Namengebung einen kreativen, also selbst bereits magischen Akt dar.

Das Paradigma dafür bildet die Erschaffung der Welt – möglichst *ex nihilo*. In zahlreichen Kosmogonien – einschließlich der biblischen Genesis – sehen sich die uranfänglichen Gottheiten vor die Aufgabe gestellt, allem, was sie erschufen – den einzelnen Teilen des Weltraums, den Elementen, den Himmelskörpern, meteorologischen Erscheinungen, Pflanzen, Tieren sowie, nicht zuletzt, dem Menschen – Namen zu geben, um es als Seiendes zu konstituieren, zu positionieren, von anderem einhellig zu differenzieren und ihm Individualität zu verleihen, das «Bewirkte» gleichsam «dingfest» und so für die Koexistenz, das heißt die Kommunikation und Kooperation verfügbar zu machen. Ptah tat so, heißt es in altägyptischen Texten, indem sein «Mund alle Dinge benannte».[200] Jahwe «nannte das Licht ‹Tag› und die Finsternis ‹Nacht› […] die Feste ‹Himmel›» und «das Trockene ‹Erde›» – und so fort.[201] Den Rest überließ er Adam; denn wie der es für gut befände, sollte der Denominierungsprozeß seine Fortsetzung finden. «Und der Mensch gab einem jeglichen Vieh und Vogel unter dem Himmel und Tier auf dem Felde seinen Namen.»[202]

Fortan ließ sich mit dem namhaft Definierten begrifflich-greifbar umgehen, konnte es in Besitz genommen, veräußert, manipuliert und beherrscht oder auch, *via* Tabuisierung, gleichsam «aus dem Verkehr gezogen» werden. «Etwas noch nicht Benanntem einen Namen» und insofern auch eine bestimmte «Bedeutung zu verleihen, die es zuvor noch nicht besaß», gibt Robert Thornton die Auffassung der Iraqw in Tansania dazu wieder, «heißt, dieses Ding, diese Örtlicheit oder Kunstfertigkeit zum Bestandteil des kulturellen Systems zu machen. Im Fall der Iraqw entspricht so, neu gewonnenem Land einen Namen zu geben oder eine ‹Grenze› zu definieren und als solche auszuweisen, allererst der kulturschöpferischen Inbesitznahme von Raum.»[203] So verstanden, kommt Bezeichnungen Werkzeugfunktion zu, indem sie, wie weiland Sokrates (469–399 v. Chr.) seine Gesprächspartner belehrte, «wie die Weberlade das Gewebe» Ungeschiedenes zu sondern und zu differenzieren gestatten[204], so daß sich aus vielem durch Absonderung Individualisiertem mittels Kombination wieder ein neuartiges Ganzes gewinnen läßt. Noch spezifischer unterschieden der Psychologe Karl Bühler (1879–1963) und nach ihm auch verschiedene Linguisten zwischen einer hinweisenden, «zeigenden» (deiktischen) und einer denominativen, «symbolischen» Funktion von Bezeichnungen oder Namen («Zeigwörter», «Nennwörter»), im letzteren Fall «symbolisch» insofern, als das namhaft gemachte Objekt ja gewissermaßen durch Umschreibung oder einen bildlichen Ausdruck lediglich *etikettiert* wird, der Name in der Folge also *für* ihn steht, ihn also bloß «symbolisiert».[205]

Doch betrifft dies, genau genommen, allein den instrumentellen, äußerlichen, den «Werkzeugaspekt» der Beziehung, dem indigenen wie altem, traditionellem Verständnis nach nur eine nachgeordnete Bedeutung zukam. Unterhalb der rein verbalen, gewissermaßen «oberflächlichen» Gebrauchsebene nämlich verband einer weltweit zu belegenden Auffassung nach Bezeichnung und Bezeichnetes vom Moment der denominativen Verknüpfung an eine sehr viel «tiefer» reichende, *essentielle* Beziehung, die vor allem die *Eigenschaften* des Konnektivs betraf.[206] Erwähnte jemand einen Begriff (eine Bezeichnung, einen Namen), wußten sowohl er selbst als auch diejenigen, zu denen er sprach, um dessen Bedeutung. Auch Kinder meinen, daß zwischen den Bezeichnungen («Namen») und dem, was sie bezeichnen, eine enge, ja eine Identitätsbeziehung bestehe, daß eines immer ein Teil des anderen sei.[207] Kennen sie den passenden Begriff noch nicht, sagen sie zunächst «das da» und zeigen mit dem Finger darauf; später fragen sie beharrlich: «Wie *heißt* das?»

Die Beziehung besteht auch fort, wenn beide Glieder, trotz aller «Haftung», räumlich und zeitlich getrennt voneinander sind, wenn also jemand von etwas spricht, was sich außerhalb des Gesichtskreises seiner Gesprächspartner befindet, Jahre zurückliegt oder erst noch zu erwarten steht. Das Ganze wie seine Teile sind somit mobil, weder streng orts- noch zeit-, ja nicht mal formal noch semantisch gebunden. Es war schon die Rede davon, daß ehedem Worte (bzw. Sätze), wie Blicke, gleich Geschossen aufgefaßt wurden, deren Dynamik und «Einschlagskraft» den Emotionen und Anlässen entsprachen, die sie «gezündet» hatten: Sie konnten, in erster Linie auf Lebewesen – Tiere, mehr aber noch Menschen – die verstanden, was gemeint war, eine beruhigende und tröstende, eine ermutigende oder beglückende Wirkung ausüben, jemanden willkommen heißen, zurückstoßen, segnen oder verfluchen; mal handelte es sich um Glückwünsche, mal Kondolenzbekundungen, mal Bitten oder Befehle. Und immer *spürte* man sie: einen verzweifelten Hilferuf, einen Gewissensappell, ein Liebesgeständnis oder eine Morddrohung, und reagierte entsprechend.

Worte, einzeln oder zu «betörenden», «bezwingenden», appellativen Formeln verbunden, besaßen immer eine magische Potenz. Man hielt sie für *mana*-durchdrungen[208], in besonders konzentrierter Form in altüberlieferten Zaubersprüchen, und dabei ihre Kraft noch effizienter entfaltend, wenn sie, wie der amerikanische Ethnologe J. N. B. Hewitt (1859–1937), selber geborener Tuscarora, für die Irokesen bestätigt, zu rituellen Anlässen gesprochen, rezitiert oder gesungen wurden.[209] Und das hatte, wie bereits erwähnt, einen konkreten Grund: Im Schädel, einer Kombination besonders lebenskrafthaltiger Knochenpartien, speziell im Mund gebildet, vom Speichel durchfeuchtet und vom Atem getragen, bildeten sie eines der vitalenergiereichsten Medien im Umgang der Menschen miteinander überhaupt. Worte «schlugen» zudem, vermöge der direkten Beziehung zwischen Bezeichnung und Bezeichnetem, unmittelbar im tiefsten Innern, in Bewußtsein und Gefühlsleben dessen, auf den sie abzielten, «ein». Daher begleiten alle magischen – individuelle (z.B. Beschwörungen) wie kollektive – Akte (Riten, Kulte) ungebundene oder gebundene Worte, Formeln oder liturgische Texte. Manche Gelehrte waren überhaupt der Auffassung, in früheren Zeiten habe man nicht nur bestimmten Worten, sondern der Sprache *generell* magische Eigenschaften zugeschrieben. «Die Seele», drückte es der bekannte Indogermanist Walter Porzig (1895–1961) aus, «hat Macht über die Welt gewonnen *als Sprache*».[210] Der schon mehrfach genannte Toshihiko Izutsu war entsprechend von ihrer «essentiell magischen Natur»[211], der deutsche Ethnologe und große Afrikanist Hermann Baumann (1902–1972) von ihrer genuin «zauberischen Qualität» überzeugt.[212]

Speziell mit Namen hat es noch eine besondere Bewandtnis. Wurden sie doch zur Hauptsache lebenden Wesen, neben Tieren vor allem Menschen verliehen, mit denen man verwandt beziehungsweise benachbart war oder in einer Gemeinschaft zusammenlebte, deren Eigenheiten und «Charakter» man daher gut kannte und von denen man in etwa wußte, wie sie sich in bestimmten Situationen verhalten würden. Häufig bezeichneten Namen, gleich Begriffen, zwar die besonderen Eigenschaften ihrer Träger, doch dies nicht nur: Einem ebenso alten wie weitverbreiteten Glauben zufolge *bestimmten* sie die wesentlichen Charakterzüge eines Menschen auch, nahmen kraft ihrer Wahl Einfluß auf ihre Ausbildung und Entwicklung. Hinzu kam, daß einzelne Personen im Lauf ihres Lebens – je nach Alter, Geschlecht, Kompetenz und so weiter – verschiedene Positionen in der Gesellschaft einnahmen und, in der Folge davon, *neue* Namen (bzw. Amtsbezeichnungen) erhielten. Ihre Funktion indessen blieb gleich: Namen kamen, wenn man so will, in gewisser Weise immer dem Kürzel einer *Zauberformel* gleich, mit der man das Geschick eines Menschen gleichsam entsprechend zu «beschwören» vermochte. Es war daher alles andere als eine Beliebigkeitsfrage, wie man jemanden nannte.

Da der Name so wesentlich mit über das künftige Leben – beziehungsweise nach einem Wechsel den Lebensabschnitt – entschied, wählte man ihn stets mit Bedacht, im Sinne der Absicht, die man damit verband. Einmal ganz abgesehen davon, daß er sich formal je nach der Geschlechtszugehörigkeit unterschied, konnte man dem – oder der – Betreffenden ganz generell sozusagen «alles Gute» mit auf den Weg geben, wie bei den alten Griechen zum Beispiel, worauf Sokrates verweist, und sie etwa «Glückskind» (Eutychides) nennen, ihnen speziell immerwährende Gesundheit (Sosias)[213] oder, wie bei den Ao Naga in Assam, ein sorgenfreies Leben wünschen («Reich an Besitztum», «Reichste der Reichen»).[214] Für nicht minder wichtig wurde oft auch gehalten, ihnen eine normative Maxime als Namen zu geben, in der Erwartung, daß sie ihr zeit ihres Lebens entsprechen würden. In derartigen Fällen konnten ein Ao Naga etwa «Erbeuter dreier Köpfe» (d.h. tapferer Kopfjäger), Angehörige der germanischen Völker des mittel- und nordeuropäischen Frühmittelalters «kühner Herrscher» (Richard), «Friedensherrscher» (Erich), «Beschützer» (Wilfried) oder «vortreffliche Hausfrau» (Irmgard) heißen. Derselben Absicht entsprach, seinen Kindern die Namen großer Helden (Siegfried), bei Christen den eines Erzengels (z.B. Michael), der Jünger Jesu, der Apostel und bedeutender Heiliger zu geben.

Manche Menschen waren von Geburt von schwächlicher Konstitution, andere erwartete als Erwachsene ein wichtiges Amt, das besonderen Schutzes bedurfte. In beiden Fällen konnten sich die Eltern entscheiden, ihnen Namen zu geben, die eine ausgeprägt apotropäische Bedeutung besaßen, um schädlichen Einflußnahmen *a priori* entgegenzuwirken.[215] Hatte man bereits eines oder mehrere Kinder verloren, suchte man die nächstgeborenen zu schützen, indem man ihnen auf keinen Fall den Namen eines der Verstorbenen, sondern, wie die Muria Gond im indischen Bastar, einen häßlichen, Abscheu erregenden verlieh, bei Knaben zum Beispiel «Stinkender», «Schwachsinniger», «Trunkenbold», ja «Verschissener».[216] Weinte ein Kind immerzu, erkrankte oder entwickelte sich nicht so recht, nahm man gewöhnlich an, daß sein Name nicht seinem Wesen und seinen Anlagen entsprach, das heißt nicht zu ihm «paßte», wechselte man ihn gegen einen anderen aus oder wählte, sozusagen zu Tarnzwecken, einen irreführenden, «falschen» aus.[217]

Der Name eines Menschen ist nicht nur über die Beziehung zwischen Bezeichnung und Bezeichnetem gleichsam fadenförmig aufs engste mit der Innen-, das heißt der Empfindungs- und Bewußtseinswelt seines Besitzers verbunden; da er *ständig*, tagsüber wie nachts, also mehr noch als Kleidung, Schmuck und bestimmte Gerätschaften, die man immer wieder mal brauchte und die daher, wie eine Gürteltasche oder ein Messer, zur gewöhnlichen Ausstattung zählten, von diesem «getragen» wurde, partizipierte er sowohl intensiver als auch umfassender an seiner Lebenskraft[218], war *Part seiner Persönlichkeit.*[219] Dabei handelte es sich nicht um einen invariablen, quasi statuarischen Zustand. Keines Menschen Leben verlief kontinuierlich. Teils regelmäßig, teils wider Erwarten war es gewissen «Brüchen» ausgesetzt, die ihm eine andere Richtung verliehen, für den Menschen einen neuen Lebensabschnitt, einen mal weniger, mal mehr dramatischen *Zustandswechsel* bedeuteten. Normalfälle bildeten insbesondere die Pubertät, die Heirat, die Geburt des ersten Kindes und die Übernahme eines bedeutenden Amtes; Umbrüche, die einen unerwartet trafen, konnten eine schwere Krankheit, ein Unfall mit bleibenden Folgen, der Tod eines nahen Angehörigen, ein Zerwürfnis, das einen oder mehrere der Beteiligten zu einem Kapitalverbrechen, zum Beispiel einem Mord veranlaßten, oder eine Naturkatastrophe sein, die jemanden seiner Existenzgrundlage beraubte. Da es sich in all diesen Fällen um einen einschneidenden *Übergangsprozeß* handelte, sahen sich die Betroffenen stets einer schwerwiegenden *Krise* ausgesetzt, deren Bewältigung nur auf strikt *ritualisierte* Weise erfolgen konnte, um möglichen Fehlentwicklungen zu begegnen. In der Regel geschah das im Rahmen eines Wiedergeburtsrituals (nach dem Modus der *Rites de Passage*), das heißt die Jugendlichen, Ledigen, Kranken, aufs schwerste schuldig Gewordenen oder Amtsanwärter wurden in «neue» Menschen umgewandelt, sie durchliefen einen *Zustandswechselprozeß*, und ebendas, der Seins-, Status- und Persönlichkeitswandel, fand seine Bestätigung dann auch dadurch, daß sie einen neuen Namen (bzw. eine neue Bezeichnung) erhielten.[220]

Aber es blieb bei der Möglichkeit, über den Namen in Beziehung zu seinem Träger zu treten und so unmittelbar Einfluß auf ihn zu gewinnen. Allerdings richtete die Nennung des Namens allein, wenn auch begleitet von gezielten Gedanken und Wünschen, dabei noch nicht allzuviel aus; dazu hätte es schon einer außergewöhnlichen Konzentrationskraft bedurft. Wer anderen *via* Namensmagie schaden wollte, verfuhr eher so, daß er sich an einen abgelegenen Ort zurückzog und, um seinem Anliegen die gewünschte Vehemenz zu verleihen, als verstärkendes Trägergeschoß eine bestimmte, möglichst altüberlieferte (d.h. bewährte!) «Zauberformel» wählte, der er den betreffenden Namen als Zielobjekt «eingab», und das Ganze als kleines Ritual inszenierte, das heißt er «*beschwor*» die gemeinte Person – sei es, um sie gesundheitlich zu schwächen, sie zu einem Fehler zu verleiten, ihr die Ernte zu verderben oder sie um ihre Erfolge beim andern Geschlecht zu bringen. Suchte man sich, zu welcher Unternehmung auch immer, des Beistands eines Geistes zu versichern, genügte es in der Regel ebenfalls, seinen Namen zu nennen, um ihn herbeizuzitieren. Allerdings empfahl sich das nicht in jedem Fall; denn leicht konnte geschehen, daß man dem Irrtum Fausts verfiel und den Geist, den man rief, fehleinschätzte, so daß man ihn nicht mehr loswurde und er Gewalt über einen selbst gewann. Hier hatten indes die alten, bekanntlich besonders zauberkundigen Juden ein probates Mittel zur Hand, das ich dem geneigten Leser gern weiterempfehle: Man nenne den Namen des Geistes immer wieder und lasse dabei jedesmal einen Buchstaben (oder eine Silbe) fort – bis nichts mehr zurückbleibt.[221] Besser noch, man nannte ihn erst gar nicht oder verwandte, wenn sich das nicht vermeiden ließ, eine «getürkte» Form oder Umschreibung, wie im Fall des Teufels «der Gehörnte» oder «der Leibhaftige». Wie leidvolle Erfahrung lehrt, stellt der «Gehörnte» nicht das einzige Schrecknis dar, das dem Menschen zu schaffen macht. Auch Naturkatastrophen, wie Erdbeben oder Wirbelstürme, und bestimmte, allezeit mögliche Schicksalsschläge, wie den Tod eines nahen Angehörigen oder eine lebensbedrohliche Krankheit, mied man daher oft, beim Namen zu nennen, oder benutzte dafür eine alternative Bezeichnung. Im Englischen und Deutschen ist *cancer* («Krebs») ein Beispiel dafür[222], im Deutschen ebenso die Epilepsie, die man früher als «Ding», «Jammer» oder «Weh» umschrieb.[223] Auch bei prekären, riskanten Tätigkeiten pflegte man sich analog zu verhalten. Überall auf der Welt hüteten sich Jäger, die sich auf dem Weidgang befanden, im Gespräch auf ihre Absichten auch nur anzuspielen und vor allem nicht die Bezeichnungen der Tiere, auf die sie es abgesehen hatten, zu nennen, sondern verwandten, falls sich das nicht umgehen ließ, Umschreibungen oder «Decknamen», wie im Deutschen «Meister Petz» für Bär. Entsprechende Gepflogenheiten sind – unter anderem – auch für Fischer[224], Berg- und Seeleute, ja Kampfer-Sammler auf Borneo bezeugt.[225] Häufig entwickelten sich daraus regelrechte Sondersprachen[226], wie das «Jägerlatein» zum Beispiel.[227]

Da der Name derartige Sicherheitsrisiken barg, hatten es die Menschen nicht bei den genannten Schutzmaßnahmen belassen, sondern sich offenbar schon früh (wie die globale Verbreitung lehrt) für ein weiteres Mittel entschieden, das sie für annähernd unüberwindlich hielten – falls die Bedingungen, die dafür galten, nicht verletzt wurden. Ungefähr ein Jahr nach der Geburt, wenn Aussicht bestand, daß der Säugling überleben würde, erhielt er im Rahmen einer kleinen Zeremonie, an der nur die nächsten Familienangehörigen teilnahmen, neben dem oben besprochenen *de facto* zweiten noch einen ersten, seinen eigentlichen, ganz persönlichen Namen, dessen Kenntnis allein den anwesenden Verwandten vorbehalten blieb. Sie hielten ihn, wie später dann der Träger selbst, aufs strengste geheim; denn wer *diesen* Namen kannte, besaß Zugriff unmittelbar auf den *Lebenskern*, sozusagen auf das Herz der betreffenden Person, womit ihm die Macht gegeben war, ihn jederzeit und nach Belieben zu töten.[228] Das klingt auch in Märchen und Sage noch vielfach an. So büßen Rumpelstilzchen und die chinesische Prinzessin Turandot in dem Augenblick Recht und Möglichkeit ein, das erstgeborene Kind der Müllerstochter einzufordern beziehungsweise den Mongolen-Prinzen Kalaf hinrichten zu lassen, als diese ihre Namen in Erfahrung bringen.[229]

Es versteht sich, daß die «Namensfrage» auch – oder erst recht – für das gesellschaftliche Zusammenleben ein delikates Problem darstellte. Denn sprach man jemanden, mit dem einen weder Verwandtschaft noch eine enge, jahrelange Freundschaft verband, mit seinem (offiziellen) Namen an, nahm also formal eine Beziehung zu ihm auf, die einem erlaubte, Einfluß auf ihn auszuüben, konnte der solcherart Angeredete das nur als dreiste Anbiederung oder, mehr noch, als grobe Ungehörigkeit verstehen. Daher galt allgemein die Regel, daß Jüngere den Jahren oder dem Stand nach Ältere (Respektspersonen) und Rangniedere (Untergebene) Höhergestellte (Älteste, Amtsträger, Oberhäupter, Adlige, den König) nicht mit dem Namen, sondern ihrem Verwandtschaftsgrad, ihrer Status- und Amtsbezeichnung beziehungsweise dem Titel anredeten – also etwa: «älterer Bruder», «(Herr) Vater», «(Frau) Mutter», «Frau», «Mann», «mein Gebieter», «Hochwürden», «Herr», «Hoheit», «Euer Gnaden», «Majestät», «Herr Präsident» und so weiter und dabei oft nicht die zweite Person Singular oder Plural («Du», «Ihr»), sondern die dritte Person Singular und Plural («Er», «Sie»), benutzten, das heißt die Gesprächspartner gleichsam «umgingen» und so auf Distanz hielten, um den gebotenen sozialen Abstand zu wahren.[230]

Das galt um so mehr für die Konversation mit den ins Jenseits entrückten Ahnen, Geistern und Gottheiten. Sie beim Namen zu nennen, außer vielleicht im Gebet oder im Rahmen eines Totengedenkrituals, kam im ersteren Fall vielfach, im letzteren so gut wie immer einem Sakrileg gleich. Vor allem die in den Höhen der Transzendenz residierenden Götter wären dadurch «erniedrigt», herabgezogen worden in den unreinen Dunst der Immanenz. Da sie bekanntlich nur wenig Humor besitzen, hätten sie den – möglicherweise nur aus Unachtsamkeit begangenen – *Fauxpas* als kecke Mißachtung ihrer Hoheit aufgefaßt und den Schuldigen entweder mit einer Krankheit oder einem anderen Ungemach heimgesucht, wenn nicht auf der Stelle mit einem Blitzstrahl erschlagen.[231] Man bediente sich daher auch hier sorgsamst der vorgeschriebenen Respektsaddressen und sprach einen Gott mit «Herr» (oder «Herr Herr»), «Gott», «Allmächtiger» und so weiter an. Um es erst gar nicht dahin kommen zu lassen, wurden in den Archaischen Hochkulturen die Namen zumindest der großen Götter – von ihren Dienern, den Priestern – wiederum streng geheimgehalten.[232] Jedermann war geboten, wie es in der Bibel unmißverständlich heißt, «Du sollst den Namen des Herrn, deines Gottes, nicht freventlich aussprechen; denn der Herr wird den nicht ungestraft lassen, der seinen Namen mißbraucht.»[233]

Praxis

Generelle Voraussetzungen

Magisches Handeln besteht in einer geglaubten oder echten Kraftübertragung von einem Subjekt S auf ein Objekt **O**, mittels derer bei **O** – oder einem Teil von **O** – eine Zustandsveränderung bewirkt wird. Dabei ist grundsätzlich zu scheiden zwischen unmittelbarer und mittelbarer Einflußnahme. Erstere geschieht durch Berührung, also Übertragung von Vitalenergie, zum einen direkt durch Handauflegen, Einreiben, Bestreichen (mit Speichel, Sperma, einem Pflanzensaft), Verzehren oder Umarmen, zum andern indirekt über eine begrenzte Distanz hinweg, die dem körpernahen, okularen, akustischen und olfaktorischen Wahrnehmungsbereich von S (bzw. S und **O**) entspricht, durch Worte, Blicke, Gestik und Wärme- oder Geruchsausstrahlung («Aura»). Mittelbare Einflußnahmen betreffen Kraftübertragungen über beliebige Entfernungen hin und bedürfen insofern eines raum- und zeitungebundenen, leibunabhängigen, gleichwohl vom Menschen kontrollierten «geistigen» Mediums, das heißt seiner *Spiritualseele*. Entsprechend kann sich die Absicht, magisch Einfluß zu nehmen, hier allein auf abstrakte Inhalte, auf Gedanken, Wünsche und Vorstellungen beziehen.

Gezieltes Handeln setzt eine oder mehrere «Theorien» voraus, die es leiten und die Gewähr bieten, daß ihm Erfolg beschieden sein wird. Sie sind niemals, und namentlich nicht in den alten, traditionellen Kulturen, sozusagen aus der Luft gegriffen oder die Frucht phantasievollen Grübelns, sondern, wie jede gründliche Analyse zeigt, aus der konkreten Anschauung und Erfahrung heraus konzipiert. Für eine «Theorie der unmittelbaren Einflußnahme» stand den Menschen dabei eine schier erdrückende Fülle an empirischen Daten zur Verfügung. Jedermann konnte sich unschwer davon überzeugen, das Feuer Wärme ausstrahlt, der Verzehr bestimmter Pflanzen und Früchte zu Unwohlsein führt, berauscht, eine heilende Wirkung besitzt oder den Tod zur Folge hat; daß Brennesseln brennen, Wasser das Wachstum der Vegetation befördert und erwachsene Menschen mehr Wissen und Weitsicht besitzen, kräftiger und handwerklich versierter, weil geschult, und infolgedessen erfolgreicher sind als jüngere. Daraus folgte, daß die *Eigenschaften* etwa von Pflanzen, Dingen, Stoffen und Menschen verschiedener Altersstufen *übertragbar* sind. Der deutsche Missionar Christian Keysser (1877–1961), der zu Beginn des letzten Jahrhunderts gut 20 Jahre in Neuguinea verbrachte, hat diese Anschauung nahezu poetisch mit den Worten wiedergegeben:

> «Wie der Saft aus dem Gummibaum hervorquillt, ob man ihn am Stamm, am Zweig oder am Rande des Blattes ritzt; wie der Duft der Blüte entsteigt und die Umgebung erfüllt; wie das Blut durch Adern und Äderchen rollt; wie der Schweiß aus den Poren rinnt und die Wärme vom Körper ausgeht, so wohnt der Seelenstoff im Körper, geht von ihm aus und geht auf alles über, was mit dem Körper in Berührung kommt.»[234]

Die Wünsche und Absichten, deren Verwirklichung mittelbare Einflußnahmen erforderlich machen, spielen sich, da **O** ja in diesem Fall der sinnlichen Wahrnehmung entzogen ist, wie gesagt rein gedanklich, allein in der Vorstellung beziehungsweise Phantasie von **S** ab. Vom Willen in Gang gesetzt, bewegen sie sich, gleich unsichtbaren Pfeilen, ins Ziel. Und auch hier lagen für die Annahme, daß dies möglich sei, entsprechende Erfahrungen vor: Für einen Menschen, der einen anderen – oder sonst irgend etwas – allein in der Vorstellung vor sich sah, konnte nichts dagegen sprechen, daß er Kontakt zu dem Wahrgenommenen hatte. Und mehr noch mußten ihn Träume davon überzeugen, daß man auch außerhalb der diesseitigen Welt Beziehungen zu anderen, abwesenden oder zur Zeit entfernt lebenden, ja selbst Verstorbenen aufnehmen, gemeinsam mit ihnen etwas unternehmen, mit Erfolg auf sie einwirken konnte. Das magisch operierende Agens war in diesen Fällen die *Spiritualseele*. Die «Theorie» lautete hier: Diesseits und Jenseits bilden zwei parallele Welten, die beide ihre je eigene, lediglich *invers*, «verkehrt» zueinander beschaffene, im einen Fall materielle, im andern immaterielle, «geistige» Realität besitzen, so daß in beiden gleichartiges Verhalten, und mithin auch magisches Handeln möglich sein mußte, nur auf der einen Seite mit materiellen, auf der anderen mit immateriellen, spirituellen Mitteln. Um in der diesseitigen Welt zu verdeutlichen, welche Absichten man in der jenseitigen verfolgte, bediente man sich bei der mittelbaren Magie häufig begleitend der Zeichensprache, das heißt analoger («symbolischer») Ausdrucksmittel. So ließen im Innern von Sumatra etwa die Frauen bei der Reisaussaat ihr Haar lang herunterhängen, um den – im Diesseits noch nicht existierenden – Reis zu einem entsprechend hochhalmigen Wachstum zu veranlassen, wickelte man sich in den Karpathen beim Kohlpflanzen Tücher um den Kopf, um die Pflanze zu beeinflussen, einen entsprechenden Umfang zu entwickeln[235], und öffnete man überall auf der Welt bei Schwergeburten sämtliche im Haus befindlichen verschlossenen Gefäße oder löste Verschnürungen und Knoten auf.

Die Überzeugung, daß unmittelbare und mittelbare magische Einflußnahmen die intendierte Absicht bewirken konnten, beruht auf den zwei folgenden Annahmen:

1. Stoffe (Dinge), Phänomene und Lebewesen, die räumlich oder zeitlich aufs engste benachbart sind, stehen in Beziehung zueinander und bieten insofern optimale Voraussetzungen für Kraftübertragungen. Die Annahme entspricht dem «Gesetz des Kontakts (*Law of Contact or Contagion*)» des großen englischen Ethnologen James George Frazer (1854–1941). Für die Irokesen (NO-Nordamerika) bestand zum Beispiel eine Beziehung auch zwischen Heuschrecke und Mais, weil die Heuschrecke am Morgen vor heißen Tagen zu zirpen pflegt und heiße Tage zu Wachstum und Reifeprozeß des Getreides beitragen.[236]
2. Sind Stoffe (Dinge), Phänomene und Lebewesen formal einander ähnlich beziehungsweise stimmen in wesentlichen Eigenschaften miteinander überein, gelten sie als «*verwandt*» und bieten insofern optimale Voraussetzungen für Kraftübertragungen (*via* «Analogiemagie»). Diese Annahme entspricht Frazers «Gesetz der Ähnlichkeit (*Law of Similarity*)».[237]

Im Grunde handelt es sich um die klassischen Gesetze der Assoziationspsychologie: dem «Gesetz der Kontiguität», das besagt, daß, wenn zwei Erfahrungen oder Empfindungen in räumlicher oder zeitlicher Nähe auftreten, mit der einen auch die andere wieder erscheinen beziehungsweise erinnert wird, sowie dem Gesetz, daß Eindrücke an ähnliche Eindrücke denken lassen.[238]

Wie die Erfahrung lehrt, besitzen die Eigenschaften von Stoffen (z.B. Sand), Dingen (z.B. einem Gerät), Phänomenen (z.B. dem Sonnenaufgang) und Lebewesen ihre volle Wirksamkeit nur, wenn die für sie typische Form *unversehrt* ist – eine vertrocknete Pflanze verliert ihre Genußtauglichkeit oder Heilkraft, ein Netz mit Löchern eignet sich nur mehr bedingt zum Fischfang. Dem entsprach die Auffassung, daß auch die gesellschaftliche Ordnung ihre Funktionen verläßlich allein zu erfüllen vermag, wenn ihre Regeln (und Tabus) strikt eingehalten werden.[239] Bricht jemand nur *einen* Brauch (*custom*), erklärten Ao Naga (Assam, Indien) dem englischen Kolonialbeamten und Ethnologen James P. Mills (1890–1960), nimmt man es auch mit den anderen nicht mehr so genau.[240] Geht ein Paar die Ehe ein und verzichtet dabei auf die Heiratszeremonien, so die Überzeugung der Canelo (Ekuador), wird der junge Mann in Kürze sterben.[241] Wer gar unverheiratet stirbt, verwandelt sich einem verbreiteten Glauben nach in einen frustrierten, «bockigen (*petulant*)» Geist.[242] Mythen und Legenden, aber auch Geschichten sollten korrekt, in wortgetreuer Übereinstimmung mit der Originalversion, ungekürzt und ohne Ergänzung oder Kommentar, nacherzählt werden, sonst verlieren sie ihren Wahrheitsgehalt und Erkenntniswert beziehungsweise büßen, falls es sich um einen «Erzählzauber» handelt, ihr magisches Wirkvermögen ein.[243]

Besonders streng gilt die Maxime für Rituale[244], weil sie gewöhnlich Grenz- beziehungsweise Übergangssituationen (Geburten, Initiationen, Heiraten, Krankheiten usw.) begleiten und zum Zweck haben, magisch sicherzustellen, daß der – immer als prekär verstandene – Wechsel vom einen zum anderen Seinszustand *störungsfrei* verläuft. Andernfalls nämlich könnte es zu Aberrationen und Fehlentwicklungen mit unter Umständen bedrohlichen Konsequenzen für die Existenzfähigkeit des oder der unmittelbar Betroffenen, wenn nicht gar der gesamten Gruppe kommen. Die Ausführenden sollten «rein», das heißt körperlich wie moralisch ohne Fehl und Tadel sein[245]; wurden Tiere oder Menschen geopfert, galt das Gebot der physischen Unversehrtheit auch für diese.[246] Kein Schritt durfte übersprungen, nichts an der überlieferten Form verändert werden.[247] Geschah das dennoch, mußte man um die magische Wirksamkeit des Rituals fürchten. Im frühmittelalterlichen Europa erkannte der Klerus Taufen als gültig nur an, wenn der Priester, der sie vollzogen hatte, auf einen untadeligen Lebenswandel zurückblicken konnte und der Ritus selbst in «der rechten Form» vorgenommen worden war.[248]

Jeder Fehler lief auf einen Wandel hinaus, einen – und wenn auch noch so geringen – *Bruch der Tradition*, der in den alten ländlichen Gemeinschaften gewöhnlich von den Ahnen mit Unwillen quittiert und unter Umständen hart – mit Krankheit, Viehverlusten, Mißernten – geahndet wurde.[249] Doch galt das nicht nur für die traditionellen Kulturen, sondern gibt eine *allgemeine* Auffassung wieder. Immer und überall besteht das Bestreben, unbeabsichtigt eingetretene Veränderungen, da als «Störfaktoren» verstanden, möglichst rasch zu beseitigen, nicht nur im täglichen Leben, sondern, und dort ganz besonders, auch in den Wissenschaften, «das Krumme», wie der Philosoph Hans Vaihinger (1852–1933) sagt, «unter den Begriff und die Gesetze des Geraden zu bringen»[250]; Fehler können hier eine Beweisführung zunichte machen, den Wahrheitsanspruch einer Theorie erschüttern. «Heil» bedeutet nicht von ungefähr auch «ganz».[251] Was aber aus einem – organischen, sozialen oder kulturellen – Zusammenhang, einem Verbund oder «Feld» gelöst wird, verliert seine sinnhafte Bedeutung, verfällt, «stirbt ab», geht über in den Zustand der «Unreinheit».[252]

Schon die Routine, welche die Art und Weise, sein Leben zu bestreiten, in weiten Teilen festlegt (ohne es zwingend vorzuschreiben) und damit dem Menschen Trittsicherheit verleiht, läßt sich als magisches Instrumentarium verstehen: Die stete, gleichförmige Wiederholung (*Ite-*

rationsprinzip) erweckt den Eindruck, als sei das Verhalten in seinen überlieferten Formen bewährt und insofern verläßlich. Kritisch erscheinen nur mehr, wie gesagt, Situationen, in denen die Routine durchbrochen wird, das heißt die genuin instabilen Übergangs- beziehungsweise Zustandswechselprozesse sowie prekäre Beschäftigungen, wie zum Beispiel die Jagd, bei denen man immer mit – teils gefährlichen – Überraschungen rechnen muß und die daher in der Regel ritualisiert sind, in den ersteren Fällen gewöhnlich nach dem Strukturkonzept der *Rites de Passage*.

Generell gilt für alle Zustandswechselprozesse, daß die Betroffenen eine vertraute, kalkulierbare Umgebung verlassen, um eine mehr oder weniger unvertraute, *fremde* zu betreten, deren Bedingungen und Verhältnisse nicht sicher abgeschätzt werden können. Das Betreten eines fremden Territoriums, der Besuch einer fremden Ortschaft und Familie, bei der man als Gast Aufnahme findet, der Eintritt in einen neuen Lebensabschnitt, in eine berufliche, religiöse oder ständische Vereinigung – alles das wird zum *Problem*, dessen Lösung, aus der Erfahrung einer langen Reihe analoger Fälle entwickelt, *via* Ritualisierung zwingend festgelegt ist. Routine und Ritual ergänzen einander zu dem einen Zweck, das Leben in seiner gewohnten Weise wider alle nur möglichen Fährnisse abzusichern.[253] «Ohne Magie», versicherten Einwohner von Normanby Island (Melanesien) dem Psychologen und Ethnologen Géza Róheim (1891–1953), «könnten wir nichts tun; wir könnten weder den Boden bebauen noch Liebesbeziehungen unterhalten, Krieg führen, zur See fahren oder sonst etwas unternehmen.»[254]

Schützen

Letztere Aussage – die sich auch sonst beliebig belegen ließe – macht nur Sinn als Bekenntnis einer schon langfristig ortsfesten geschlossenen Gruppe, deren Mitglieder die genannten Ziele gemeinsam verfolgen. Das setzt zum einen die Überzeugung ihres seit alters unangefochtenen Daseins, zum andern verläßlich wirksame, das heißt dem traditionellen Verständnis nach magische Maßnahmen und Mittel zu dessen Schutz und Erhalt, gegebenenfalls Stärkung voraus.

Dazu bedurfte es zunächst der territorialen und kulturellen Abgrenzung der eigenen Siedlungsgemeinschaft von der Außenwelt und ihren Bevölkerungen (*Markierungsprinzip*). Ging man ehemals daran, ein neues Dorf zu gründen, war in weiten Teilen der Welt übereinstimmend üblich, daß der Patriarch der genealogisch ältesten Sippe, also der künftige Gearch, als Träger und Garant der Tradition seit Urväterzeiten (*Kontinuitätsprinzip*), als erstes ein geeignetes Areal bestimmte, dann in dessen Mittelpunkt einen Pflock einschlug oder eine Grube aushob, in die fruchtbarkeits- beziehungsweise keimkrafthaltige pflanzliche oder tierische Substanzen eingelegt wurden[255], um zuletzt die äußere Umgrenzungslinie festzulegen, indem er – immer mit Blick auf den Mittelpfosten, um den Abstand gleichzuhalten – beispielsweise Mehl verstreute, aus einem Krug Wasser ausgoß oder die Linie mit einem Stecken oder durch eine Pflugfurche markierte. Später verstärkte und manifestierte man die Umgrenzungslinie dann durch Palisaden, Hecken, Mauerwerk oder Erdwälle.[256] In Gesellschaften, die keinen Krieg, und schon gar keinen Eroberungskrieg kannten, dienten diese Abgrenzungs- und Befestigungsanlagen teils dem Schutz vor dem Eindringen gefährlicher Wildtiere, vor allem aber apotropäischen, also magischen Abwehrzwecken.[257]

Auf diese Weise wurde jede Siedlung, *wie zur Urzeit das Zentralareal der Erde*, der «chaotischen» Wildnis abgerungen, der Boden in Kulturland umgewandelt, die eigene Gruppe samt

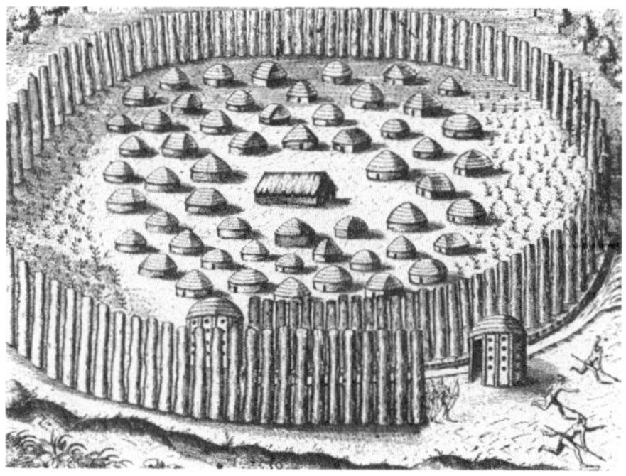

a)

b)

c)

Abb. 6 Einkreisung zum Schutz von Wohn- und Weihestätten.
a) Indianisches Dorf, Florida, nach einem Stich aus dem 16. Jh.
b) Grab eines Oberhaupts der Arusi, Südäthiopien.
c) Ehemalige «Dingstätte» (Agora) mit Dorflinde, Irlich bei Neuwied am Rhein.

dem Kunstwerk ihrer Kultur[258] gleichsam in Schutzverwahrung genommen. Denn was einst die Kulturheroen gestiftet und die Ahnen der nostrozentrischen Anschauung nach zur Vollendung fortentwickelt hatten, stellte nicht nur den unantastbaren Besitz ihrer Nachfahren, sondern auch einen einzigartigen Schatz dar, den es sorgsam zu hüten und unversehrt zu bewahren galt. In den altorientalischen Hochkulturen begriff man ganz in diesem Sinne die Stadtmauern nicht lediglich als Bollwerk wider feindliche Angriffe, sondern mehr noch als Grenzscheide zwischen der gepflegten, von Recht und Ordnung geleiteten Kulturwelt der Städte und der brachliegenden Ödnis von Steppe und Bergland, in der lediglich minimal zivilisierte «wilde» Völkerschaften ein quasianimalisches Dasein fristeten.[259]

Jedes Territorium, mehr noch die Siedlung in seinem zentralen Areal waren dergestalt eingebunden in einen «*magischen Kreis*», der sie zum einen abschirmte vor den zerstörerischen Einflüssen der Außenwelt, zum andern ihre Vitalenergien im Innern band und konzentrierte und so die Kohärenz und Solidarität ihrer Mitglieder festigte. Der Kreis ist, wie es in einem religionswissenschaftlichen Handbuch heißt, «von stärkster magischer Bedeutung. Einerseits konzentriert er durch seine Geschlossenheit die Macht nach innen, indem er vom Eingeschlossenen alles Übel fernhält [...] andererseits strömt von seinem Mittelpunkt [...] Macht aus».[260] Entsprechend waren die Lakota (Oglala-Sioux) in Nordamerika (South Dakota) der Überzeugung: «Solange der Kreis ungebrochen ist, lebt das Volk.»[261]

Aber auch im Innern suchte man alles, was von besonderer Bedeutung für den Daseinserhalt des Gemeinwesens war, eigens noch einmal *via* Einkreisung gesondert zu schützen, gleichsam zu umspinnen wie einen Kokon: Säuglinge erhielten unmittelbar nach der Geburt einen Leibriemen um die Hüften geschlungen[262], Brautleute wurden im Rahmen der Hochzeitszeremonien

Abb. 7 Fürst der Yoruba (Nigeria) mit verhülltem Haupt während einer Audienz

verschiedentlich umritten oder umwandelt[263], den Schutz der Familie und ihrer Privatsphäre sicherten die Wände der Hütten beziehungsweise Häuser und Mauern des Gehöfts, einzelne, die sich anschickten, ein bestimmtes Ritual zu vollziehen oder einen Eid zu leisten, zogen, um ihre Kräfte zu bündeln und ungestört agieren zu können, einen Kreis um sich herum.[264]

Durch die Umzirkelung wurden das Dorf, seine Einwohner und dessen besonders schutzbedürftigen Einrichtungen in *Seklusion* versetzt, das heißt ein weiteres Mal mehr wirksam vor störenden Außeneinwirkungen abgeschirmt. Das galt auch für Institutionen und Rituale, die sozusagen lediglich ein gedachter, virtueller Kreis umschloß, wie das zum Beispiel zutraf auf die Männerhäuser, zu denen allein die erwachsenen Männer Zutritt hatten, die Geburtshütten, die höchstens eine nahe Verwandte der Wöchnerin, die «Buschlager» der Initianden, die nur einige Älteste, die sie betreuten, betreten durften, sowie ferner das Endogamiegebot, das ein Ethnos vor «Verunreinigung seines Blutes» bewahrte, und nicht zuletzt das Neujahrsfest, das der alljährlichen Regeneration der Gesellschaft diente und von dem Fremde ausgeschlossen waren.

Drohte dem Gemeinwesen von außen Gefahr, indem etwa bei Nachbarethnien sich eine Seuche auszubreiten begann, oder war ein Unheil – eine ansteckende Krankheit, ein rätselhaftes Viehsterben, Ernteausfälle – bereits ins Innere gelangt, konnte die Befürchtung aufkommen, daß die magische Abwehrkraft der Umgrenzungsanlagen nicht mehr so recht funktionierte, daß sie sozusagen Alterserscheinungen aufwies und man dringend Erneuerungsmaßnahmen ergreifen mußte. Und die bestanden dann häufig darin, daß man die Umgrenzungslinie entweder von Zeit zu Zeit prophylaktisch oder aus dem gegebenen akuten Anlaß abermals umfurchte.[265]

Das Gemeinwesen wie die besonders schützenswerten Güter und Einrichtungen im Innern konnten sich, da zuverlässig «verwahrt», über Generationen hin (scheinbar) unverändert, eben *unversehrt* behaupten. Ihre Entstehung rückte damit tief zurück in die Urzeit, sie gewannen, gleich antiken Pretiosen, zunehmend an Anciennität und Qualität, was wiederum ihren Schutz nur um so zwingender erscheinen ließ.

Um das bewußt zu halten, behandelte man sie demonstrativ auf gesonderte Weise, indem man sie zum einen in oder nahe dem Zentrum der Örtlichkeit lokalisierte, aufwendiger und kunstvoller ausgestaltete (Männerhäuser, Kirchen, Dome, Residenzen), Wertgüter in kostbaren Behältnissen (Reliquiare) und sakralen Räumlichkeiten aufbewahrte beziehungsweise durch ihre eingeschränkte «Veröffentlichung» dem Anblick Unbefugter und namentlich Fremder weitestgehend entzog: Oberhäupter saßen erhöht, nahmen bei Versammlungen den zentralen Platz im Kreis der Teilnehmer ein und schritten bei Prozessionen an der Spitze; Männerhäuser, Tempel und Residenzen übertrafen die Wohnbauten an Größe und Umfang; Reliquien und Götterbilder wurden sehr selten zur Schau gestellt, bestimmte, hochheilige Riten nur einmal jährlich vollzogen, der Sakralkönig zeigte sich lediglich zu ganz besonderen Anlässen in der Öffentlichkeit und auch dann oft verschleiert oder hinter einem Paravent sitzend – was alles die außergewöhnliche magische Wirkkraft der Dinge, Personen und Veranstaltungen bezeugte (*Qualifizierungsprinzip*).

Erhalten

Überlieferungsgut, das sich besonders bewährt hat und insofern unentbehrlich geworden ist, bedarf nicht nur sorgsamen Schutzes, sondern sollte auch tunlichst erhalten bleiben, um das Dasein auch weiterhin zu gewährleisten, und zwar möglichst unversehrt. Denn jede Abweichung vom Überkommenen, jeder Fehler hätten zu Veränderungen führen können und die Abwehrkräfte der Tradition geschwächt. Man war, wie die Monguor in der Mandschurei, überzeugt, «daß Achtlosigkeit gegenüber dem von den Ahnen überkommenen Brauchtum (*custom*) die Stabilität und Wohlfahrt der Gruppe zu Fall bringen würde».[266] Schon geringfügige Abwandlungen etwa bei der Größe der Haustür oder dem Schnitt eines Kleidungsstücks stießen auf Mißfallen oder wurden gar mit Strafen belegt.[267] Bei den Nuba in der Republik Sudan war das Melken (der Rinder) seit alters Männersache. Sah sich eine Frau dazu gezwungen oder tat es ganz einfach aus freien Stücken, trank zumindest kein Mann von der Milch, weil man befürchtete, ihr Genuß, auf «*abartige*» Weise gewonnen, führe zum Verlust der Zähne – sie zerbrachen prompt und fielen heraus.[268]

Dieser – universalen – Auffassung entsprach die für traditionelle Gesellschaften typische *Innovationsresistenz*. «Keine Gemeinschaft war», resümiert der deutsche Ethnologe Richard Thurnwald (1869–1954), solange sie nichts dazu nötigte, «an einem Wandel interessiert».[269] Als Verfremdungsphänomen hätte er zu Verunsicherung geführt und als unkalkulierbares Risiko gelten müssen. Derartigen akuten Bedrohungen zu begegnen sowie generell das Bewährte zu erhalten war die Hauptaufgabe der Magie. Dabei ist formal zu scheiden zwischen den Ge- und Verboten, den *Tabus*[270] beziehungsweise den magischen Intentionen, die beiden zugrunde liegen – formal insofern, als die Scheidung sich lediglich aus pragmatischen Gründen empfiehlt; denn *de facto* stehen beide in einem engen Wechselverhältnis, bilden nach Auffassung der bedeutendsten Systematiker der Magie, wie Robert R. Marett (1866–1943), James G. Frazer (1854–1941), Hermann Baumann (1902–1972) und dem Sowjetethnologen Sergej A. Tokarev (1899–1985), lediglich sozusagen die zwei Seiten ein und derselben Münze. Frazer sprach in diesem Sinn von «positiver» und «negativer Magie», wobei letztere dem Tabu entspricht. Erstere, erläuterte er, schreibe vor: «Tue dies, damit jenes eintrifft», während die negative Magie demgegenüber gebiete: «Tue dies nicht, damit nicht jenes eintrifft.» Die positive Magie ziele darauf ab, Erwünschtes herbeizuführen, die negative, Unerwünschtes zu verhindern.[271] Tokarev empfahl – meines Erachtens zu Recht – besser von zwei «Aspekten» der Magie zu sprechen, unter Hinweis auf das erwähnte wechselseitige Bedingungsverhältnis von Ge- und Verboten. Beispielsweise müßten magisch Handelnde sich vor und während ihrer Aktivität bestimmter Meidungsvorschriften unterziehen, dürften etwa gewisse Speisen nicht essen, keinen Sexualverkehr haben, sollten

Schweigen bewahren und so weiter mehr. Ein Bruch der Tabus könnte den «Zauber» seiner Wirkung berauben – was heißt: die Meidung trägt aktiv zu seinem Erfolg bei. Nicht selten bilden auch eine magische Formel oder ein Ritus selbst den Gegenstand der Tabuisierung: Ihre Effizienz setzt in diesen Fällen voraus, daß sie geheimgehalten beziehungsweise im geheimen durchgeführt werden.[272]

Als magische Verhaltensanweisungen verdichten sich Tabus im Vor- und Umfeld prekärer Situationen, in denen unsichere, schwer kalkulierbare Verhältnisse herrschen, namentlich also Übergangs-, speziell Seinswechselprozesse (Geburt, Pubertät, Heirat, Krankheit, Mitternacht, Neujahr usw.), riskante Unternehmungen (Jagd, Reisen, Aussaat, Erntebeginn, Séancen) und drohende Gefahren (Seuchen, feindliche Übergriffe, Eklipsen). Die Vorschriften lauten dann etwa: bestimmte Dinge und Personen nicht zu berühren, nicht zu sprechen, die Arbeit ruhen zu lassen, gewisse Nahrungsgüter zu meiden, Tätigkeiten, die für die Gesellschaft bedeutsame Entwicklungen implizieren (Intimverkehr unter Gatten, die Aussaat, größere Bauvorhaben) einzustellen oder Namen beziehungsweise Bezeichnungen von Tieren (während der Jagd), Personen und Vorgängen nicht auszusprechen, um sie nicht zu «beschwören», das heißt sie zu fixieren oder aber ihre Aufmerksamkeit auf sich zu ziehen. Entsprechend hatte man Ungutes zu gewärtigen, wenn jemand sich nicht an die Enthaltsamkeitsregeln hielt und ein Tabu brach.[273] Eine Verletzung des Inzesttabus beispielsweise führte nach Auffassung der Lushei (Assam) unausweichlich zu Mißernten.[274] Viele Völker glaubten auch, daß ein Tabubruch den Tod des Schuldigen selbst zur Folge habe.[275]

Worauf sich im einzelnen aber auch immer die Tabus bezogen, generell fußten alle auf dem Grundsatz, *nichts falsch zu machen*, das heißt keine Regel zu brechen, insonderheit den Prinzipien folgend:

- Positive, das heißt kontiguitätsstärkende Prozesse, wie etwa die Herstellung eines Gebrauchsgegenstandes, das Heranreifen der Feldfrucht, die Zubereitung und den Verzehr der Mahlzeiten, die Fortpflanzung von Tier und Mensch und die Mehrung des Besitztums, *nicht zu unterbrechen*, gleichsam zu «durchkreuzen». Japanische Bäuerinnen pflegten die jungen Reis-Setzlinge durchgehend innerhalb eines Tages auszupflanzen.[276] In der Gegend von Bilaspur in Zentralindien durfte niemand, wenn die Dorfältesten tagten, eine Spindel drehen, weil dann zu befürchten stand, daß die Diskussion nicht vorankam, sondern sich im Kreis drehte.[277] Bei der russischen Landbevölkerung herrschte früher das Tabu, eine Schwangere zu zeichnen, weil das zu einer Totgeburt hätte führen können – durch die Zeichnung wäre der Zustand der Frau und damit auch die Entwicklung des Kindes in ihrem Leib zu ebendem Augenblick «festgehalten» worden.[278] Beim Kirchenvolk auf dem Land in der Schweiz achtete man peinlich darauf, Gebete und Glaubensbekenntnis korrekt Wort für Wort, «wenn auch oft mit groben Mißverständnissen und sinnentstellender Betonung», zu rezitieren, und galt eine Taufe nur als erfolgreich, wenn der Pfarrer sie genau «nach dem ortsüblichen und herkömmlichen Ritus» vollzogen hatte.[279] Generell herrschte die Auffassung, daß Riten nur ihre Wirkung tun, wenn sie zum einen unverändert wie bei den Vorfahren und zum andern Schritt für Schritt in der überlieferten Abfolge durchgeführt wurden. Mit dem Tabu, wichtige Prozesse nicht zu unterbrechen, stehen die nachfolgenden in enger Verbindung, ja lassen sich als spezielle Erweiterungen desselben oder auch allesamt als verschiedene Perspektiven der Intention verstehen, essentielle Zusammenhänge nicht zu durchbrechen (*Kontiguitätsprinzip*).

- Positive, das heißt kontiguitätsstärkende Prozesse nicht *unabgeschlossen zu lassen*. So war es zum Beispiel üblich, nichts vom eingebrachten Getreide zu essen, bevor nicht alles geerntet war[280], oder auch allgemeiner: immer den Teller leerzuessen. Heranwachsende, die ihren Brei nicht restlos aufaßen, mußten nach russischem Glauben damit rechnen, eine Braut mit Narben zu bekommen.[281] Im Hannoverschen Wendland bestand die Maxime, alles im Jahr geerntete Getreide bis zu Silvester aufzubrauchen. Wer etwas aufhob, hatte im nächsten Jahr mit einer Mißernte zu rechnen.[282] Analog bestand die Schwiegermutter des Verfassers dieser Blätter, Angehörige einer alteinheimischen Familie in Kelsterbach bei Frankfurt am Main, darauf, daß es zu nichts Gutem führe, schmutzige Wäsche aus dem alten Jahr mit in das neue hinüberzunehmen und erst dann zu waschen (*Perfektionierungsprinzip*).

- Von seiner Habe *nichts abzugeben*, noch nicht einmal auszuleihen (gemeint: an Nichtmitglieder der Gemeinschaft), zumal bei abnehmendem Mond oder während der «Zwölfnächte» zwischen den Jahren[283]; denn das würde magisch gezwungenermaßen zur Abnahme des eigenen Besitztums führen beziehungsweise in einem bestehenden Zusammenhang eine sowohl störende als auch gefährliche Lücke hinterlassen (*Unversehrtheitsprinzip*).

- Das Ergebnis positiver, noch in Gang befindlicher Prozesse nicht *vorweg abzuschätzen*, das heißt durch «Berufen» zu fixieren und so die Möglichkeit auszuschließen, daß es besser als angenommen ausfiel. Das galt für die Landbevölkerung Nordafrikas ganz besonders für den zu erwartenden Ernteertrag. «*Don't count a good harvest before threshing*» hieß es zum Beispiel in Algerien.[284] In Süditalien hüteten sich die Bauern, ihre Erwartungen für die kommende Anbausaison öffentlich zu äußern.[285] In Frankreich wie bei den Nanaj (Golden) am Amur in Ostsibirien vermied man es tunlichst, weder die Wiege noch die Kleidung für ein Kind schon vor seiner Geburt herzurichten[286], während man in Ostengland keinem Kind einen Namen gab, bevor es glücklich geboren war; andernfalls stand zu befürchten, daß es tot zur Welt kam (*Perfektionierungsprinzip*).[287]

- Materielle Güter, Nutztiere und Angehörige der eigenen Gruppe weder zu messen, zu wiegen noch zu beziffern. Fragen nach der Höhe des Geldbesitzes oder des zu erwartenden Ernteertrages wich man gewöhnlich aus oder beantwortete sie erst gar nicht.[288] Säuglinge durften – unter anderem auf dem Land in Teilen Großbritanniens – nicht gewogen werden; denn das hätte zur Folge haben können, daß sie früh starben (Unterbrechung des Entwicklungsprozesses).[289] Nomadenvölker verweigerten Angaben über die Stückzahl ihrer Herden[290], in den Archaischen Hochkulturen nahmen die Herrscher keine Volkszählungen vor. Als König David (ca. 1004–965 v. Chr.), den Einflüsterungen des Bösen (!) Gehör schenkend[291], wider die Regel verstieß, schlug Jahwe Israel mit der Pest, der 70 000 zum Opfer fielen (*Arkanisierungsprinzip*).[292]

Der Tenor dieser Tabus entsprach, um das noch einmal zu betonen, dem Bemühen, das Ahnenerbe *unversehrt* zu erhalten, das heißt dafür Sorge zu tragen, daß alle Prozesse und Zyklen – die mythischen und legendären Überlieferungsstränge, die lineare Abstammungsfolge, die Reinkarnationen der Spiritualseelen, die Brauchtumssequenzen (usw. fort) – alle Beziehungen und Beziehungsnetze (Zusammenhänge), die bislang erwiesenermaßen das Überleben der Gemeinschaft gewährleistet hatten, nicht aufzubrechen, weil das zwangsläufig ihre Funktionsfähigkeit beeinträchtigt hätte – *in summa*: die Kontinuität der Tradition sicherzustellen (*Kontinuitätsprinzip*). Die Iglulik Eskimo band das Tabu, sich in der Umgebung eines kürzlich Verstorbenen, dessen Spiritualseele seinem Körper noch nahe war, geräuschvoll zu verhalten, seinem Tagwerk nachzugehen, sich auf eine Schlittenfahrt zu begeben oder zur Jagd auszuziehen. Geschah das dennoch, stand zu befürchten, daß der Tote eines Tages in die Gesellschaft zurückkehren und Unruhe stiften werde.[293] Die schon mehrfach erwähnten Ao Naga in Assam pflegten ihrer Überlieferung nach von Anbeginn an Sonne und Mond Rinder und Schweine zu opfern. Brächen sie mit der Tradition, würden, so ihre feste Überzeugung, Rinder und Schweine zugrunde gehen und die Ernten auf dem Halm verdorren[294] – das heißt: ihr Ende wäre gekommen.

Letztendlich erfüllt die Kontinuitätsannahme die Funktion, die gegenwärtig gelebte Kultur in ihren grundlegenden Facetten nicht nur als bewährt erscheinen zu lassen, sondern auch zu *begründen* und zu *legitimieren*. Den zentralen Erklärungsmodus dazu bildete der *Rückbezug* der wichtigsten Techniken, Artefakte, Brauchtümer, Institutionen, Normen und Vorstellungen auf ihren (vermeintlichen) Ursprung möglichst noch in der Schöpfungszeit und unter Umständen auf transzendente Instanzen, kombiniert mit dem Postulat ihres bruchlosen Fortbestandes bis in die Gegenwart. Im weitesten Sinne galt das für den Anspruch auf den rechtmäßigen Besitz des Territoriums und die Vorrangstellung des eigenen Ethnos und seiner Kultur. Die Begründung (und Legitimierung) lieferte entweder der Schöpfungsmythos, demzufolge der Urahn der Gruppe ebenhier erschaffen worden war und seine Nachfahren den Boden *als Erste* kultiviert und sich so zu eigen gemacht hatten, oder, im Fall einer späteren Zuwanderung, durch Gründungslegenden, die besagten, daß die Gruppe das Land als Erste besiedelt und in Kulturland umgewandelt hatte. Als Nachfahren des von Gott persönlich und als ersten Menschen erschaffenen Urvaters durften die Angehörigen des eigenen Ethnos sich zu Recht als das «auserwählte Volk» Gottes betrachten und die Vorrangstellung unter den Völkern der Erde beanspruchen. Ihre Kultur konnte entsprechend als die bestbeschaffene und höchstentwickelte gelten, zumal quasigöttliche Wesen, die Kulturstifterheroen, sie eingeführt hatten. Schon diesenthalben konnte es nur absurd erscheinen, an ihr irgendetwas verändern zu wollen.

Die Entstehung der Archaischen Hochkulturen gegen Ende des 5. Jahrtausends v. Chr. (in verschiedenen Regionen der Welt) und ihre kurze Zeit später einsetzenden Übergriffe auf die Umlandregionen führten zu einer Vielfalt demischer Über- und Umschichtungsprozesse sowie neuen beruflichen und ständischen Differenzierungen. In der Folge bildeten sich hochkomplexe, hierarchisch gestufte urbane Gesellschaftssysteme mit einer entsprechend vertikal angeordneten Macht- und Privilegienverteilung heraus, deren Verhältnis untereinander alles andere als spannungsfrei war. Um Konflikte möglichst erst gar nicht aufkommen zu lassen und die fragile städtische Sozialordnung zu wahren, bedurften die Eliten der einzelnen – säkularen wie profanen – Gruppen (bzw. «Klassen») und mehr noch die Repräsentanten der herrschenden Dynastien plausibler Begründungen, um ihren Vorrangsanspruch wider alle Zweifel legitimiert erscheinen zu lassen. Das erforderte zum einen und allem voran, das führende Geschlecht von *transzendenten*, göttlichen Mächten abzuleiten sowie die Divergenzen und Lücken in den Abstammungsgeschichten durch Kontinuitätsfiktionen auszugleichen.

Das konnte auf verschiedenerlei Weise geschehen. Im alten Mesopotamien hatte es seit den Sumerern eine ganze Reihe von – auch ethnischen – Dynastiewechseln gegeben. Grund also für jede Herrscherfamilie, die neu an die Macht kam, irgendwie zu ihren Vorgängern aufzuschließen und eine kontinuierliche Abstammungslinie bis zurück in die «Urzeit» der Reichsgeschichte zu fingieren. Das gebot sich zuletzt auch für die neubabylonischen Herrscher (625–539 v. Chr.), zwischen denen und den altbabylonischen jahrhundertelang die Assyrer (1306–609 v. Chr.) die Macht in Mesopotamien innegehabt hatten. Die genealogische Abfolge war mithin durchbrochen. Um die Bedeutung der – immerhin beträchtlichen – Lücke gewissermaßen in den Hintergrund treten zu lassen, wählte man einen «Umweg» über die panmesopotamische Königsideologie. Derzufolge nämlich galt der amtierende Herrscher immer als Sohn oder Stellvertreter des höchsten, das heißt des Himmelsgottes, sichtbar manifestiert durch seine enge Bindung an das Hauptheiligtum des Gottes, die seinen Anspruch nicht nur bekräftigte, sondern buchstäblich «untermauerte». Etliche neubabylonische Könige, darunter Nebukadnezar II. (reg. 604–562 v. Chr.) und zuletzt Nabonid (reg. 556–539 v. Chr.), ließen nämlich umfängliche, quasiarchäologische Grabungen durchführen, um die Grundmauern der ursprünglichen, der Überlieferung nach noch von den Göttern selbst erbauten Tempelanlage, wie sie noch zur Zeit Sargons von Akkade (2350–2295 v. Chr.) bestanden hatte, ausfindig zu machen, in der Absicht, darauf paßgenau die jeweils renovierte, *ihre* Version des Heiligtums in der originären Gestalt wiederherzustellen und somit, gleichsam an den Assyrern vorbei, die bruchlose Kontinuität der Königsherrschaft bis auf die Neubabylonier zu erweisen. Der getreue Nachbau des ursprünglichen Heiligtums «sollte den königlichen Bauherrn, seine Untertanen und das Staatswesen in den segensreichen Uranfang zurückversetzen».[295]

Wie in diesem Fall lieferten oftmals auch sonst bestimmte «epochale» Begebenheiten oder archethetische Großtaten legendärer oder sagenhafter Gestalten der Frühzeit gleichsam als normsetzende *Präfigurationen* die Legitimation für die Rechtmäßigkeit eines Machtanspruchs, das Amtsverständnis und Regierungsprogramm herausragender Herrscher oder ein Unternehmen von einschneidender Bedeutung. Könige altvorderasiatischer Reiche taten das kund, indem sie die Namen durch ihre besonderen Erfolge berühmter Vorgänger übernahmen (wie noch heute die Päpste der Römisch-Katholischen Kirche). Im alten China konnte ein Kaiser für ein unkonventionelles Handeln nur auf Zustimmung zählen, wenn er imstande war, sich dabei auf «anerkannte Vorbilder» zu berufen.[296] Die Puritaner, die nach Nordamerika, die Buren, die nach Südafrika auswanderten, beriefen sich zur Legitimierung ihres brutalen Landraubs auf das biblische Paradigma des Exodus der alten Israeliten aus Ägypten[297]; sie waren der «Babelkirche» der «Hölle Europas» entkommen und hatten Einzug gehalten im «gelobten Land», entsprechend ihrer Bestimmung als dem «auserwählten Volk Gottes» auf Erden.[298] Die Humanisten beriefen sich auf die Ideale der Antike, die Führer der Französischen Revolution sahen ihr Vorbild in der Römischen Republik[299]; beim «Fest des Höchsten Wesens» 1794 stieg Robespierre, den «*novus Moses*» verkörpernd, von einem Felsen herab und verkündete die neue «bürgerliche Religion».[300]

Üblicher war jedoch, Herrschaftsansprüche auf – wenn auch fingierte oder im übertragenen, etwa geistlichen Sinne – lückenlose Genealogien zu gründen, und zwar besonders dann, wenn eine Dynastie die vorgängige gewaltsam verdrängt und sich nach Auffassung der Bevölkerung illegitim in den Besitz der Macht gebracht hatte. So leiteten sich zum Beispiel im alten Iran die Sasaniden, das letzte Herrschergeschlecht vor der Islamisierung des Landes, in letzter

Instanz von den Kayaniden, den mythischen *Urkönigen* Irans, in der Folge dann den Achaimeniden, die Alexander der Große stürzte, und schließlich den ihnen unmittelbar vorausgehenden Arsakiden ab.[301] Karl der Große wollte sich als neuer König David verstanden wissen.[302] Da dieser laut *Lukas* 2,4 als «Stammvater» und Präfiguration des Heilands galt, setzte Karl so sein Königtum mit dem Christi in eins – das heißt er propagierte sich als *Messias*. Entsprechend wurde auch die Sage vom Untergang seiner Nachhut in Ronceval gedeutet: In dem Verräter Ganelon erschienen Luzifer und Judas wiederverkörpert – was den König abermals dem Messias naherückte.[303] Karls fränkische Nachfolger begriffen sich als «*vicarii*», also immerhin noch als Repräsentanten Christi auf Erden.[304] Heinrich I. (reg. 919–936) wiederum «knüpfte, wo er konnte, an das karolingische Königtum an».[305]

Eine andere Möglichkeit war, dem Königtum *als Institution* fortwährende Dauer zu verleihen, indem man es als Einrichtung Gottes erklärte, wie zum Beispiel in China. Erfüllte ein Herrscher dort die mit dem Amt verbundenen Anforderungen an seine moralische Integrität nicht, wurde er «vom Himmel» durch einen anderen beziehungsweise seine Familie durch eine andere ersetzt, während das Königtum unverändert bestehen blieb. In Japan griff man – im frühen Mittelalter – das Beispiel zwar auf, verknüpfte aber, um mögliche Dynastiewechsel zu verhindern, den göttlichen Herrschaftsauftrag mit der königlichen Familie, die überdies laut Überlieferung göttlichen Ursprungs war und die Macht seit Gründung des Reiches ununterbrochen innegehabt hatte. «Die Idee der *einen* Dynastie in ungebrochener Abfolge» seit Anbeginn, legitimiert und abgesichert für alle Zeiten durch den himmlischen Herrschaftsauftrag, «erlebte ihre Geburtsstunde».[306]

Und auch die großen Stifterreligionen, wie allen voran das Christentum und der Islam, leiten sich ab von Gründergestalten, die entweder göttlicher Abkunft waren oder in göttlichem Auftrag handelten. Ihre Nachfolger, die Päpste und Kalifen, blieben kontinuierlich legitimiert, weil sie, zumindest dem Anspruch nach, im ersteren Fall durch den Heiligen Geist berufen und geleitet wurden (vgl. o. S. 70), im letzteren in genealogisch bruchloser Abfolge der Familie ihres Stifters, des «Propheten» Muhammad, entstammten. Zweckanalog führten sich buddhistische Schulen, christliche und sufische Orden auf berühmte «Heilige» früherer Jahrhunderte zurück – «es ging nicht darum, die eigene Originalität zu konstatieren, lieber wollte man sich durch die *Rückführung* auf eine anerkannte historische Persönlichkeit legitimieren [...] Eine einigermaßen plausible Traditionsüberlieferung – wie erfunden auch immer – verlieh erst die notwendige Autorität».[307]

Während ein Dynastiewechsel die genealogisch prädisponierte Sukzession der Herrscher wider die Regel, also unerwartet brach und daher die Kluft um der Legitimität des Amtes willen umgehend – fiktiv oder auf sonst eine plausibel erscheinende Weise – geschlossen werden mußte, waren Orts-, Standes-, Zustands- oder anbaubedingte Saisonwechsel üblich und somit vorhersehbar, so daß man sich entsprechend darauf vorbereiten konnte. Die Kontinuität wurde in diesen Fällen durch Bindeglieder gesichert. Beim Umzug in eine neue Behausung nahm man im alten Rußland eine Handvoll Kehricht mit und warf sie in eine der vorderen Ecken der neuen.[308] Wechselte in traditionellen Gesellschaften ein Teil der (jüngeren) Einwohner eines Dorfes – etwa bei starkem Bevölkerungszuwachs – in ein neu errichtetes Trabantendorf über, führten sie, um den Zusammenhalt zu wahren, Abschläge der Feuersteine, glühende Asche oder glimmende Scheite zum Entzünden der Feuer in der neuen Siedlung, Bauteile aus den Hütten und dem Männerhaus, die man in die neuen Gebäude einfügte, sowie persönliche Erinnerungsstücke, Reliquien (z.B. Ahnenknochen), Idole und Kultrequisiten mit. Bei den Nuba im Sudan erhielt beispielsweise ein Sohn, der sich von seiner Geburtsfamilie trennte, einen Sakralspeer überreicht, der etwas kleiner als die Originalausgabe war, die beim Vater verblieb, und als «*offspring of the parent spear*» bezeichnet wurde.[309] Abwandernde Jugendgruppen der Maria Gond in Bastar (Zentralindien) erbaten sich von den Priestern ihres Heimatdorfs einen «Sohn» ihres Klan-Gottes, das heißt ein entsprechendes (kleineres) Idol[310], während in Polynesien die Söhne der Ethnarchen (oder «Könige»), die dort die Emigranten-Gruppen anführten, die Steinplatten mit auf die Reise nahmen, die ihnen auf der Agora daheim als Rückenlehne gedient hatten, um sie zum gleichen Zweck im neuen Dorf zu verwenden.[311] Auch wenn wir uns getrennt haben, betonten Lele am mittleren Kasai (Kongo) der englischen Ethnologin Mary Douglas gegenüber, «bilden wir doch alle *ein* Dorf, sind Kinder *einer* Mutter und stammen aus demselben Leib».[312] Im ehemaligen Jugoslawien schließlich flocht man aus den letzten Ähren der Ernte einen Kranz, der über Herbst und Winter im Haus oder der Scheune aufbewahrt wurde. Bei der nächstjährigen Aussaat nahm man ihn dann auseinander, um seine Körner entweder als erste unter die Erde zu bringen oder sie mit dem neuen Saatgut zu vermengen.[313]

Stärken

Der Erhalt des Fortbestandes war (und ist) das elementare Anliegen einer jeden Gemeinschaft, auf der untersten Ebene der Lokalgruppe, auf höherer, mit zunehmendem Abstraktionsgrad, eines Ethnos, Volkes, einer Nation. Dem diente allgemein die praktische Regulierung und Normierung des individuellen und sozialen Verhaltens nach Maßgabe der Tradition. Offensichtlich erschien sie allein jedoch nicht verläßlich genug. Daher traten ihr die verschiedenen, teils unterschwelligen, teils offenen magischen Maßnahmen zur Absicherung ihrer Funktionsfähigkeit zur Seite. Doch auch diese wußte man, durch Erfahrung belehrt, vor allem in kritischen Situationen gefährdet, so daß auch in diesem Fall zusätzliche Bemühungen zu ihrer Verläßlichkeit durch spezielle Stärkungsmaßnahmen aufgewandt wurden. Das Ideal war, wenn man so will, ein sogenanntes «ultrastabiles», besser noch «multistabiles» System, wie sie von dem britischen Kybernetiker William Ross Ashby (1903–1972) erstmals – in Bezug auf Lebewesen – des genaueren untersucht, beschrieben und als solche bezeichnet wurden.[314] Mit dem ersteren Begriff ist gemeint, daß Organismen (Individuen) die Fähigkeit besitzen, auf exogene Störungen wahlweise mittels mehrerer, nacheinander gleichsam «ausgetesteter» Regulationsmechanismen abwehrend zu reagieren, um ihre «Homöostase», das heißt ihren Gleichgewichtszustand, aufrechtzuerhalten.[315] Letztere, um einige Grade komplexer strukturiert, bauen sich aus mehreren ultrastabilen Teil- und Untersystemen auf. Ihre Besonderung gegenüber den ersteren besteht darin, daß sich einzelne Komplexe der Partialeinheiten *gesondert* mit Herausforderungen aus der Umwelt auseinandersetzen können: Für bestimmte Störungen – beziehungsweise neue Aufgaben – wird jeweils nur eine spezifische, situationsadäquate Kombination bei- oder untergeordneter Systeme aktiviert, was dem Organismus in seinem Reaktionsverhalten mehr Flexibilität, das heißt eine höhere *Anpassungsfähigkeit* verleiht.[316] Und überdies sind zwecks zusätzlicher Absicherung ihrer Funktionsfähigkeit zahlreiche Regulationselemente und Elementenkomplexe auch noch verdoppelt angelegt beziehungsweise «redundant» oder, wie es auch heißt, «weitschweifig», also gewissermaßen «überschüssig» strukturiert.[317]

All das läßt sich, *sensu lato*, auch auf gesellschaftliche Systeme übertragen. Glaubt man, in bestimmten problematischen Lebenslagen mit den üblichen, rational begründeten Verfahrensweisen nicht zufriedenstellend weiterzukommen, stellt man weitere Überlegungen an beziehungsweise zieht alternative Lösungsmöglichkeiten in Betracht, die sich in analogen Situationen als erfolgreich erwiesen, sucht sich des Beistands religiöser Instanzen zu versichern oder bedient sich ergänzend magischer Praktiken. Um einige Beispiele zu geben:

Ein gemeinmenschliches Problem stellt die Gesundheitsfürsorge dar. Bereits für indigene Gesellschaften galt, was man eigentlich erst für moderne meint als charakteristisch voraussetzen zu dürfen: das lebhafte, teils exzessive Interesse am eigenen Wohlbefinden. Manche Beobachter sprachen in diesem Sinn geradezu von «hypochondrischer Obsession».[318] Jede Magenverstimmung, gewannen die südafrikanischen Ethnologen Eileen und John Krige bei den Lovedu in Transvaal den Eindruck, «jedes Anzeichen einer Störung, jede Veränderung im Leben wird behandelt, als gehe es um eine schwerwiegende Bedrohung [...] Den Europäer verwundert nichts mehr als die Zahl der Heilmittel, die erprobt, abgesetzt oder gewechselt werden, sobald jemand vermutet, krank zu sein, oder es ist».[319] Man wünscht, wie Gladys Reichard für die Navajo in Arizona bestätigt, «natürlich, gut, sicher, wohlauf und jung zu sein [...] Jede Art Abweichnung bedeutet Krankheit».[320] Der Auffassung folgend, daß der Mensch aus seiner Physis, der mit ihr aufs engste verbundenen, seine organischen Funktionen belebenden Vitalkraft («Lebensseele») und seiner leibunabhängigen Spiritualseele besteht, die ihm das Bewußtsein, Kognition und Willenskraft verleiht, leitete man Erkrankungen von körperlichen, psychischen (bzw. psychophysischen) oder geistigen Schädigungen ab. In allen Fällen konnte es jedoch dazu nur kommen aufgrund eines persönlichen oder kollektiven, durch die Angehörigen verursachten *Vergehens*, das die Betroffenen schwächte und anfällig für exogene Attacken machte. Körperliche Leiden dachte man sich zum Beispiel ausgelöst generell als Strafe seitens der Ahnen für eine Verfehlung, konkret durch Verunreinigungen infolge von Berührungen, dem Genuß oder Anschauen von versehrten und – gleichbedeutend! – gruppenfremden, das heißt toxisch wirkenden Dingen, Substanzen, Pflanzen, Tieren und Menschen, psychische durch feindselige Gefühle, wie namentlich Haß und Neid, übertragen etwa durch den «Bösen Blick» oder «Böse Worte», geistige (Psychosen) durch schadensmagische Übergriffe oder übelsinnige Geistmächte.[321]

Die genannte Besorgnis, sich irgendetwas «zuzuziehen», hatte zur Folge, daß man ängstlich darauf bedacht war, sich nur ja keines Vergehens schuldig zu machen, so daß man die gesamte Lebensführung sozusagen als «gesammelte Prophylaxe» verstehen könnte.[322] Manche Völker «härteten» sich auch zusätzlich «ab», indem sie besonders harte Steine, Eisen und andere feste Substanzen berührten oder ihre Körper, wie Papua Neuguineas, an Felsen rieben.[323] War man, ob nun vermeintlich oder wirklich, erkrankt, wandte man neben den empirisch erprobten, quasimedizinischen Therapien, wie Reinigungen durch Ablutionen, Räuchern mit dem ätzenden Qualm bestimmter Pflanzen, Wurzeln und Rinden, Skarifizieren, Kauterisieren, die Abfuhr des kontaminierten Blutes, künstlich – meist durch pflanzliche Emetika – induziertes Erbrechen, Heilpackungen, dem Genuß gewisser vegetabilischer Substanzen, Salben, Massagen, dem Schienen von Brüchen, ja selbst Trepanationen (gegen Kopfschmerz und Epilepsie z.B.)[324], ergänzend meist auch magische Heilverfahren an, namentlich dann, wenn es sich um schwere oder hartnäckige Leiden handelte. Das konnte beispielsweise durch die Übertragung des Übels auf andere geschehen. Litt jemand bei den Zande im Südsudan schon länger an einem Geschwür, begab er sich zu einem vielbegangenen Pfad im Busch, knüpfte die Spitzen zweier Halme von beiderseits des Weges in der Mitte zusammen, betupfte sie mit Eiter aus dem Geschwür und drückte dazu den Wunsch aus, der nächste, der die Stelle passierte, möge das Leiden auf sich nehmen und mit sich forttragen. In der Antike empfahl man Leuten mit Zahnbeschwerden, einen Frosch zu fangen, ihm ins Maul zu spucken und ihn wieder laufen zu lassen. Oft war Usus auch das «Vernageln» und «Verbohren» von Krankheiten. Dazu brachte man einen Nagel oder Holzspan mit den befallenen Körperpartien in Berührung und schlug ihn danach in einen Baum oder stopfte Haare, Finger- und Fußnägel, also typische Lebenskraftträger des Erkrankten, in ein Bohrloch, das man sodann mit einem Spund verschloß.[325] Ein weiteres Mittel bildeten öffentliche Beichten, durch welche die Bekennenden sich von ihren Vergehen, die sie psychisch gleichsam vergiftet hatten, verbal entschlackten.[326] Später suchte man Heilige auf, um sich von ihnen durch Berühren – in der Regel Handauflegen – kurieren zu lassen, beziehungsweise legte sich auf ihr Grab, aß Erde davon, benetzte sich mit dem Wasser (oder trank davon), das beim Gießen der Blumen seitlich herabgetropft war – «Wasser, das vermutlich ein paar Minuten früher aus einem normalen Wasserhahn aus der städtischen Wasserversorgung entnommen worden war»[327], oder bemühte sich, mit den Reliquien des Heiligen in Kontakt zu kommen. In besonders schweren Fällen unterzogen sich die Kranken einem Wiedergeburtsritual, aus dem sie, kraft des erlittenen «Todes», der Folgen ihrer Verfehlungen ledig, als «neue Menschen» hervorgingen. Anschließend konnten magische Stärkungsmaßnahmen – beispielsweise das Einmassieren oder der Genuß entsprechend krafthaltiger mineralischer, pflanzlicher oder organischer Stoffe, Pulver, Säfte und so weiter – sie vor künftigen Versuchungen feien.

Beschwerdelos liebt es sich leichter, psychisch wie physisch; doch garantiert das noch keine Gegenliebe. Daher setzte man auch hier auf Magie.[328] Die Mittel, derer man sich dabei bediente, waren meist recht einfacher Natur. So suchte man etwa das Interesse des – beziehungsweise der – heimlich Geliebten durch einen zauberkrafthaltigen Stoff, den man ihm (ihr) durch einen Dritten unbemerkt auf den Körper oder ein Kleidungsstück streichen ließ, zu gewinnen oder deponierte ein bestimmtes Kraut im Herdfeuer des anderen, in der Hoffnung, daß er (sie), betört von dem Duft der Pflanze, von dem (der) Liebenden träumen und Zuneigung zu ihm (ihr) fassen werde.[329] In der Antike (und auch später noch) hielt man es für ein zuverlässiges Mittel, Wachs zu schmelzen, um diesergestalt das Herz der oder des Geliebten analogiemagisch zu erweichen.[330] Im Erfolgsfall kam es dann, auch im Interesse der beiderseitigen Familien, darauf an, daß die Neigung auch hielt und die Ehe glücklich und von Dauer war. Dies zu gewährleisten, dienten im Grunde *alle* Heiratszeremonien. Oft wurde der Zweck noch dadurch verdeutlicht, daß man die Brautleute während der Hochzeit eine Zeitlang an den Kleidern zusammennähte oder beide, wie in Europa, Ringe tauschten. Zur Hauptsache indes wurden zumindest in indigenen und traditionellen ländlichen Gesellschaften Ehen geschlossen, um für Nachwuchs zu sorgen, das heißt den Fortbestand der Gruppe sicherzustellen. Daher spielten schon bei der Hochzeit und später immer auch fruchtbarkeitsmagische Praktiken eine besondere Rolle. Dazu gab man dem Brautpaar zum Beispiel Granatäpfel (oder Äpfel) zu essen, überschüttete beide mit Getreidekörnern, schlug sie mit Wacholderzweigen oder polsterte ihr Lager mit Zweigen und Laub fruchtbarkeitsstärkender Pflanzen und Bäume aus.

Um hier und jetzt überleben zu können, bedurfte es hinreichender Nahrungsquellen und bewährter Techniken zu ihrer Nutzung. In prädatorischen Gesellschaften begegneten dem Einbringen von genußfähigen Wildpflanzen, Wurzeln, Knollen, Pilzen, Früchten, kleineren Tieren und die Binnenfischrei, was alles Aufgabe der Frauen (und Kinder) war, in der Regel keinen nennenswerten Schwierigkeiten; eher aber die Jagd, namentlich auf Großwild, und der Hochseefischfang, die beide in die Zuständigkeit der Männer fielen. Daher spielte auch hier wieder die Magie eine besondere Rolle. Bei den Kxoe-Buschmännern in Südafrika ritzten sich die Jäger, um ihren Mut und ihre Leistungsfähigkeit zu stärken, noch vor dem Weidgang die Oberschenkel ein und rieben dann bestimmte «Medizinen», zum Beispiel das Fett vom Unterlauf eines erlegten Wildes, in die Wunde, um ihren Beinen zu mehr Schnelligkeit und Ausdauer zu verhelfen. Dasselbe Verfahren, am Oberarm angewandt, stärkte ihn und verlieh ihm Sicherheit beim Spannen des Bogens für den entscheidenden Schuß. Dieselbe Wirkung versprach man sich vom Verzehr des Muskelfleisches bestimmter Jagdtiere.[331] Zum gleichen Zweck bestrichen die Gunantuna auf Neubritannien (Melanesien) die Klingen ihrer Wurfspeere mit dem Saft zauberkräftiger Pflanzen, wenn es auf die Wildschweinjagd ging. Zur verstärkten Absicherung des erhofften Jagdglücks murmelten sie dazu eine passende Beschwörung, etwa der Art: «Wie man einen Regenwurm durchschneidet, so leicht durchschneidet die Lanze [korrekter: der Speer!] den Körper [des Wildschweins]. Ausfließen sollen ihm Leber und Herz. Aufreißen sollen seine Adern und das Blut zischen. Tot soll es hinschlagen, sobald es meinen Weg kreuzen wird.»[332]

Seit etwa 10 000 Jahren lebt der überwiegende Teil der Menschheit vom Bodenbau mit Haustierhaltung. Doch der Eindruck, daß damit die Versorgung weniger Risiken ausgesetzt und insgesamt gesichert sei, traf nur bedingt zu; denn gleichzeitig waren auch die Möglichkeiten, die Erträge von Agrar- und Viehwirtschaft zu gefährden, ja unter Umständen zunichte zu machen, gewachsen. Und überdies konnten, wenn ein derartiger Fall eintrat, die betroffenen Gesellschaften nicht mehr, wie Wild- und Feldbeutergruppen, in ein anderes Gebiet überwechseln, in dem günstigere Verhältnisse herrschten, da man an seine Scholle gebunden war. Um erfolgreich wirtschaften, das heißt die Bevölkerung ausreichend ernähren zu können, mußten die Böden fruchtbar sein, ausreichend Niederschläge fallen und genug Weiden für das Vieh zur Verfügung stehen. Zu Saisonbeginn waren Vorkehrungen zu treffen, daß die Vögel nicht zuviel von dem ausgeworfenen Saatgut aufpickten. Sproßten die ersten Keime, galt es, Sorge zu tragen, daß sie nicht dem Wild zum Opfer fielen und sich ihr Wachstum gehörig entwickeln konnte. Letzteres suchten Berber-Gruppen Marokkos bereits bei der Aussaat sicherzustellen, indem sie das Korn von Mädchen säen ließen, die das *längste* Haar besaßen, oder sich gleich nach dem Ausbringen des Saatguts der *größte* Mann des Dorfes in die erste Furche des Feldes legte.[333] Toradscha im Innern von Sulawesi (Celebes) wieder sahen darauf, daß die Schößlinge von Kokos-Palmen möglichst von älteren Frauen gepflanzt wurden, die eine stattliche Zahl von Kindern und Enkeln besaßen, in der Hoffnung, daß ihre so sichtlichen Fruchtbarkeitskräfte sich entsprechend günstig auf das Wachstum und die Ernteerträge der Palmen auswirken würden.[334] In manchen Teilen der Welt, wie namentlich in Hinterindien, Indo- und Melanesien, war es auch üblich, für besonders krafthaltig geltende Steine auf die Felder zu legen, gewissermaßen als eine Art magisches Düngemittel. Das Maß ihrer Wirkkraft wurde dabei quasi experimentell getestet, indem man es als desto höher veranschlagte, je mehr Erträge ein Feld erbrachte. Derartige Steine bevorzugte man dann bei der weiteren Verwendung, ja man pflegte sie auch zusammen mit wirkschwächeren zu vergraben, um diese dadurch gleichsam «aufzuladen» und dergestalt seinen Vorrat an magischem Dung zu vergrößern.[335]

Sichere und reiche Ernteerträge setzten stabile Witterungsbedingungen, insbesondere ausreichende Niederschläge und Wärme voraus. Damit war in Feuchtsavannen und tropischen Regenwäldern zu rechnen. In den übrigen, flächenmäßig überwiegenden Anbaugebieten der Erde konnten Dürren, ganz zu schweigen von allein schon unregelmäßigen Regenfällen, die Ernten gefährden, wenn nicht zunichte machen, das heißt die Menschen vor die Existenzfrage stellen. Darum sah man sich hier genötigt, sicherheitshalber bereits prophylaktisch, erst recht aber in akuten Fällen, magisch Einfluß auf das Wettergeschehen zu nehmen, sei es auf die Bildung der Wolken wie ihre Auflösung und die Menge der Niederschläge, sei es durch die Abwehr von

Unwettern, von unzeitigem Frost, Hagelschauern, unmäßigem Regen mit Überschwemmungen oder von Sturmgewittern.[336] In nördlichen Regionen bemühte man sich um ausreichende Wärme, indem man zur Winter- und Sommersonnenwende den Aufstieg der Sonne durch rituelles Schaukeln sicherzustellen suchte[337] oder blies, wie bei Babyloniern und alten Israeliten, aus der Befürchtung heraus, daß bösartige Geister sie verschlingen könnten, Posaunen.[338] Blieb der Himmel im Winter lange Zeit wolkenverhangen, banden Indianer Floridas Ruten und Blätter einer bestimmten Baumart an das Ende einer Bambusstange, hielten das Büschel über ein Feuer, bebliesen es und sprachen dazu eine magische Formel, die über das Feuer auf die Blätter einwirkte. Darauf wurde das Ganze im Wipfel eines Baumes befestigt. Man ging davon aus, daß die Winterwinde die Beschwörung mit sich forttragen und in der Ferne die Sonne aufspüren und herbeiführen werde.[339] Fiel zu wenig Regen oder blieben die Niederschläge gar vollends aus, so daß die Vegetation verdorrte, das Wild abwanderte und, dies vor allem, die Ernte zu mißraten drohte, nahmen Australier und Omaha (Nebraska) Wasser in den Mund und bliesen es sprühend in die Luft.[340] Andernorts, von Europa bis Indonesien, tauchte man einen Zweig in Wasser und besprengte damit den Boden und alle Anwesenden.[341] Wieder eine andere Methode, Niederschläge analogiemagisch herbeizuführen, bestand, beispielsweise bei den Khond in Bengalen, im Vergießen von Tränen.[342] Oft glaubte man auch, daß ein Gewitter notwendig sei, um den Regenverhalt gleichsam aufzusprengen. Dazu stiegen in dem estnischen Dorf Mammast nahe Dorpat drei Männer auf Fichten eines ehemaligen heiligen Hains. Einer von ihnen schlug dann mit einem Hammer auf einen metallenen Behälter ein, um ein donnerartiges Geräusch zu erzeugen, der zweite schüttelte Feuerbrände widereinander, die das Blitzezucken simulierten, während der dritte mit einem Reisigquast Wasser aus einem Eimer nach allen Seiten hin versprengte.[343]

Eine ernste Gefährdung ganz anderer Art zog herauf, wenn benachbarte Gruppen in Streit miteinander gerieten und es den Ältesten beider Seiten nicht gelang, einen friedlichen Ausgleich zu erzielen, so daß eine kämpferische Auseinandersetzung drohte. Dann galt es zunächst, die wehrfähigen Männer zu stärken, beispielsweise durch krafthaltige, die Tapferkeit stimulierende «Medizinen». Bevor die Sotho (Südafrika) früher ausrückten, trennte man einem lebenden Stier einen Fuß ab, sengte das Fleisch davon ab, überstrich ihn mit einer bestimmten Paste und gab ihn den Kriegern zum Verzehr. Gleichzeitig besprengte man sie mit dem Blut des Tieres, fügte ihnen mit einer Lanze kleinere Wunden zu, in die man ein Pulver aus dem gerösteten Fleisch des Stieres rieb.[344] Weltweit galt auch der Alkohol weniger – zumindest in indigenen Kulturen – als Genuß- denn als bewußtseinserweiterndes rituelles Entrückungsmittel und bewährtes Tonikum, um bei zum Kampf ausrückenden Kriegern zum einen Verzagtheiten abzudämpfen, zum andern ihren Mut zu beflügeln. Eine ebenso anschauliche wie lebendige, im wahrsten Sinne «anfeuernde» Einstimmung auf ein bevorstehendes Scharmützel hat uns der Missionar (und Jesuit) Martin Dobrizhoffer (1717–1791) nach eigenem Erleben von den Abipón im nördlichen Chaco nahe dem heutigen Concepción in Paraguay hinterlassen. Sie wurde bereits oben (S. 41) in voller Länge wiedergegeben.

Auch im Zweiten Weltkrieg war es noch allgemein üblich, die Soldaten der vordersten Linien, den sogenannten «verlorenen Haufen», tüchtig unter Alkohol zu setzen. Der Verfasser dieser Zeilen erlebte, als Zehnjähriger mit Karabiner und Panzerfaust zur Verteidigung einer Panzersperre eingesetzt, noch gegen Ende des Krieges, als die Sieger kaum mehr auf Widerstand stießen, daß die ersten einrückenden (amerikanischen) Truppen stark alkoholisiert waren und Mühe hatten, gerade zu gehen und – glücklicherweise – gezielt zu schießen. Ein weiteres Motivierungs- und Ermutigungsmittel bildete in vielen (indigenen) Gesellschaften der Kriegstanz, der seine Wirkung wohl wesentlich aus der rhythmisch gleichschwingenden Bewegung aller, die Mut und Zuversicht schürte, sowie den dazu angestimmten Kampfgesängen schöpfte. Nach Überzeugung der Jivaro (Ekuador) vermochte er die Krieger unverletzlich zu machen, während er den Gegnern, die das Spektakel sahen und hörten, das trügerische Empfinden von Siegesgewißheit verlieh, so daß sie unvorsichtig wurden und sich leichter überrumpeln ließen.[345] Der deutsche Forschungsreisende Karl von den Steinen (1855–1929) erlebte mit, wie sich die Bororó im brasilianischen Bundesstaat Mato Grosso durch einen derartigen Tanz auf einen Waffengang mit den Kayapó, ihren Erzfeinden, einstimmten:

> «Auch in der Nacht vom 2. auf den 3. April war alles wach. Unsere indianischen Freunde holten uns zum Ranchão [einer geräumigen Hütte] und luden uns ein, an einer Sitzung teilzunehmen, die den Zweck hatte, sich mit Musik in der Hoffnung auf einen Sieg über die bösen Kayapó zu stärken. Zu Anfang standen wir alle und tanzten auf der Stelle, während ein alter Häuptling in der Mitte sang und den Rasselkürbis wuchtig schüttelte. Wir anderen hielten uns die Hände vor den Mund und brüllten ein dumpfes *u*, *u* [...] hinein und knickten taktmäßig in die Knie. Da wir merkten, wie sehr die Bororó dadurch getröstet wurden, ließen wir es an eifrigem Mittun nicht fehlen [...] Das Tanzen dauerte eine halbe Stunde [...] Nun waren wir aber auch alle mit frischem Mut erfüllt.»[346]

Rein dramaturgisch gesehen, bildeten die Kriegslieder, Märsche, das «klingende Spiel» und «Hurrah» der neuzeitlichen Armeen demgegenüber nur mehr einen schwachen «Abgesang». Aber dafür besaßen die Waffen ein überlegenes Zerstörungspotential. Das bekamen die «unterentwickelten» Völker alsbald zu spüren.

Geschlossenheit, Solidarität, Gemeinsinn und so weiter, wie in den letzteren Beispielen praktiziert, stellen allgemeinem Glauben nach auch sonst – namentlich wieder in kritischen Situationen – ein probates Mittel dar, sei es profane, sei es magische Maßnahmen massiv zu verstärken, und zwar zwischen Partnern wie im Fall von Kollektiven, kompakt wie konsekutiv. Stand zum Beispiel eine Geburt bevor, begab sich in vielen indigenen Kulturen nicht nur die Mutter, sondern auch der Vater in Seklusion, um sich ungestört auf das Ereignis vorbereiten und einstellen zu können. Beide verhielten sich dabei in etwa gleich. Sie bewegten sich nur kaum und möglichst behutsam, sprachen gedämpft, aßen, sofern sie nicht vollends fasteten, nur mehr weiche Speisen, etwa Bananen oder Breis, das heißt stellten ihre Ernährung gleichsam auf «Säuglingskost» um, mieden ungute Empfindungen und Gedanken sowie den Gebrauch von spitzen Geräten, um keine Verletzung zu riskieren. Selbst Verwandten war der Zutritt verwehrt. Ihre Alterität hätte die Stille und Geborgenheitsatmosphäre stören, die Umhüllung einreißen können. Nach der Geburt wechselten sie manchmal die Namen und tauschten die geschlechtsspezifischen Kleidungsstücke, um bösartige Geister, denen die Situation als Übergangsphase die Chance bot, der Wöchnerin und dem Säugling nahe zu kommen, zu täuschen. In weiten Teilen der Welt nahm der Ehemann auch unmittelbar vor der Niederkunft den Platz seiner Frau auf dem Lager ein, simulierte Wehen und Geburt und verblieb dort danach noch einige Tage, während die Wöchnerin selbst baldmöglichst ihre Arbeit wieder aufnahm.[347] Zweck des vereinten Bemühens war, Intensität und Bestand der Verbundenheit von Eltern und Kind magisch zu festigen.

Dieses sogenannte «Männerkindbett», die «*Couvade*» (von franz. *couver*, «ausbrüten»), stellt eine Variante des *Korrespondenzverhaltens* dar, wie es auch sonst in kritischen Situationen, das heißt meist während einer *Übergangsphase*, üblich war. Damit der gefährdete Teil der Partner oder Gemeinschaft nicht vom Weg abkam oder den Halt verlor, verhielt sich der andere in einer bestimmten, korrespondierenden Weise, die ihre Wirkung tat, da man beide durch eine Art telepathischer Beziehung verbunden glaubte. Während sich die Männer der Bisa (NO-Sambia) auf der Elefantenjagd befanden, durften ihre Frauen und Angehörigen sich möglichst nur wenig und unauffällig bewegen, um die Tiere nicht aufmerksam und vorsichtig zu machen.[348] Bei den Tungusen und anderen sibirischen Ethnien waren sie gehalten, sich weder die Haare zu kämmen noch die Hände zu waschen, geschweige denn, mit spitzen Gegenständen zu hantieren, um sich nicht zu verletzen, solange ihre Männer der Bärenjagd nachgingen.[349] Frauen der Nor in Neuguinea, deren Männer sich auf dem Kriegspfad befanden, war wiederum untersagt, tagsüber zu schlafen, da dies auch die Krieger müde gemacht und dem Risiko ausgesetzt hätte, von ihren Gegnern überrumpelt zu werden.[350] Schwer Erkrankte sonderte man häufig von der Gesellschaft ab, separierte sie gleichsam in einem magisch umzirkelten «Ruheraum», in dem sich ihre engsten Angehörigen ungestört und konzentriert ihrer Wiederherstellung widmen konnten. Denn eine entscheidende Voraussetzung ihrer Genesung wurde stets darin gesehen, daß ihre nächsten, ihnen sympathetisch verbundenen Verwandten aktiv Anteil an ihrem Schicksal nahmen, um sie waren und sie ihre Liebe – *via* Kraftübertragung – spüren ließen. Das schloß das Bemühen ein, sorgsam darauf zu achten, daß es in ihrer Umgebung zu keinerlei Unstimmigkeiten oder Tabubrüchen, geschweige denn schweren Verfehlungen kam. Bei den Kaguru in Tansania «nahmen» sich die Eltern frisch beschnittener Söhne gleichsam «zurück», hielten «still», damit störende Unmutsanflüge gar nicht erst aufkommen und die Empfindungen aller sozusagen gleichschwingen konnten. «Während die Jungen sich erholen», beobachtete Thomas Beidelman, «achten ihre Angehörigen sehr bewußt darauf, sie durch ihr Verhalten nicht zu gefährden. Vor allem meiden sie Streit, Ehebruchsdelikte oder andere Formen von Fehlverhalten.»[351]

Ein ebenso naheliegendes wie simples Mittel, sein Ziel zu erreichen, besteht darin, daß man seine Bemühungen dazu verdoppelt, verdreifacht und so weiter, das heißt nach der Maxime verstärkt: «Die Masse macht es» (*Quantifizierungsprinzip*). Eine Zauberformel verspricht eher Erfolg, wenn man sie mehrmals spricht, ein Ritual, wenn man zentrale Passagen drei-, sieben- oder neunmal wiederholt. Im Mittelalter vertraten Theologen die Auffassung, daß eine Sünde sicherer durch mehrere als lediglich eine Meßfeier getilgt werde. Teilten sich zwei Sünder eine, entfiel dementsprechend auf jeden nur die halbe Sühnewirkung. «Die Auseinandersetzung darum, ob mehr Messen auch mehr göttliche Gnadengaben zu vermitteln imstande seien, durchzieht die Theologie des ganzen Mittelalters.»[352] Arbeitskommandos, in rhythmischer Folge skandiert und in monotonem Gleichklang repetiert, wie bei der Feldarbeit und anderen «getakteten» Tätigkeiten üblich, wie zum Beispiel beim Rudern, dämpfen Ermüdungserscheinungen ab und steigern die Leistungskraft. Demonstrierende intensivieren ihr Solidaritäts- und Machtbewußtsein durch das rhythmische Unisono ihrer – oft ja auch noch gereimten – Parolen.

Letztlich liegt der Verstärkung der magischen Intention mittels Massierung nicht so sehr die Häufung als vielmehr – wie in den obigen Beispielen schon anklang – die stete *Wiederholung* der zentralen, «tonangebenden» Elemente einer Beschwörung, eines Zaubers, eines Rituals und so weiter zugrunde (*Iterationsprinzip*). Die Absicht wird, wie kraft der Räder einer Lokomotive durch die stete Drehung, ins Ziel gezogen; ganz wie eine Behauptung an Nachdruck gewinnt, wenn man sie während eines Gesprächs – unter Umständen in wechselnden Formulierungen – mehrmals verficht.

Praktiken, die für das Zusammenleben und den Existenzerhalt besonders wichtig sind, können schwerlich dem Belieben überlassen bleiben. Sie bedürfen einer seit alters (vermeintlich) bewährten und daher festgelegten Form, die unter keinen Umständen angetastet werden darf, weil sonst ihr Erfolg in Frage stünde. Schon Zaubersprüche, deren Text nur geringfügig geändert wird, büßen, wie man allgemein glaubt, ihre Wirksamkeit ein.[353] Und ferner bedürfen derartige Praktiken, damit man sich ihres Erfolgs um so sicherer sein kann, zielgerichtet gebündelter *übergewöhnlicher*, das heißt magischer Mittel (Substanzen, Gerätschaften, Orte, Zeiten usw.) und Kräfte. Mit anderen Worten: Form und Durchführung sind *ritualisiert*. Der Auffassung war auch der englische Ethnologe Edward E. Evans-Pritchard (1902–1973). Mit Bestimmtheit wies er darauf hin, daß die besonderen, magischen Wirkeffekte, etwa die Eigenschaftsübertragungen oder die vielfältigen analogiemagischen Akte, sei es zur Erleichterung einer schweren Geburt oder zur Abwehr eines Unwetters, nach der Überzeugung der Handelnden nur jeweils im Rahmen eines Ritus wirksam sind. «Es ist der Ritus selbst», so seine These, «die Durchführung standardisierter Bewegungen, das Aussprechen standardisierter Worte und die anderen stereotypen Bedingungen des Rituals, was den Erfolg bewirkt.»[354]

Demzufolge lassen sich diese komplexeren Formen der Magie, die *Rituale*, bestimmen als streng formalisierte, in der Wahl der Orte, Zeiten und Mittel festgelegte und insofern der Alltagsroutine enthobene Verhaltensweisen, die zu bestimmten wiederkehrenden und als kritisch empfundenen tätigkeitsspezifischen, biographischen, jahreszeitlichen säkularen wie sakralen Anlässen entweder von einzelnen individuell oder von mehreren kollektiv durchgeführt werden. Sie sind teils von gedanklichen, teils von verbalen, in Formeln gekleideten optativen oder imperativen Willensbekundungen begleitet, die ihre Intentionen zum Ausdruck bringen. Rituale stellen sonach nicht *ad hoc* entwickelte, sondern überlieferte, lokal, temporal, situativ gebundene *Fixierungen* des Handelns zwecks verläßlicher Nutzung für bestimmte Zwecke dar. Sie bestehen entweder aus einem einzigen Ritus (Elementarform) oder der sequentiellen beziehungsweise quervernetzten Verbindung mehrerer Riten zu einem komplexeren Ganzen.

Im Prinzip dasselbe gilt auch für den *Kult*, der sich vom Ritual vor allem dadurch unterscheidet, daß er im Grunde nur Anliegen von *gesamtgesellschaftlicher* Bedeutung zum Gegenstand hat. In indigenen und prämodernen ländlichen Gemeinschaften ging es dabei zur Hauptsache darum, die Beziehungen zu Ahnen und Göttern, von denen man existentiell abhing, immer wieder aufs neue zu festigen, den Bestand der Schöpfungsordnung durch stärkende Maßnahmen zu stabilisieren, die Reproduktionsfähigkeit der Gruppe, das heißt die Fruchtbarkeit von Boden, Vieh und Mensch, ferner den sozialen Frieden und so insgesamt den Unterhalt und das Überleben aller sicherzustellen sowie endlich auch, absehbaren Bedrohungen, wie fremdethnischen Übergriffen, Seuchen oder überhandnehmenden Verfehlungen, prophylaktisch zu begegnen. Dem entsprach, daß Kulte formal vielschichtiger als Rituale aufgebaut waren, das heißt mehrere Riten, Ritensequenzen und Ritenkomplexe auf verschiedenen Ebenen zu einer Einheit verbanden. Da ihre Ziele stets alle betrafen, sollten sich immer auch alle (erwachsenen) Mitglieder der Gemeinschaft – oder allein die Männer, als deren offizielle, weil lokale Repräsentanten – daran beteiligen. Gruppenfremden dagegen (und so gelegentlich auch Frauen) waren Zutritt und Teilnahme strikt verwehrt: Sie hätten das Geschehen kontaminieren und seinen Erfolg zunichte machen können. Die Gesellschaft, die einen Kult beging, schloß sich von der Außenwelt ab im *magischen Kreis* der Seklusion.

a)

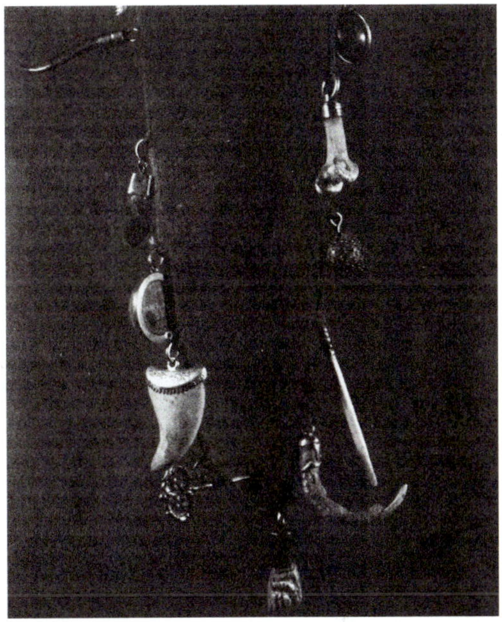

b)

c)

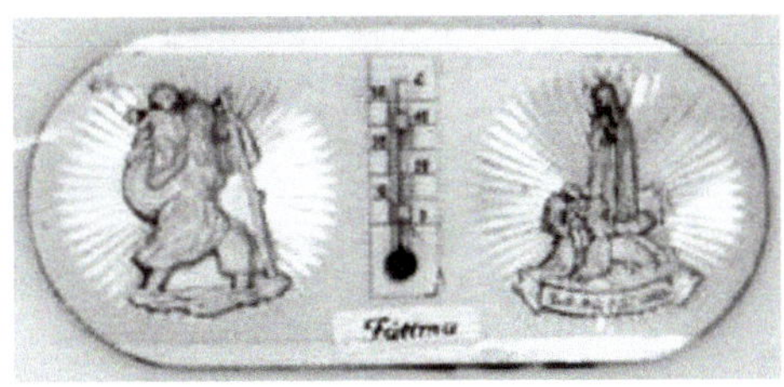

Abb. 8 Amulette.
a) Zum Schutz vor dem Gewittergott Shango, Fon, Benin.
b) Alpenländische Fraiskette (19. Jh.), schützt u. a. vor Neid und verschiedenen Krankheiten.
c) Zum Schutz von Autofahrern, Portugal; links der hl. Christophorus, rechts die Gottesmutter

Eigentlich kannten frühagrarische Dorfgemeinschaften nur *eine* Kultfeierlichkeit: das *Neujahrsfest* zur Jahreswende zwischen Ende der Trocken- (Ernte) und Beginn der Feuchtphase (Feldbestellung und Aussaat). Anfangs zumeist wohl während der Wintersonnenwende, später zur Zeit des kalendarischen Jahresbeginns begangen, zogen sich die Feierlichkeiten über mehrere, gewöhnlich drei Tage hin und lösten dabei die oben genannten Ziele im Rahmen einer dramaturgisch wirkungsvollen Handlungsabfolge magisch ein. Ihre Wiederholung Jahr für Jahr zielte auf die rituelle Verewigung des gewohnten Geschehens ab, damit es nicht – wozu während der hochkritischen Übergangsphase zwischen den Jahren optimale Voraussetzungen bestanden – zu Abweichungen vom Regelkurs kam, die ins exosphärische Abseits hätten führen und die Existenz der Gemeinschaft aufs Spiel setzen können. Die Handlung vollzog sich, im wesentlichen weltweit übereinstimmend (und verblaßt noch im Karneval), wie folgt:

Einleitend «starb» gleichsam das gewohnte, «normale» Leben «ab». Wie nach dem «Sündenfall», also vor Einrichtung der Zivilisation durch die Kulturstifterheroen, setzten quasi unterweltliche, chaotische Verhältnisse ein: Alles *verkehrte sich*. Die Feuer wurden gelöscht, die Arbeit ruhte. Teils herrschte, wie zum Beispiel im Hannoverschen Wendland, der Brauch, sämtliche Restbestände an vorjährigem Getreide an das Vieh zu verfüttern; andernfalls hatte man im

Abb. 9 Tatuierungen. Links: Zum Schutz der Mundöffnung, Maori, Neuseeland. Rechts: Zum Schutz von Hand und Handgelenk einer Braut, Shaiqiya, Sudan

kommenden Jahr mit einer Mißernte zu rechnen.[355] Männer und Frauen wechselten Tracht und Verhalten. Normen, Regeln und Tabus büßten ihre Gültigkeit ein. Kinder konnten sich ihren Eltern, Frauen ihren Männern gegenüber alle erdenklichen Freiheiten erlauben, sie in aller Öffentlichkeit beschimpfen, ja Hand an sie legen. Es kam zu Diebstahl, Ehebruch, oft kollektiver Promiskuität, selbst Inzest, ohne daß jemand dafür belangt werden konnte. Gleichzeitig wandelten Ahnen und Götter in Maskengestalt unter der entfesselten Menge, rügten ihr Treiben und versuchten, sie aufzuhalten. Und, ganz wie es der Situation während dieser Phase in der Urzeit entsprach, mischten sich auch Monsterkreaturen und Dämonen, gleichfalls in Maskengestalt, in das Getümmel, säten Zwietracht und schürten Streit, der teils zu Gewalttätigkeiten führte. Zuletzt jedoch gelang es dann stets den Besonneneren, sie in Scheingefechten in die Flucht zu schlagen. Und in der Folge davon kehrten sich die Verhältnisse wieder um. Älteste rezitierten den Schöpfungsmythos, um die durch Verfehlungen im vorangegangenen Jahr und die Ausfälle während des Festes möglicherweise geschwächte Weltordnung durch die Rückbindung an ihren Ursprung *verbalmagisch* zu erneuern und für das kommende Jahr vor Erschütterungen zu feien. Die Feuer wurden rituell aufs Neue entfacht. Licht breitete sich allseits aus; es tagte wie am Morgen der Schöpfung. Jedermann reinigte sich, legte saubere oder auch neue, seinem Geschlecht und Status wieder entsprechende Kleidung an; man renovierte die Wohnungen samt Inventar. Bestehende Absprachen wurden bekräftigt, neue getroffen, die dörflichen Würdenträger entweder in ihren Ämtern bestätigt oder durch neu ernannte ersetzt. Die Menschen glaubten sich ihrer letztjährigen Sünden ledig und *wiedergeboren*, verjüngt und gestärkt für den Neubeginn. Man beglückwünschte und beschenkte einander und beschloß das Ganze mit einem kommunalen Freudenfest[356] – und je höher dabei die tanzenden Frauen sprangen, desto höher, glaubte man unter den Sudetendeutschen, würden im neuen Jahr Flachs und Getreide wachsen.[357] Die Gesellschaft war, wie die Lovedu in Transvaal den südafrikanischen Ethnologen Eileen und Jacob Krige erklärten, zu neuem Leben «erwacht».[358]

Abwehren

Keine Schutzwehr ohne undichte, ohne Schwachstellen. Auch baumeisterlich solide verfugtes Mauerwerk springt, von Wind und Wetter angegriffen, eines Tages auf, Holz verrottet mit der

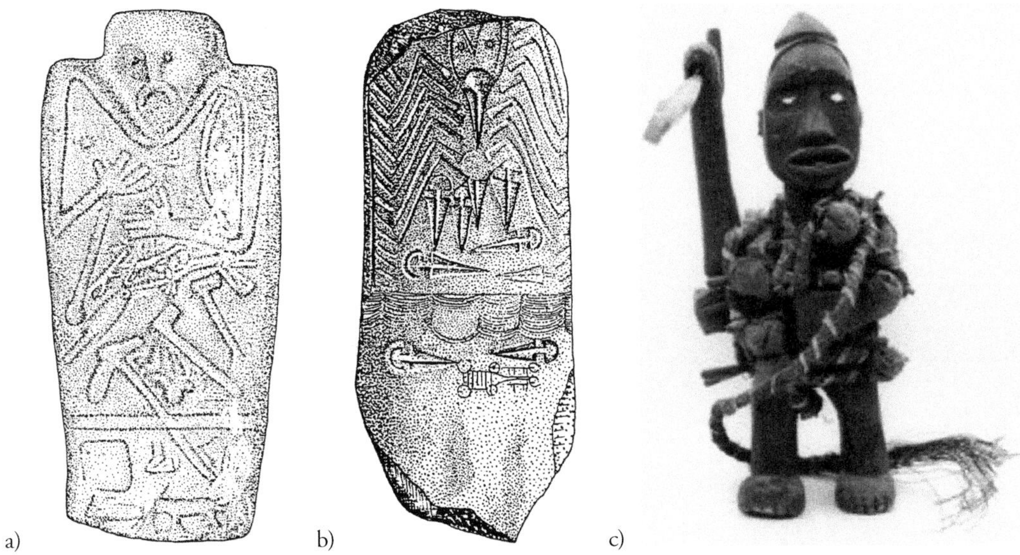

Abb. 10 Magische Abwehrmittel. Steinstelen (Menhire) zum Schutz von Grenzen. Darstellungen von mit Waffen aller Art ausgerüsteten Kriegern.
a) Ukraine.
b) Lagundo, Südtirol, beide ca. 3000 v. Chr.
c) Metallener Krieger mit gezücktem Speer zum Schutz von Wohnhäusern, Zentral- und Westafrika

Zeit, fällt Schädlingen zum Opfer. Kleidung trägt sich auf. Das tägliche Brot kann durch Mißernten gefährdet, der häusliche Vorrat von Mäusen und Ratten dezimiert, der Handel durch Kriege lahmgelegt werden. Und die Gesundheit des Menschen hängt wesentlich von seinem Verhalten ab: Verletzt er die überkommenen Regeln, suchen ihn die Ahnen mit einer Krankheit, einem Unfall oder Erfolglosigkeit heim. Unversehrtheit von Gesellschaft und Kultur blieb in jeder Hinsicht die optimale Bedingung der Überlebensgewähr.

Doch welche Molesten das Überleben der Menschen auch immer bedrohen, sie können durch Erfahrung und Umsicht, durch Wappnen und Wehren zumindest erheblich eingeschränkt werden. Allgemein aus Gründen der Prävention, vor allem aber in kritischen Situationen, das heißt beim Passieren von Grenzen, während biographischer, statusbedingter oder jahreszeitlicher Übergangsphasen oder eines Unglücksfalles, bediente man sich zur Verstärkung der Gefahrenabwehr *magischer* Maßnahmen. Im Folgenden wieder einige Beispiele der gängigsten *apotropäischen* (von griech. *apotrépein*, ἀποτρέπειν, «abwenden», «verhüten»), also prophylaktischen Verfahren und Mittel.

Prähistorischen Befunden nach trugen die Menschen schon seit den ältesten Zeiten *Amulette*, das heißt Anhänger an Halsketten und Stirnband, die etwa abwehrkräftige Steine, Säckchen mit bestimmten «Medizinen», Ahnenknochen, später Papiere mit Zauberformeln, Bibel- und Koransprüchen oder Bildnisse von Heiligen enthielten. Einen analogen Dienst leisteten auch die *Bemalung* und das *Tatauieren*, erstere namentlich vor Reisen, kriegerischen Unternehmungen und religiösen Feierlichkeiten, letzteres bevorzugt um Mund, Augen und Nabel, also um lebenswichtige Körperöffnungen herum. Als besonders schutzbedürftig galten ferner auch die Gelenke. Man faßte sie als – nicht ganz geschlossene – *Übergangsstellen* zwischen den Glied-

a)

b)

c)

Abb. 11 Bänder und Ringe zum Schutz der Gelenke.
a) Ein Kind der Zulu, Südafrika.
b) Initiandinnen der Krobo, Südostghana.
c) Exorzist der Zande, Sudan

maßen des Knochengerüsts auf und umschirmte sie im Sinne eines *magischen Kreises* mit Bändern. Säuglingen legte man gleich nach der Geburt zur Hut der Hüftgelenke, die Ober- und Unterkörper miteinander verbanden, den *Leibriemen* um, der zur Verstärkung oft noch aus besonderen Materialien gearbeitet war. Weitere Bändchen, Schnüre oder Ketten wurden, von beiden Geschlechtern und oft von Kindesbeinen an, um den Hals, die Arm-, Hand- und Fußgelenke getragen. Aller Wahrscheinlichkeit nach stellt der Körperschmuck die Fortentwicklung der Gelenkriemen und Amulette dar. Ähnlich diente auch die Kleidung, zumindest in den von den Menschen ursprünglich bewohnten wärmeren Klimazonen, nicht nur dem Schutz vor Kälte und Niederschlägen: Noch in rezenter Zeit behaupteten Angehörige indigener Gesellschaften, ihre Kleidung schütze sie auch vor Unheilseinflüssen. Darum pflegen Menschen, die etwas Besonderes vorhaben, mehr Sorgfalt auf ihr Äußeres zu legen und keine beliebige, sondern den Zwecken angemessene Tracht zu tragen, um damit, und sei es nur unbewußt, zum Ausdruck zu bringen, daß sie es auf eine bestimmte Wirkung abgesehen haben. In diesem Sinne sind auch die Fest- und Zeremonialtrachten zu verstehen, die ja stets eine Übersteigerung der Alltagskluft darstellen und – was ihnen zusätzlich «Kraft» verleiht – im älteren, traditionellen Stil gehalten sind (vgl. etwa die Priestertrachten!). «Im Zustand der Nacktheit», gibt der finnische Ethnologe Raphael Karsten (1879–1956) die Einstellung der Jibaro (Ekuador) dazu wieder, «fühlt der Indianer sich machtlos und kaum widerstandsfähig gegen Einflüsse übernatürlicher Art. Das ist der Grund, warum er z.B. vor religiösen Festen, vor der Jagd oder einem Kriegszug, vor einem Besuch bei Fremden oder dem Empfang von Gästen im eigenen Haus immer eine so außergewöhnliche Sorgfalt auf seine Tracht verwendet.»[359] Sonst erschienen am Körper, neben «Öffnungen» wie Augen und Mund, noch als besonders schutzbedürftig die Genitalien und der Kopf insgesamt. Auch wenn weiter nichts getragen wurde, blieb der Schambereich doch nahezu

a)

b)

c)

Abb. 12 Apotropäische Signaturen um Eingänge zu Heiligtümern.
a) Hauptheiligtum der Jesiden, Scheich Adi, südliches Kurdistan.
b) Fragmente des Portals der alten Burg Schloß Tirol, Museum Schloß Tirol, Südtirol.
c) Portal der Liebfrauenkirche in Trier, 13. Jh.

immer – bei Frauen durch Schurze oder «Durchziehbinden», bei Männern mittels Penishüllen – bedeckt. Der Kopf galt durch die Haare beziehungsweise bestimmte Frisuren als hinreichend geschützt. Ausnahmen bildeten lediglich wieder kritische, das heißt *Übergangssituationen*. Nach einem Todesfall pflegten so zum Beispiel die Engstangehörigen während der Trauerzeit einen schwarzen (gelegentlich auch weißen), zu Hochzeiten die Brautleute einen roten (neuerlich auch weißen) Gesichtsschleier zu tragen. Erst unter den städtischen Daseinsbedingungen namentlich in den mediterranen Hochkulturen, in denen man weniger unter Verwandten als *Fremden* lebte und die Bedrohung durch den «Bösen Blick» gewachsen schien, nahm man es mit der Kopfbedeckung genauer. Vor allem verheiratete Frauen waren hier, wie Schriftzeugnisse und Abbildungen belegen, gehalten, wenn sie das Haus verließen, Haupt und Antlitz mit einem Tuch oder Schleier zu verhüllen.[360] Bei Männern legten offenbar nur Höhergestellte, wie Amts- und Würdenträger, Priester und Könige, Wert darauf.

Grenzwehren (Hecken, Mauern usw.), die ein Dorf und die Wohn- und Gemeindebauten (Männerhäuser, Heiligtümer) von der Außenwelt absondern, besitzen in der Regel eine oder zwei, das heißt möglichst wenige Durchgangsstellen, die gewöhnlich nachts, also während einer Übergangs- und dazu noch speziell zur *Geisterzeit*, durch Türen und Tore gleichsam «verriegelt» werden. Da sie gleichwohl, ob offen oder geschlossen, den Zustrom fremdartiger, das heißt unheilsträchtiger Einflüsse erlauben, brachte man, wie bereits erwähnt, an ihren – hölzernen oder steinernen – Einfassungen *apotropäische Signaturen* (Ornamente, Zeichen, Kreuze, Buchstabenfolgen) an oder hing an die Sturzbalken Büschel abwehrkräftiger Kräuter, Tierschädel, Geweihe und anderes dergleichen mehr.[361] Drohen Dämonen ganz offen Einfluß auf Menschen, Haustiere, die Feldfrucht oder gar den Kosmos zu nehmen, suchte man sie offenbar schon seit alters durch *Krachschlagen* abzuwehren. Universaler Anschauung nach verabscheuen Geister nämlich, und vor allem bösartige (Dämonen), jede Art lautstarker Kakophonie. Daher übten Jäger während des Weidgangs möglichst Stillschweigen oder verständigten sich nur im Flüsterton[362], trommelte man, schrie nach Kräften und schlug auf Pfannen und Kessel, wenn sie drohten, Erntegut zu vernichten oder ins Dorf vorzudringen.[363]

Desgleichen pflegte man – worauf schon oben, S. 55, kurz verwiesen wurde – in vielen Kulturen vor wichtigen Ritualen und Kultfeierlichkeiten durch allgemeines Krachschlagen dafür Sorge zu tragen, daß die Siedlung sozusagen «geisterfrei» war – in Europa erinnern unter anderem noch der «Polterabend» vor Hochzeiten[364] und das Feuerwerk an Silvester vor dem Neujahrsfest daran. Ganz besonders aber glaubte man sich zu dieser Art magischer Schutzwehr bei Einsetzen einer *Sonnenfinsternis* herausgefordert. Alter, schon in prädatorischen Gesellschaften verbreiteter Vorstellung nach deutete man das Phänomen nämlich so, daß ein Dämon oder urzeitliches Ungeheuer sich anschickte, das Gestirn zu verschlingen – was unausweichlich zum Untergang der Welt geführt hätte. Also setzte man auch in diesem Fall alles daran, die apokalyptische Unheilsmacht zurückzuschlagen, indem man sie mit Bogen oder Gewehren unter Beschuß nahm, lauthals verwünschte und mittels Trommeln, Blasinstrumenten und was sonst an Klangkörpern zur Verfügung war, einen wahrhaft ohrenbetäubenden Lärm entfachte[365] – bis zum heutigen Tag sichtlich mit ermutigendem Erfolg. Desselben Mittels bedienten sich gegebenenfalls auch Exorzisten. Hatte ein Dämon oder gar der Teufel Besitz von einem Menschen ergriffen und wollte *par tout* nicht weichen, fuhr ihn der seinerzeit berühmte Johann Joseph Gassner (1727–1779), als Pfarrer von Berufswegen Exorzist, «mit lautem Gebrüll» an, was stets seine Wirkung tat.[366] Schließlich kam, wie ebenfalls schon erwähnt (vgl. o. S. 55), sichtlich auch dem Kirchengeläute ursprünglich eine primär apotropäische Bedeutung zu. So wurden – und werden zum Teil ja auch heute noch – auf dem Land die Glocken zum Beispiel bei Hochzeiten und in der Silvesternacht zu Beginn des neuen Jahres, bei Begräbnissen, in den ersten Mainächten («um die Saaten vor Schaden zu schützen»)[367] und beim Herannahen eines Gewitters geläutet. Auf den letzteren Anlaß weisen noch etliche Inschriften auf älteren Glocken hin, wie beispielsweise: *A fulgure et tempestate libera nos dux* («Bewahre uns, Herr, vor Blitz und Ungewitter»), *Fulgura frango* («Ich [die Glocke] breche die Blitze»), *Vivos voco, mortuos plango, fulgura frango* («Ich rufe die Lebenden, ich beklage die Toten, ich breche die Blitze»).[368]

Gefahren, die in strukturbedingt kritischen Situationen drohen und insofern vorhersehbar, zu erwarten sind, suchte man generell durch magische Prävention, das heißt durch Tabus zu begegnen. In der Regel handelt es sich dabei um *Übergangszustände*, deren genuine Instabilität das Sicherheitsbewußtsein der Gesellschaft ins Wanken bringt, verunsichert und daher mit magischen Mitteln gleichsam «festgehalten», *gebannt* werden muß, damit es unter Kontrolle bleibt. Übergangszustände lassen sich als Passagen, ihr Beginn entsprechend als «Öffnung», ihr «Tor» verstehen. Daher sind Tabus im Vorfeld, *vor* dem Eintritt in das kritische Geschehen angesiedelt – der Niederkunft, Hochzeit, Jagd, Fischsaison, Aussaat, einem bedeutsamen Ritual, dem Hausbau oder sonst einem riskanten Unternehmen.[369] Da ihr Zweck ist, die während der bevorstehenden Zustandsphase zu erwartenden instabilen Verhältnisse nicht noch aufzurühren, sondern im Gegenteil zu demobilisieren, zu beruhigen, nach Möglichkeit gleichsam «lahmzulegen», bestanden sie der allgemeinen Tendenz nach in *Zurückhaltung*, sei es im Berühren, Ansprechen, Anschauen von anderen und Dingen oder im Handeln, das heißt im Verzicht etwa auf bestimmte Speisen und Getränke, auf Vergnügungen, ferner indem man die Arbeit einstellte oder von wichtigen Vorhaben absah, sich möglichst ruhig verhielt sowie auch vermied, die Namen bestimmter Tiere, Personen oder einer Krankheit auszusprechen, um nicht ihre Aufmerksamkeit zu erregen, sie zu aktivieren und dergestalt Störungen des «Innehaltens» zu provozieren.[370] Statt dessen wurden Tarnbezeichnungen verwandt. Den Wolf nennt man in Weißrußland zum Beispiel *koljadnik*, «Weihnachtssänger», in Norwegen *skrupp* (oder *skrog*), «Magerer», in Ungarn *farkas*, «Schwanziger».[371] Die Epilepsie wurde früher im Deutschen mit «Ding», «Jammer» oder «Unglück», im Ungarischen mit «die schlechte Krankheit» (*rossz betegség*)[372], der Teufel als «der Leibhaftige», «der Gehörnte», «der Altfeind», «der Gottseibeiuns» und so weiter umschrieben. Da soviel davon abhing, konnte es schlimme Folgen haben, ein Tabu zu verletzen, so daß sich, falls es im Geheimen geschah, die Ahnen als Wahrer von Tradition und Ordnung veranlaßt sahen, mit harten Sanktionen einzugreifen. Manche Völker waren der Überzeugung, daß ein Tabubruch Mißernten, andere, daß er den Tod der Schuldigen nach sich ziehe.[373]

Abb. 13 Reverenzverhalten. Karikatur des Beziehungsgefälles

Ein weiteres grundlegendes Prinzip der magischen Abwehr fand (bzw. findet) in allen Kulturen Ausdruck in dem Gebot, *Distanz* zu unzugehörigen, das heißt ungleichwertigen – und mithin (potentiell) unverträglichen – Stoffen, Dingen, Gerätschaften, Lokalitäten, Tätigkeiten, Vorgängen und Personen *zu wahren*, um nicht mit ihrer «Ausstrahlung», im letzteren Fall speziell ihrem Atem, ihren Blicken und Worten unmittelbar in Berührung zu kommen. Das betraf insonderheit das Verhältnis von Jüngeren zu Älteren, Frauen zu Männern, Rangniederen zu Ranghöheren, Menschen zu Ahnen und Göttern, von Lebendem zu Vergehendem und Totem sowie, nicht zuletzt, von Angehörigen der eigenen Gruppe zu *Fremden* und beider Lebensart. Bei Erreichen der «roten Linie» pflegten die einen sich in den Staub zu werfen und die Stirn gegen den Boden zu drücken oder sich zumindest zu verneigen und die Blicke gesenkt zu halten, während die anderen erhöht saßen («thronten»), einen Gesichtsschleier trugen oder sich ganz hinter einem Paravent verborgen hielten. Die Kommunikation erfolgte dann über einen «*Speaker*», der laut wiederholte, was der Gebieter leise, nur ihm vernehmlich, sprach. Im Verhältnis der Menschen zu Gottheiten kam die Rolle des *Speakers* den Propheten zu.[374] Wie leicht ersichtlich, bildet das Distanzgebot die Grundregel der Etikette. Ihm stand das «positive» Prinzip entgegen, Verwandtes, das heißt Ähnliches, sowie räumlich und zeitlich einander Nahestehendes, also annähernd Gleichwertiges und verträglich Erscheinendes möglichst eng miteinander zu verknüpfen, um Kontiguität und Kontinuität zu stiften, die Solidarität und Identität zu festigen.[375]

Namentlich der Kontakt mit *Fremden*, den Repräsentanten des schlechthin *Andersartigen*, barg zumindest die Gefahr der Verunreinigung, potentiell jedoch auch der Schädigung der eigenen Leute an Leib und Seele. Heimkehrende hatten daher sowohl die Güter, die sie mitbrachten, als auch sich selbst einer gründlichen (rituellen) Reinigung zu unterziehen, bevor sie den Fuß wieder in das heimische Dorf setzen durften. Besonders gefürchtet war der Fremden *Blick*. Als Andersartige galten sie nämlich als unvollkommen oder fehlerhaft beschaffen, so daß konsequentermaßen auch ihr «Augenstrahl» teil an dieser Mangelhaftigkeit haben mußte: Lahmen, Buckligen, Aussätzigen, Albinos, Rothaarigen, generell körperlich und geistig Behinderten sowie sozial und ethnisch «Defekten», wie Einzelgängern, Randständigen, Leuten, die einer anrüchigen Tätigkeit nachgingen (Dirnen, Henker, Totengräber), Bettlern, Zigeunern, Juden und eben Fremden wurde in aller Welt ein bösartiges, gefährliches, ja aggressives Naturell zugeschrieben, das entsprechend auch ihren «Augenschein» gleichsam vergiftete – sie alle besaßen, wie man allgemein glaubte, den «*Bösen Blick*».[376] Und dessen Strahlkraft vermochte, wie schon angesprochen, unter Umständen Speisen ungenießbar und Menschen krank, unfruchtbar oder blind zu machen, ihrer Sinne zu berauben, ja selbst zu töten, Ernten zu vernichten und das Vieh mit einer Seuche zu schlagen.[377] Nahten sich daher Fremde einem Dorf, und namentlich solche mit einem stark abweichenden Äußeren und Verhalten, wie Europäer nach der «Entdeckungszeit», zogen sich Frauen und Kinder augenblicks in ihre Hütten oder den angrenzenden Busch zurück, während die Männer zurückwichen und allein der Gearch und die Ältesten standhielten, die ungebetenen Besucher erwarteten – und sie, falls die Fremden Verständnis zeigten und das zuließen, einer, wenn auch nur angedeuteten, Reinigung unterzogen. Erst danach trauten sich auch die anderen wieder hervor, blieben aber sicherheitshalber auf Distanz.

Betraten indes Fremde, die man – als Handelspartner oder Repräsentanten verbündeter Ethnien – schon kannte, das Dorf, wurden sie zwar freundlicher, gleichwohl aber auf streng ritualisierte Weise empfangen, indem man sie als *Gäste* behandelte, das heißt ihnen Gastrecht gewährte. Ihre Freunde oder das Oberhaupt der Siedlung nahmen sie in Empfang. Man begrüßte einander mit bestimmten, standardisierten Formeln, begleitet von ebenso festgelegten Ehrenbezeigungen. Nach diesem oft minutenlangen Dialogzeremoniell – bei dem es nicht zuletzt darum ging, die unmittelbare Kontaktaufnahme durch bedachte Umständlichkeit *in die Länge zu ziehen* – wurden die Besucher ins Haus ihrer Gastgeber beziehungsweise in ein eigens dafür bereitstehendes Gästehaus geführt, um sie von den übrigen Dorfbewohnern, meist auch den Frauen und Kindern ihrer unmittelbaren Beziehungspartner fernzuhalten. Insofern waren es auch allein die Söhne des Hausherrn, die zunächst für ihre Bequemlichkeit sorgten, indem sie ihnen etwa die Hände, teils auch die Füße wuschen, sie zu weiteren «Desinfizierungszwekken» beräucherten, unter Umständen ein Bad nehmen ließen und *gruppeneigene* Kleidung zum Wechseln bereitlegten. Danach regalierte man sie mit einem Glas Wasser, Hirsebier, Palmwein oder einem anderen Willkommenstrunk. Waren diese Formalitäten erledigt, setzten sich der Gastgeber, seine Söhne sowie weitere männliche Verwandte der Familie mit dem Besuch zu einem gemeinsamen Festmahl zusammen. Auch davon blieben die Frauen ausgeschlossen; sie nahmen sich gegebenenfalls der weiblichen Begleitung der Gäste an. Aufzutragen, zu bedienen und abzuräumen blieb Aufgabe der Söhne des Hauses. Reinigung, Einkleidung und Gemeinschaftsmahl bilden typische Elemente eines *Adoptionsrituals*; die Besucher galten nunmehr als Quasiverwandte des Hausherrn. Allerdings galt das Gastrecht immer nur für drei Tage und Nächte. Spätestens nach Ablauf dieser Frist hatten die Gäste die Ortschaft wieder zu verlassen und erloschen die Verpflichtungen ihres Gastgebers, für ihren Unterhalt und ihre Sicherheit aufzukommen.[378]

In all diesen Fällen bestand das Problem darin, daß *Unzugehöriges* und damit genuin Unverträgliches unmittelbar miteinander in Berührung zu geraten drohte, was, wie schon gesagt, die Gefahr in sich barg, daß beide Seiten, aus der Sicht der Einheimischen aber vor allem sie selbst, Schaden an Leib und Leben nehmen konnten. Der persönliche Kontakt stellte dabei nur eine, allerdings besonders schwerwiegende Version der Mißachtung dieses – im übrigen universalen – Tabus dar, nichts, was nicht zusammengehört beziehungsweise miteinander verwandt ist, zu verbinden oder zu mischen. So war, um nur einige Beispiele zu nennen, etwa auch untersagt, Obst und Gemüse sowie Fleisch von Land- und Seetieren in ein und demselben Topf anzurichten, Wolle und Flachs zusammen zu verarbeiten beziehungsweise Kleider aus beiden Materialien (also Wolle und Leinen) gleichzeitig zu tragen. Hirtennomaden hielten ihre Milch tunlichst von Agrarprodukten getrennt. Bauern im Westsudan fürchteten um ihre Ernten, wenn Dung von den Tieren der Nomaden auf ihre Felder fiel. Weiterhin durften weder die Frauen noch das Eigentum anderer angetastet werden und hatte man darauf zu achten, daß kleine Kinder oder Saatgut, das heißt aufkeimendes, sich entwickelndes Leben, nicht mit Todkranken, Verrottendem und Abgestorbenem (verfaulende Pflanzen, trockenes Holz) in Berührung geriet. Intimverkehr mit Gruppenfremden führte verbreiteter Anschauung nach zu Schwer-, Tot- oder Mißgeburten.[379] Der Kirchenvater Cyprian (ca. 205–258) berichtet von einem Säugling, der sich weigerte, eucharistischen Wein zu trinken und, als er ihm gewaltsam eingeflößt wurde, mit Geschrei reagierte und alles wieder ausspie. Es ergab sich, daß man ihn zuvor mit Brot gefüttert hatte, das in heidnischen Opferwein getunkt worden war[380] – und so weiter mehr.

Ein gängiges Mittel, einer permanenten oder akuten Bedrohung zu begegnen, bestand bei vielen Völkern auch darin, ihr sozusagen den Weg zu verlegen, das heißt ihre Stoßrichtung zu «*durchkreuzen*», und zwar möglichst direkt, im «rechten Winkel», generell durch Grenzziehungen jeglicher Art und die magische Markierung der Einfassungen und Schwellen von Türen und Toren, speziell, indem man etwa mit einem Stab eine Linie auf dem Boden quer zu der Richtung der drohenden Gefahr zog oder einen Pflock in die Fährte eines in der Nähe befindlichen Raubtieres schlug.[381] Im Gegenzug entsprach dem das Tabu, über einen Angehörigen der eigenen Gruppe (der schläft und es nicht bemerkt) seitlich hinwegzusteigen[382] sowie, wenn man sich in einer kritischen Situation befand, wie Neugeborene oder Schwangere, quer über ein Holzscheit, eine Schnur, eine Axt, eine Mistgabel, einen Besen zu gehen, auf der Schwelle des Hauses zu sitzen oder durch ein Fenster zu klettern beziehungsweise hinausgereicht zu werden[383] – für Säuglinge bestand im letzteren Fall die Gefahr, daß ihr Wachstum stagnierte oder sie zu Krüppeln verwuchsen.[384] Im übertragenen Sinn erfüllten die Funktion, einer nahenden Bedrohung gleichsam den Riegel vorzuschieben, auch Täuschungsmanöver. Knaben, die nicht recht gediehen, also offensichtlich das Opfer einer magischen Nachstellung waren, kleidete man beispielsweise als Mädchen; unter Umständen simulierte man sogar ihren Tod und bestattete sie zum Schein.[385] Wöchnerinnen trugen oft Kleidungsstücke des Gatten[386] oder diese legten sich anstelle jener ins Wochenbett.[387] Dieser Brauch, die *Couvade* beziehungsweise das sogenannte «Männerkindbett» (vgl. o. S. 78), eine rein magische Mimikry, erregte ihrer Besonderheit wegen schon früh die Gemüter und gab teils Anlaß zu den abenteuerlichsten Spekulationen (etwa: Relikt des «Matriarchats»!).

Eine Verstärkung der linearen «Verriegelung» schließlich stellt deren Krümmung zum *geschlossenen Kreis* dar. Auch sie wandte man (wie schon mehrfach zur Sprache kam) wieder sowohl generell, zur allgegenwärtigen Absicherung, als auch in akuten Fällen an. Die erstere Intention fand ihren markantesten Ausdruck in der Umwehrung der Siedlungen durch Hecken, Palisaden, Mauern und so weiter, die kontinuierlich fortsetzte, was bereits durch das Gründungsritual vorangelegt und bezweckt war (vgl. oben S. 64 f.). Durch die Umzirkelung dabei – denn wohl schon ursprünglich wie überwiegend auch später noch besaßen die Siedlungen Rundgestalt – bildete jedes Dorf einen *magischen Kreis*, der seine Bewohner wirkkräftig vor der feindlichen Außenwelt abschirmte, einen gesamtgesellschaftlichen *Seklusionsraum*, der ihre Kräfte zum Zentrum hin konzentrierte und ihnen Kohärenz, Solidarität und Beständigkeit verlieh. Drohten Gefahren, erneuerte man den Schutzring, indem man die Umgrenzungslinie rituell ein weiteres Mal markierte.[388] Analog pflegte man häufig auch die Territoriumsgrenze, in diesem Fall rein prophylaktisch, in periodischen Abständen magisch zu sichern, indem man sie, wie das zum Beispiel bei den Iraqw in Tansania üblich war, abschritt und dabei noch einmal nachzeichnete sowie ihre apotropäische Wirkung kraft entsprechender Riten aufs neue stärkte.[389] Auch das Territorium dachte man sich, der Horizontlinie folgend, gewöhnlich kreisscheibenförmig. Dementsprechend konnte auch die Gesamtheit eines Ethnos als geschlossener (magischer) Kreis begriffen werden.

Fanden in einer Hütte oder im Dorf Veranstaltungen statt, die für die betreffende Familie beziehungsweise die Gesamtgesellschaft von besonderer Bedeutung und insofern hochsensibler Natur waren, riegelte man gewöhnlich sämtliche Zugänge (Türen und Tore) hermetisch ab oder lagerte das Geschehen auch in bestimmte geschützte Räumlichkeiten – eine abgesonderte, mit einem Behang den Blicken entzogene Ecke im Haus, abgelegene Hütten (etwa für Wöchnerinnen), das Buschcamp (für Initianden) – aus, das heißt versetzte die Beteiligten wieder in *Seklusion*, wie nicht zuletzt das Dorf und die Gesamtgesellschaft während kommunaler Kulte und der Neujahrsfeierlichkeiten.[390] Ging von Mitgliedern der Gruppe selbst eine Bedrohung aus, wie man das im Fall von stark «Verunreinigten», wie Frauen während ihrer «Tage», schwer Erkrankten, tabubrüchig Gewordenen, Sterbenden und um den Tod eines Angehörigen Trauernden annahm, separierte und isolierte man sie auf die gleiche Weise, zog sozusagen einen Bannkreis um sie, mied den Umgang mit ihnen, sprach, ja blickte sie nicht einmal an, bis sie gänzlich gereinigt, genesen, ihre Schuld gesühnt, sie rituell «beigesetzt» und die Trauerzeit beendet, das heißt sie «*wiederhergestellt*» waren.[391]

Der Restituierungsprozeß der von zerstörerischen Einflußnahmen «Angegriffenen» erforderte als erstes ihre rituelle *Reinigung*; in leichteren Fällen konnte sie sich auch bereits darin erschöpfen. Das probateste Verfahren bestand, wie schon angesprochen, in (wiederholten) Ablutionen mit «fließendem», das heißt Quell- oder Flußwasser, gelegentlich versetzt mit speziellen Ingredienzen (z.B. Asche oder Rosmarin); daneben reinigte man sich aber oft auch durch Beräuchern mit dem Qualm bestimmter Kräuter, Wurzeln und Rinden, durch Schwitzkuren (Dampfbäder), Aderlässe (zur Abfuhr des vermeintlich kontaminierten Blutes) sowie künstlich – meist durch pflanzliche Emetika – herbeigeführtes Erbrechen. Ablutionen und Ausräucherungen schlossen gewöhnlich auch die Kleider und Gerätschaften der Betroffenen mit ein.

Verunreinigt konnten indes nicht nur Individuen, sondern auch die Gemeinschaft insgesamt einschließlich ihres Territoriums sein. Nach einem erfolgreichen Aufstand gegen die deutschen und dänischen Eindringlinge im Jahr 1223, der auch zur (vorübergehenden) Vertreibung der Missionare geführt hatte, fühlten die heidnischen Esten das Bedürfnis, ihr durch die Christen kontaminiertes Land auf das gründlichste zu reinigen. Sie wuschen, wie der Historiker Heinrich von Lettland (gest. um 1259), seit 1205 ebendaselbst als Missionar und Pfarrer tätig, berichtet, «sich und ihre Häuser und Burgen mit Wasser und reinigten sie mit Besen und bemühten sich auf diese Weise, das Sakrament der Taufe in ihren Gebieten gänzlich auszutilgen.»[392]

Konkrete physische Versehrungen suchte man allgemein durch Massagen, Verbände, Heilpackungen, Salben, Skarifizieren und Kauterisieren, Verdauungsstörungen durch die Verwendung von Klistieren zu beheben. Wunden, etwa von Schlangenbissen, saugte man aus, Brüche wurden geschient, gegen Kopfbeschwerden nahm man, spätestens seit Beginn des Neolithikums, Trepanationen vor. In Fällen psychophysischer Schädigungen hielt man quasi «ganzheitliche» *Heilrituale* für geboten, deren es, je nach der Art der Einwirkung, verschiedene gab. Fast immer jedoch hatten sich die Betroffenen dazu in Seklusion zu begeben. Dort fasteten sie dann zumeist und kasteiten sich oft noch auf andere, teils rigorose Weise, beichteten ihre Verfehlungen, die vermeintlich für die «Attacke» verantwortlich waren, das heißt entschlackten sich sozusagen verbal, und nahmen verschiedenerlei Bußübungen vor, bis ihre Betreuer, die «Heiler» der Gruppe, sie für genesen erklärten. In besonders schweren Fällen wurden sie auch einer rituellen Wiedergeburt unterzogen.

Ziel war letzten Endes immer, die Folgen der störenden Fremdeinwirkung entweder auszulöschen oder abzuwehren.[393] Dazu ätzte man anderen Fällen gleichsam, auch nach dem Prinzip *minus* mal *minus* gleich *plus*, Unzugehöriges mit Unzugehörigem aus. Im Hannoverschen Wendland heilte man zum Beispiel Hautleiden, verursacht etwa durch Flechten oder lokale Erfrierungen, indem man die betreffende Stelle mit der Hand eines Toten bestrich[394], in Ostfriesland Zahnschmerzen mit einem Zahn, den man auf dem Friedhof gefunden hatte.[395] Auf gedanklich verwandte Weise suchte man häufig auch Störungen und perniziöse Prozesse durch die bloße *Umkehrung* ihres Entstehungsverlaufs zunichte beziehungsweise ungeschehen zu machen, etwa indem man eine magische Formel mit der linken Hand oder von rechts nach links schrieb[396] oder ein Leiden dadurch kurierte, daß man – wie unter anderen die Einwohner der Insel Sabarl (Louisiade-Archipel, Neuguinea) es hielten – den Zauberspruch, der es verursacht hatte, «*backward*» rezitierte.[397] Der Schaden, der, wie oben erwähnt, dadurch entsteht, daß man ein schlafendes Mitglied der eigenen Gruppe quer überschreitet, läßt sich wieder aufheben, indem man in umgekehrter Richtung über den Betreffenden zurücksteigt.[398] Bei den Iglulik Eskimo (Grönland) müssen Leute, die als Kinder «*backwards*», das heißt mit den Füßen voran geboren wurden, was Unheil verheißt, zeit ihres Lebens Fellmützen tragen, deren Haare aufgestellt sind, nicht, wie sonst üblich, flach anliegen.[399] Einem Tiroler Wilderer, der sich aufs Zaubern verstand, widerfuhr einst, als er von einem seiner zweifelhaften Weidgänge heimkehrte, daß er die Tür zu seiner Wohnstube nur mit Mühe aufbrachte – weil sie voller Geister war, die dicht gedrängt, gleichsam Schulter an Schulter standen. Was war geschehen? Seine Kinder hatten in seiner Abwesenheit sein Zauberbuch gefunden, darin gelesen und so die unwillkommenen Gäste herbeizitiert. Ihr Vater ließ sich daraufhin die betreffende Stelle zeigen und las sie nun seinerseits, jetzt allerdings rückwärts vor, worauf die Geister, ordentlich einer nach dem anderen, wieder verschwanden.[400] Schließlich, um zu zeigen, wie verbreitet der Glaube an die Wirkkraft des «Umkehrzaubers» einmal war, ein letztes Beispiel, hier aus der Kinderfolklore: Das «Vaterunser» hält, kraft seiner zentralen Stellung unter den christlichen Gebeten, den Teufel sicher auf Abstand. Spricht man es indessen von hinten nach vorn, stellt dies, wie nach den Untersuchungen von Iona und Peter Opie englische Schulkinder glauben, ein unfehlbares Mittel dar, ihn herbeizuzitieren.[401]

Bekanntlich geht es in der Welt jedoch nicht selten noch ärger zu, als man es gemeinhin für möglich hält. Menschen vergehen sich in einem Maß beziehungsweise werden so durchgreifend

Opfer magisch zerstörerischer Attacken, daß jeder Versuch, sie wiederherzustellen, aussichtslos erscheint. In derartigen Fällen hatte die Gemeinschaft schon aus Selbstschutzgründen keine andere Wahl, als sie aus ihren Reihen zu eliminieren. Man *marginalisierte* sie dann etwa oder schied sie vollends aus, das heißt *exkommunizierte* sie (*Marginalisierungs-*, *Eliminierungsprinzip).* Ersteres vollzog sich in mehreren Schritten. Anfangs mied, dann isolierte man sie. Niemand sprach oder verkehrte mehr mit ihnen. Bei den Iraqw in Tansania zum Beispiel verwies man ihnen den Zugang zum Dorf, indem man Büschel aus Dornengesträuch vor ihrer Hüttentür deponierte. Traten sie gleichwohl heraus, wich man vor ihnen zurück, verwehrte ihnen die Kommunikation und Zusammenarbeit, blockte Besuche ab und grüßte sie auch nicht mehr.[402] Ein weiterer, (vor)letzter Schritt bestand darin, sie vollends aus der Gesellschaft hinaus- bis an die Peripherie der Siedlung zu drängen, wo sie in brüchigen Verschlägen neben fahrenden Handwerkern und Händlern, Musikanten sowie anderen Ausgeschiedenen hausten und, wie in jeder Grenzregion, labile, unsichere Verhältnisse herrschten.

Zur Exkommunikation Verurteilte fanden auch dort keinen Platz mehr. Sie wurden vollends des Territoriums der Gruppe verwiesen und gingen, geächtet und auf sich allein gestellt, alsbald zugrunde, sofern man sie nicht ohnehin gleich tötete und ihre Leichname draußen im «toten», das heißt im unkultivierten Ödland ablegte oder flüchtig verscharrte. Ohne auf die übliche rituelle Weise bestattet worden zu sein, bedeutete, daß ihre Spiritualseelen auch keinen Zugang mehr zu den Verstorbenen ihrer Gruppe ins Ahnenreich fanden und so *für immer* aus der Welt der Ihren ausgeschlossen blieben und fortan als «Untote» ruhelos im Grenzbereich zwischen Diesseits und Jenseits umherirrten, stets darauf aus, sich für ihr Geschick an den Lebenden zu rächen.[403]

Nicht nur die physisch und moralisch «Schiefgeratenen», die Täter, wurden auf diese Weise ausgelöscht; oft vernichtete man auch ihre Hütte und gesamte Habe[404], weil man sie von ihrer Unheilsausstrahlung durch und durch verseucht wähnte. Diese Konsequenz, diese Art Denken ist indes keine Besonderheit unzivilisierter, «wilder» Völker; man begegnet ihr durchaus auch in neuzeitlichen, «hochkultivierten» Gesellschaften. In den 1970er Jahren vergewaltigten, folterten und ermordeten Fred und Rosemary West in Gloucester (England) mehrere junge Mädchen. Nach ihrer Verurteilung ordnete die Stadtverwaltung die totale Vernichtung ihres Hauses in der Cromwell Street 25 an. Jeder Ziegel wurde entfernt und zu Staub zermahlen, den man an verschiedenen, geheimgehaltenen Stellen verstreute. Nichts, aber auch gar nichts sollte von der Stätte der schrecklichen Verbrechen übrigbleiben, nichts mehr an sie erinnern.[405] Nach dem Zweiten Weltkrieg wurden die in den «Nürnberger Prozessen» (1945–1946) zum Tod durch den Strang verurteilten nationalsozialistischen Kriegsverbrecher nach Vollzug der Strafe verbrannt und ihre Aschenreste irgendwo in Bayern (angeblich in der Isar) verstreut – wo genau, hielt man auch hier vor der Öffentlichkeit geheim.

Damit das Böse sich gar nicht erst flächenweit festsetzen konnte und außer Kontrolle geriet, suchte man sich seiner sowohl in indigenen wie in urbanen Kulturen zu Jahresende durch ein gesamtgesellschaftliches Reinigungsritual *in toto* zu entledigen. Ein Tier, zum Beispiel ein Ziegenbock, wurde durch die Gassen der Ortschaft getrieben und von den Einwohnern mit ihren Vergehen des zurückliegenden Jahres, mit ihren Krankheiten, Sorgen und sonstigen Übeln symbolisch, das heißt gestisch und verbal «beladen», dann entweder getötet oder fortgejagt, um den toxischen Altmüll außer Landes zu bringen. Bei den Ao Naga in Assam (Indien) schritt dazu ein Priester alljährlich vor Beginn der Anbausaison durch das Dorf und forderte die Bewohner lautstark auf, sich aller Verfehlungen, derer sie sich während des Jahres schuldig gemacht hatten, zu entäußern. Ihm folgte ein Adlatus mit einem Korb, in den jeder dann etwa einen alten Lappen oder sonst eine außer Gebrauch gekommene, schmutzige Textilie warf und dazu sprach: «Möge damit alles Böse fortgehen!» Danach begaben sich der Priester und sein Gehilfe zum nächsten Fluß (sozusagen der «Isar») und kippten den Inhalt des Korbes mit den Worten hinein: «Möge das Wasser alles Böse mit sich forttragen.»[406] Analog pflegten sich auch die alten Babylonier der ihr Gewissen belastenden Schuld für begangene Missetaten zu entledigen: Sie übertrugen sie auf irgendeinen Gegenstand, den sie dann in den Euphrat, Tigris oder einen ihrer Zuflüsse warfen und dazu beteten: «Meine Drangsal möge der Fisch wegnehmen, der Strom fortführen.»[407] Daß der Ritus auch sonst im alten Vorderasien als probates Sühnemittel gang und gäbe war, bezeugt nicht zuletzt das Alte Testament. Wie im 3. Buch *Mose* 16,20–22 geschrieben steht, wies Jahwe Aaron, den ersten Hohenpriester, an, alljährlich am «Sühnetag», also zur Jahreswende, einen Ziegenbock zu nehmen, seine Hände auf den Kopf des Tieres zu legen «und über ihm alle Verschuldungen der Israeliten zu bekennen und alle Übertretungen, die sie irgend begangen haben, und soll sie auf den Kopf des Bockes legen und diesen durch einen bereit gehaltenen Mann in die Wüste entsenden».

In nicht wenigen indigenen, mehr aber noch in den Archaischen Hochkulturen (aller Kontinente) hielt man es wohl für wirkungsvoller, statt eines Gegenstandes oder Tieres einen Menschen den erlösenden Opfergang gehen zu lassen. Die Betreffenden, oft Sklaven, Kriegsgefangene und ohnehin zum Tode verurteilte Schwerverbrecher, wurden zunächst eine Zeitlang in Gewahrsam gehalten, dabei aufs beste verköstigt und verwöhnt und erhielten Freiheiten zugestanden, wie sie den ortsüblichen Konventionen an sich zuwiderliefen. Gewöhnlich zur Erntezeit, das heißt vor Beginn der neuen Jahreszeit, unterzog man sie dann einer gründlichen Reinigung, kleidete sie neu ein, schmückte und bekränzte sie mit Blumengebinden und führte sie in einer feierlichen Prozession durch die Ortschaft, wobei jedermann die Verfehlungen («Sünden»), die er während des zu Ende gehenden Jahres begangen hatte, wieder symbolisch auf sie übertrug. Dergestalt mit der kommunalen Schuld beladen, wurden sie zuletzt entweder innerhalb des Gemeinwesens oder außerhalb auf qualvolle Weise getötet. Mit ihrem Leben erloschen auch die Vergehen, die man ihnen «aufgehalst» hatte. Ihr Tod *entsühnte* so ihre Peiniger, machte sie rein und schuldlos gleich Neugeborenen und versicherte sie damit der Gewähr für Gesundheit, Fruchtbarkeit und ertragreiche Ernten im kommenden Jahr. Daraus erklärt sich, daß man die menschlichen «Sündenböcke» in der griechischsprachigen Antike allgemein als *pharmakoí* (φαρμακοί, sing. *pharmakós*, φαρμακός), «Heiler», bezeichnete.[408] Ihr Opfergang sollte das Paradigma für die Passion Jesu werden – das «Lamm Gottes» (*agnus dei, qui tollis peccata mundi*).

In den genannten Fällen erfolgte die Eliminierung des untragbar und damit *unzugehörig*, quasi zum *Fremden* gewordenen Gruppenmitglieds oder «Sündenbocks» einvernehmlich, mit Billigung aller. Doch kam es immer wieder auch vor, daß einzelne Personen (bzw. Familien) miteinander in Streit gerieten, der nicht – durch Vermittler oder den Ältestenrat – beigelegt werden konnte und entweder lange Zeit fortschwelte oder irgendwann eskalierte. Dann gelangte vielleicht eines Tages eine der beiden Seiten zu der Auffassung, daß der Konflikt nur mehr zu lösen sei, wenn man den Gegner tötete. Da diese Art Selbstjustiz illegitim war, durfte sie nicht nachweisbar sein, also nicht öffentlich, durch unmittelbare Gewaltanwendung erfolgen, sondern mußte im Geheimen und auf magische Weise geschehen. Das aber bedeutete, daß zwischen Täter und Opfer eine gewisse Distanz bestand, mithin der todbringende Impuls seine Dynamik allein aus der *Willenskraft* schöpfen konnte und es eines *Gestus* sowie eines «*Beschwö-*

Abb. 14 Defixionspuppe, Burkina Faso

rungstextes» bedurfte, die zum Ausdruck brachten, worauf genau der Täter es abgesehen hatte. Oft schrieb man letzterem sogar die entscheidende Bedeutung dabei zu.[409] So war es zum Beispiel üblich, sich in den Besitz von typischen Lebenskraftträgern, von Finger- und Fußnägeln oder Kleidungsstücken seines Opfers zu setzen und sie in einem Ameisenhügel zu vergraben, in der sicheren Erwartung, daß die Tiere sie – *pars pro toto* – zerstören würden.[410] Priester der Raj Gond im Norden des zentralindischen Bundesstaates Andhra Pradesh bliesen Sand von ihrer Handfläche in die Richtung des Opfers und sprachen dabei die Verwünschung aus, es möge, den Sandkörnern gleich, zu Staub vergehen.[411] Wer kurzfristiger zum Erfolg kommen wollte, nahm einen zugespitzten Knochen, einen Stab oder eigens zu diesem Zweck angefertigten «Zauberpfeil» zur Hand und hielt ihn, eine passende Verwünschungsformel murmelnd, entweder nur in die Richtung der Zielperson oder warf beziehungsweise schoß ihn dorthin ab.[412] So taten zum Beispiel die Aranda in Zentralaustralien, nannten dabei den Namen des Opfers und wünschten ihm etwa: «Möge dein Herz zerspringen. Mögen dein Rückgrat sich spalten und deine Rippen auseinandergerissen werden. Mögen dein Kopf und dein Hals zerbersten!»[413] Dies Verfahren fand offensichtlich auch im alten Vorderasien seine überzeugten Befürworter. Als der Prophet Elisa (ca. 850–795 v. Chr.) seinen Tod nahen fühlte, ließ er, in Sorge um das Volk Gottes, seinen König, Joas von Israel, zu sich rufen und gebot ihm, Bogen und Pfeile zu nehmen, ein Fenster, das nach Osten, in Richtung Damaskus wies, zu öffnen und hindurchzuschießen. Der König gehorchte, und während er den Bogen bediente, lag die Hand des Propheten auf seinem Arm, der sprach: «Ein Pfeil des Heils vom Herrn, ein Pfeil des Heils wider die Syrer; und du wirst die Syrer schlagen zu Aphek, bis sie aufgerieben sind» – und in der Tat: Joas schlug sie dreimal vernichtend![414] Inzwischen hat der Fortschritt auch hier seinen Einzug gehalten: Heute setzen die Israelis auf Bomben und Raketen und verlassen sich dabei mehr auf digitale Geschoßleitsysteme als geistlichen Beistand.

Sehr häufig wurde der Fernzauber in tödlicher Absicht auch mit Hilfe von Abbildern des Opfers (sog. «Defixionspuppen») durchgeführt. Man fertigte dazu eine figürliche Darstellung des Gegners an, die man dann, die üblichen Wunsch- beziehungsweise Beschwörungsformeln murmelnd, mit einer Nadel in der Herzgegend durchbohrte, köpfte, «lebendig» begrub oder sonstwie der Vernichtung überantwortete.[415] Dem gleichen Prinzip folgen heute enttäuschte Liebende, die das Foto des untreuen Partners zerreißen oder verbrennen[416] und aufgebrachte, demonstrierende Massen, die Bilder oder figürliche Nachbildungen verhaßter Politiker «abfakkeln».[417]

Der Fern- oder, wie in den meisten Fällen, auch Analogiezauber – der im übrigen auch zu positiven Zwecken, wie zum Beispiel in der Liebesmagie, angewandt werden konnte – bedurfte notwendig einer bestimmten *Kraft*, welche die Absicht ins Ziel trug, wo sie dann ihre Wirkung tat. Indigene Magier wie Ethnologen identifizierten sie mit der Gedanken-[418], mehr noch der *Willenskraft*. «Der böse Wille», gibt ein Beobachter die entsprechenden Anschauungen zentralafrikanischer Bantu-Gruppen wieder, «ist so gut wie die böse Tat. Er wirkt wie die Sonnenstrahlen wärmen, wie die Winde kühlen, wie Blumen riechen und Äser stinken, er wirkt wie Gift von Pflanzen und Tieren.»[419]

Eine besondere Form des bösartigen Fernzaubers mit (potentiell) tödlicher Wirkung stellt der *Fluch* dar. Der Steyler Missionar und Ethnologe Stephen Fuchs (1908–2000) berichtet von den Balahi in Zentralindien einen Fall, der sich während seiner Anwesenheit im Jahr 1939 zutrug. Eine junge Witwe war, ohne Billigung ihrer Mutter, mit ihrem Liebhaber auf und davon gegangen und hatte sich mit ihm nicht weit entfernt in einer kleinen Stadt niedergelassen. Die erzürnte Mutter verfluchte das Paar daraufhin, das wenig später auch prompt schwer erkrankte und sofort überzeugt war, daß dies die Folge des Fluches – von dem beide offenbar wußten! – sei. Erst nach Monaten, nachdem nichts sonst geholfen und man zuletzt einen traditionellen Heiler hinzugezogen hatte, besserte sich ihr Zustand allmählich bis zur völligen Wiederherstellung.[420]

Der Glaube, daß man Menschen, mit denen man sozusagen «über Kreuz» war, durch Zauber aus dem Weg räumen könne, lebte selbst unter neu zum Christentum bekehrten Bauern in Europa noch ungebrochen fort – allerdings setzte man, wie bereits erwähnt, nun mehr Vertrauen in die Mittel der Kirche und bat Mönche und Priester um die Lesung einer oder mehrerer Messen, wenn man jemanden aus dem Weg haben wollte![421] Verwundern kann das nicht; bekannten sich doch Jahrhunderte später selbst Gelehrte wie der große Arzt und Naturforscher Paracelsus (1493–1541) noch zu der Überzeugung, daß, «wenn einer eine Figur macht gleich einem Menschen und diese an eine Wand malt [...] alle Stiche, Schläge und Streiche, die das Bild treffen, auf den fallen, für den sie bestimmt sind».[422]

Heilen

Eigentlich ist jeder (gesunde und erwachsene) Mensch imstande, magisch zu handeln, sofern er – zumindest *idealiter* – die folgenden Voraussetzungen erfüllt:

- Er hat sich in angemessener Weise auf sein Vorhaben vorbereitet: Er reinigte und stärkte sich, indem er eine bestimmte Diät einhielt, sexuelle Abstinenz übte[423], gegebenenfalls auch psychoaktive Drogen nahm und anderes mehr – alles, um sich in einen Zustand geschärfter Aufmerksamkeit, komprimierter Vitalkraft und erhöhter Konzentration zu versetzen.[424]
- Er begibt sich an einen abgeschiedenen Ort, an dem er sich ungestört weiß und in Ruhe konzentrieren kann und an dem vielleicht noch Kräfte walten, die seinem Vorhaben günstig sind, das heißt ihm erhöhte Effizienz verleihen. Hat er Ungutes vor, könnte das eine Kreuzung, eine Ruine oder eine Stelle sein, an der einmal ein Mord geschah.
- Er wählt eine Zeit für sein Vorhaben aus, während der die Naturkräfte an Stärke gewinnen oder verlieren, je nach der Absicht, die er verfolgt: Sonnenaufgang, Mittag, Wachstum, Blüte gleich positiv, zuträglich; Sonnenuntergang, Mitternacht, Welken, Verfall (usw.) gleich negativ, abträglich.
- Er bedenkt, daß ein bestimmtes Anliegen eine bestimmte Form der Handlung erfordert (Bitte, Fluch, Beschwörung, erhöhte bzw. gedämpfte Tonlage, eine gereimte Formel usw.).

- Er bedient sich, je nach Bedarf, eines oder mehrerer der genannten Mittel (*Quantifizierungsprinzip*).
- In besonderen Fällen, die einen optimalen Kräfteaufwand erfordern, greift er zu außergewöhnlichen Mitteln, bricht Tabus und selbst strenge Verhaltensregeln, überzeugt, daß die Kraft, die durch diese Art «Kernspaltung» freigesetzt wird, die exorbitante Stärke besitzt, den Erfolg seines Vorhabens zu gewährleisten. Um ein einschlägiges Beispiel anzuführen: In mehr oder weniger allen Gesellschaften der Welt herrschte seit jeher das Inzest-Tabu, insbesondere in Bezug auf Geschwister. Dennoch waren beispielsweise die Chewa in Malawi (Ostafrika) der Auffassung, daß selbst ein geübter «Zauberer» das Höchstmaß an magischem Wirkvermögen nur zu aktivieren imstande sei, wenn er zuvor mit seiner Schwester kohabitiert hatte.[425] Auch die Ila in Zambia hegten keinerlei Zweifel, daß man, um besonders schwierige magische Aufgaben meistern zu können, mit seiner Schwester oder Tochter Inzest begehen müsse.[426] Kenner der Evangelien werden sich erinnern, daß die Wunderheilungen Jesu immer wieder mit dem Bruch religiöser Regeln und Tabus einhergingen.

Indessen gab es in den indigenen und alten ländlichen Gesellschaften so gut wie immer auch eine oder mehrere Personen, denen man aufgrund des Zeitpunkts (z.B. Mitternacht, Neujahr, Dunkelmond) oder des Wetters während ihrer Geburt (z.B. Sonnenschein, Gewitter, Nebel)[427] oder auch bestimmter Anomalien wegen ein besonderes, das gewöhnliche Maß in kreativer (positiver) oder destruktiver (negativer) Hinsicht überschreitendes magisches Wirkpotential zuschrieb. Letzteres setzte man bei Menschen voraus, die physisch entstellt, psychisch abartig waren oder in anderer Weise aus dem Rahmen fielen: Die verzerrende Kraft, die ihr Äußeres verunstaltet hatte, mußte auch ihr Inneres beherrschen. Folglich sahen sich dem Verdacht gewöhnlich Behinderte, Zwergwüchsige, Albinos, Schielende und Geistesgestörte ausgesetzt, Leute, die einer ungewöhnlichen (das bedeutete meist: verunreinigenden) Tätigkeit nachgingen, wie in indigenen Kulturen Schmiede, in urbanen Henker und Totengräber, ferner solche, die sich irgendwie abweichend verhielten, sowie alle, auf die das überall und immer quasi exemplarisch zutraf: *Fremde*.[428] Ungewöhnliches Verhalten weckt oft auch heute, selbst im Herzen Europas, noch Argwohn. In Wehringen bei Augsburg wurde noch in den 1950er Jahren eine Bäuerin verdächtigt, eine Hexe zu sein, nur weil man beobachtet hatte, wie sie bemüht sorgsam Glasscherben mit dem Fuß vom Gehweg schob, in Straßberg auf der Schwäbischen Alb eine andere, weil sie in der Kirche (!) zwei Brillen benutzte, von denen sie jeweils die eine bei Gebrauch der anderen nach oben auf den Kopf zu schieben pflegte. In Langlingen (Landkreis Celle) schließlich erregte eine Familie Argwohn, auf deren Küchentisch man ein Buch mit dem Titel *Die Zauberflöte* hatte liegen sehen. Nicht nur der Titel, auch das Buch als solches war zum Gegenstand des Mißtrauens geworden; denn wenn man auf dem Lande las, dann natürlich nur in der «Heiligen Schrift».[429]

Menschen dagegen, die unter günstigen Bedingungen oder zu einer für besonders heilvoll gehaltenen Zeit zur Welt gekommen waren, glaubte man mit außergewöhnlichen Heilkräften begabt und zeit ihres Lebens mit Glück und Erfolg gesegnet. Für Feuerländer (Yamana), Chenchu (Zentralindien) und Siebenbürger Sachsen war das zum Beispiel der Fall, wenn während der Geburtsstunde schönes Wetter herrschte.[430] In Europa schrieb man namentlich zur Mittagszeit, am Weihnachtsabend, an Neujahr oder einem Sonntag Geborenen ein besonderes Heilvermögen zu.[431] Die uns zugeteilten Gaben, schrieb Paulus an die Korinther, sind zwar verschieden, aber «es ist *ein* Geist», aus dem sie schöpfen.[432]

Abgesehen von den kleineren oder größeren Divergenzen im persönlichen Kraftbesitz oder den dadurch im obigen Sinne «Begnadeten» beziehungsweise «Gezeichneten», besaßen indigene und oft noch später bäuerliche Dorfgemeinschaften immer auch im Gearchen ein Mitglied, das *per se*, dank seiner Abkunft, über ein Höchstmaß an Vitalenergie verfügte.[433] Der Gearch, der nominell «Älteste» (als Haupt der ältesten, der sogenannten «Gründersippe»), ging in ungebrochen geradliniger Abfolge zurück auf den Urahn der lokalen Ethnie, das heißt dem mythologischen Anspruch nach auf den *ersten Menschen*, den der Schöpfer selbst gebildet und mit seiner eigenen, göttlichen Vitalkraft – dem Schweiß seiner Hände, seiner Ausstrahlung, seinem Atem – belebt hatte. Seitdem wirkte dieser «heilige Geist» in den unmittelbaren Nachfahren des Urahnen fort und prädestinierte sie wie niemanden sonst, die sakralen, priesterlichen Aufgaben der Gruppe wahrzunehmen. Dazu zählten, wie schon gesagt, in erster Linie alle Riten, welche die Fruchtbarkeit der Felder, Menschen und Haustiere, ausreichende Niederschläge und reiche Ernten, insgesamt also die Wohlfahrt der Gesellschaft betrafen. Um ihren Erfolg zu gewährleisten, mußte sichergestellt sein, daß der Gearch, während er seines Amtes waltete, im Vollbesitz seines magischen Wirkvermögens war. Oft durfte er, um keinerlei Einbußen daran zu erleiden, weder körperlich arbeiten noch in Kontakt mit der Außenwelt treten.[434] Da ihr Energiepotential von seiner genuinen Bestimmung her *kreativ*, eben wohlfahrtsförderlich, lebensdienlich orientiert war, schrieb man den Gearchen – und bedingt den Ältesten der «Gründersippe» – immer auch eine sozusagen «angeborene» Gabe zum *Heilen* zu. Zeigte sich einer übergewöhnlich erfolgreich, das heißt durfte man davon ausgehen, daß er über ein besonders hohes Maß an Vital- und Heilkraft gebot, konnte geschehen, wie zum Beispiel bei den Gurunsi in Burkina Faso (Westsudan), daß namentlich «Bedürftige» alles daransetzten, irgendetwas von ihm – Haare, Fetzen seiner Kleidung, Splitter seines Hockers – in ihren Besitz zu bringen, um es etwa in ihre Amulette einzuarbeiten oder als Heilmittel zu verwenden.[435] Gearchen waren nicht nur verantwortlich, standen geradezu für die Existenzfähigkeit ihrer Gemeinschaft, sie bürgten auch für ihr «*Heil*».[436]

Mit der Entstehung der Archaischen Hochkulturen in Teilen Eurasiens und Mesoamerikas setzte für die – zunächst die unmittelbar betroffenen lokalen – indigenen Gesellschaften ein entscheidender Wandel ein. Die Grundlage bildete die Landwirtschaft, zu der die Menschen in der Zeit von 10 000 bis 8000 v. Chr. in ebendiesen Gebieten übergegangen waren und die sich schon in wenigen Jahrhunderten bis tief nach Europa, Afrika und Ozeanien hinein ausgebreitet hatte – mit teils gravierenden Konsequenzen: Schon während der Frühphase des Bodenbaus war beispielsweise in Vorderasien die Bevölkerung um das Zehnfache angewachsen, was wiederum eine Intensivierung der Landwirtschaft samt einem entsprechend erweiterten Werkzeug- und Geräteinventar erforderlich machte. Die günstigsten Bedingungen dafür bildeten fruchtbare Böden sowie in niederschlagsärmeren Regionen reichlich wasserführende Flüsse zu ihrer zusätzlichen künstlichen Bewässerung, so daß auch bislang noch ungenutzte Flächen in Kultur genommen werden konnten. Beide Voraussetzungen waren ideal in den großen Stromtaloasen Mesopotamiens, Ägyptens, Choresmiens (Syr- und Amudarja), Indiens (Indus), Chinas (Hoangho) und Vietnams (Mekong) mit ihren nährstoffgesättigten Schwemmlandböden gegeben. Dank dieser Ausgangslage und der verbesserten Produktionsverfahren wuchs das bebaute Land bereits in der Anfangsphase um das Fünffache an. Die aufgrund der intensivierten Landwirtschaft erzielten Ertragsüberschüsse erlaubten es dann, zunehmend mehr Menschen von der Urproduktion abzuziehen und anderen, namentlich verarbeitenden Tätigkeiten oder auch Dienstleistungsaufgaben zuzuführen. Die alten ländlichen Weiler erweiterten sich durch den wachsenden Zuzug von Handwerkern aller Art, Händlern, Lastenträgern, Ziegelbrennern, Baufachleuten und anderen Gewerbetreibenden mehr allmählich zu städtischen Siedlungen. Die indes wären ohne eine verhaltensregulierende Administration weder funktions- noch überlebensfähig gewesen, die ihrerseits, aus demselben Grund, zentraler *Führungs- und Autoritätsinstanzen* samt Personal zur Durchsetzung ihrer Anordnungen bedurfte.

Erstmals und paradigmatisch vollzog sich diese Entwicklung vermutlich an den Knotenpunkten der großen Fernhandelsstraßen, wo sich bereits Waren absetzen, andere einhandeln ließen und sich zudem die Gelegenheit ergab, eine Rast einzulegen, um Kräfte und Proviant aufzufrischen. Es besteht Grund zu der Annahme, daß ebenhier nicht nur die ersten großen, überlokalen Märkte, sondern auch bedeutenderen Städte entstanden. Die Rohstoffe aus fernen Ländern zogen sowohl Handwerker, die sie zu teils luxuriösen Produkten verarbeiteten, als auch Händler, die für ihren lokalen Absatz sorgten, an. Handel und Gewerbe konnten allerdings nur gedeihen, wenn der Schutz der Geschäftsleute und Waren garantiert war. Dafür trugen, wie verläßliche Zeugnisse hinlänglich belegen, die Umlandbevölkerung, die von dem florierenden Markt nur profitieren konnte, und eine Gottheit (später auch Heilige) Sorge, unter deren Obhut der Handelsplatz stand. So bildeten sich alsbald mehr und mehr interethnische, übernationale autonome und sakrale Schutzzonen mit je eigener «Marktgerechtsame» heraus, deren Aufgabe war, das Tragen von Waffen und jede Art von Unfrieden, Händel oder gar Gewalt zu unterbinden – das heißt: den «*Marktfrieden*» zu garantieren. Die Aufwendungen dazu wurden aus Abgaben und Steuern bestritten, die dem Repräsentanten der Gottheit und Herrn ihres lokalen Heiligtums zu entrichten waren. Diesem stand ein Ältestenrat zur Seite, doch nahm er selbst als dessen Vorsitzender, oberster Priester und Richter unbestritten die führende Position im Marktflecken ein. Insofern besaß er eine gewisse Macht, die sich indes nur bedingt auf die quasipolizeilichen Ordnungskräfte, die ihm zur Wahrung des Marktfriedens unterstellt waren, sondern zur Hauptsache auf seinen Anspruch gründete, als Stellvertreter der Schutzgottheit des Marktorts auf Erden zu walten. So versteht sich auch, daß er *im Tempel* des Gottes, nicht in einem eigenen Palast residierte. Sein Amt prägten mithin eher sakrale denn weltliche Züge. Man darf daher annehmen, daß ein solcher quasiköniglicher Tempelherr, der im Auftrag einer Gottheit Sorge für den Frieden, die Wohlfahrt oder, wenn man so will, das «Heil» der Marktgemeinschaft trug, auch über das Vermögen verfügte, Kranke und Verletzte zu *heilen*. Die ältesten Städte Vorderasiens, wie zum Beispiel Uruk in Sumer und Byblos in Phönizien (auch Harappa am Indus), waren offensichtlich zu Beginn urbane Marktzentren der beschriebenen Art. In Sumer läßt sich zudem noch verfolgen, wie der sakrale Aspekt der Macht von Ältestenrat und Oberpriester allmählich auf diesen überging, dieser sich dann vom Tempel löst und schließlich die säkulare Position eines Stadtkönigs mit separatem Palast einnimmt, freilich nach wie vor mit dem Anspruch, als Repräsentant und Vikar der zentralen Schutzgottheit zu amtieren.

Die Archaischen Hochkulturen wankten in ihrem Bestand allerdings von Anfang an unter einer Reihe struktureller Schwächen: zum einen der Instabilität der gesellschaftlich unausgewogenen, beruflich wie dem Status nach hochkomplexen und dabei engsträumig siedelnden städtischen Bevölkerungen, der «Kopflastigkeit» der urbanen Zentren gegenüber dem «flachen» Land, die schon bald zu einer ausgeprägten Dichotomisierung und wechselseitigen Abhängigkeit beider führte, zum andern ihrer *kontributionskapitalistischen*[437] Volkswirtschaften, darin bestehend, daß die Herrschenden der Bevölkerung, vor allem Bauern und Gewerbetreibenden, jeweils soviel an Kontributionen und Arbeitsleistung abpreßten, als gerade noch möglich war, ohne sie in den Ruin zu treiben. Die abgeschöpften Ertragsanteile wurden jedoch nur selten für produktions- und strukturverbessernde Investitionen, sondern nahezu ausschließlich für den Sicherheits-, Luxus- und Repräsentationsbedarf des Hofstaats und die Kriegführung aufgewandt. Dieser Raubbau an den gegebenen Ressourcen trieb – und zumal in Notzeiten – die in der primären und sekundären Produktion Beschäftigten wenn nicht in die Verelendung, so doch in die Dauerverschuldung, so daß es ihnen so gut wie immer am dringend benötigten Betriebskapital fehlte und sie ihrerseits gezwungen waren, Raubbau an den eigenen Existenzgrundlagen (Boden u. Vieh) zu üben. So blieb den Oberschichten, um die Verluste im Innern auszugleichen, letzten Endes keine andere Wahl, als die Ausbeutung sozusagen zu «exportieren», das heißt Raub- und Eroberungszüge in die angrenzenden Territorien zu unternehmen, was in der Folge auf der einen Seite zu immer größeren Reichen, ja Imperien, auf der anderen zum Untergang vieler der kleineren, ursprünglichen Fürstentümer und Stadtstaaten führte.[438]

Jenseits der Archaischen Hochkulturen bestanden unterdes noch über Jahrhunderte hin in Savannen, tropischen Regenwäldern, Gebirgsregionen und auf abgelegenen Inseln die alten frühagrarischen Kulturen fort. Doch blieben auch sie von der Entwicklung in der hochkulturlichen Welt nicht unberührt, zumal, wenn sie unweit der großen Handelsrouten lagen und über begehrte Rohstoffe wie Kupfer, Gold, Edelhölzer und Elfenbein verfügten. Händler spielten dabei die Vermittlerrolle. Manche suchten, um den gewinnschmälernden Zwischenhandel zu umgehen, den direkten Kontakt zu den Oberhäuptern der indigenen Bevölkerungen und gingen in einzelnen Fällen langjährige Beziehungen zu ihnen ein, dienten ihnen als Diplomaten und persönliche Berater. Auf diesen Wegen gelangten dann nach und nach Ideen, Gebrauchsgüter, Waffen und Institutionen aus den Hochkulturen bis tief ins frühagrarische Hinterland, bildeten sich, auf friedliche oder unfriedliche Weise, kleinere, mehrere Siedlungsgemeinschaften umspannende indigene «Reiche» heraus, an deren Spitze ein «König» der besonderen Art stand.

In ihm nämlich lebte praktisch der alte Gearch fort, nur formal sozusagen «aufgebauscht» nach dem Vorbild der hochkulturlichen Herrscher. Gleich seinen Vorgängern in den traditionellen Dorfkulturen besaß auch er ein übergewöhnliches magisches Wirkvermögen, führte daher alle wichtigen, die Fruchtbarkeit von Land, Vieh und Menschen verbürgenden Riten durch und bürgte mit allem, was er tat, wie er lebte und sich verhielt, für die Wohlfahrt, für das «Heil» seines Reiches.[439] Das wiederum setzte voraus, daß er selber gesund, vital, stark und ohne Fehl war. Jede physische Beeinträchtigung, Schwäche oder gar Krankheit hätte ihn untauglich gemacht für sein Amt und die Verantwortung, die er trug. Entsprechend sahen sich diese sogenannten «Sakralkönige» förmlich eingeschnürt in ein dichtmaschiges Netz von Verhaltensrestriktionen und Tabus. Gleich den Gearchen führten sie keinerlei körperliche Arbeiten aus.[440] Sie durften ihr Territorium[441], ja häufig nicht einmal ihre Residenz verlassen noch etwas zu sich nehmen oder berühren, was *exogener*, «fremder» Herkunft war. Des weiteren hatten sie jeden Kontakt mit Personen zu meiden, die nicht zu ihren engsten Angehörigen (die ihre Kraft teilten) oder dem kleinen Kreis der höchsten Würdenträger (die am meisten mit ihnen zusammen waren) zählten. Geriet jemandes Hand mit ihrem Körper in Berührung, riskierte er, wie von einem Stromstoß oder Blitzstrahl getroffen, auf der Stelle tot umzufallen.[442] Hielten sie Audienzen ab, trugen sie, wie erwähnt, meist einen Gesichtsschleier oder saßen unsichtbar hinter einem Paravent. Nur wenn ein «Sakralkönig» allen diesen Vorgaben genau entsprach, durfte man davon ausgehen, daß es ausreichend regnen, reiche Ernten geben und mit keinerlei Ungemach zu rechnen sein werde. Und allein dann auch besaß er, gleich dem Gearchen, in vollem Umfang die Kraft, sowohl Segen zu spenden als auch Kranke und Verletzte – durch Berührung – zu *heilen*.[443] Ließ er Anzeichen einer physischen Schwächung erkennen, erkrankte ernstlich oder begann, seine Pflichten zu vernachlässigen, wurde er umgehend seines Amtes enthoben oder getötet, damit er zum einen keinen größeren Schaden mehr anrichten konnte, zum andern gesichert war, daß sein hohes Maß an Sakralkraft möglichst uneingeschränkt zurück in den Schoß der Erde gelangte.[444]

In den alten Hochkulturen hatten sich, wie schon am Beispiel Uruks (Sumer) zu sehen war, die ursprünglichen Markt- und Tempelherren, zunehmend in innere Machtstreitigkeiten und kriegerische Auseinandersetzungen mit den benachbarten Fürsten- und Königtümern verstrickt, mehr und mehr zu säkularen Herrschern emanzipiert. Dennoch behielten sie gewisse sakrale Züge bei, schon allein, um ihren Hoheitsanspruch unantastbar legitimieren zu können: In der Mehrheit der Fälle ließen sie sich als *Söhnen des Himmels-* beziehungsweise *Hochgotts* huldigen.[445] Insofern maß man auch ihnen ein besonderes, übergewöhnliches magisches Wirkvermögen zu[446], das sie allerdings erst während des Inthronisierungsaktes überkam. Als David (ca. 1004–965 v. Chr.) von Samuel zum König gesalbt wurde, «geriet der Geist des Herrn[447] über ihn von dem Tage an und fürder».[448] Wer eine derartige Gnadengabe empfing, konnte nicht mehr derselbe sein wie zuvor. Der Besitz des himmlischen «Geistes» *verwandelte* ihn, wie Paulus an Beispielen erläutert[449], machte «fürder» einen anderen Menschen, einen *König* aus ihm. Fortan besaß er die Strahlkraft, das «*Charisma*» eines Herrschers.[450] Lediglich in den Randbereichen bei den ethnisch noch gebundeneren Völkern, wie den Germanen, floß die Kraft den Königen, wie beim Gearchen, von ihren Vorfahren zu; «sie strömte durch alle Glieder von Generation zu Generation und fand ihre Quelle im Urahn des Geschlechts» – der laut Überlieferung freilich auch wieder ein Gott war.[451]

Als Söhne Gottes und insofern Sachwalter ihres himmlischen Vaters auf Erden begriffen sich, wie gesagt, auch die Herrscher der Archaischen Hochkulturen – «die Taten des Königs und des Gottes sind eins».[452] Allerdings bürdete ihnen das ein hohes Maß an Verantwortung auf. Gleich Gearchen und Sakralkönigen hatten sie den Frieden und die Wohlfahrt ihres Volkes zu garantieren, dafür zu sorgen, daß, wie es in einer irischen Quelle heißt, «die Schweine reichlich Eichelnahrung haben, die Erde fruchtbar ist und die Flüsse von Fischen wimmeln»[453], beziehungsweise das Reich nicht nur von Dürre, Mißernten, Seuchen und feindlichen Übergriffen verschont blieb, sondern der König dank seines Kriegsglücks noch neues Land hinzugewinnen konnte. Jedenfalls erwartete man das von ihm. Die Verbindung von Herrschaft und Heil bildete, wie Jan Assmann das für die altägyptische Geschichte resümiert, «durch alle Wandlungen der geschichtlichen Verwirklichungen hindurch den konstanten Sinnrahmen».[454] Könige *konnten* nur als Heilsgaranten gelten. Befreiten sie ihr Volk aus Not und Elend, das einer oder mehrere ihrer Vorgänger verschuldet hatten, und stellten die alte Größe wieder her, erschienen sie gleich einem verheißenen Messias, wie ein «*Heiland*».[455]

Herrscher, die den Anforderungen ihres Amtes voll entsprachen und über die Kraft verfügten, für eine ausgeglichene Witterung und reiche Ernten zu sorgen, Menschen und Vieh vor Seuchen zu bewahren und selbst überlegene Gegner zu bezwingen, mußten auch physisches Ungemach, Verletzungen und Krankheiten heilen können. Und in der Tat wurde nicht nur den Machthabern des Altertums, sondern auch späteren noch diese Gabe zugeschrieben – beispielsweise, wie schon erwähnt (s. o., S. 16), den römischen Kaisern Vespasian (69–79 n. Chr.) und Hadrian (117–138 n. Chr.), dann germanischen Königen des frühen Mittelalters in Nord- und Mitteleuropa und zuletzt noch englischen und französischen Königen.[456]

Dergestalt einem Heiligen gleichgestellt zu werden, hatte seinen Preis. Bei Krönungen und anderen öffentlich vollzogenen herrscherlichen Ritualen kam es bis in die Frühe Neuzeit zur sogenannten Spoliierung: Der Bevölkerung war die Freiheit zugestanden, sich nach Abschluß der Feierlichkeiten – gegebenenfalls gewaltsam – aller erreichbaren Gegenstände, die dabei Verwendung gefunden hatten, zu bemächtigen, wobei selbst die Holzplanken, über die der Monarch geritten war, nicht ausgespart blieben: «Durch ihren Besitz hatte man auf körperlich-materielle Weise Anteil an der außeralltäglichen Aura des Heiligen, die die Herrschaft umgab.»[457]

Nur scheinbar ein Gegenpart der Mächtigen seiner Zeit, kurierte auch der mittellose Wanderprediger Jesus von Nazareth erfolgreich nicht nur Kranke aller Art, Entstellte und Geistesgestörte («Besessene»), sondern erweckte selbst jüngst Verstorbene zu neuem Leben. Nach damaligem Glauben war das an sich nichts, worüber man sonderlich hätte überrascht sein müssen, teilte er doch mit den Herrschern die gleichen Voraussetzungen dazu. Zum einen konnte er sich darauf berufen, Gott zum Vater zu haben. Nach seiner Taufe im Jordan fuhr der «Geist Gottes» in Gestalt einer Taube aus dem Himmel herab und eine Stimme sprach: «Du bist *mein lieber Sohn*, an dem ich Wohlgefallen habe.»[458] Zum andern war er *königlichen* Geblüts, laut Matthäus ein Nachfahre Davids im 28. Glied[459], ganz so, wie es die Propheten für den künftigen Messias vorausgesagt hatten.[460] Noch deutlicher wird Lukas, nach dessen Zeugnis der Erzengel Gabriel Maria verheißt, ihr Sohn, den er, sozusagen zeitlich gerafft, als Sohn Davids bezeichnet, werde «ein König sein über das Haus Jakob ewiglich, und seines Königreichs wird kein Ende sein».[461] Den Heiligen Geist, die göttliche Gabe, mittels derer allein man scheinbar unheilbare Wunden noch zu schließen und tödliche Krankheiten sicher zu heilen vermochte, besaß Jesus bereits von Anbeginn an. Als Maria von Gabriel erfährt, daß sie demnächst mit dem Sohn Gottes niederkommen werde, und zweifelt, da sie ja noch Jungfrau ist, bedeutet ihr der Engel: «Der heilige Geist (πνεῦμα ἅγιον) wird über dich kommen, und die Kraft (δύναμις) des Höchsten wird dich beschatten (ἐπισκιάσει); darum wird auch das Heilige, das von dir geboren wird, Gottes Sohn genannt werden.»[462] Bemerkenswerterweise folgt die Verkündigung der Empfängnis Jesu exakt den Grundzügen der traditionellen, prämodernen Zeugungsvorstellungen. Danach nämlich empfängt, wovon oben (S. 44) schon die Rede war, der Embryo sowohl den Hauptanteil seiner Vitalenergie oder «Lebensseele» (griech. *dynamis*, «körperliche Kraft»; auch «Heilkraft»!) über das Sperma – aus dem sich dann alle konsistenteren Bestandteile seiner Physis (insbes. die Knochen) aufbauen – als auch die Geisteskraft, die leibunabhängige «Spiritualseele» (griech. *pneuma*, wörtl.: «Hauch», «Luftzug»), die dem Menschen das Bewußtsein, den Willen und das Denkvermögen verleiht, *vom Vater*.[463] Da es sich in diesem Fall um einen Gott handelt, wird die Vitalkraft statt über das Sperma durch den *Schatten* des Erzeugers übertragen, der, wie erwähnt, traditionell als einer der Hauptträgerstoffe der Lebensenergie galt. Zudem heißt es im Taufbericht, daß Jesus, als er, nach Vollzug des Rituals, dem Jordan entstieg, also gewissermaßen formal auch zum «König gekrönt» war[464], «den Geist Gottes gleich als eine Taube herabfahren sah» und, wie vordem David nach seiner Salbung durch Samuel[465], ihn auf sich übergehen fühlte.[466]

Somit war er nicht nur zum Heiler, sondern, als «König», gleich den altorientalischen Herrschern, mehr noch zum *Wunderheiler* prädestiniert. Außergewöhnlicher Heilerfolge aber bedurfte er, um seinen Anspruch, der angekündigte Messias zu sein, beim Volk so glaubhaft zu machen, wie er selbst davon überzeugt war; denn er *wußte*, wie im Johannes-Evangelium geschrieben steht, «daß ihm der Vater hatte alles in seine Hände gegeben und daß er von Gott gekommen war».[467]

Später traten zur Hauptsache Heilige als Wunderheiler hervor – und zwar nicht nur zu Lebzeiten. Die übermäßige Vitalenergie, der sie ihre Erfolge verdankten, teilte sich, wie schon früher gesagt, während sie wirkten, mehr noch als den Patienten allem mit, was ständig mit

a) b) c) d)–e)

Abb. 15 Idole.
a–c) Hilfsgeister der Giljaken, Ostsibirien.
d–e) Hilfsgeister der Fon, Benin

ihnen in Berührung stand: abgesehen von ihrem Leib, ihren Kleidern, Gebrauchsgegenständen, Gebetbüchern, Rosenkränzen, Kruzifixen, Schmuckstücken und was sich sonst in ihrem Besitz befand. Verständlich daher, daß bei ihren Verehrern und zumal allen, die sich von ihnen Erlösung von ihren Leiden versprachen, ein großes Interesse bestand, dieser heilkräftigen «Medikamente» und Glücksgaranten nach ihrem Ableben, und zwar möglichst unmittelbar, wenn sie gewissermaßen noch «warm» waren, habhaft zu werden – notfalls auch mit Gewalt. Folglich kam es auch hier, wie bei den für ihre Heilkraft berühmten Königen, immer wieder zu Akten der «Spoliierung» beziehungsweise, wie die Hagiographen den für heutige Christen befremdlichen Vorgang bezeichnen, zur «andächtigen Beraubung» der Leichname verstorbener Heiliger und ihrer Habseligkeiten. Man riß sich förmlich, wenig pietätvoll, um Teile ihrer Kleidung, Arbeitsgerätschaften und was sonst an Utensilien aus ihrem Besitz nicht niet- und nagelfest war, ja auch um Partikel ihres Leibes, suchte Büschel ihrer Haare, Nägel von Händen und Füßen zu «ergattern».[468] Für je wundertätiger ein Heiliger galt, desto rücksichtsloser griff man zu. Oben (S. 50) wurde bereits geschildert, daß und wie selbst die sterblichen Überreste der heiligen Elisabeth von Thüringen (1207–1231) und des großen Theologen und Philosophen Thomas von Aquin (1224–1274) der Raffgier der Gläubigen zum Opfer fielen.

Das Beutegut der «andächtigen Beraubungen» ging in den privaten, dort, wo die frommen Räuber nicht zum Zug kamen, in den kirchlichen Reliquienschatz ein. Begehrt waren die Stükke in erster Linie, weil sie, wie gesagt, auch *post mortem* noch Heilkraft besaßen. Im Bedarfsfall genügte es, sie zu berühren[469] oder auch Staub von ihnen in Wasser aufzulösen und das Gemisch zu trinken.[470] Mittelbar konnte man in den Genuß der Heilkraft gelangen, indem man ein Heiligengrab oder eine Kirche mit berühmten Reliquien besuchte und Gegenstände aus dem eigenen Besitz – bevorzugt solche, die man am Körper trug (Hals- und Taschentücher oder Schmuckstücke) – eine kurze Zeitlang mit einer Reliquie, der Graberde oder dem Sarkophag in Berührung brachte.[471]

Reagierten Heilige nicht auf die an sie gerichteten Bitten, geschah schon mal, daß ihre Reliquien – auch von Mönchen – beschimpft und gezüchtigt[472], ihre Bilder mit Kot beschmiert, ja verbrannt wurden.[473] Und auch diese respektlose Praxis setzte nur eine alte, vorchristliche Tradition fort: In vielen indigenen, teils auch antiken Gesellschaften fertigten die Hausväter Idole (aus verschiedenerlei Materialien) an – beziehungsweise erwarben, wie zum Beispiel die Römer, eine entsprechende Statue (einen «Hausgötzen») – in die sie mittels magischer Bannung einen (gutartigen) Geist einschlossen und ihm aufgaben, die Familie vor Krankheiten, Witterungsschäden, Diebstahl, Jagdpech, Ernteeinbußen und sonstige Unbilden zu schützen. Zeigten sie sich, trotz der Speisungen und Opfer, die sie täglich erhielten, unwillig und bequem und enttäuschten die in sie gesetzten Erwartungen auf ganzer Linie, entzogen ihnen ihre Eigner zunächst die Nahrung, um sie, wenn das nichts fruchtete, der Schwäche und Unfähigkeit zu bezichtigen, zu beleidigen, zu geißeln, ja zu zerschlagen, ins Feuer oder auf einen Abfallhaufen zu werfen.[474]

Der Wert einer Reliquie bemaß sich nach ihrer magischen Kraft, die ihrerseits abhing von der Bedeutung des Heiligen, dem sie entstammte, ferner ihrem Alter (d.h. dem Grad ihrer Bewährung!) sowie ihrem spezifischen Wirkvermögen: ob sie ihre Erfolge besonders bei der Krankenbehandlung, der Austreibung «unreiner» Geister beziehungsweise des Teufels oder der Bekehrung von Heiden, Juden und Muslimen erzielt hatten.[475] Zeitweise konnten Reliquien auch begehrte Sammelobjekte werden, besonders solche mit erprobter Heilkraft oder gar gelegentlicher Wunderwirkung sowie andere, die von bekannten Künstlern eingefaßt und überarbeitet worden waren und ausgesprochene Kunstwerke darstellten. Private bewahrte man in – häufig abermals kunstvoll gestalteten – «Hausreliquiaren» auf[476], kirchliche wurden im Altar «beigesetzt»[477], um seine Sakralkraft zu mehren, oder in einer Schatzkammer in der Krypta unterhalb der Kirche thesauriert. Ein privater Sammler höchsten Standes war Kaiser Karl IV. (reg. 1346–1378), der unter anderem zwei Heiligblutreliquien und einen Finger Thomas von Aquins sein Eigen nannte, den er in Paris erworben hatte[478] – und der offenbar dem oben erwähnten «Einkochen» des großen Philosophen und Heiligen entgangen war.

Im übrigen gründet sich die Thesaurierung der Reliquien auf eine uralte Tradition. In indigenen Gesellschaften legte man es oft darauf an, Knochen und Schädel legendärer Vorfahren, Gebrauchsgüter aus ihrem Besitz, Waffen, Werkzeuge, Masken, Musikinstrumente und Beutegut aus längst vergangenen Zeiten gleichsam als magische Kraftreservoire aufzubewahren und sorgsam zu hüten. Einzelne, private Erbstücke befanden sich in Familienbesitz, die meisten jedoch galten als Gemeingut und wurden, der Öffentlichkeit entzogen, in den «Männerhäusern» gehortet, imposanten Bauten nahe der Agora, größer als die gewöhnlichen Wohnhäuser (bzw. Hütten) und mit reich ausgeschmückten Fassaden. Zu ihnen hatten allein die erwachsenen (initiierten) Männer der Gemeinschaft Zugang. Sie zu berühren und bei kultischen Veranstaltungen, bei denen sie dann auch die übrigen Mitglieder der Ortschaft zu Gesicht bekamen, gar handzuhaben, blieb in der Regel indes das Privileg der Ältesten, gewissermaßen der «Presbyter» der Gruppe (von griech. *presbýteros*, πρεσβύτερος, «Alter», «Ältester»). Stücke der Sammlung zu veräußern, wäre ein Sakrileg gewesen und daher niemandem beigefallen.[479]

Anders in den abendländischen Hochkulturen. Hier fand teils, wie schon am Beispiel Karls IV. zu sehen war, zumindest mit den besonders wertvollen Reliquien ein schwungvoller Handel statt, mehr unter den Diozösen als unter Privatpersonen: «Reliquien wanderten von Kirche zu Kirche durch halb Europa, von Süden beziehungsweise Rom nach Norden und von Westen nach Osten.»[480] Die Begehrlichkeit unter den klerikalen Sammlern war in einigen Fällen so übermächtig, daß sie der Versuchung erlagen, Stücke, die auf dem «Markt» nicht zu haben waren, durch gedungene Diebe, gegebenenfalls noch ruchloser durch nackten Raub an sich zu bringen.[481] Auch dazu fehlte es an Vorbildern in der heidnischen Antike nicht: Um unbesiegbar zu werden, ließen, wie Herodot (ca. 485–425 v. Chr.) berichtet, die Spartaner, einem Hinweis der delphischen Seherin Pythia folgend, die Gebeine des Agamemnon-Sohnes Orest aufspüren, entdeckten sie bei Tegea in Arkadien, raubten sie und überführten sie in ihre Stadt.[482]

Nach Auffassung der Bayansi im westlichen Kongo besitzt jeder Mensch ein gewisses Maß an magischem Wirkvermögen (*ndoki*), das sich mit den Jahren und dem Aufstieg in der Statushierarchie verstärkt. Am meisten findet es sich daher bei den Ältesten, den Oberhäuptern und Priestern konzentriert. «Von einem großen Häuptling sagt man, er habe einen starken *Ndoki*, nur deshalb könne er so energisch regieren.»[483]

Wie im Vorausgehenden dargestellt, dankten auch in den Hochkulturen bedeutende Herrscher und Heilige sowohl ihre politische Machtposition und hohe Verehrung als auch das Vermögen, Todkranke und Schwerverletzte noch heilen zu können, das heißt: «Wunder» zu vollbringen, einem übergewöhnlichen Maß an magischer Wirkkraft. Und wieder hatten dabei immer auch himmlische Mächte irgendwie ihre Hand mit im Spiel. Gewöhnlich erlangten sie die Gabe erst während ihrer Inthronisation beziehungsweise Ordination, in besonderen Fällen sichtbar bezeugt durch einen Lichtstrahl, der vom Himmel auf ihr Haupt fiel, oder eine (weiße) Taube, die sich darauf niederließ. Als im Herbst 1997 in Nordkorea die Wahl Kim Jong-ils zum Nachfolger seines Vaters Kim Il-sung anstand, erblühten vorzeitig, wie die staatliche Presse berichtete, Hunderte von Birnen- und Aprikosenbäumen, ja einem Fischer ging eine seltene weiße Seegurke ins Netz, «um das Ereignis der Wahl des Genossen Kim Jong-il zum Generalsekretär der Partei zu begrüßen». Eine Agenturmeldung faßte zusammen: «Angesichts der geheimnisvollen Naturerscheinungen sagen sich die Nordkoreaner, daß Genosse Kim Jong-il tatsächlich der größte der großen vom Himmel geschaffenen Männer ist und daß die Blumen zum Zeichen für dieses großartige Ereignis blühen.»[484]

Manchmal kündigen aber auch bereits während der Geburt auffallende Zeichen an, daß hier ein künftiger Ausnahmeherrscher oder großer Heiliger das Licht der Welt erblickt: etwa ein hell aufleuchtender Stern, wie im Fall von Jesus und Augustus. Erhebt sich ein «Revolutionär» wider die Unterdrücker seines Volkes, ficht mit scheinbar übermenschlichen Kräften und zahlt gleichwohl am Ende mit seinem Leben dafür, trägt ihm das die Verehrung aller ein und er lebt noch lange als Held in der Erinnerung fort. Nachdem der Tiroler Freiheitskämpfer Andreas Hofer (1767–1810) zu Mantua hingerichtet worden war, versuchten Soldaten, seinen Leichnam im oben beschriebenen Sinne «andächtig zu berauben», das heißt sich heimlich einiger Teile seines Leichnams zu bemächtigen, wurden indes «ertappt und bestraft».[485] Hatten bedeutende Künstler Werke von einzigartiger Vollkommenheit geschaffen, stellte sich schon in der Antike – wie bei dem großen Bildhauer Praxiteles (4. Jh. v. Chr.) – der Eindruck ein, das sei mit rein menschlichen Mitteln nicht möglich gewesen; ein Gott müsse ihm die Hand geführt haben. Später sprach man in derartigen Fällen von einem «gottbegnadeten» Künstler. Hatte er Erfolg und wurde reich, konnte es sein, daß man ihm zusätzlich besondere magische Kräfte zuschrieb.[486] Auch über die Maßen populären Sängern der Unterhaltungsmusik wird von ihren Bewunderern eine nahezu religiöse Verehrung entgegengebracht. Man wallfahrtet zu ihrem

Grab, berührt es, legt sich darauf und entnimmt ihm, falls erlaubt, ein wenig Erde, überzeugt, daß sie heilende und glückbringende Kräfte besitze. Fans des *Rock-and-Roll*-Sängers und Gitarristen Elvis Presley (1935–1977) pilgern noch heute scharenweise zu seinem Grab in Memphis (Tennessee), in Wahrheit einem Kenotaph[487], weil sie glauben, daß ihm «geheimnisvolle Kräfte entströmen». Auch Wunder geschehen. Im August 1981 besuchte ein junger Japaner die letzte Ruhestätte des «King» – und brach in einen Schreikrampf aus: Er sah sein Idol, die Gitarre in der Hand, unweit des Grabes neben einem Blumentopf sitzen (genau da, wo er tatsächlich begraben liegt!). Zwillingsschwestern aus Pleasantville, die mit sechzehn Jahren infolge einer Infektionskrankheit erblindet waren, beteuerten, nachdem sie sein Grab besucht hatten: «Mit uns ist wirklich ein Wunder geschehen, das wir nur Elvis verdanken» – sie hatten ihr Augenlicht wiedergewonnen. Der Gemeindepfarrer dokumentierte den Fall und sandte die Unterlagen an den Vatikan mit der Bitte, den Rocker selig zu sprechen.[488]

Gleich Showstars stehen schließlich auch Politiker, die führende Positionen innehaben, im «Rampenlicht». Besitzen sie das Geschick, auch besonders prekäre Situationen souverän zu meistern und sich dabei noch mit ehrfurchtgebietender Autorität (oder auch Witz) in Szene zu setzen, genießen sie bald ebenfalls den Ruf, über außergewöhnliche, «geniale» Fähigkeiten zu gebieten. Zu solchen Ausnahmepolitikern zählte bekanntlich auch Konrad Adenauer (1876–1967), der erste Kanzler der Bundesrepublik Deutschland in der schwierigen Zeit nach dem Zweiten Weltkrieg. Nach seinem Tod ließen sich viele Menschen aus ganz Westdeutschland möglichst nah, sozusagen wie ehemals in den alten Kirchen «*ad sanctos*», bei seinem Grab auf dem Rhöndorfer Waldfriedhof beisetzen. Einmal wurde beobachtet, wie eine ältere Frau einige leere Tablettenröhrchen mit Erde der Grabstätte füllte. Sie habe das schon mal getan, erwiderte sie auf Befragen, es «half Wunder». Daraufhin baten sie Freunde, ihnen bei ihrem nächsten Besuch etwas «Adenauer-Erde» mitzubringen. «Diese Erde», so die Überzeugung der Frau, «ist von Adenauers Fleisch und Blut durchdrungen. Wer sie bei sich trägt, hat ein langes, gesundes, zufriedenes Leben.»[489]

In der Mehrheit jedoch wenden sich schwerleidende Menschen professionellen Heilern zu – und bevorzugt solchen, die führende Positionen an Universitätskliniken bekleiden, als Kapazitäten anerkannt sind, denen übergewöhnliche Heilerfolge nachgesagt werden, die häufig eine heiligengemäße Verehrung genießen, denen man Wunder zutraut und die auch entsprechend aufzutreten, das heißt sich als «Autoritäten» zu «inszenieren» wissen. Gemeint sind die sogenannten «*Powerful Placebo Personalities*», von denen ausführlicher bereits eingangs (S. 23) die Rede war.

Potenziale

Magie und Religion

Laien wie Gelehrten unterläuft immer wieder der Lapsus, Religion und Magie als Einheit – oder richtiger: als zwei Aspekte ein und desselben Vorstellungskonzepts aufzufassen. Genaugenommen besteht jedoch nur eine «Verschränkung» in der *Praxis*, die allerdings einen integralen und zumeist sehr erheblichen Bestandteil einer jeden Religion ausmacht. Oben (S. 32) wurde Magie als Glaube definiert, ein Anliegen, das sich vermeintlich nicht auf die gewohnte, allfällige Weise verwirklichen läßt, mit Hilfe übergewöhnlicher *Mittel* in die Tat umsetzen zu können; sie ist insofern konkret-praktisch orientiert und als explizit zweckgerichtet zu verstehen. Gottesdienstliche Handlungen werden demgegenüber in Form von Riten, Ritualen oder Kultfeierlichkeiten vollzogen, die zwar gleichfalls genau dieser Intention entsprechen, sich dabei aber mittels der Ältesten oder Priester an bestimmte transzendente Mächte wenden und sie ersuchen, einen allgemeinen oder speziellen Wunsch, den zu verwirklichen außer Reichweite der menschlichen Möglichkeiten zu liegen scheint, zu erfüllen: Ein Opfer soll die Ahnen oder eine Gottheit geneigt stimmen, den lang ersehnten Regen zu schicken. Die Heirat stellt – *via* Adoptionsritual und im Einvernehmen mit den Ahnen – die quasiverwandtschaftliche Verbindung zwischen einem Angehörigen der eigenen und der Frau einer benachbarten Gruppe her, um damit die kontinuierliche (patrilineare) Fortpflanzung und das Überleben der ortsansässigen Gruppe sicherzustellen. Das von den Ältesten zelebrierte Erstfrüchtemahl während des Erntedankfestes erneuert den Bund der Lokalgemeinschaft mit der Getreidegottheit (bzw. ihren Eltern Himmel und Erde), damit auch im folgenden Jahr mit einer ergiebigen Ernte zu rechnen ist. Die Bestattung dient dem Zweck, dem Verstorbenen den Weg ins Totenreich zu ebnen und ihn in die Lage zu versetzen, sich eines Tages erneut unter seinen Nachfahren reinkarnieren zu können – und so weiter mehr. Striche man in den genannten Fällen die Ahnen und Gottheiten sozusagen aus der Gleichung, träten die Ältesten und Priester zurück auf die Stufe reiner Magier, die sich bemühen, ihre Absichten allein mit Hilfe übergewöhnlicher Mittel umzusetzen – gleichwie im übrigen auch Gott als bloßer Zauberer agierte, als er die Welt erschuf, da er selbst ja keine Religion besaß und ihm mithin die Möglichkeit abging, sich an ihm übergeordnete Mächte zu wenden und sie um Hilfe zu bitten.

Magie und Religion lassen sich also *theoretisch* voneinander trennen. Als genuin unabhängige, selbständige Größe käme dabei *allein die Magie* in Betracht, da sie der transzendenten Übermächte nicht bedarf, während die Religion in Ritual und Kult ohne Magie kaum etwas ausrichten könnte. Beide greifen mithin, wie gesagt, in der Praxis, und zwar, wie es scheint, unvermeidlich ineinander über, weshalb die Frage, in welchem Verhältnis sie zueinander stehen: ob sie zwei unterschiedliche, womöglich auch entstehungsgeschichtlich zu scheidende Phänomene oder ein einziges, lediglich seinen funktionalen Aspekten nach differenziertes darstellen, in Religionsethnologie und Religionswissenschaft ein zeitloses Thema blieb.

Manche Autoren umgingen allerdings das Problem, indem sie sich damit begnügten, auf die rein formalen Unterschiede hinzuweisen. Es handle sich, so Richard Thurnwald (1869–1954) zum Beispiel, ohne die Feststellung des näheren zu erläutern, «um verschiedene Verhaltungsweisen und geistige Einstellungen».[490] Andere dagegen bemühten sich nicht nur um eine Differenzierung, sondern suchten auch nach einer Begründung dafür. Dabei zeichnete sich in der Folge eine im wesentlichen übereinstimmende Generallinie ab. Der Amerikaner Irving King (1874 – ?), der Engländer Frank B. Jevons (1858–1936) und die Franzosen Henri Hubert (1872–1927) und Marcel Mauss (1872–1950) rückten den sozialen Aspekt in den Vordergrund und argumentierten, daß die magischen Handlungen eines überwiegend individuellen und privaten Charakters seien, wohingegen der Kult, verstanden als die typische Ausdrucksform der *religiösen* Praxis, eine allgemeine und offizielle, das heißt für *alle* Gruppenmitglieder *verbindliche* Geltung besitze – und insofern auch an einen kalendarischen Zyklus gebunden und kanonisch fixiert sei.[491] Dem schloß sich der Amerikaner Mischa Titiev (1901–1978) an, indem auch er die jahreszeitlich festgelegten Rituale als «Kult» begriff, von denen er die magischen, die «*critical rites*», auf die man demgegenüber jederzeit, wann immer sich eine bedrohliche Situation einstelle, zurückgreife, deutlich geschieden wissen wollte.[492] Eine analoge Differenzierung nahm ferner auch der deutsche Ethnologe Adolf Ellegard Jensen (1899–1965) vor, begründete die Scheidung jedoch bedeutungsgeschichtlich: Während der Kult ursprünglich eine rein religiöse Institution, nämlich die «zweckfreie Darstellung» der als geheiligt geltenden Weltordung gewesen sei, fuße die Magie, die zunächst nicht das Geringste mit ihm gemein gehabt hätte, auf dem Glauben, daß Menschen in gewissen «Seelenlagen» kraft ihres Willens imstande sind, übergewöhnliche Leistungen zu erbringen. Durch die stete gleichförmige Wiederholung habe der Kult indes mit der Zeit seine einstmalige Bedeutung verloren, so daß es vorkommen könne, daß sich die Magie seiner für ihre Zwecke bediene.[493] Anfangen läßt sich damit nicht eben viel, zumal die Ursprungsbestimmung des Kultes (und damit der Religion) eine bloße Hypothese darstellt, für die wenig Greifbares spricht. In die Begriffswelt der Soziologie übertragen, kehrt der Gedanke bei dem englischen Theologen (Alttestamentler) und Orientalisten William Robertson Smith (1846–1894) und dem französischen Soziologen Emile Durkheim (1858–1917) wieder, denen die Religion – und der Kult als ihre zentrale liturgische Vergegenwärtigungsform – als der deifizierte Korpus der *Gruppensolidarität* galt, der gegenüber das individuelle, selbstsüchtigen Zielen dienende magische Handeln als *unsozial*, und mithin auch unmoralisch erscheinen mußte.[494] *Keinen* markanten Unterschied zwischen Magie und Religion sah dagegen der deutsche evangelische Theologe und Religionswissenschaftler Karl Beth (1872–1959), sondern sozusagen zwei zu den Seiten hin *in extremis* tendierende Polfelder eines Ganzen. «Alle Einstellung des Menschen zum Übersinnlichen», so Beth, «vibriert zwischen diesen zwei Polen des Magischen und des Religiösen, zwischen dem Streben, gewisse Lebensziele mit Hilfe übersinnlicher Kraftstei-

Abb. 16 Adolf E. Jensen

Abb. 17a Karl Beth

Abb. 17b Emile Durkheim

gerung zu erreichen, und der Annäherung des eigenen Lebensgehaltes an das Übersinnliche, um sich selbst aus dem bloß Natürlich-Sinnlichen ins wahre Sein emporheben zu lassen.»[495] Es bleibt indes nicht bei der Vibration. Von der Magie drohen immer wieder Gewalt und Zerstörung auf die Friedenswelt der Religion überzugreifen. Beth, ein Kind seiner Zeit, beschwört diese Möglichkeit literarisch gleichsam mit vollem Griff in die üppige Klangwelt der damaligen neuromantischen Musik; der geistliche Gelehrte, der später von den Nationalsozialisten seiner Ämter enthoben werden sollte und emigrierte, wurde zum Propheten:

> «Häufig tritt diese verhängnisvolle Wendung ein, wenn, sei es durch heftige Schicksalsschläge und politische Katastrophen, sei es durch eine plötzliche Überfeinerung der äußeren Kultur und eine Hand in Hand gehende Materialisierung der Gesinnung, die Fundamente der religiösen Haltung erschüttert werden. Alsdann sehen wir wohl die dunklen Mächte der mit Selbstgewißheit und Eitelkeit gepaarten Zauberei über die keuschen Empfindungen der Religion mit wilder Schadenfreude hereinbrechen und mit schmarotzerhafter Gier von den bisher gepflegten religiösen Gefühlen Besitz ergreifen.»[496]

Der verlorene Krieg, die (nur für einige wenige) «goldenen» 1920er Jahre, der Kommunismus und schließlich der triumphierende Nationalsozialismus – alles ein «Otterngezücht» der Magie, eine These, die zu einer analytisch plausiblen Herkunftsbestimmung allerdings zu kurz greift. Außerdem sind sich Jensen, Beth und andere gleichsinnige Denker verdächtig sicher, daß die Religion, verstanden als Sammelbegriff der monotheistischen Offenbarungs-, das heißt der altvorderasiatischen «Hochreligionen», die entwickeltste Form der transzendenzzugewandten Geistigkeit darstellt, der gegenüber sich die Magie mit ihren oft groben, urtümlich anmutenden Praktiken und selbstsüchtigen, profanen Zielen fremdartig, ja widersprüchlich ausnimmt, so

Abb. 18a Pater Wilhelm Schmidt

Abb. 18b Sergej A. Tokarev

daß es naheliegt, sie, und sei es aus apologetischen Gründen, wie der Sowjetethnologe Sergej A. Tokarev (1899–1985) geistlichen Autoren unterstellt[497], als Relikt einer älteren, «primitiveren» Epoche der Kulturgeschichte aufzufassen. Dafür scheint auch Pater Wilhelm Schmidt (1868–1954) in seinem zwölfbändigen Monumentalwerk *Der Ursprung der Gottesidee* zu plädieren, wenn er dort (mit auffallender Emphase) gleich zu Anfang erklärt: «..daß, jedenfalls in ihrer Entstehung, die Zauberei, die Magie, den schärfsten Gegensatz zur Religion bildet».[498]

Nachdem das Problem Mitte des letzten Jahrhunderts schließlich ausdiskutiert schien, unternahm der amerikanische Soziologe William J. Goode (1917–2003) in seinem Lehrbuch *Religion among the primitives* den dankenswerten Versuch, die Übereinstimmungen, zu denen die meisten Autoren gelangt waren, im Sinne einer «Generaltheorie» wie folgt zusammenzufassen: Magie und Religion bilden keine Gegensätze, sondern die gleichsam auseinanderstrebenden Endphasen eines Kontinuums. Beide lassen sich daher nur instrumentell, mit Hilfe idealtypischer Begriffsbildungen scheiden. Kennzeichnend für die Magie sind beispielsweise pragmatische Handlungsziele, manipulative Operationen, individuelle beziehungsweise private Anliegen, die persönliche Initiative sowie auch die Option, den Interessen der Gesellschaft zuwider zu handeln. Für die Religion dagegen sind die demütige Unterwerfung unter transzendente Herrenmächte, die Götter, Schmeicheleien ihnen gegenüber, Bitten um Gnadenerweise, im Schuldfall die Bereitschaft zur Sühne, kollektives Operieren, ein Hirte-Herde-Verhältnis und die zeitliche Fixierung des Kultes typisch.[499] Im einen Fall also die jederzeit mögliche, beliebige Manipulation unpersönlicher Kräfte (u.U. auch Geister) durch den Menschen, im andern die Anerkenntnis übergeordneter «göttlicher» Mächte, von denen man abhängig und auf deren Beistand man angewiesen ist, wenn es übergewöhnliche Herausforderungen zu bestehen gilt. Beide Modi sind auf gleichem Grund und im – wenn auch wechselnd dichten – Zusammenhang möglich.

Auf diesen Kompromiß samt Seitenausschlägen, aber unter Aufgabe der Sonderungsthese von Magie und Religion, konnten (und können) sich die meisten Fachleute einigen, darunter, um nur einige der bekannteren noch zu nennen: James George Frazer (1854–1941), Martin P. Nilsson (1874–1967), Robert H. Lowie (1883–1957), Jan de Vries (1890–1964), Ruth F. Benedict (1887–1948) und Edward Norbeck (1915–1991).[500]

Gleichwohl ist damit die Entscheidung zugunsten der «Kontinuums-Theoretiker» noch nicht gefallen. Die magische und die religiöse Praxis erscheinen nämlich *de facto* von der jeweiligen Basiseinstellung her absolut unverträglich; daher vielleicht auch die Tendenz zur gegenseitigen ergänzenden Verschränkung. Zumindest entstehungsgeschichtlich sollte es sich ursprünglich einmal um getrennte Einstellungs- und Verhaltensbereiche gehandelt haben. Abgesehen von den habituellen, brauchtümlichen Divergenzen, sprechen vor allem zwei Tatbestände für die Sonderungsthese, die den Gegenstand der beiden folgenden Kapitel bilden.

Magie und Kindheit

Wie jedermann weiß und des genaueren gezielte Untersuchungen von Entwicklungspsychologen bestätigten, wird das Denken, die Vorstellungsbildung und das Verhalten von Kindern und Jugendlichen etwa vom dritten Lebensjahr an bis zum Ende der Schulzeit in hohem Maß von magischen Prinzipien bestimmt. Es ist dies die Phase, in der sie sich aus der engeren Mutter- und Elternbindung lösen und sich Schritt für Schritt anfangs noch unbekannte Lebensräume erschließen. Dabei sehen sie sich mit einer Vielzahl neuartiger Erfahrungen und Erlebnisse konfrontiert, die sie teils verunsichern, teils ausgesprochen ängstigen, weil sie noch nicht imstande sind, die Bedrohungen, die sie vermeintlich bedeuten, realistisch einzuschätzen, geschweige denn sich erklären zu können – daher die steten «Warum-Fragen». Sie stehen immer wieder und unvermittelt «*prekären*» Situationen gegenüber, wie sie oftmals ja auch Erwachsene zu magischen Reaktionen veranlassen. Ihre höchste Dichte liegt gewöhnlich im Vorschulalter; von da an lösen sie sich allmählich in dem Maß in Routine auf, in dem die Kinder ihre Umwelt kennen und verstehen lernen.

Gleichwohl machen sie auch dann noch mehr als im Erwachsenenalter Erfahrungen, die ihnen neu sind, sie überraschen und ängstigen, zumindest aber verunsichern.[501] Älteren Jugendlichen erscheinen immerhin noch Gänge in den Keller bei Nacht, an einem einsamen Flußufer entlang oder durch eine menschenleere, nur schwach beleuchtete Gasse riskant, desgleichen Probleme in der Schule, wie eine Klassenarbeit, bei der viel auf dem Spiel steht, deren Stoff sie aber nicht sicher beherrschen, oder Sorgen um die Versetzung – alles Anlässe, seine Zuflucht zu magischen Mitteln und Verfahren zu nehmen.[502]

Wie indigene Völker generell innovationsresistent und darauf erpicht sind, ihre traditionelle Lebensweise möglichst uneingeschränkt zu bewahren, weil sie meinen, daß sie sich bestens bewährt und ihnen das Überleben bis zum heutigen Tag garantiert hat, achten bereits kleine Kinder ängstlich darauf, daß an der vertrauten Ordnung ihrer Lebens- und Spielwelt nichts verändert wird, und erheben, sobald das geschieht, lauthals Protest. Schon Säuglinge verlangen mit gebieterischer Unnachgiebigkeit, immer in der gleichen Weise und Abfolge angezogen, gefüttert und schlafengelegt zu werden.[503] Später geht es dann etwa um die Sitzordnung bei Tisch, den Schulweg mit seinen bestimmten Stationen, die Art und Weise, in der ein Märchen erzählt oder ein Bilderbuch betrachtet wird.

Tritt, auch wenn das wiederholt geschieht, ein Wechsel in der gewohnten Umgebung ein, baut sich gewissermaßen eine «*Fremdwelt*» vor ihnen auf. Paradigmatisch ist das beim Zubettgehen der Fall: Die Tagwelt in der Gesellschaft der Eltern erlischt, das Kind bleibt allein zurück in seinem eigenen Zimmer, in dem in Kürze völlige Dunkelheit herrscht. Der Dichter und Dramatiker Friedrich Hebbel (1813–1863) schildert auf besonders lebhafte Weise, welche Schreckbilder und Ängste der radikale Phasenbruch bei ihm auslöste:

> «Wenn ich des Abends zu Bett gebracht wurde, so fingen die Balken über mir zu kriechen an, aus allen Ecken und Winkeln des Zimmers glotzten Fratzengesichter hervor und das Vertrauteste, ein Stock, auf dem ich selbst zu reiten pflegte, der Tischfuß, ja die eigene Bettdecke mit ihren Blumen und Figuren wurden mir fremd und jagten mir Schrecken ein.»[504]

Beherztere Kinder wissen sich zu wappnen. Sie verstärken ihr eingeübtes, erprobtes Verhalten, indem sie es *ritualisieren*. Der «Abschied» von Mutter oder Vater, die letzten Worte und Bewegungen gewinnen Formelcharakter, werden zur Schutzvorkehrung gegen die Bedrohungen der *un-heimlichen* Nacht. Eine Krankenpflegerin erinnert sich: «Als ich fünf Jahre alt war, mußte meine Mutter mir jeden Abend ein buntes Band im Bett in die Hand geben, es mußte aber immer eine leuchtende Farbe sein, sonst schlief ich nicht ein.» Ein anderes Mädchen hatte es sich zur Gewohnheit gemacht, dreimal hintereinander «gute Nacht» zu sagen. Auch die Art, sich ins Bett zu legen, kann ritualisiert sein. Es gibt Kinder, die sich zuerst auf den Rücken, dann auf die rechte, danach auf die linke und zuletzt wieder auf die rechte Seite legen, während der Kehrtwendungen einige Minuten bewegungslos verharren und vielleicht an etwas Bestimmtes denken oder ein Gebet sprechen. Ein Mädchen pflegte gar, um sich sozusagen hundertprozentig abzusichern, sein Kopfkissen hundertmal umzudrehen – eine Prozedur, die das Kind vor allem im Sommer viel Anstrengung und Schweiß kostete.[505] Gehen die Eltern abends aus, erhöht sich das Risiko für das Kind. Ein kleiner Junge hatte vor dem Zubettgehen die Vorhänge zugezogen, sich dann tief unter der Decke verkrochen und dabei noch seinen Rücken der Tür zugekehrt. Nun aber, da seine Eltern das Haus verlassen haben, verstärkt er seine Sicherungsmaßnahmen. Als erstes stellt er eine Probe an: Er zieht die Vorhänge so rasch wie möglich zu. Gelingt ihm das, glaubt er, daß er auch in seinem weiteren Bemühen erfolgreich sein wird. Dann versichert er sich, daß niemand unter seinem Bett liegt, nimmt eine bestimmte Lage ein, indem er sich etwa klein macht, und trifft andere Vorkehrungen dergleichen mehr. Übergeht er eine dieser Schutzmaßnahmen, fühlt er sich auf der Stelle unbehaglich, weil nicht ausreichend gesichert.[506]

Auf dem morgendlichen Weg zur Schule läßt sich durch die Art und Weise, wie man dorthin gelangt, magisch Einfluß auf das Geschehen des Tages nehmen. Manche Kinder gehen im Zickzack, auf dem Randstein oder indem sie die Beine wechselweise übereinandersetzen. Ein zwölfjähriges Mädchen hatte es sich zur Regel gemacht, alle Leute, die ihm entgegenkamen, rechts an sich vorbeigehen zu lassen. Das war nicht immer ganz einfach. Ging ein Passant dicht an einer Mauer entlang, die den Weg rechts begrenzte, hatte sich das Mädchen recht dünn zu machen, um sich noch zwischen beiden hindurchzwängen zu können. Oft trug ihm das unwirsche Bemerkungen ein, die das Kind jedoch hinnahm, da es sich von dem Usus nun mal einen positiven Effekt auf seine Leistungen in der Schule versprach.[507] Dort selbst glauben manche Kinder etwa auch durch die Art und Weise, wie sie ihre Schreibsachen, Hefte und Bücher anordnen, durch die Benutzung besonderer Bleistifte, Füllfederhalter oder Etuis – zum

Abb. 19 Jean Piaget

Beispiel in ganz bestimmten Farben – einen günstigen Einfluß auf ihre Bemühungen nehmen zu können.[508]

Solche Verhaltensstereotypien werden gewöhnlich von anderen übernommen, entwickeln sich nicht selten aber auch spontan aus einer bestimmten Erfahrung heraus. Ein Kind pflegt zum Beispiel, zunächst rein spielerisch, auf dem Weg zur Schule gewissenhaft darauf zu achten, niemals die Ritzen zwischen den Steinplatten, sondern immer nur diese selbst zu berühren. Eines Tages befürchtet es etwas oder hegt einen besonderen Wunsch. Um sich Gewißheit zu verschaffen, nutzt es seine Gangweise zum *Orakel* um. Gelingt es ihm, sie über eine bestimmte Strecke hin fehlerfrei durchzuhalten, kann ihm die Bedrohung nichts anhaben beziehungsweise wird sein Wunsch in Erfüllung gehen. Bestätigt sich das, gewinnt die penible Schritttechnik *magische* Bedeutung. Die Versuchung entsteht, sie weiter zu testen. Bewährt sie sich mehrfach, setzt das Kind sie in Zukunft ein, um eine Bedrohung abzuwehren, zu «bannen», oder die Erfüllung eines Wunsches durchzusetzen – das heißt: es schreibt ihr eine besondere *Wirkkraft* zu.[509]

Selbstredend setzt auch bei Kindern bewußtes Handeln Vorstellungen voraus, die seine Effizienz und Zweckdienlichkeit glaubhaft begründen. Der bekannte Schweizer Entwicklungspsychologe Jean Piaget (1896–1980) hat nachgewiesen, daß Kinder etwa bis zum sechsten Lebensjahr der Auffassung sind, daß sowohl Gegenstände als auch bewegte Naturphänomene wie Wind, Wolken und Sterne ein Bewußtsein, Empfindungen und Willenskraft besitzen; später gilt das auch für Fahrräder und Autos, dann für alles und jedes, was sich aus eigener Kraft zu bewegen scheint.[510] Gegenstände wie die Deckenbalken Hebbels, Naturphänomene wie Wind und Wolken werden als quasimenschliche, personale Wesenheiten begriffen, mit denen man Kontakt aufnehmen, die einem Angst einflößen, aber auch behilflich sein können, wenn man es versteht, sich ihre Wirkkraft zunutze zu machen. Bedeutsam erscheint, daß dabei, wie das bereits typisch auch für prädatorische Kulturen war, der *Gedankenzauber*, das heißt die Intensität des Wünschens beziehungsweise die Vorstellungs- und Willenskraft des Kindes eine offensichtlich elementare Rolle spielen, nach der Maxime: Wenn man nur fest genug daran denkt und es wirklich will, wird auch eintreten, was man sich wünscht. Vielfach belegt sind die Fälle, da Kinder glaubten, für einen bevorstehenden Schulausflug schönes Wetter gleichsam erzwingen zu können, indem sie so konzentriert wie möglich daran dachten.[511] Überhaupt lassen sich, wie auch sonst in der Magie, nach Überzeugung vieler Kinder mittels Gedanken- und Willenskraft nicht nur Beziehungen knüpfen und Einfluß auf das «Gebannte» ausüben, sondern auch Eigenschaften (bzw. Qualitäten) übertragen; am sichersten, wenn der Wunsch durch unmittelbaren Kontakt, am besten durch Berühren mit der Hand umgesetzt wird. Ein vierjähriger Junge fand zum Beispiel im Nähkorb seiner Mutter ein Stück Wachs, mit dem diese ihre Nähfäden einzureiben pflegte. Auf seine Frage, was das sei, erwiderte sie, es handle sich um «Wachs». Prompt bat er sie, auch ihn damit zu bestreichen – in der Hoffnung, dadurch rascher zu *wachsen* und groß zu werden; er hatte das Wort als Substantiv des gleichlautenden Verbums mißverstanden und gemeint, die Substanz müsse eine wachstumsfördernde Eigenschaft besitzen. Ein anderer Junge glaubte, durch die Benutzung eines schwarzen Kamms seinen Haaren die gleiche Farbe verleihen zu können. Ein dreieinhalbjähriges Mädchen bat seine Mutter, einen großen Stein auf seinen Kopf zu legen, weil es nicht weiter wachsen wollte und hoffte, auf diese Weise ewig jung zu bleiben. Wunden können durch sanftes Beblasen – meist in Kombination mit der verbalmagischen Formel «Heile, heile Segen» – geheilt werden. Generell, vor allem aber vor kritischen Situationen, verwenden auch Kinder und Jugendliche Amulette und Talismane, im letzteren Fall zum Beispiel ein bestimmtes Kleidungsstück oder Schreibgerät, die sich bereits als Glücksbringer bewährt haben.[512] Auch kommt vor, daß sich Schulkinder weigern, neben leistungsschwachen Klassenkameraden zu sitzen, weil sie fürchten, daß deren «Dummheit» auf sie übergehen könnte.[513]

Oben (S. 56) war schon die Rede davon, daß in indigenen und prämodernen ländlichen Kulturen der – gewöhnlich geheimgehaltene – Eigenname als Teil der Persönlichkeit gilt, was ihn (falls man ihn kennt), gleich einem intimen Kleidungsstück, das man in seinen Besitz gebracht hat, zu einem besonders geeigneten Ansatzpunkt für magische Einflußnahmen macht. Kinder teilen diesen Glauben. Wollen sie jemandem schaden, so stellt ein probates Mittel dar, seinen Namen (den Personen- oder «Vornamen») zu verunstalten, und zwar so, daß die verstümmelte Form eine abträgliche Bedeutung erhält.[514]

Auch Formen der Verbal- und Bildmagie sind Kindern und Jugendlichen geläufig. Wünsche gehen sicherer in Erfüllung, wenn man sie in eine bestimmte Formel kleidet. Kindliche Gebete dürften der Intention nach eher einer magischen Nötigung als einer bloßen Bitte entsprechen.[515] Für Abzählreime liegt schon der Regel wegen, daß an ihrer Form nichts verändert werden darf, dieselbe Vermutung nahe.[516] Will man, sei es in positiver oder negativer Absicht, mittelbar (also via «Fernzauber») Einfluß auf jemanden nehmen, entweder weil es geheim geschehen soll oder er sich entfernt von einem befindet, bedient man sich eines Gegenstands aus seinem persönlichen Besitz, am besten jedoch eines Abbilds von ihm, an dem man vornimmt, was man dem Betreffenden anzutun wünscht. Der Kinderpsychologe Karl Zeininger (Anfang des 20. Jh.s) berichtet so zum Beispiel von einem achtjährigen Mädchen, das, als es sich unbeobachtet glaubte, ein Foto seiner ungeliebten Schwester durch den Schmutz zog und dabei sagte: «So! Daß du recht dreckig wirst!»[517]

Wichtig für das Verständnis der Magiegläubigkeit von Kindern ist ferner, daß sie eine ontisch quasi totalitäre, allumfassende Wirklichkeitsauffassung besitzen, das heißt nicht eindeutig zwischen konkreten Sinneswahrnehmungen, Vorstellungen, Phantasiegebilden und Traumgesichten unterscheiden, allen also gleichermaßen Realität zusprechen.[518] Dies Vermögen, meint Zeininger, sei erst «das Endprodukt einer sehr langen und sehr allmählichen Entwicklung».[519] In dem Sinne begreifen sie auch sich selbst als einen nicht irgendwie separaten, sondern integralen Teil ihrer Umwelt.[520] Diese sehen und verstehen sie dabei allerdings stets *subjektbezüglich*, von ihrer je eigenen, ego- beziehungsweise nostrozentrischen Wahrnehmungswarte aus, bestimmt von den eigenen Empfindungen, Erfahrungen, Wünschen und Sehnsüchten.[521] Das Kind glaubt, resümiert Zeininger diese Art infantiler Weltanschauung, deren Akme in die Zeit vom dritten bis vierten Lebensjahr falle,

> «daß seine Art, die Dinge aufzufassen und zu betrachten, die einzig mögliche sei, glaubt außerdem, daß alles in derselben Weise zu reagieren pflege wie es selbst, und in eben dem

> Maße, in dem es die Subjektivität seines Erlebens verkennt, ist es geneigt, sich selbst als eine Art Mittelpunkt der Welt zu betrachten, glaubt es, letzte Ursache zu sein [...] denn alles [...] richtet sich nach ihm, sein Wille regiert unter Umständen sehr unbeschränkt, und seine Macht reicht überall dahin, wo es körperlich hinzugelangen vermag.»[522]

Kinder, und phantasievolle allemal, leben neben der ihnen anerzogenen in einer Parallelwelt, in der Tiere sprechen können und bedrohten Menschen helfen, bizarre Monsterwesen ihr Unwesen treiben, Wunder nahezu jeder Art möglich sind, Tote wiederauferstehen und anderes Unglaubliche mehr geschieht – kurz: in einer Welt, wie sie die Märchen beschreiben, die nicht von ungefähr die beliebtesten Erzählungen der Kinder sind. Selbst bei «vollsinnigen Schülern mittlerer und bester Begabung», berichtet wiederum Zeininger,

> «ist es mir begegnet, daß beim Erzählen eines Märchens manches der Kinder das Bewußtsein von dem Erzählungscharakter der Geschichte verlor. So war der Schreck, als bei der Geschichte vom Wolf und den sieben Geißlein der Wolf unvermutet in die Stube sprang, bei nicht wenigen so echt, daß ich von da an beim Erzählen stets etwas in Sorge war.»[523]

Die meist kindlichen Heldinnen und Helden der Märchen werden gewöhnlich aufgrund einer *Notsituation* (Armut, Verlust der Eltern, Verfolgung durch einen Widersacher, Quälereien durch eine Stiefmutter) in die unheimliche Fremde oder den «Zauberwald» verschlagen, wo sie dann hoffen, auf irgendeine Weise ihr Glück zu machen. Dort jedoch sehen sie sich bösartigen Geistern, trügerischen Nixen, Hexen oder bizarren Monsterwesen gegenüber, die ihnen nachstellen, sie in Dienst nehmen oder gar fressen wollen. Sich ihrer zu erwehren gelingt ihnen nur dank magischer Mittel, die ihnen gewöhnlich hilfreiche Tiere, gutartige Geister oder Feen an die Hand geben – Töpfe, die immer mit Speisen gefüllt sind, Ruten, deren Berührung tödlich ist, Ringe, mit denen sich alles Erwünschte herbeizaubern läßt, Pferde, die sie durch die Luft davontragen und so weiter mehr. Die Erzählung entwickelt sich zu einer Abfolge gefährlicher, teils lebensbedrohlicher Abenteuer, die sie indes am Ende bestehen und damit nicht nur sich selbst, sondern oft auch ihre Familie, ja manchmal ein ganzes Königreich aus einer schier aussichtslosen Notlage befreien. Viele Motive wiederholen sich dabei, teils weltweit. An ein besonders typisches, weil reich an magischen «Tricks», sei im Folgenden erinnert: an die sogenannte «magische Flucht».

Der jugendliche Held gerät in die Gewalt eines bösartigen «Zauberers». Mit Hilfe eines Mädchens, das sich schon länger gezwungenerweise in dessen Diensten befindet, gelingt es ihm, sich zu befreien und mit ihr gemeinsam die Flucht zu ergreifen. Verfolgt von dem Unhold, werfen sie (Version a) bestimmte Gegenstände hinter sich, die sich auf der Stelle in nur schwer zu überwindende Hindernisse verwandeln. Dabei kann es sich um einen Kamm, aus dem ein undurchdringlicher Wald entsteht, oder einen Stein handeln, der zu einem riesigen Bergmassiv aufwächst. Als der Verfolger beide Hindernisse bezwingt und mehr und mehr aufholt, gießt der Jüngling etwas Wasser aus, das sich rasch ausdehnt und zu einem unübersehbaren Meer wird, vor dem der Widersacher endlich kapitulieren muß. In einer zweiten Variante des Motivs (Version b) verwandeln sich Held und Heldin selbst zunächst in einen Baum und eine Blume, dann, als der Verfolger die Täuschung durchschaut, in eine Kirche und einen Priester. Doch auch dieses Blendwerk hält dem geübten Auge des Unholds nicht stand. Schließlich verwandelt sich der junge Mann in einen Teich und seine Gefährtin in eine Ente, die auf dem Wasser hin und her rudert. Vergeblich versucht ihr Verfolger, des Vogels habhaft zu werden und, als ihm dies nicht glückt, den Teich aufzusaugen, gerät aber auch hier an seine Grenzen. Das Paar ist endgültig gerettet.[524]

Eigentlich entspricht das Motiv dem Kürzel des Kern-Sujets praktisch aller klassischen Erzählformen, aufgebaut auf der Drei-Phasen-Struktur der *Zustandswechselprozesse*, handle es sich um Märchen, Epen, Sagen, Romane oder Dramen. Held oder Heldin sehen sich (und die Ihren) einer prekären, unhaltbaren Situation ausgesetzt. Um ihre Ursache aufzuspüren und sie von Grund auf ein für allemal zunichte machen zu können, unternehmen sie eine Reise, die sie ins Unbekannte, das heißt in die Zwischenphase führt, in der fluktuierende, flexible, unkalkulierbare Verhältnisse herrschen, bösartige Geister, Oger, Riesen und mißwüchsige Kreaturen hausen, alle darauf aus, sie zur Strecke zu bringen. Infolgedessen haben sie eine Fülle riskanter Herausforderungen zu bestehen, was ihnen letzten Endes nur dank des Beistands hilfreicher (verzauberter) Tiere und Geister gelingt. Sie bezwingen die Chaosmächte, schlagen sie zurück in den brodelnden Sumpf des Übergangszustands, treten ans Ufer und stellen die zerrüttete Ordnung wieder her oder errichten, seltener, eine neue, womit die dritte, die *Heilsphase* (das «*Happy End*») beginnt.

Die Vorstellungen und das Verhalten von Kindern und Jugendlichen werden also, sei es im Spiel, sei es in kritischen, beängstigenden Situationen, von typisch magischen Kriterien bestimmt. Sie denken und handeln dabei, und das ist entscheidend, spontan, teils nach dem Vorbild anderer ihrer Altersstufe, das heißt nach dem Herkommen der Kinder-Folklore, oft aber auch, indem sie die anscheinend angeborenen Vorgaben selbständig kreativ weiterentwickeln, *ohne* bereits von der jeweils offiziell geltenden Religion genauere Kenntnis zu haben oder imprägniert zu sein.

Magie und Psychopathologie

Grundlage magischen Verhaltens sind kritische, bedrohliche Situationen, die den Menschen unsicher machen und ängstigen, ihn «in die Enge treiben» und denen er daher nur beikommen zu können glaubt, indem er sich *übersteigerter*, das heißt die Kräfte bündelnder, formalisierter Handlungsweisen bedient. Bei der Motivation von Anlaß und Reaktion spielt mithin die Psyche eine wesentliche Rolle, weshalb die Magie immer wieder auch das Interesse der Psychologen fand, von denen einige so weit gingen, sie als Folge und Ausdruck einer bestimmten *psychischen Störung* zu verstehen. Unter Selbstzweifeln leidende, pathologisch labile Menschen etwa suchen ihre Zuflucht zur Magie, weil sie ihnen ein vermeintlich übergewöhnlich wirksames, seit alters bewährtes Mittel an die Hand gibt, das ihre Zuversicht stärkt und ihnen Mut macht, der Bedrohung erfolgreich begegnen zu können. Die Überwindung der quasi panischen Bedrängnis durch die magische Handlung allein, den «Zauber», so argumentierten unter anderen der deutsche Psychologe Theodor-Wilhelm Danzel (1886–1954) und der amerikanische Sozialpsychologe George C. Homans (1910–1889), trage bereits zur Entspannung der Verängstigung bei und zeige insofern eine (wenn auch befristete) heilsame Wirkung.[525]

Andere Psychologen sahen die besagten «Störungen» konkret in *Zwangsneurosen* begründet. Als erster vertrat diese Auffassung kein Geringerer als Sigmund Freud (1856–1939). Als praktizierender Psychiater habe er immer wieder die Beobachtung gemacht, daß für Leidende dieser Art «nicht die *Realität* des Erlebens, sondern die des *Denkens* für die Symptombildung maßgebend» sei.[526] Denkt ein Zwangsneurotiker, so auch die Meinung anderer, beispielsweise an den Tod eines ihm Nahestehenden oder spreche nur davon, so fürchte er bereits, ihn dadurch bewirken zu können; glaubt er sich in Gefahr, so ist er unter Umständen überzeugt, die Bedrohung durch entsprechende Vorstellungsakte, durch gewisse Formeln, die er rezitiert, oder auch bestimmte Symbolhandlungen abwenden zu können.[527] Die Patienten werden, wie Freud sagt, vom Glauben an eine Art «Allmacht der Gedanken» beherrscht. Diesen Ausdruck, erläutert er, verdanke er «einem hochintelligenten, an Zwangsvorstellungen leidenden Manne», der

> «sich dieses Wort zur Begründung aller jener sonderbaren und unheimlichen Geschehnisse geprägt hatte, die ihn wie andere mit seinem Leiden Behaftete zu verfolgen schienen. Dachte er eben an eine Person, so kam sie ihm auch schon entgegen, als ob er sie beschworen hätte [man denke an das Zitat von Goethe, vgl. S. 94, Anm. 418!]; erkundigte er sich plötzlich nach dem Befinden eines lange vermißten Bekannten, so mußte er hören, daß dieser eben gestorben sei, so daß er glauben konnte, jener habe sich ihm telepathisch bemerkbar gemacht; stieß er gegen einen Fremden eine nicht einmal ernst gemeinte Verwünschung aus, so durfte er erwarten, daß dieser bald darauf starb und ihn mit der Verantwortlichkeit für sein Ableben belastete».[528]

Typisch für Zwangsneurotiker ist also das feste Vertrauen in die Wirkkraft ihrer Gedanken und Wünsche. Das Verhältnis zwischen Realität und abstrahierender Vorstellungsbildung kehrt sich um; letztere, die «Allmacht der Gedanken», beherrscht die Dingwelt. «Die Relationen, die zwischen den Vorstellungen bestehen», ist Freud überzeugt, «werden auch zwischen den Dingen vorausgesetzt»[529] – und eben dies gelte ganz genauso auch für die Magie prämoderner Gesellschaften: Wünsche sich ein Angehöriger einer ethnischen Gruppe Regen, so brauche er nur irgendetwas zu tun, was dies zum Ausdruck bringe, und schon werde es, kraft seines Wunsches, regnen.[530]

Indes nicht allein Zwangsneurotiker, sondern auch anderweitig psychisch Gestörte, wie namentlich Schizophrene, neigen dazu, die Tragweite ihrer Gedanken und Wünsche erheblich zu überschätzen und ihnen eine Wirksamkeit zuzutrauen, die weit jenseits des Möglichen liegt. Insofern stellten wieder andere Psychologen, wie beispielsweise Alfred Storch (1888–1962), eine genuine Beziehung zwischen *Magie und Schizophrenie* her. Allerdings lahmt die These Storchs an seinem evolutionistischen Vorurteil, die Magie als ein Relikt frühmenschlicher Geistigkeit zu verstehen, für die «noch [!] ein undifferenziertes Wollen» charakteristisch gewesen sei, «dem noch [!] ein jedes Ziel realisierbar» erschien. Beide, Magie und Schizophrenie, beruhen also auf einer strukturell übereinstimmenden Disposition.[531] Das heißt: Entweder entspricht die Magie einem noch unterentwickelten, quasi «krankhaften» Geisteszustand oder ist die Schizophrenie ein Rückfall auf eine frühere, überholte Stufe der menschlichen Geistigkeit.

Plausibler erscheint indes, daß Zwangsneurotiker, Schizophrene oder auf andere Weise psychisch Gestörte, wie im Fall der juvenilen Magie, aus demselben prädispositiv vorangelegten Vorstellungs- und Verhaltensrepertoire schöpfen, sei es generell oder in Situationen vermeintlich existentieller Bedrängnis; Religion spielt bestenfalls eine sekundäre Rolle dabei, etwa indem man glaubt, sich durch einen religiösen Tabubruch, eine «Versündigung» in die verzweifelte Lage gebracht zu haben.[532]

Magie und Kunst

Magie bedarf der Vorstellungskraft; doch erst, wenn die Imaginationen Regeln gehorchen, gewinnen sie auch Gestalt, lassen sich umsetzen in reales oder erdachtes Gebild. Je mehr Phantasie ein Mensch besitzt, je vollkommener er die Formalien beherrscht, desto mehr stoffliche oder gedankliche Werke wird er erschaffen, die ihrer Erlesenheit oder «Schönheit» wegen Staunen erregen, das heißt eine *Wirkung* auf andere ausüben, weil sie das Normalmaß übersteigen und *übergewöhnlich* erscheinen. Insofern verwundert es nicht, daß Kunst schon früh mit Magie in Verbindung gebracht, oft auch bewußt in Anspruch genommen wurde, sich oder anderen einen Wunsch zu erfüllen.

Befinden sich der Gegenstand oder die Person, die das Objekt des Begehrens bilden, außer Reichweite, so daß man nicht unmittelbar Einfluß auf sie nehmen kann, ist man genötigt, sich probater Mittel des Fernzaubers beziehungsweise der Analogiemagie zu bedienen: Man wählt etwas, das für das Gemeinte steht, es «symbolisiert», oder bildet es ab, macht es «dingfest», *bannt* es sozusagen auf die «Leinwand», um es darauf dann unmittelbar magisch manipulieren zu können. Die ältesten Zeugnisse dafür liefert (bislang) bereits – worauf eingangs schon kurz hingewiesen wurde (o. S. 14 f.) – das Jungpaläolithikum (36 000–8000 v. Chr.). Auf Felsen im freien Gelände, mehr aber noch auf Höhlenwänden sind vielfach Jagdszenen dargestellt. Zwar beachtliche Kunstwerke, wurden sie –Ritzzeichnungen und farbige Malereien – indes nicht als solche geschätzt und entsprechend pfleglich behandelt; ganz im Gegenteil: Die darauf abgebildeten Tiere weisen zahlreiche Einstich- und Einschußstellen auf. Offensichtlich hatte man mit Lanzen nach ihnen geworfen, mit Speeren auf sie eingestochen und sie mit Pfeilen beschossen, um den erwünschten Jagderfolg durch seine fernmagische Vorwegnahme auch realiter sicherzustellen.[533] Für die Lebensbedingungen der Menschen zur damaligen Zeit war Wild nicht nur als Nahrungs-, sondern mindestens ebensosehr als Rohstofflieferant unentbehrlich.

Vorwiegend pragmatischen Zwecken dienten aller Wahrscheinlichkeit nach auch die etwa gleichzeitig in großer Zahl auftretenden ersten Zeugnisse der Bildhauerei: finger- bis handgroße *Frauenstatuetten* aus Stein oder (gebranntem) Ton mit ausladendem Unterteil und schweren, herabhängenden Brüsten, stehend oder im Sitzen mit einem Säugling auf dem Schoß dargestellt. Wie später bei sibirischen Völkern noch wurden sie von den Frauen vermutlich als Talismane am Leib getragen, in der Hütte in einer bestimmten Ecke in der weiblichen Hälfte deponiert und beim Lagerwechsel auf dem Schlitten mitgeführt. Sie bestanden, teils gleichförmig, teils stark stilisiert, bis weit ins Neolithikum (ca. 8000–4000 v. Chr.) fort und dürften wie dort auch früher weibliche Geistmächte (die Vorläuferinnen der antiken Muttergottheiten) verkörpert haben, von deren Besitz sich die Frauen einen förderlichen Einfluß auf ihre Fruchtbarkeit versprachen.[534]

Plastische Darstellungen männlicher Geistmächte sind zunächst nur vereinzelt belegt. Idole, die *in der Magie* Verwendung fanden, also nicht Bildnisse von Gottheiten, sondern von Haus-, Hilfs- und Schutzgeistern von Mensch, Wild- und Haustieren, kamen nachweislich erst ab der Antike und vor allem in den rezenten indigenen Kulturen vor. Sie waren überwiegend aus Holz gearbeitet oder bestanden auch nur aus Zweigbündeln, mit Lappen bekleidet, oder Behältnissen, in die man den Geist, auf dessen Beistand man in dem einen oder anderen Fall zählte, eingeschlossen beziehungsweise «gebannt» hatte. Erfüllte er die Erwartungen, belohnte man ihn mit Speise und Trank, falls nicht, rationierte man zunächst seine Kost, um ihn, wenn er weiterhin untätig blieb, zu beschimpfen, zu verprügeln, ja zuletzt zu zerschlagen oder einfach im Busch zu entsorgen. Analog verfuhren im übrigen noch christliche Bauern bis in die jüngste

Gegenwart mit ihren Heiligenfiguren, etwa, wenn sie sich, trotz intensivster Bitten, weigerten, es regnen zu lassen.[535]

Noch eindeutiger ist die Beziehung von der Magie zur Musik. Zwar bringen Tiere mehr oder weniger wohlklingende Laute, manchmal auch, wie beim Gesang der Amsel, verbunden zu Ansätzen von Melodien hervor, doch dienen sie lediglich zur innerartlichen Informationsübermittlung und finden niemals gelöst von dieser ihrer natürlichen Bestimmung zu anderen Zwecken Verwendung. Als Schöpfung des Menschen, als eigenständiges Kunstprodukt, vermag die Musik dagegen mehrere, teils unterschiedliche Funktionen zu erfüllen, bedarf dazu aber, um hörbar gemacht zu werden, entweder künstlicher oder ihren ursprünglichen Zwecken entfremdeter natürlicher Klangkörper, die insofern dann ebenfalls die Geltung von Artefakten besitzen.

Als die (bislang) ältesten Musikinstrumente sind *Flöten* belegt. Die ersten Exemplare stammen bereits aus dem Aurignacien (45 000–25 000 v. Chr.), also der Zeit, als die Neandertaler im Mittelmeerraum und Europa lebten. Sie bestanden aus polierten Röhrenknochen größerer Vögel und Kleinsäuger und wiesen zwei bis sieben Löcher unterschiedlicher Anordnung auf. Ihr hohes Alter und die – daraus folgende – besondere (magische) Bedeutung kommen noch vielfach in der Folklore zum Ausdruck. Laut 1. *Mose* 4,21 wurden die ersten Musikinstrumente – genannt sind «Geige» und «Pfeife» (korrekt: Leier und Flöte[536]) – noch in der vorsintflutlichen Zeit von Jubal, einem Urenkel Kains, erfunden, während die antike Überlieferung dies Verdienst den Musen, Töchtern des Himmelsgottes Uranos und der Erdgöttin Gaia, zuschrieb.[537] Speziell die Syrinx galt als Schöpfung des halbziegengestaltigen Hirtengottes Pan. Dabei handelte es sich um einen Verbund von sieben oder neun kleinen Rohrflöten, also instrumentenkundlich korrekter eine «Pfeife», mit deren Spiel sich der Gott allabendlich, vor seiner Grotte sitzend, zu unterhalten pflegte. Hörte ein Mensch ihren Klang, löste das bei ihm den berüchtigten «panischen Schrecken» aus. Als Erbe ihres Schutzpatrons ging die Flöte (bzw. «Pfeife») dann offenbar auf die gesamte Hirtenzunft über und gilt seitdem – neben dem Hirtenstab – als *das* Wahrzeichen der Schäfer. Sicherlich hatte das seine pragmatischen Gründe; doch wurde dem Umstand, daß die «Flötentöne» (mit denen man bekanntlich auch dem Ungehorsam beikommen kann) das Vieh «bei der Stange» hielten, augenscheinlich auch ihrem *magischen* «Zugzwang» zugeschrieben. Im Märchen *Hans, der Grafensohn, und die schwarze Königstochter* erhält Hans von einem hilfreichen Geist eine «Pfeife», welche «die Schweine tanzen läßt»[538], in *Der Hasenhirt* ist es ein Soldat, der von einem wohlmeinenden Gnom wiederum eine «Pfeife» geschenkt bekommt, die ihm ermöglicht, «Tausende von Hasen» zu sich zu rufen.[539] Und erinnert sei in dem Zusammenhang auch an die bekannte gemeineuropäische Wandersage vom *Rattenfänger von Hameln*. Bei indigenen Völkern schließlich ist oft auch der Glaube verbreitet, daß der Flötenklang der Stimme der Geister entspreche (vgl. Pan!).

Hier und da lebt die besondere Bedeutung des uralten Blasinstruments mit dem geheimnisvollen, betörenden Klang auch in der klassischen Kunstmusik noch fort. Als erstes fällt einem da natürlich der Titel der Oper *Die Zauberflöte* von Wolfgang Amadeus Mozart (1791) und die Bedeutung des besagten Instruments für den Gang des Geschehens ein. Einmal ganz abgesehen davon, daß der Buffo der Oper, der *Vogelfänger* Papageno, gleichsam als Berufsausstattung eine «Panflöte» mit sich führt, erhält die Hauptfigur, Tamino, von drei Damen – die dem hilfreichen Geist im Märchen entsprechen – eine «Zauberflöte» überreicht, mit deren Spiel es ihm gelingt, alle Gefahren zu meistern, die seine Aufgabe, die Prinzessin Pamina zu befreien, begleiten. Zu Beginn des 3. Aktes von *Tristan und Isolde* von Richard Wagner (1865) spielt ein Hirte auf seiner Flöte eine schwermütige Melodie, in der sich das tragische Ende der beiden Liebenden (und Tristans treuestem Freund Kurwenal) ankündigt. Und schließlich, um noch ein drittes Beispiel anzuführen, in *Prélude à l'après-midi d'un Faune* von Claude Debussy (1894) erklingt zu Beginn ein beschwörend anmutendes Flötenmotiv, das zunächst gehalten und in der Folge dann von den übrigen Holzbläsern aufgegriffen und weiter entfaltet wird – wohl in Anspielung an den Mythos vom allabendlich flötespielenden Pan.

Neben der Flöte lassen sich noch einige wenige andere Musikinstrumente bereits prähistorisch nachweisen, wenn auch sehr viel später, das heißt (bislang) erst ab dem Jungpaläolithikum. Dabei handelte es sich in der Hauptsache um Tierhörner, Muscheltrompeten und verschiedene Formen von Trommeln. Korrekt sollte man in ihrem Fall allerdings nicht von «Musikinstrumenten», sondern von Klangkörpern sprechen, da man mit ihnen immer nur *einen* Ton, also keine Melodie spielen konnte. Wie schriftlichen Zeugnissen der jüngeren, hochkulturlichen Zeit zu entnehmen ist, dienten sie wohl in erster Linie zur *Signalübermittlung* – etwa um den Auftritt hochgestellter Persönlichkeiten, eine nahende Bedrohung oder den Beginn einer Schlacht anzukündigen. Eine Muscheltrompete bestand aus einer großen hohlen, in Europa aus dem Mittelmeerraum eingehandelten Muschelschale, in die man hineinblies.

Eine Zwischenstellung nahmen die Trommeln und – belegt erst ab historischer Zeit – Zupfinstrumente (die 1. *Mose* 4,21 erwähnte Leier [«Geige»], *kinnor*[540], griech. Lyra[541]) ein; denn beide waren zwar, im einen Fall durch die Variierung des Rhythmus, im andern durch eine «angetippte» Melodie, modulationsfähig, wurden aber, zumindest anfangs, nicht selbständig, sondern zur musikalischen Begleitung und Stütze der Stimmführung des Sängers gespielt, sei es bei schamanistischen Séancen, bei religiösen Gesängen, zum Beispiel Psalmen (David), bei Hymnen und Heldenepen, wie sie von wandernden Rhapsoden vor adligem Publikum (Homer) vorgetragen wurden.

Die ältesten Trommeln setzten sich aus dem Schulterblatt, Beckenknochen oder Schädel eines Mammuts und einem Schlegel aus den Geweihen von Renen, Elchen oder Hirschen zusammen. Als Musikinstrument im engeren Sinn gewann die Trommel erst später zentrale Bedeutung im sibirischen Schamanismus, vermutlich als Importgut aus dem Süden. Dabei handelte es sich korrekt um einen Tamburin, das heißt eine hölzerne Rahmentrommel, die nur an der Oberseite eine Bespannung (aus dem gegerbten Leder verschiedener Wildtiere) besaß. Im Innern wurden Form und Spannung des Rahmens durch ein Eisenkreuz oder ein einfaches Querholz gehalten, die dem Schamanen als Griff dienten.

Daß die Trommel der Schamanen kein gewöhnliches Schlaginstrument wie andere war, ergab sich bereits aus der besonderen Art ihrer Herstellung. Den Baum, dessen Holz die persönlichen Hilfsgeister des Schamanen für ihren Rahmen wie desgleichen das Tier, dessen Fell sie für ihre Bespannung ausersehen hatten, mußten ihm zuvor in einem Traum offenbart worden sein. War sie fertiggestellt, fand eine Zeremonie zu ihrer «Belebung» statt, nach deren Beendigung sie ihm mit den Worten übergeben wurde: «Dein Pferd ist nun ein lebendes Wesen geworden, fand einen Herrn und ist mit Fleisch überwachsen.» Fortan bestand zwischen beiden eine Art *Alter Ego*-Beziehung. Auf ihr «ritt» der Schamane, wenn er während seiner Séancen seinen Aufgaben nachkam, begleitet von seinen Hilfsgeistern durch die jenseitige Ober- und Unterwelt, wobei er sich an der Bemalung auf der Schlagseite orientierte, die einer Art Weltkarte entsprach, die den Aufbau, die Einteilung und die einzelnen Wegstrecken des Kosmos wiedergab. Begann er mit der Séance, trommelte und sang er zunächst die besagten Geister herbei und brach erst, wenn alle versammelt waren, zu seiner «Reise» auf.[542] So gerüstet, war er, gerade auch mit Hilfe seiner Trommel, imstande, eine außergewöhnliche, *magische* Wirksamkeit zu entfalten.

Als Musikinstrument der besonderen Art galt offenbar schon früh auch die menschliche Stimme. Gewöhnlich spricht man, ruft, schreit oder flüstert mit ihr. Gesungen jedoch, stellt sie wiederum eine *übergewöhnliche*, weil künstliche, zudem rhythmisch getaktete und melodiös geschwungene Überhöhung des natürlich Vorgegebenen dar, die Sänger wie Hörer in eine «gehobene» Stimmung versetzt, das heißt spürbar *Einfluß* auf sie ausübt. Begreiflich daher, daß man auch dem Gesang eine *magische Wirkkraft* zuschrieb und sich seiner zu bestimmten Zwekken bediente. Die Folklore vieler Völker kennt Geister, die eine «überirdisch» schöne Stimme besitzen und mit ihrem Gesang Menschen, die in der Wildnis unterwegs sind, betören, in ihren Bann ziehen und sich unterwerfen oder töten. In der Antike waren in der Hinsicht vor allem die Sirenen gefürchtet, eine Art Nixen, die auf Klippen hausten und durch ihren Zaubergesang die Seeleute unachtsam werden ließen, so daß sie kenterten und ertranken. Nach der *Odyssee* bewohnten sie eine Insel im Meer. Odysseus, dessen Irrfahrt ihn daran vorbeiführte, verstopfte, von der «Zauberin» Kirke gewarnt, die Ohren seiner Gefährten mit Wachs und ließ sich selbst, um ihren Gesang ungefährdet hören zu können, an den Mastbaum binden, so daß Mannschaft und Kapitän unbeschadet davonkamen[543] – anders als jener Fährmann, der allzu hingebungsvoll dem Gesang der Loreley hoch auf dem Schieferfelsen über dem Rhein bei Sankt Goarshausen lauschte, prompt Schiffbruch erlitt und zu Tode kam. Auch des Orpheus sei in diesem Zusammenhang gedacht, der laut griechischer Überlieferung eine unvergleichlich schöne Stimme besaß. Wenn er sang, zog er damit nicht nur Fische, Vögel und Landtiere, sondern sogar Bäume und Felsen an. Als seine Gemahlin, die Nymphe Eurydike, einem giftigen Natterbiß zum Opfer fiel, brachte er Hades und Persephone, die Gottheiten der Unterwelt, kraft seines Gesanges (der selbst die Erinyen zu Tränen rührte!) dazu, sie dem Leben zurückzugeben – unter der Bedingung freilich, daß er, während sie ihm folgte, sich nicht nach ihr umdrehen dürfe. Als er, schon nahe dem Ausgang der Unterwelt, keine Schritte mehr hinter sich hörte, wandte er sich aber dann dennoch um und verlor sie auf immer.

Die Menschen, schwächer als Heroen, Sirenen, Nixen und Götter, nutzten die Möglichkeiten, die der Gesang ihnen zum Ausgleich ihrer Mängel bot, ebenso bedacht wie konsequent. Die Schamanen riefen ihre Geister mit einer Art Singsang herbei und versetzten sich damit zugleich, unterstützt von den in Rhythmus und Tempo zunehmend gesteigerten Trommelschlägen, in Trance, das heißt in einen *übergewöhnlichen* Zustand, der es ihrer Spiritualseele ermöglichte, sich vom Körper zu lösen und ihre menschliches Maß überbietenden Aufgaben im Jenseits wahrzunehmen. Im Kult werden die liturgischen Texte rezitativ deklamiert und bestimmte Passagen (Gebete, Hymnen) gesungen. Die großen Heldenepen trugen Rhapsoden zur Lyra bei höfischen Festlichkeiten vor und verliehen ihnen damit überzeitliche Bedeutung. Mütter sangen unruhige Kinder mit einem «Wiegenlied» in den Schlaf. Und, nach der Devise: «Geeint sind auch die Schwachen mächtig», vermochte man die magische Wirksamkeit des Gesanges noch zu steigern, indem man möglichst viele Stimmen zu einem Ensemble gleichsam bündelte. Krieger pflegten sich so in indigenen wie hochkulturlichen Gesellschaften vor einem Waffengang durch einen *unisono* «geschmetterten» Kampfgesang sowohl Mut zu machen als auch in ihrer Siegesgewißheit zu bestätigen. Ein klassisches Beispiel dafür gibt der römische Ethnograph Cornelius Tacitus (ca. 55–120 n. Chr.) nach eigenem Erleben als Legionär am Rhein von den Germanen:

> «Es gibt bei ihnen auch noch Lieder, durch deren Wiedergabe, den sogenannten Barditus, sie ihren Mut anfeuern und den Ausgang eines bevorstehenden Kampfes allein schon aus dem Klang deuten. Denn sie erregen Schrecken oder haben selber Angst, je nachdem der

> Gesang der Kämpferreihe war; sie sehen hierin ja nicht lediglich Stimmen als vielmehr den Einklang ihres Mannesmuts. Sie haben es dabei vor allem auf ein rauhes Tönen und dumpfes Hervorstoßen abgesehen; darum halten sie ihre Schilde vor den Mund, damit die Stimme durch den Widerhall voller und wuchtiger anschwillt.»[544]

Auf eine analoge Wirkung zielen Arbeits-, Wander- und Marschlieder, Vereins- und Parteihymnen, Choräle und, nicht zuletzt, die zu bestimmten offiziellen Anlässen oder dem Beginn einer sportlichen Großveranstaltung von allen Anwesenden möglichst gemeinsam gesungene Nationalhymne ab. Dabei erhebt sich die Menge gewöhnlich: Der Hymnus, der die Einheit, das Gemeinschaftsbewußtsein und die Solidarität aller «*beschwört*», wird stehend, als Reverenz vor dem verewigten «Überich» des Volkes, als Bekenntnis der genannten Ideale, aller Welt zu Gehör gebracht.

Spielt ein Orchester dazu oder als eigener Klangkörper im Konzertsaal, verstärken sich die Stimmen der Flöten, Hörner, Trompeten und Trommeln durch Zwei- oder Mehrfachbesetzung sowie weitere Holz- und Blechblas- (Klarinetten, Fagotte, Posaunen, Tuben usw.), durch Zupf-, Streich- und Schlaginstrumente (Harfen, Geigen, Violen, Celli, Kontrabässe, Pauken, Triangeln usw.), verbinden und trennen sich nach den Regeln der Formen- und Harmonielehre in wechselnden Rhythmen und Tonarten, strukturiert und moduliert nach dem Konzept des Komponisten, vereint zu einem einzigen, gleichsam «berauschenden» Klangbild. So entsteht eine komplexe, den noch naturnahen Stimmen von Flöte und Gesang weit entrückte *künstlich-künstlerische* Tonschöpfung, die als solche, je nach den Gaben des Komponisten, von «überirdischer» Schönheit erscheinen kann und einen entsprechend *magischen* Eindruck auf ihre Hörer ausübt: Sie stimmt sie traurig, rührt sie zu Tränen, tröstet sie, macht ihnen Mut, löst ein euphorisches Glücksgefühl in ihnen aus – das heißt berührt oder «erschüttert» sie in jedem Fall.

Magie und Choreographie

Im klassischen Sinfonieorchester folgte die Sitzeverteilung der einzelnen Instrumentengruppen einem festen Plan, wechselte dann aber in neuerer Zeit – wenn auch unerheblich – fast von Konzert zu Konzert. Gleichwohl blieb die alte Anordnung im Großen und Ganzen bestehen: rechts oben, vom Publikum aus gesehen, die klangstärksten Blechbläser (Tuben), links oben die Schlagzeuger, darunter links, von den Piccoloflöten bis zu den Fagotten, die Holzbläser, daneben rechts Trompeten und Posaunen, absteigend gefolgt von den verschiedenen Streichergruppen, darunter rechts wieder die dunkler tönenden Kontrabässe und Celli, links vorn die «ersten Violinen» mit dem «Konzertmeister» an der Spitze gleich linker Hand vor dem Podest für den Dirigenten («Kapellmeister»).

Sicherlich entspricht diese Anordnung in erster Linie pragmatischen Gesichtspunkten: die klangstärksten Instrumente – die, wie erwähnt, kulturgeschichtlich gesehen ursprünglich eher Signalfunktionen erfüllten – möglichst weit nach hinten, um die melodieführenden und den Gesamtklang des Orchesters tragenden Holzbläser und Streicher nicht zu übertönen. Dennoch aber folgt die Form des Ensembleaufbaus sichtlich auch quasigeometrischen, das heißt *ästhetisch gefälligen* Gestaltprinzipien: Ein Sinfonieorchester bildet einen geschlossenen, gewöhnlich rechteckigen Block im Einzelnen teils sehr unterschiedlicher, insgesamt jedoch wie nach magischen Regeln zu harmonischem Wohlklang zusammengeführter Stimmen. Erst in letzter

Abb. 20 Magie der Massenchoreographie: Parteigruppenformationen auf dem 7. Reichsparteitag der NSDAP in Nürnberg, 1935. «Immer hatte ich geglaubt, daß alle diese Aufmärsche, Umzüge und Weihestunden Teil einer virtuosen propagandistischen Revue seien; jetzt wurde mir klar, daß es für Hitler fast um die Gründung einer Kirche ging.» Albert Speer: Spandauer Tagebücher. Frankfurt am Main 1975, S. 593

Zeit runden sich, der Architektur der neueren, an antiken Vorbildern orientierten Konzertsäle folgend, die Reihen der Musiker zu amphitheatralisch ansteigenden Bögen, die den Klang auf den Dirigenten im Mittelpunkt der Basislinie hin fokussieren. Als Körperschaft selbständig und an sich «isoliert», steht das Orchester während des Konzertes doch in enger, quasi dialogischer Beziehung zum Publikum, optisch verstärkt durch seine neuerliche Halbkreisformation, die das Gegenüber als zweite Hälfte des – wenn auch zumeist noch fiktiven und nur in einigen Konzertsälen durch eine entsprechende Anordnung der Sitzreihen des Publikums realisierten – *Kreises* geradezu herausfordert. Die magische Wirkung, welche die Musik auf die Zuhörer ausübt, findet so in der Anordnung von Orchester und Publikum mit dem Dirigenten, den «Zauberstab» in der Hand, im Mittelpunkt aller und der Raumaufteilung des Konzertsaales ihren «Widerhall», wodurch sie noch einmal mehr an Eindringlichkeit gewinnt.

Offensichtlich liegt dem die Intention zugrunde, die natürlichen Bewegungsabläufe, wie sie das Leben und Tagwerk des Menschen bestimmen, durch *künstliche* Regelung, sei es bei der Bedienung der Instrumente, dem Spiel nach der Partitur, dem Verhalten des Publikums oder der Wahl der feierlichen, «angemessenen» Kleidung aller, zu ordnen und zu koordinieren, um sie als einheitliche, übersichtliche und «schöne» *Gestalt* erscheinen zu lassen und so dem Ganzen eine *via* kunstfertiger Prägnanz gesteigerte Wirkkraft zu verleihen. Analoge Arrangements lassen sich bei großen staatlichen Zeremonien und Feierlichkeiten beobachten.

Bei Audienzen in den alten traditionellen Königskulturen stand das Publikum, das «Volk», ständisch geordnet, als Block dem Herrscher gegenüber, der in deutlicher Distanz auf einem leicht um einige Stufen erhöhten Thron am Kopf des Empfangssaals saß, umgeben von den höchsten Würdenträgern des Staates. Oft war er auch, wie der Himmelsgott, den er repräsentierte, nicht sichtbar, das heißt trug einen Gesichtsschleier oder befand sich hinter einem Paravent, der seine Gestalt *in toto* abdeckte. Wer eine Frage stellen oder ein Bittgesuch vortragen wollte, nahte sich in gebückter Haltung, den Blick gesenkt, und warf sich zuletzt auf den Boden – um den «Erhabenen» nur ja nicht unmittelbar anzusehen, weil dessen Augenstrahl ihn getötet hätte. Und wie Gott sich der Propheten, bediente der König sich, wenn er öffentlich sprach, eines sogenannten «*Speakers*», der für alle vernehmlich wiedergab, was er mit gedämpfter Stimme kundtat. Eine herrscherliche, in einer derart künstlerisch hochstilisierten Szene geäußerte Verlautbarung beeindruckte nicht nur, sie besaß auch, gleich dem Wort Gottes, Gesetzeskraft.

In vielen, vor allem autoritär regierten Staaten finden an staatlichen Feiertagen, das heißt zu bedeutenden Gedenkfeierlichkeiten, Jubiläen, «Parteitagen» und ähnlichen Anlässen auf einem zentralen weiträumigen Platz Paraden statt, bei denen in *geradliniger* Sukzession Formationen der verschiedenen Berufsgruppen und Heeresgattungen samt Gerät, überflogen von gestaffelten Einheiten der Luftwaffe, an einem zentralen Regierungs- oder Parteigebäude vorbeidefilieren, auf dessen Ballustrade oder einem Balkon hoch oben über den Marschkolonnen, die Brust mit Orden übersät, huldvoll grüßend die führenden Repräsentanten des Staates stehen – auch dies eine *künstlerisch-choreographische* Demonstration der Macht, die ihren magischen Eindruck auf die Zuschauer vor Ort und an den Fernsehschirmen nicht verfehlt.[545]

Leicht ließen sich noch weitere Beispiele derselben Art anführen. Dabei träte dann nur noch umso deutlicher das derartigen politischen Großveranstaltungen gemeinsame Inszenierungskonzept zutage: Die komplexe, vielfältige, gleichsam verschmutzte Wirklichkeit zu zerlegen und auf einige wenige geometrisch gestutzte, überschaubare und *einprägsame* Formationen zu reduzieren und als den von allem Beiwerk *gereinigten* Regelfall oder, besser noch: als «urtypisches» Abbild des Staates erscheinen zu lassen. Den anonymen «Massen», die geradlinig und entschlossenen Fußes in *eine* Richtung, soll heißen aus der Vergangenheit in die lichte Zukunft marschieren, stehen bewegungslos, abgehoben gen Himmel durch die Höhendistanz, die individualisierten «Führer» des Volkes gegenüber. Alles funktioniert reibungslos, fingiert die magisch durch die zuhöchst Verantwortlichen gesicherte *Unversehrtheit* des Ganzen.

Magie und Sprache

Überall, wo Menschen zusammenkommen, spielen Worte als Bindeglieder ihrer verbalen Kommunikation eine unerläßliche Rolle. Doch nicht nur das – sie üben dabei auch stets eine *Wirkung* aus. Nur kaum bei Gesprächen oberflächlichen Inhalts oder dem Austausch konventioneller Begrüßungs- und Höflichkeitsfloskeln wahrgenommen, wird sie in bestimmten, quasi dramatischen Situationen deutlich spürbar empfunden. Dann nämlich können Worte ängstigen, demütigen, verhöhnen und kränken, ja in den Tod treiben, oder aber beschwichtigen, trösten, anspornen und Mut machen. Offensichtlich besitzen sie *Kraft* beziehungsweise läßt Kraft sich mit ihrer Hilfe mobilisieren. In den alten, prämodernen Kulturen wußte man noch die – im Rahmen der geltenden Anschauungen durchaus plausiblen – Gründe dafür anzugeben: Im Mund mittels *Bewegung* der Kieferknochen (und der Zunge) geformt, von *Speichel*

Abb. 21 Bronislaw Malinowski

durchfeuchtet und vom *Atem* getragen, mußten sie eine hohe Konzentration von *Vitalkraft* enthalten. Insofern empfahlen sie sich auch für die magische Praxis. Kein Zauber, kein Fluch, kein Segen, keine Beschwörung, kein Ritual oder Kult, bei denen das Intendierte nicht verbal zum Ausdruck gebracht, nicht «bezeichnet» worden wäre, sei es in Gedanken, sei es vernehmlich formuliert.

Insofern maßen nicht nur indigene Gesellschaften, sondern auch Ethnologen und Religionswissenschaftler den unterlegten Worten die eigentlich ausschlaggebende Bedeutung in der Magie zu.[546] Das warf schon früh die Frage auf, ob dann nicht auch dem Wortzauber die entwicklungsgeschichtliche Priorität vor den Handlungsformen der Magie gebühre. Dafür sprachen sich mit Entschiedenheit Bronislaw Malinowski (1884–1942) und andere, auch ältere russische Autoren, wie der Linguist und Folklorist Alexandr Afanas'evič Potebnja (1835–1891)[547], aus: Die Handlung, argumentierten sie, sei erst später hinzugetreten und besitze lediglich sekundäre Bedeutung; sie diene nur der mimisch-demonstrativen Verdeutlichung des Gesagten.[548] Heute herrscht weitgehend Einigkeit, daß Text und Handlung in der Magie ein analytisch kaum separables, sondern *komplementäres* Ganzes bilden[549] – was indes nur der alten, erfahrungsgestützten Auffassung entspricht, daß zwischen einem Wort und dem, was es bezeichnet, eine enge, wechselwirksame Beziehung besteht.[550] Den Worten kommt dabei die *initiierende*, «zündende», gleichzeitig aber auch eine strukturierende Funktion zu: Sie mobilisieren, leiten und lenken (*enact and direct*) die Handlung vermöge ihrer, wie der ceylonesisch-amerikanische Ethnologe Stanley J. Tambiah (1929–2014) sich unter Verwendung des entsprechenden sprachwissenschaftlichen Terminus ausdrückte, «illokutionären Wirkkraft (*illocutionary force*)», die eben gleichzeitig «Zünd-» wie «Sprengstoff» magischer Akte ist. Wesentlich vermöge der Worte (Namen, Bezeichnungen, Absichtsbekundungen) erreicht ein magisches Vorhaben sein Ziel. Und ist das der Fall und kann die Attacke nicht abgewehrt werden, löst sie im Zielgebiet eine *Veränderung* aus[551], selbst wenn es sich um Naturprozesse handelt. Litten zum Beispiel die Selk'nam auf Feuerland allzusehr unter Schneefall, führten sie einen bestimmten Ritus durch und rezitierten dabei immer wieder und mit konzentrierter Eindringlichkeit Formeln wie: «Bald wird der Regen den Schnee vertreiben», «Nun wird der Schnee dem Regen weichen», «Jetzt muß der Regen kommen.»[552] Auch Aufforderungen und mehr noch Befehle können Veränderungen bewirken, wie zum Beispiel, wenn jemand einen anderen bittet: «Sei so freundlich und wirf mir den Brief bei der Post ein», oder anherrscht: «Nimm gefälligst die Hand aus der Hosentasche, wenn Du mit mir sprichst.» Doch ist in diesen Fällen nicht – oder nicht unmittelbar – Magie im Spiel, vielmehr besteht ein Rangunterschied oder, wenn man so will, ein «Machtgefälle» zwischen beiden Beteiligten, das den, der dem anderen dem Alter oder der beruflichen Hierarchie nach unterstellt ist, verpflichtet, seinen Wünschen nachzukommen.

Worte, in magischer Absicht gesprochen, konnten altüblicher Auffassung nach indes nicht nur Einfluß auf die Wirklichkeit nehmen und sie verändern, sie besaßen auch *kreatives* Potential, das heißt die Kraft, *Neues entstehen zu lassen* – sofern nur die Vitalenergie, die ihnen innewohnte, stark genug war. Dafür liefern nicht zuletzt zahlreiche Kosmogonien (auch die biblische) Zeugnis ab, denen zufolge die Götter allein kraft ihres Wortes die Welt erschufen, ganz wie der Psalmist sagt: «So er spricht, so geschiehts; so er gebeut, so stehets da.»[553] Nach einer Überlieferung der Baniwa, einer aruaksprachigen Gruppe im nordwestlichen Amazonasraum, wurden so auch die ersten Menschen buchstäblich ins Leben «gerufen»: Inapirikuri, der uranfängliche Gott, erschuf sie «nicht durch die Arbeit der Hände, sondern durch ein einfaches Wort des Mundes».[554]

Gleich anderen Medien der Magie wurden auch Worte beziehungsweise Sätze, wollte man ihre Wirkkraft erhöhen, in bestimmter Weise modifiziert und zusammengestellt. Sollten sie rasch, unmittelbar, gleichsam geschoßartig[555] «einschlagen», verlieh man ihnen eine knappe, präzise und inhaltlich konzentrierte Form, das heißt verdichtete sie zur *Formel*. Typische Beispiele stellen Genesungswünsche, Segenssprüche, Flüche (Verwünschungen), kurze Bittgebete, Begrüßungs-, Eides- und Bannformeln, Sprichwörter (auch als «Wahrwörter» bezeichnet![556]), Kommandos, Androhungen, ja Schlagworte dar.[557] Bei Begegnungen wünscht man einander Gutes – je nach Gegebenheit («rasche Besserung», «viel Erfolg») und Tageszeit («guten Morgen», «gute Nacht»). Das Formalisierungsmaß wechselt dabei je nach Bekanntheitsgrad und Statusgefälle zwischen lockeren Wendungen[558] und gestrenger Förmlichkeit. Wer jünger oder geringeren Ranges ist, hat ein Mehr an konventioneller Höflichkeit zu erbringen.[559]

Meist pflegt man es nicht bei der bloßen Formel zu belassen, sondern bemüht sich, ihre Effizienz durch zusätzliche Mittel der sprachlichen Formalisierung, das heißt durch eine ausgesucht «gehobene» Sprache, im Wortsinn zu «erhöhen», zum Beispiel,

- indem man sie, sei es durch Stab- oder Endreim, durch Alliteration oder Assonanz (usw.) *reimte* – der Begriff geht aufschlußreicherweise auf althochdeutsch *rîm*, «Reihe», «Reihenfolge», zurück (Verstärkung durch Wiederholung! *Iterationsprinzip*) und ist etymologisch mit lateinisch *ritus*, «religiöser Brauch», «Zeremonie», verwandt. Segens- und Fluchformeln, Gebete, Zaubersprüche, Teile liturgischer Texte, Sprichwörter und Sentenzen waren so oftmals in Versform gehalten[560];
- indem man ihnen einen bestimmten *Rhythmus* verlieh, dessen wellenförmige Schwingung sie einprägsamer, dessen stoßförmiges Stakkato sie eindringlicher machte;
- indem man sie in unterschiedlicher Lautstärke wiedergab, mal flüsternd, wie zum Arkanum mystifiziert, mal «donnernd», als spräche ein Gott aus dem Zauberer; nach der katholischen Meßordnung müssen die (hochheiligen) Konsekrationsworte *submissa voce*, «mit gedämpfter Stimme» gesprochen werden[561];
- indem man sie mit einer bedeutsamen Begebenheit aus der Geschichte oder einer exemplarischen Tat eines Heiligen assoziierte, an deren Wirkkraft die Formel dann partizipierte; eine Schlange wurde zum Beispiel mit den Worten gebannt: «Stehe still, wie das Wasser des Jordan stillstand, als Johannes unseren Herrn Jesus taufte»[562];
- indem man sie oder zentrale Wendungen ihres Wortlauts gleichsam salvenförmig mehrfach *wiederholte* (*Iterationsprinzip*); in einigen islamischen Bruderschaften glaubte

Abb. 22 Poseidonios von Apameia

man sogar imstande zu sein, durch das wiederholte Rezitieren bestimmter Segenslitaneien den Propheten höchstselbst zur Erscheinung zu bringen.[563]

Formalisierte Redewendungen galten als gleichsam versiegelt oder «geschlossen» (*closed*), wie die Chamula in Mexiko sagen; ihre Kraft kann nicht, wie im Fall der ungebundenen, «offenen» (*open*) Sprache, beliebig entweichen.[564] Handelt es sich um magische Formeln, setzt erst ihr «Einschlag» im Ziel sie, quasi explosionsartig, frei, das heißt «feuert an», «entfacht» Leidenschaften, läßt den Kampfeswillen der Krieger «entbrennen».[565] Je älter sie sind, desto zuverlässiger ihre Wirkung; denn dann darf man davon ausgehen, daß sie so lange überliefert wurden, weil sie sich stets zuverlässig bewährten – gesetzt allerdings, daß sie *unversehrt* blieben. «Reine» Worte, womit «alte» («*ancient words*») gemeint sind, die von urzeitlichem Geschehen handeln, besitzen nach Auffassung der Chamula mehr magische Wirkkraft als solche, die jüngere Begebenheiten zum Gegenstand haben (als «*recent words*»).[566] Bei der üblichen Kürze der Texte hätte schon die geringste Auslassung oder Modifizierung ihr Potenzial merklich beeinträchtigen müssen. «Ein einziger Fehler», sind die Navajo (im SW der USA) überzeugt, «macht ein Gebet nicht nur wirkungslos, sondern kann statt des erhofften Segens Ungnade auslösen.»[567]

Doch je älter, fehlloser und bis zu welcher Wirkeffizienz auch immer verstärkt eine magische Formel war, Gottes Wort, wie es in der Bibel, im Koran und den Offenbarungsschriften anderer Religionen überliefert ist, besaß stets die größere, eine allen anderen überlegene Kraft.[568] Mit ihm ließ sich daher die wirkmächtigste Magie ausüben, ob im Kult, das heißt generell zum Heil der Gläubigen, oder indem man zu speziellen Anlässen – einer Krankheit, einem Treuebruch, einer drohenden Gefahr, andauernder Erfolglosigkeit (usw.) – die passende Stelle aus den Offenbarungstexten der heiligen Schriften rezitierte. Stoffliches, das mit Gottes Wort (Odem) in Berührung gerät, gewinnt laut Augustinus (354–430) sakramentale Bedeutung («*accedit verbum ad elementum et fit sacramentum*»).[569] Luther war der gleichen Überzeugung. Im 4. Kapitel («Vom Sakrament der heiligen Taufe») des *Kleinen Katechismus* gibt er auf die Frage, wie Wasser eine Verwandlung, wie sie sich während der Taufe vollzieht, bewirken könne, zur Antwort: «Wasser tut's freilich nicht, sondern das Wort Gottes, das mit und bei dem Wasser ist.»

Doch auch menschliche Worte, «gepfeffert» sozusagen mit den genannten Mitteln der Formalisierung und bei Bedarf noch durch Kombination mit anderen verstärkt, konnten sich sozusagen durchaus «hören» lassen und eine wahrhaft staunenswerte Wirkkraft entfalten – zumal, wenn sie Böses im Schilde führten. Schon die üble Nachrede, die *mauvaise langue*, wie man in Frankreich sagt[570], ob zum Klatsch verflacht oder unverblümt in Form von Verspottung, Verschmähung oder Verunglimpfung zugespitzt und vielleicht noch von «bösen Blicken» begleitet[571], besitzt traditioneller Anschauung nach eine unter Umständen vernichtende Kraft.

Auf spezifisch zugeschliffene Weise fanden derartige Verbalattacken vielfach vor Beginn einer Kampfhandlung statt. Sie dienten gleichermaßen zur «Anfeuerung» der eigenen Leute wie zur magischen «Herabsetzung» und Schwächung des Gegners, ehe es zum Hauen und Stechen selbst kam.[572] Der große antike Ethnologe Poseidonios von Apameia (ca. 135–51 v. Chr.) beobachtete bei den Kelten Südfrankreichs:

> «In der Schlachtaufstellung pflegen sie vor die Linie zu treten und die Tapfersten der Gegner zum Zweikampf herauszufordern, indem sie ihre Waffen schwingen, um den Feind zu schrecken. Hat einer ihre Aufforderung angenommen, so preisen sie die Tapferkeit ihrer Vorfahren und rühmen ihre eigenen Taten, den Gegner aber schmähen und erniedrigen sie und suchen ihm schon vor dem Kampf durch Wortschwall den Mut der Seele zu nehmen.»[573]

Analog gingen die alten Araber vor. Wiederum wurden zunächst der eigene Stamm in rosiges Licht getaucht, darauf der gegnerische geschmäht, indem man vor allem unrühmliche Begebenheiten aus seiner Vergangenheit aufzählte und – bei Nomaden besonders herabsetzend – die Makellosigkeit seiner Abkunft in Zweifel zog. In diesem Fall war das Sache der Dichter.[574] Besaß man keine geeigneten in den eigenen Reihen, warb man sie bei Nachbargruppen ab, gegebenenfalls für ein fürstliches Honorar. Mit einseitig gesalbtem Haar, einen Mantel locker über die Schultern geworfen und lediglich mit *einer* Sandale beschuht, zogen sie ihrer Streitmacht voran und überschütteten den Feind mit höhnenden Versen, die, wie von Flügeln getragen, noch über die Köpfe der Krieger hinweg ins gegnerische Lager getragen wurden, wo sie überall haften blieben und sich nicht lösen ließen, «brennend, wie ein mit Kohle verursachtes Brandmal».[575] Wer unterlag, konnte, dergestalt ätzend getroffen, auf lange Zeit hin seinen guten Namen verlieren und allseitiger Verachtung anheimfallen.[576] In einem deutschen Dorf schmähte noch in den 1950er Jahren ein Mann eine Familie, die er verdächtigte, seine Tochter durch Zauber getötet zu haben, mit einer Kaskade wahrer «Kraftwörter» wie «Massenmörder, Menschenmörder, Lustmörder, Hunde, Luder, Hexenmeister..» (usf.). Das Trommelfeuer der verbalen Geschosse werde die Beschimpften, so schwebte ihm wohl vor, quasi durchlöchern und zunichte machen.[577]

Formalisiert fand diese Art innergesellschaftlicher Schmähung schon seit alters in der *Satire* Ausdruck. Im klassischen Griechenland wurde eine besondere Meisterschaft darin dem Dichter Archilochos von Paros (7. Jh. v. Chr.) zugeschrieben. Er war der Tochter eines Königs versprochen, der die Verbindung jedoch wieder auflöste, da sie ihm unstandesgemäß erschien. Archilochos rächte sich auf seine Weise. Jahr für Jahr trug er zum Demeter-Fest derart boshafte Jamben wider den Herrscher und seine Familie vor, daß Vater und Tochter sich schließlich erhängten. Im alten Irland beherrschten neben den Dichtern vor allem die Priester und Seher die Kunst. Sie sollen imstande gewesen sein, selbst Ratten zu Tode zu reimen und kraft ihres beißenden Spotts die Äcker von Leuten, die nicht ihre Freunde waren, mit Unfruchtbarkeit zu schlagen. Unter den Dichtern zeichneten sich Néde und Laidcenn als Meister des Genres aus. Eine Satire des ersteren bewirkte, daß der König, gegen den sie gerichtet war, aus Scham den Geist aufgab. Laidcenn «verspottete und schmähte» laut Überlieferung «die Leute von Leinster, bis bei ihnen weder Gras noch Korn wuchs, nicht ein einziges Blatt, bis zum Ende des Jahres».[578]

Auf der anderen Seite können Worte auch Gutes bewirken, können, wie schon erwähnt, besänftigen, trösten, Mut machen und heilen, auch hier in besonderem Maß, wenn sie «gebunden» sind. Neben den vielerorts noch üblichen Segenssprüchen vor Beginn einer Mahlzeit, den Wunschformeln bei der Ankunft und beim Abschied von Freunden und Bekannten («Sei willkommen», «Tritt ein, bring Glück herein», «Alles Gute», «Bleib gesund» usw.) oder dem «Heile, heile, Segen..», mit dem Eltern eine Wunde besprechen, die sich Kinder beim Spielen zuzogen (nachdem sie zuvor, die Vitalkraft ihres Atems nutzend, darüber hinweggeblasen haben), stellt eine weitere, heute weniger, früher aber allseits gängige Form der verbalen Magie der sogenannte «Erzählzauber» (engl. *narrative spells*) dar. Die Geschichten, um die es dabei geht, schildern zum Beispiel, wie Ähnliches auch anderen bereits widerfuhr und wie sie auf *exemplarische* Weise erfolgreich damit umgingen oder einstmals Götter, Kulturstifterheroen und große Ahnen lebenswichtige oder kritische Aufgaben *paradigmatisch* lösten. So pflegten zum Beispiel in Neuguinea die Kai beim Aussetzen der Stecklinge ihrer Hauptkulturpflanzen Yams und Taro Mythen zu rezitieren, die davon handelten, wie ihre Urvorfahren das zum ersten Mal taten. Jede Erzählung endete damit, daß der Vortragende nacheinander die verschiedenen Varietäten der Pflanzen nannte und mit der Formel schloß: «Stecklinge [für die nächste Pflanzaktion] und Früchte [zum Verzehr] in reichem Maß! Das soll gewiß geschehen!»[579] Der erste der althochdeutschen «Merseburger Zaubersprüche» (9. Jh.), die das Kriegsglück beschworen, lautet: «Einstmals setzten sich die Idise [Schlachtjungfrauen], setzten sich hierhin und dorthin, die einen hefteten die Hafte [d.h. fesselten die Gefangenen], die einen lähmten das Heer [der Feinde], die einen klaubten an den Fesseln [der Gefangenen des eigenen, von den Walküren beschützten Heeres]: Entspringe Haft und Band, entfahre den Feinden!» So wie *paradigmatisch* damals sollte es eben auch jetzt, in der Schlacht, in der man sich gerade befand, geschehen.[580]

Gebundene Worte bilden bekanntlich auch das Ausdrucksmittel *par excellence* der Poesie, die ebenfalls das Gemüt zu berühren, zu «bewegen» und Emotionen zu schüren vermag.[581] Verständlich daher, daß man auch ihr schon früh eine zauberische Wirkung zuschrieb, zumal die Gedichte ehedem meist von Menschen verfaßt wurden, die mit jenseitigen Mächten (Geistern u. Göttern) in Verbindung standen, wie Schamanen[582], Priester oder Propheten.[583] In neuerer Zeit sahen es namentlich die Romantiker noch so.[584] Doch muß es schon ein Meister seines Fachs sein, der die Worte so zu wählen und zu setzen versteht, daß sie sein Publikum «bezaubern». Joseph von Eichendorff (1788–1857) lieferte in einem berühmten Vierzeiler ein überzeugendes Beispiel dafür:

> «Schläft ein Lied in allen Dingen,
> Die da träumen fort und fort;
> Und die Welt hebt an zu singen,
> Triffst du nur das Zauberwort.»

Heinrich Heine (1797–1856) erinnert in dem Zusammenhang an Orpheus, dessen Gesang selbst Bäume und Felsgestein in Bewegung zu setzen und an sich zu ziehen vermochte.[585] Manche Autoren vermuten überhaupt, daß die Verskunst sich aus dem Umgang mit Zauberformeln entwickelt habe.[586] Dem entspräche, daß in der Poesie, der Theorie nach zumindest, der *Form* eine eminente Bedeutung zukommt; ohne sie verlöre ein Gedicht seine *Wirkung*. Niemals dürfe «notwendigerweise», so die Überzeugung des bekannten Dichters und Literaturwissenschaftlers Paul Valéry (1871–1945), «der Sinn den Sieg über die Form davontragen und diese möglicherweise unwiederbringlich zerstören»; denn allein aus der «Wiedergabe der Form» empfange «die Macht des Poetischen ihren Antrieb».[587]

Früher spielten formale Mittel der Poesie – Versform, Reim, Rhythmus – auch in der Werbung eine Rolle. Ein Produkt wurde etwa in einem Zweizeiler (die Kürze um der Eindringlichkeit willen) mit Endreim angepriesen: «Ob mit Pinsel oder Strom, rasierte Haut braucht Pitralon», oder: «Mars macht mobil bei Arbeit, Sport und Spiel.» Daneben fand auch der Stabreim, wohl wegen der gleichsam «hämmernden» Wirkung, Verwendung. Bestimmte Stoffe trotzten zum Beispiel «Wind und Wetter». Ältere Leser erinnern sich vielleicht auch noch des Reklamespruchs, mit dem für einen koffeinfreien Kaffee geworben wurde: «Trinkt Kathreiner!» In neuerer Zeit setzt die Werbung dagegen fast nur mehr auf den sogenannten «kategorischen Superlativ», das heißt man übertreibt die Qualität der Ware teils maßlos bis weit über die Glaubwürdigkeitsgrenze hinaus (*Maximierungsprinzip*), sei es durch entsprechende Adjektive oder indem entscheidende Aussagen mehrfach in wechselnden Formulierungen wiederholt werden (*Iterationsprinzip*) – und alles natürlich immer im Indikativ, um mögliche Zweifel gleich im Keim zu ersticken. Das Credo der Werbung nahm der französische Romancier Alexandre Dumas *père* (1802–1870) um gut 100 Jahre vorweg, als er einmal bemerkte: «Die Meinungen der Menschen gleichen den Nägeln; je mehr man draufschlägt, desto tiefer hämmert man sie ein.»[588]

Die *verbalmagische* Aufwertung durch Übertreibung macht selbst vor *Compact Discs* (CDs) mit klassischer Musik und wissenschaftlichen Buchpublikationen nicht Halt. Im ersteren Fall ist in den einschlägigen Katalogen beispielsweise von der «einzigartigen Klangwelt», «tiefer Spiritualität» und «maximaler Wirkung» die Rede oder wird eine Aufnahme als «ein Meilenstein», eine «unbestrittene Referenzproduktion» beziehungsweise «eine sensationelle und unerhörte Edition» hochgelobt, im letzteren Fall rühmt die sogenannte «Rückenschmonze» (der Text auf der Rückseite des Einbands) den Autor als «hoch renommierten» Vertreter seines Fachs, der mit dem vorliegenden Buch «ein bahnbrechendes Werk» verfaßt habe, «das auf seinem Gebiet wohl allein dasteht». In einem anderen zeigt die rückseitige Werbung «ein absolut faszinierendes Buch» an, das den Leser nötige, seine Vorstellungen von dem darin behandelten Gegenstand «grundsätzlich zu revidieren»; die Ausführungen des Verfassers besäßen das «Potenzial, unser Verhältnis zur natürlichen Welt zu verändern» – wer, muß man sich fragen, griffe da nicht gerne zu?

Im Grunde werden alle käuflichen Güter des täglichen Bedarfs – Lebensmittel wie Toilettenartikel, Matratzen wie Textilien, Sitzgarnituren wie Kühlschränke – «beworben», wobei sich der Aufwand nach dem Umfang der Nachfrage, die es optimal zu befriedigen, und der Anzahl der konkurrierenden Angebote, die es zu überbieten gilt, richtet. Das «höchste Gut» stellt allgemeiner Ansicht nach die Gesundheit dar. Sie schwindet indes, wenn der Mensch in die Jahre kommt und sich zunehmend Beschwerden einstellen, die auf altersbedingte Verschleißprozesse zurückgehen, die als solche *de facto* unheilbar sind. Die Medizin kann lediglich den Verfall entweder durch operative Eingriffe und den Austausch der geschädigten Gelenke für eine befristete Weile aufhalten oder die Schmerzen durch Medikamente lindern. Genau hier setzt die Naturheilkunde ein, ganz besonders im Fall der Arthrose, von der inzwischen so viele – auch schon junge – Menschen befallen sind, daß von einem «Volksleiden» gesprochen wird. Man suggeriert den Erkrankten, grundsätzlich sei jedes Leiden, also auch Arthrose, heilbar, sofern man nur über das richtige Mittel verfüge. Und so entspricht die Breite der Angebote dem Bedarf und verspricht die Werbung den Leidgeprüften wahrhaft das «Blaue vom Himmel» (was möglich ist, da es sich um nicht verschreibungspflichtige Mittel handelt). Sie werden, streng dem kategorischen Superlativ folgend, als «ultrastark», als «Gold der Medikamente», als «das beste Gelenk-Schmerz-Mittel des 21. Jahrhunderts» angepriesen. Ihre Wirkung beruht auf «der wahrscheinlich erstaunlichsten Entdeckung des neuen Jahrtausends», zum Beispiel auf einem Pilz, der «in 4000 Metern Höhe bei eisigem Wind und sauerstoffarmer Luft überleben und wachsen kann», was ihm «wahrscheinlich auch seine unglaublich breit gefächerten Heilkräfte verleiht», oder auf einer «überaus seltenen Alge, die in den Tiefen des Meeres wächst», in wieder einem anderen Fall auf einer «seltenen Pflanze», die Forscher erst kürzlich bei einem indigenen Volk in einer möglichst entlegenen Gegend der Erde aufspürten, das ihre exzeptionelle Heilkraft bis dahin als «streng gehütetes Geheimnis» wahrten, nun aber erstmals preisgegeben haben. «Auf der ganzen Welt gibt es nichts Vergleichbares», wird etwa geworben, oder «Das Juwel unter den natürlichen Therapien. Das wirkungsvollste natürliche Heilmittel, das jemals auf dem Markt war. Weltexklusiv für Sie: Ein Elixier mit tausendundeiner Heilwirkung», oder «Nichts hilft besser und zuverlässiger. Erwarten Sie nicht weniger als ein Wunder!» Und in der Tat: Die mit derartiger Wortgewalt angepriesenen Mittel heilen nicht lediglich Arthrose, sondern *alle* denkbaren Leiden. «Ihr Organismus wird von jeder entstehenden Krankheit, Müdigkeit und Erschöpfung befreit. Alle Ihre Vitalfunktionen werden regeneriert. Sie werden wieder so vital, als wären Sie 20 Jahre jünger!» Um die letzten Zweifel zu beseitigen, beruft man sich gern auch auf «die Wissenschaft» und beteuert, es handle sich um «wissenschaftlich belegte und analysierte Daten», alles sei «wissenschaftlich belegt» – und so weiter mehr. Nicht zuletzt werden auch Bildmittel eingesetzt. Auf so gut wie keiner Reklame fehlen ein (älteres) strahlend lächelndes, eng aneinander geschmiegtes Paar und der Arzt im weißen Kittel mit dem Stethoskop um den Hals, was besagt: Der Erfolg ist garantiert und wird auch von «Schulmedizinern» bestätigt. Man ist versucht, mit Rilke in den Abwehrruf einzustimmen: «Werbung nicht mehr, nicht Werbung!»[589]

Auf der sozusagen nächsthöheren Ebene geht es dann nicht mehr um den einzelnen «Patienten», sondern die «Gesundheit», Widerstandskraft und Leistungsfähigkeit des gesellschaftlichen Ganzen, um die «Volksgesundheit». Wer hier wirbt, treibt politische *Propaganda* (Gerundivform von lat. *propagare*, räuml. «ausdehnen», zeitl. «verlängern»). Da alle angesprochen werden, geht die Sprache ins Allgemeine, erhält quasi diätetische, aufbauende, ertüchtigende, sportliche, kämpferische Akzente, wird der kategorische Superlativ zum Appell. Auf den Wahlveranstaltungen überbieten sich die Redner in übertriebenen Versprechungen. Verkürzt zu eingängigen Parolen, werden sie den Bürgern auf Tausenden von Plakaten (*Iterationsprinzip*) förmlich «eingetrichtert». Für ihre Verwirklichung bürgt der Kandidat mit seiner Person. Wo er geht und steht, schüttelt er Hände, als wolle er seine Verheißungen gleich Abkommen mit den Wählern durch seinen Händedruck besiegeln. Er nimmt Kinder auf den Arm; denn ihre Zukunft liegt ihm am Herzen. Wo die Dinge im Argen liegen, trägt die Schuld daran der politische Gegner. Alles wird anders und besser werden, wenn die Bevölkerung nur der richtigen Partei zur Macht verhilft. Erst dann werden die demokratischen Rechte und Freiheiten, der Wohlstand für alle, die Versorgungssicherheit bis ins hohe Alter und ein Leben in Frieden Wirklichkeit – kurz: bricht eine *Heilszeit* an.

Meister der Propaganda waren bekanntlich die Nationalsozialisten. Ihre Sprache glich sich dabei dem Stil ihrer Aufmärsche, Parteitage und Volksveranstaltungen an, in Vokabular, Duktus und Gestus eckig, blockartig, großtuerisch und von Superlativen durchsetzt. Die menschliche Stimme wurde zur «Kehle», Grüße zu «Schwüren», die Worte des «Führers» (Adolf Hitler) entsprachen «wuchtig fallenden Hammerschlägen», die Begeisterung, die sie auslösten, «brandete» zum Redner «zurück».[590] Es galten «granitene Grundsätze». Die «deutsche Wehrgemeinschaft» erschien wie «zusammengeschweißt», «Bevölkerung und Truppe zusammengeschmiedet von einem ‹Entweder-Oder›». Man stand, geeint durch «steinerne Härte» und «erzene Widerstandskraft», in «felsenfester Treue zum Führer». Wenn er sprach, war das «wie Gottesdienst». Denn, der ihn zelebrierte, war nicht von dieser Welt: «Und das Wort ward Fleisch, das ist Hitler». Die

Gläubigen sollten sich demgemäß, in Anspielung an den Brief des Apostels Paulus an die Römer (11,36), als *ein* Fleisch verstehen: «Wir alle, vom einfachen SA-Mann bis zum Ministerpräsidenten, sind *von* Adolf Hitler und *durch* Adolf Hitler.»[591]

Gleichwohl bedurfte das Volk, um diesen besonderen Gnadenstatus zu wahren, gesicherter Fortpflanzung. Wer sich hierin Verdienste errang, nahm als Soldat «der Zeugungstruppen» erfolgreich an der «Erzeugungsschlacht» teil, während die deutsche Frau sich dem heroischen Geschick zu stellen hatte, den «Geburtskampf» allein zu «kämpfen».[592] War das Erkämpfte fruchtbar aufgegangen, kam es auf ständige «körperliche Ertüchtigung» an, damit den künftigen Kämpfern «der Atem nicht ausgeht, wenn es zum Endspurt kommt». Dieser kairotische Augenblick schien mit der Niederlage von Stalingrad (Januar 1943) eingetreten zu sein. Danach sah der «Reichsminister für Propaganda und Volksaufklärung» Joseph Goebbels (1897–1945) die Nation gleichsam im Boxring vereint: «Wir wischen uns das Blut aus den Augen, damit wir klar sehen können, und es geht in die nächste Runde, dann stehen wir wieder fest auf den Beinen.»[593] Und von nun an würden sich die Gegner wie von Unwettern und der Vernichtungskraft von Naturgewalten heimgesucht sehen, zermahlen vom «Sturmschritt» der deutschen Heere im Feuer des «Blitzkriegs» und zuletzt noch zerschellend am «Volkssturm».[594] Hitler selbst hatte bereits in *Mein Kampf* der Propaganda die Losung vorgegeben, als er von der «Zauberkraft des gesprochenen Wortes» schrieb, das «seit urewig» machtvoll genug gewesen sei, «die großen historischen Lawinen religiöser und politischer Art ins Rollen» zu bringen.[595] Wer sich dem in den Weg stellte, entsprach, wie die Juden im Innern, «schädlichen Bazillen», «Bakterien», «Parasiten» oder «Schmarotzern», die, wo immer sie «einen günstigen Nährboden» fanden, karzinomartig fortwucherten und den «gesunden Volkskörper zu zersetzen drohten.»[596] Schon der bloße Überlebenswille gebot, die «Schädlinge auszumerzen», «brutal und rücksichtslos die wilden Schößlinge herauszuschneiden, das Unkraut auszujäten».[597] Den äußeren Gegner suchte man, wie weiland Kelten und Araber, zunächst durch Hohn und Spott, Verunglimpfung und Diffamierung mürbe zu machen. Doch kam dabei kaum Humor auf; eher ein ätzender, der treffen wollte, um zu zerstören. «Der Gegner sollte nicht nur lächerlich gemacht oder bloßgestellt werden, sondern durch heftige Beschimpfungen regelrecht vernichtet werden.»[598] Die Nationalsozialisten lebten von dem Wahn, alles auslöschen zu müssen, was ihren Überlebensanspruch zu gefährden drohte, ob mit Wort oder Waffe.

Die Propaganda machte das Wort durch maßlose Übertreibung, die ihm magische Wirkung verlieh, zur Waffe. Die Sprache, reduziert auf kurze, kernige, projektilartige Sätze, ließ keinen Raum für Zweifel, wischte Unsicherheiten weg und feuerte das Selbstvertrauen an. Was noch gestern für unmöglich (oder ungehörig) gehalten worden war, erschien mit einem Mal geboten und durchsetzbar, sofern man nur die erforderliche *übergewöhnliche*, «eiserne» Härte und «eherne» Kampfkraft aufbrachte, einig und in «felsenfestem» Vertrauen auf den «Führer» in die Schlacht zog, bereit, entschlossen, wie Schmied oder Boxer, zuzuschlagen. Skrupel brauchte man nicht zu haben, da der Feind gleich Ungeziefer das eigene Volk zu infizieren, zu zersetzen und so letztendlich zu vernichten drohte. Doch man kämpfte in der Gefolgschaft des «Führers», dessen Identifizierung mit Christus nicht nur den «Endsieg», sondern auch die *Erlösung* von allen Schädlingen dieser Erde verhieß, magisch immer wieder beschworen im Hymnus des durch den Glauben an Ihn «zusammengeschweißten» Volkes: «Denn heute gehört uns Deutschland und morgen die ganze Welt!»

Magie und Wissenschaft

Magie wird teils unbewußt, teils in bewußter Absicht praktiziert; letzteres allerdings mehrheitlich nur mehr in – historisch und typologisch – prämodernen Zivilisationen. Traditioneller Anschauung nach war ihr Erfolg an bestimmte Voraussetzungen geknüpft; er galt nur als gesichert,

- wenn man sich dazu an einen besonderen, nach Möglichkeit sakralen, das heißt mutmaßlich «kraftgeladenen» Ort begab, an dem man sich, ohne mit Störungen rechnen zu müssen, voll und ganz auf sein Vorhaben konzentrieren konnte;
- wenn man sich einer besonderen, in quasipoetischer Weise formalisierten Sprache bediente;
- wenn man imstande war, sich hundertprozentig auf seine Absicht konzentrieren zu können;
- wenn man sich an bestimmte Regeln hielt;
- wenn man imstande war, die für das Vorhaben erforderlichen Kräfte zu mobilisieren;
- wenn einem im Verlauf des magischen Unterfangens keinerlei Fehler unterlief, das heißt es inhaltlich wie formal unversehrt durchgeführt wurde.

Ergänzend sei noch einmal daran erinnert, daß man durch einen gezielten schwerwiegenden Tabubruch (z.B. Inzest) extrem wirkmächtige Kräfte freizusetzen vermag (vgl. o. S. 96).

Die genannten Punkte muten vertraut an. Genau besehen, richten sich nach den meisten von ihnen auch die Menschen in modernen, «aufgeklärten» Zivilisationen, wenn sie eine beliebige – eine handwerkliche, haus- oder landwirtschaftliche, eine administrative, ärztliche, sportliche, künstlerische und so weiter – Aufgabe zu ihrer Zufriedenheit lösen wollen. Insofern sind Grundzüge magischen Denkens und Handelns zumindest formal in allen Lebensbereichen des Menschen vorauszusetzen und sollten daher auch für die wissenschaftliche Praxis, das heißt insbesondere ihre Methodik gelten. Dazu im folgenden ein Punktevergleich.

- Auch Wissenschaftler ziehen sich, um möglichst ungestört arbeiten, Versuche (Experimente) durchführen oder Konferenzen abhalten zu können, in abgeschiedene Räume – in Dienst- und Arbeitszimmer, Labore, spezielle Forschungseinrichtungen – zurück (*Seklusionsprinzip*).
- Sie pflegen einen je Fach spezifischen *Jargon*, dessen Begrifflichkeit und – vor allem die formalisierten – Ausdrucksweisen Außenstehenden oft unverständlich sind, wie z.B. in der Medizin, Physik und den Rechtswissenschaften (*Arkanisierungsprinzip*).
- Wissenschaftler bedürfen einer ungestörten Arbeitsatmosphäre, um sich voll und ganz auf ihre Aufgaben konzentrieren zu können (*Seklusionsprinzip*).
- Wissenschaftliches Arbeiten ist an bestimmte Regeln gebunden, sowohl generelle, wie die Gesetze der Logik, als auch fachspezifische, wie etwa im Fall der Linguistik oder der Geologie (*Regulierungsprinzip*).
- Wissenschaftliche Untersuchungen sollten im Rahmen bereits bestehender, das heißt als bewährt geltender (sozusagen der «traditionellen») Anschauungssysteme durchgeführt werden, teils um Fehler zu vermeiden, teils um ihre Gültigkeit noch um ein weiteres Mal mehr zu bestätigen, teils um sie, wenn die Ergebnisse Abweichungen erbringen, zu erweitern, im Extremfall zu falsifizieren (*Kontinuitätsprinzip*).

- Bereits bestehende, als bewährt geltende Anschauungssysteme bauen auf regelmäßig wiederkehrenden Vorkommnissen beziehungsweise deren Erfahrungen, das heißt der «Tradition» auf. Insofern gehen wissenschaftliche Untersuchungen, wenn sie systemkonsistent konzipiert sind – sicherheitshalber, um Fehler schon im Ansatz auszuschließen – von regelmäßig wiederkehrenden Vorkommnissen aus (*Iterationsprinzip*). Darauf wies im übrigen bereits Aristoteles (384–322 v. Chr.) hin: «Denn wie wir es gewohnt sind, so verlangen wir, soll die Behandlung eines Gegenstandes beschaffen sein, und was davon abweicht, erscheint uns als unpassend und wegen des Ungewöhnlichen schwieriger zu verstehen und fremdartiger; denn das Gewohnte ist verständlicher.»[599]
- Das Hauptinstrument kulturwissenschaftlicher Erkenntnis ist die Induktion. Sie besteht darin, immer wiederkehrende, *ähnliche* Vorkommnisse in unterschiedlichen Kulturen kontrolliert zu *vergleichen*, um daraus die Übereinstimmungen aller zu abstrahieren und als Kanon grundlegender, das heißt transkultureller *Gemeinsamkeiten* (Invarianzen, «Gesetze») zu bestimmen.[600] Die stete Wiederkehr (*Iterationsprinzip*) verbürgt die Erfahrung als bewährt und verleiht ihr – und den daraus gezogenen Schlüssen – Verläßlichkeit, das heißt ein hohes Maß an «Objektivität» und Gültigkeit. Es wächst entsprechend, je mehr ähnliche Vorkommnisse in Betracht gezogen worden sind (*Quantifizierungsprinzip*). Insoweit die Schlußfolgerungen mit den bereits gegebenen Anschauungssystemen in Einklang zu bringen sind, das heißt sich aus ihnen ableiten lassen (Deduktion!), verstärkt sich der Gültigkeits- oder «Wahrheitsanspruch» noch einmal mehr (*Integritätsprinzip*).
- Die Kulturwissenschaften operieren mit zwei- oder mehrgliedrigen Abfolgeereignissen, unter der Annahme, daß zwischen den unmittelbar aufeinanderfolgenden Gliedern eine Kausalbeziehung besteht, das heißt A jeweils B *bewirkt* (und nicht umgekehrt), wozu eine *Kraft* erforderlich ist, die aus A gewonnen, mobilisiert und stromförmig nach B geleitet wird (*Kausalitätsprinzip*). Bilden mehrere derartiger Beziehungsglieder eine Sequenz, handelt es sich um eine kontinuierliche – lineare oder zyklische – Folgebeziehung (*Sequenzierungs-, Kontinuitätsprinzip*). Stellen mehrere Sequenzen, das heißt gleichförmige Sukzessionen regelmäßig wiederkehrender Vorkommnisse (oder Handlungsakte), einen Zusammenhang dar, handelt es sich um ein als gültig konstituiertes Anschauungssystem, eine Tradition (*Konventionalisierungs-, Kanonisierungsprinzip*).
- Eine Wissenschaft vom «Zufälligen» ist nicht nur unzulässig, «sondern prinzipiell unmöglich».[601] Als gültig anerkannte Anschauungssysteme gründen sich, wie gesagt, auf Zusammenhänge gleichförmig immer wiederkehrender Vorkommnisse. Das scheint es zu gestatten, die Beziehungen ihrer Einzelglieder und Sequenzen untereinander als *regelgeleitet* zu begreifen und sie entsprechend – um der methodischen Reduktion («Eleganz») willen[602] – zu *formalisieren* beziehungsweise davon auszugehen, daß ihr Verhalten von *Gesetzmäßigkeiten* bestimmt wird (*Formalisierungs-, Regulierungsprinzip*).

Schließlich sei auch hier daran erinnert, daß in der Geschichte der Wissenschaften nicht selten «Querdenker», Gelehrte also, die sich nicht an die vorgeschriebenen Gesetze hielten und gewissermaßen tabubrüchig wurden, neue Erkenntnisse erzielten, das heißt kognitive Kräfte freisetzten, die sich wegweisend auf die Folgeforschung auswirkten.

Zusammenfassend wäre somit festzuhalten, daß in der Magie wie in den Wissenschaften für das Denken und Handeln eine Reihe übereinstimmender Richtlinien bestimmend sind.

Aus immer wiederkehrenden gleichförmigen Geschehnissen und Geschehnisabfolgen werden als konstant und insofern gültig anerkannte Konzepte und Anschauungssysteme konstituiert, in deren Rahmen und nach deren Regelhaftigkeiten («Gesetzen») sich das Denken und Handeln gleichermaßen in Magie und Wissenschaften vollzieht. Daraus folgt, daß auf Erfolg nur zählen kann, wer sich unter Ausschluß alles Unzugehörigen und Widersprüchlichen, das heißt jeglicher Störungsmöglichkeiten konzentriert und strikt an die Regeln und Formvorgaben hält, keine Fehler begeht, will sagen die Unversehrtheit der Systemkonsistenz nicht verletzt, und gegebenenfalls, um ganz sicherzugehen, die für das Vorhaben entscheidenden Handlungszüge mehrfach wiederholt.

Systemstruktur

Naiver Realismus

Indigene und frühagrarische, prämoderne Dorfgemeinschaften besaßen eine Weltanschauung, in der als real galt, was man selbst oder andere, denen man vertraute, gesehen und erlebt hatten. Zu letzteren zählten vor allem die Vorfahren, aus deren Beobachtungen, Erfahrungen und den daraus gewonnenen Erkenntnissen sich das gesamte Überlieferungsgut, die Tradition der Gruppe zusammensetzte. Je tiefer dabei eine Vorstellung in die Vergangenheit zurückreichte, desto glaubwürdiger, desto «wahrer» erschien sie – sie hatte den langen Prozeß der *Bestätigung* von Generation zu Generation unbeschadet überstanden. Auch heute noch gewinnen eine Beobachtung oder Erfahrung an Gewicht, wenn sie von anderen, möglichst zuverlässigen Zeugen bestätigt werden, das heißt *auch*: sofern sie überprüfbar sind.

Von dieser Einstellung konnten sich Forscher, die besonders an Erkenntnis- und Wissensfragen interessiert waren, noch bis in die jüngere, ja die jüngste Vergangenheit selbst bei Gemeinschaften überzeugen, die über Jahre hin in Kontakt mit modernen, «westlichen» Zivilisationen gestanden hatten. Anfang der 1930er Jahre begab sich der sowjetrussische Entwicklungs- und Neuropsychologe Alexandr Romanovič Lurija (1902–1977) in abgelegene Dörfer und auf Winterweiden Usbekistans und Kirgistans, um Untersuchungen zu Denkweise und Urteilsvermögen der dortigen – vermeintlich noch geistig «unterentwickelten» – Bevölkerungsgruppen durchzuführen. Eine seiner typischen Fragen lautete: «Im hohen Norden, wo es Schnee

Abb. 23 Alexandr R. Lurija

gibt, sind alle Bären weiß. Novaja Zemlja befindet sich im hohen Norden, und dort liegt immer Schnee. Welche Farbe haben die Bären dort?» Ein 37jähriger illiterater Informant gab ihm zur Antwort: «Ich weiß nicht; ich habe mal einen schwarzen Bären gesehen, niemals andere [...] Jede Region hat ihre eigenen Tiere; ist sie weiß, werden sie weiß sein, ist sie gelb, werden sie gelb sein.» Als Lurija nicht nachgab und seine Frage wiederholte, beschied man ihn: «Wir sprechen nur von dem, was wir sehen, nicht von Dingen, die wir noch niemals gesehen haben [...] Wer etwas mit seinen eigenen Augen gesehen hat, kann davon sprechen; wer nichts gesehen hat, kann auch nichts dazu sagen.»[603]

Gut vierzig Jahre später hielt sich der amerikanische Missionar und Sprachwissenschaftler Daniel Everett (geb. 1951) bei den Pirahã (sprich: Pi-da-HAN) am Maici, einem Nebenfluß des Rio dos Marmelos, im zentralen Amazonasraum auf. Wie die meisten Populationen des südamerikanischen Regenwalds leben auch die Pirahã überwiegend von Fischfang und Jagd und nur ganz nebenbei von etwas Bodenbau.[604] Infolgedessen bilden auch ebendiese Tätigkeiten, daneben Begegnungen, die sie mit Angehörigen benachbarter Pirahã-Gruppen hatten, sowie Geistererscheinungen und Träume ihren Hauptgesprächsstoff, da es sich um Erfahrungen handelt, «die sie Tag für Tag machen» – denn auch Geister und Träume zählen für sie zur realen Erlebniswelt.[605] Demgegenüber bringen sie für Geschichten von Vorkommnissen, die andere, Gruppenfremde, erlebt haben, keinerlei Interesse auf. Und das betrifft erst recht Begebenheiten, die sich vor langer Zeit, irgendwo in einem fernen Land ereignet haben. Daher fiel es Everett auch äußerst schwer, ihnen das Christentum nahezubringen. Erzählte er ihnen von Jesus, kam prompt die Frage, wie der denn ausgesehen habe, «dunkel wie wir oder hell wie du?» Seine Erwiderung: Das könne er nicht sagen, das habe sich alles lange vor seiner Zeit zugetragen, aber dafür besitze er ja das schriftlich überlieferte Zeugnis von Jesu Worten. Doch auch das verfing bei seinen Gesprächspartnern nicht. «Wie kannst du seine Worte haben», wurde ihm entgegengehalten, «wenn du ihn nie gehört oder gesehen hast?»[606] Das Zeugnis irgendwelcher *fremder* Menschen, die vor Jahrhunderten gelebt hatten, zog bei ihnen nicht. Everett gab es dann später auch auf; er entsagte der Arbeit im Garten des Herrn und wandte sich gänzlich der Sprachwissenschaft zu.

Das gleichsam «eingeschnürte» Weltbild kleiner geschlossener Gesellschaften ist eine konsequente Folge ihrer *nostrozentrischen* (bzw. ethnozentrischen) Ideologie. So auch bei den Pirahã: «Sie halten sich keinesfalls für unterlegen, weil ihnen etwas fehlt, das es in anderen [...] Kulturen gibt, sondern halten ihre Lebensweise für die bestmögliche.»[607] Es besteht weder Interesse noch Bedarf an Ideen, Werten, Fertigkeiten, Institutionen und Gütern anderer, selbst benachbarter, erst recht aber fremder, stark abweichend lebender Gruppen und Völker. Derartiges erscheint ihnen so unwesentlich, daß es noch nicht einmal Eingang in ihre Gespräche findet. Um darüber zu reden, so die konsequente Folgerung Everetts, «müßten die Pirahã ihre Lebens- und Denkweise ändern. Deshalb vermeiden sie solche Gespräche.»[608] Durch die stete Wiederholung über Generationen hin induktiv «gehärtet», gewannen ihre Überzeugungen an Glaubwürdigkeit, Objektivität[609] und Wahrheitswert. Es bestand keinerlei Anlaß, sie zu bezweifeln noch Alternativen in Betracht zu ziehen. Gruppen wie die Pirahã, die «Hinterwäldler» Usbekistans und Kirgistans und andere vergleichbare Gesellschaften waren «naive» Empiriker und dachten strikt *realistisch* – ganz so, wie es ihren Bedürfnissen entsprach. Für sie galt Wissen insofern als triftig und «wahr», als es sich für die Sicherung ihres Lebensunterhalts als erfolgversprechend und verläßlich erwiesen hatte. Die Pirahã «wollen wissen, was sie wissen *müssen*, um handeln zu können.»[610] Sie sind und bleiben «ganz und gar dem Konzept der praktischen Relevanz verhaftet.» Für sie «besteht Wahrheit darin, einen Fisch zu fangen, ein Kanu zu rudern, mit den Kindern zu lachen, den eigenen Bruder zu lieben [und] an Malaria zu sterben»[611] – und, dies vor allem: Gruppen ihres Typs neigen aus den genannten Gründen in der Regel zu keinerlei *irrationalen* Schlußfolgerungen.

Abb. 24 James G. Frazer

Aber ebendies wurde ihnen immer wieder mit unbedachter Beharrlichkeit unterstellt, wobei man allein mit europäischer Elle maß, das heißt, wie selbstverständlich, nach den Maßstäben der abendländischen, «aufgeklärten» Erkenntnislehre, für die – beispielsweise – Geister nicht existieren (offenbar selbst in der Phantasie nicht). Überhaupt sprach man ihnen die Fähigkeit zu vernünftigem, «rationalem» Denken ab. Das galt – und gilt teilweise noch – auch für Bewohner abgelegenerer Dorfgemeinschaften in alten hochkulturlichen Bereichen. Noch um die Mitte des letzten Jahrhunderts sprach ein Volkskundler den Bauern des Hannoverschen Wendlands das Vermögen, logisch zu denken, ab, «so daß Erscheinungen mit an sich ganz einfachen Kausalitätszusammenhängen in der Vorstellungswelt des Schlichtdenkenden [!] den Zug des Wundersamen erhalten»[612] – ein Eindruck, der sich Forschern namentlich in Randlagen Osteuropas vermittelt. Auch Lurija hatte bei seinen Untersuchungen den Eindruck gewonnen, daß seine Gewährsleute weder imstande waren, Schlußfolgerungen aus rein hypothetischen Annahmen zu ziehen, noch die Logik des syllogistischen Deduzierens zu verstehen.[613]

Diese Einschätzung wurde bis gegen Ende des 20. Jahrhunderts von so gut wie allen Ethnologen geteilt. Alfred Vierkandt (1867–1953) dünkte das Denken der indigenen und ländlichen Bevölkerungen allgemein unscharf und verschwommen; auch ihm galt, neben «mangelnder Sachkenntnis», als Hauptgrund dafür das Unvermögen, bestehende kausale Zusammenhänge als solche zu verstehen.[614] Seinen Zeitgenossen erschien das letztere Defizit überhaupt als die entscheidende Ursache für die (vermeintlichen) Mängel im Denken der «rückständigen» Bevölkerungen. Der deutsche Religionswissenschaftler Karl Beth (1872–1959) sprach so zum Beispiel von einer «irrtümlichen Anwendung des Kausalbegriffes» beziehungsweise der «falschen Konstatierung eines Kausalverhältnisses».[615] Der Ethnologe Konrad Theodor Preuß (1869–1939) sah die genannten Schwächen in einem Geisteszustand begründet, den er pauschal als «Urdummheit» bezeichnete.[616]

Unverkennbar bildete die Voraussetzung dieser und analoger Abqualifizierungen die Annahme, daß es sich bei den Unzulänglichkeiten um *Restbestände* einer sehr alten, wenn nicht der ältesten Entwicklungsstufe der menschlichen Geistesgeschichte handle. Man ging von der – evolutionistischen – These aus, daß damals personal gedachte Geistmächte noch unbekannt waren. Dafür glaubten die Menschen an die gesamte Natur dynamisch durchwaltende *Kräfte*,

Abb. 25 Edward B. Tylor

die für alle Bewegung und alles Geschehen, für Wachstum, Entwicklung und Verfall verantwortlich waren. Daher, wie schon früher dargelegt, die seinerzeit gängige Auffassung, daß sich zu dieser Zeit die Magie herausgebildet habe, die «Geschicklichkeit» sozusagen, sich der Naturkräfte zum Wohle der Menschen zu bedienen. Neben dem englischen Ethnologen Robert Ranulph Marett (1866–1943), der für den Glauben dieser Anfangsphase den Begriff «Präanimismus» (von lat. *animus*, «Spiritualseele») prägte[617], zählten zu den prominenteren, teils schon genannten (vgl. o. S. 106–110) Vertretern dieser Auffassung James George Frazer (1854–1941), der schwedische Althistoriker und Religionswissenschaftler Martin P. Nilsson (1874–1967), Konrad Th. Preuß, Karl Beth, der amerikanische Ethnologe Robert H. Lowie (1883–1957), der französische Soziologe und Ethnologe Marcel Mauss (1873–1950) sowie, nicht zuletzt, auch der Begründer der Psychoanalyse Sigmund Freud (1856–1939).[618]

Die nächsthöhere Stufe der geistesgeschichtlichen Entwicklung bildete nach Ansicht der frühen Ethnologen und Religionswissenschaftler der *Animismus*. Der Begriff, kreiert und zu einer der plausibelsten und nachhaltigsten religionsethnologischen Theorien expliziert von dem englischen Ethnologen Edward Burnett Tylor (1832–1917), besagt, in aller Kürze, daß die Menschen irgendwann aus Träumen (oder auch Visionen), in denen sie verstorbenen Angehörigen, Freunden und Bekannten begegneten und sich mit ihnen ganz ungezwungen, wie im Leben, unterhalten konnten, die Schlußfolgerung zogen, daß der Mensch nicht nur aus seinem vergänglichen Leib, sondern noch aus etwas Anderem bestehe, das den Tod überlebt, also *immaterieller* Art ist und das offensichtlich seine eigentliche Persönlichkeit ausmacht, da er sich mit ihm zu identifizieren imstande sei und es ihm möglich mache, zu denken, sich zu erinnern und mit anderen Menschen zu kommunizieren. Und daraus wiederum folgte, daß es neben der terrestrischen stofflichen noch eine «jenseitige», rein spirituelle Welt geben muß, in der, namentlich im Totenreich der Gruppe (unter dem Dorf), die leibunabhängigen Seelen nach dem Tod im Kreis der bereits vorangegangenen «Ahnen» fortleben, um sich einige Generationen später erneut unter den Ihren auf Erden zu reinkarnieren. Traf das zu, ließ sich nicht allein denken, sondern fand sich auch durch die *Erfahrung* bestätigt, daß es «drüben» noch weitere geistige Existenzen gab, die von Anfang an keinen Leib besaßen, sich aber gelegentlich in einem Menschen inkarnierten, was dann Besessenheitszustände auslöste, oder vorübergehend einen «Scheinleib»[619] annahmen, um mit bestimmten Menschen unmittelbar in Kontakt treten zu können. Diese Wesenheiten, die guten (Genien) und bösen Geister (Dämonen) und Gottheiten, geboten, so nahm man laut Tylor weiter an, über die verschiedenen geographischen Zonen der Erde, über Quellen, Flüsse, Wasserfälle und Seen, lauerten in Sümpfen den Sündern auf, beherrschten die Himmelskörper, waren für Pflanzen, Tiere, Gewitter, Erdbeben und so weiter verantwortlich. Sie konnten als rein spirituelle Existenzen den Menschen geschöpflich nur vor- und übergeordnet sein, so daß diese von ihnen abhängig waren und sie um ihres Überlebens willen gnädig stimmen, ihnen dienen, opfern und Verehrung zollen mußten – mit anderen Worten: Nach Tylor vollzog sich während des «animistischen» Zeitalters die *Entstehung der Religion*, nur sah er darin, im Gegensatz zu den oben genannten Gelehrten, die *erste*, historisch älteste Stufe der geistesgeschichtlichen Entwicklung der Menschheit.[620]

Beide Konzepte standen noch ganz im Bann der evolutionistischen Ideologie. Ob nun der Animismus auf den Präanimismus folgte oder die Entwicklung umgekehrt verlief – das Stufenmodell besagte, daß die jeweils jüngere der ihr vorangehenden – und erst recht jedweder älteren – Etappe kulturell überlegen war, mithin ein «höheres» Entwicklungsniveau repräsentierte. Der Glaube an individuelle, persönliche Geistwesen stellte somit einen *Fortschritt* gegenüber der Pauschalannahme dar, daß die Natur von irgendwelchen anonymen Kräften beherrscht werde. Die Magie, gewissermaßen das Konzentrat dieser letzteren, «präanimistischen» Weltanschauung, ging diesemnach der Entstehung der Religion, und namentlich der «Hochreligionen» wie insbesondere des Christentums, voraus; wo sie praktiziert wurde, handelte es sich um Dunkelformen des «Aberglaubens», das heißt um Rückstände (engl. *survivals*, «Überlebsel») einer längst vergangenen, «*primitiven*», von Unkenntnis und Mißverständnissen durchdrungenen Phase der menschlichen Geistesgeschichte. Frazer sprach von «*a lower intellectual stratum*», der französische Theologe und Historiker Alfred Loisy (1857–1940) von der «Kindheit des Geistes» (*enfance d'esprit*).[621]

Die These von den zwei grundlegenden Etappen der frühen geistesgeschichtlichen Entwicklung der Menschheit krankte, einmal ganz abgesehen von ihrer evolutionistischen Voreingenommenheit (oder auch als Folge davon), an zwei Ungereimtheiten:

- Wenn die Menschen während der ersten Phase noch unfähig waren, unwidersprüchlich, klar und in kausalen Zusammenhängen zu denken, wie konnten sie dann imstande sein, Nahrung auf dem Feuer zuzubereiten, hochseetaugliche Boote herzustellen, komplizierte Fallen zu konstruieren, Treibjagden zu veranstalten oder – wie bereits der *Homo erectus* (2.000.000–300.000 v. Chr.) – einsturzsichere Langhäuser für mehrere Familien zu bauen, ja überhaupt erfolgreich zu überleben? Ferner auch: Wenn es ihrer Geistesverfassung entsprach, irrationalen vor rationalen Überlegungen den Vorzug zu geben, wie erklärt sich dann, daß auf der nächstfolgenden, höher entwickelten Stufe mit dem Glauben an personale, dem Menschen übergeordnete Geistmächte als ihrer kennzeichnenden Errungenschaft der Irrationalismus nicht etwa dahinschwand, sondern ganz im Gegenteil mächtig ins Kraut schoß? Erinnert sei nur an die Prophetie, das Orakelwesen, die Hexerei, die Gotteskindschaft, den Wunderglauben sowie, im Christentum, getreu der Maxime: *Credo, quia absurdum*, die Jungfrauengeburt, die Taufe und die Lehre von der Eucharistie.

- Das zweite Bedenken: Die Annahme, daß die Menschen während der Epoche des Präanimismus noch keine personalen Geistwesen kannten, steht im Widerspruch zu dem weltweit verbreiteten kosmogonischen Mythos, demzufolge zu Anbeginn ein solches Wesen, als vorläufig erstes und einziges seiner Art, existierte, das die Welt erschuf. Zwei Ethnologen, die an sich die gängige Auffassung teilten, machte das Dilemma immerhin zu schaffen: Dem vielseitigen – er machte sich auch als Altphilologe, Romanist und Literat einen Namen[622] – Schotten Andrew Lang (1844–1912), den ein gründliches Studium der Berichte über die «*most backward races*» zu der Überzeugung geführt hatte, daß am Anfang der Entwicklung der Glaube an lediglich *einen*, und zwar schöpferisch tätigen *Gott* (einen «*maker*») gestanden habe, der noch eher menschliche Züge trug und jedenfalls keinerlei Gemeinsamkeiten mit den üblichen Geistervorstellungen aufwies.[623] In Deutschland löste der bekannte Ethnologe Pater Wilhelm Schmidt (1868–1954), Mitglied des Missionsordens der «Steyler Brüder» (bzw. der *Societas Verbi Divini*, SVD) und Schulhaupt der «Kulturkreislehre», das Problem auf gleichsam elegante Weise, indem er den (christlichen) Glauben an den *einen* allmächtigen Gott schlichtweg aus dem historischen Entwicklungsprozeß herauslöste und die These vertrat, daß er den Menschen als «Uroffenbarung» von Anbeginn an gegeben war und so, unabhängig von allem historischen Geschehen, seine zeitlose Gültigkeit gewissermaßen als Koeffizient vor der Klammer bewahrte.[624] Schließlich konnten die überzeugten Christen unter den Ethnologen den biblischen Schöpfungsbericht ja auch schwerlich übergehen.

Die Debatten über die Anfänge der religiösen Vorstellungsbildung hatten sich indes schon bald, mit dem Fortgang der konkreten Forschung, erledigt. Abgesehen von dem inzwischen weltweit belegten Mythos von der uranfänglichen Gottheit, die seit Ewigkeiten existierte, bevor sie die Schöpfung in Angriff nahm, hatte die Archäologie, noch während die Theoretiker im Streit miteinander lagen, welcher der beiden für grundlegend erachteten Glaubenssysteme die Priorität gebühre, den Beweis dafür erbracht, daß bereits die Neandertaler (ca. 200.000–30.000 v. Chr.) ihre Toten rituell bestatteten, und zwar in Erdgruben, teils wie schlafend in Seitenlage, teils in quasiembryonaler Hockerstellung, mit rotem Ocker bestreut und vielfach mit Beigaben wie Nahrungsmitteln, Schmuck, Arbeitsgeräten, Waffen und selbst Blumen versehen.[625] Daraus folgt, daß sie an die Existenz einer leibunabhängigen Spiritualseele glaubten, die nach dem Absterben des Körpers in einem jenseitigen Totenreich fortlebt, um sich irgendwann später unter den Ihren zu reinkarnieren (Hockerstellung). Für die Zwischenzeit, das heißt für ihr Dasein und ihre Arbeit in der Ahnengemeinschaft, sollten, wie Parallelvorkommen im rezenten indigenen Bestattungsbrauchtum mit an Sicherheit grenzender Wahrscheinlichkeit nahelegen, die Nahrungsbeigaben und der *rote* Farbstoff ihr *Lebenskraft* verleihen. Daß Traumerlebnisse bei der Entwicklung dieser Vorstellungen eine Rolle gespielt haben, wird man dabei als die nächstliegende Annahme voraussetzen dürfen – was Tylor Recht geben würde. Ferner reicht der Schamanismus sibirischer Prägung, in dem sowohl der Geisterglaube als auch die Vorstellung, daß jeder Mensch eine persönliche Spiritualseele besitzt, eine beherrschende Rolle spielen (und der bereits Ende des 19. Jahrhunderts gut erforscht war), aller Wahrscheinlichkeit nach mindestens bis ins (europäische) Jungpaläolithikum (ca. 36.000–8000 v. Chr.) zurück. Und schließlich sind zur gleichen Zeit auch zahlreiche kleine Idole aus Holz, Knochen, Ton oder Stein (in der Mehrheit weiblichen Geschlechts) belegt, die, wie wiederum analoge Vorkommen aus der Folgezeit bestätigen, *Geister*, wenn nicht *Gottheiten* darstellen. Mithin spricht vieles dafür, daß die Menschen auch in der Frühphase der lebens- und weltanschaulichen Vorstellungsbildung schon gleichermaßen an beides: sowohl die Existenz gewisser, naturinhärenter Kräfte als auch personale Geistmächte glaubten.[626]

Diese wie analoge spätere und teils noch rezente Weltanschauungskonzepte indigener und «zurückgebliebener» ländlicher Gemeinschaften erschienen, wie gesagt, den Wissenschaftlern, die sich mit ihnen befaßten, entweder, auf den ersten Eindruck hin, als Produkt einer gewissermaßen wildwüchsigen Phantasie oder dann später, nach genauerem Hinsehen, als Früchte eines noch rudimentären, gleichsam unbeholfenen «primitiven» Denkvermögens (Stichwort «Urdummheit»), somit als verschroben, ja auch schlichtweg falsch, weil auf fehlerhaften Kausalverknüpfungen und irrigen Schlüssen beruhend. Genau besehen lassen sich indessen die genannten kognitiven Mängel auf ihre Befürworter selbst zurückwälzen: Auch sie gingen von falschen Voraussetzungen aus, indem sie, gleichsam Äpfel mit Birnen vergleichend, die Schöpfungen ganz anders gearteter, weil unter ganz anders beschaffenen Bedingungen entstandener Kulturen nach dem fortgeschrittenen Erkenntnis- und Wissensstand der «westlichen» Zivilisationen, das heißt nach Maßgabe der *eurozentrischen Optik* beurteilten und, wo es an Informationen mangelte, ihrer Phantasie freien Lauf ließen und so desgleichen auf irrige Einschätzungen verfielen beziehungsweise verfallen *mußten*.

Die Vorurteile, die sich daraus ergaben, bestehen auch heute noch in voller Breite fort, weil die ethnologischen Aufklärungsbemühungen noch immer zu wenig fruchten und es so bei den Mißverständnissen bleibt.[627] *De facto* jedoch, und das haben inzwischen neben den grundlegenden Untersuchungen von Alexandr Lurija und David Everett noch viele weitere Studien bestätigt, denken und entwickeln prämoderne Gesellschaften ihre Vorstellungen keinesfalls fehlerhafter, arational oder auf niedrigerem Niveau als «wir»; nur gehen sie dabei von teils sehr unterschiedlichen – geographischen, kulturellen, gesellschaftlichen und so weiter – Erfahrungen aus, die ihr Lebensverständnis, ihre Weltanschauung und ihre Interessen entsprechend prägen. Für wirklich und «wahr» wurde allein gehalten, was zum einen zum anerkannten Überlieferungsgut zählte, das heißt, was die Vorfahren, zum andern, was man selbst und vertrauenswürdige andere Mitglieder der *eigenen Gruppe* beobachtet und erlebt hatten. Darüber hinaus fand, in typisch nostrozentrischer Verengung, Aufmerksamkeit und Interesse nur, was das eigene Dasein betraf und für den Unterhalt relevant erschien.

Beziehungen, Zusammenhänge, Ordnung

Besondere Beachtung galt stets den *Zusammenhängen* innerhalb der Gemeinschaft, das heißt den (stabilen) Beziehungen zwischen Individuen, Verwandten, den Geschlechtern, Alters- und Sozialgruppen, zwischen den Erwachsenen und ihren Tätigkeitsbereichen, zwischen Menschen und bestimmten Geistern (Mediumismus, Schamanismus) beziehungsweise Gottheiten (Apollo in Delphi). Wo sich die – altersgruppen- oder tätigkeitsspezifischen – Bezüge und insofern auch die Interessen vedichteten, bildeten sich einzelne, gleichsam enger gesponnene «Netzwerke» in Gestalt kleinerer, subsozietärer Sondereinheiten, die auch nach außen hin durch ihre Kleidung, ihre Arbeitsgerätschaften, ihr Verhalten, ihre Sitzordnung bei Versammlungen, ihre Privilegien, ja gelegentlich selbst ihre spezifische Ausdrucksweise und Begrifflichkeit (Frauen-, Sakral-, Berufssprachen) kenntlich waren. Entsprechend ihrer gesellschaftlichen Bedeutung kam ihnen (bzw. ihren Mitgliedern) ein bestimmter Rang in der Aufbaustruktur der Gemeinschaft zu. Ihre je eigenen Überlieferungen, Kenntnisse und Kompetenzen (teils mehr, teils weniger miteinander vernetzt, einander überlagernd oder zu größeren Komplexen kombiniert) machten das Ganze der Lebens- und Weltbetrachtung der Gruppe aus.

Im Rahmen dieser Zusammensetzung nahm die *Verwandtschaftsorganisation* – meist vom Umfang einer, zweier oder auch dreier Subsippensegmente (engl. *Lineages*) – eine zentrale Position ein, weil die soziale Position, die Zuständigkeiten, Aufgaben, Verhaltensvorgaben, Pflichten und Privilegien ihrer Angehörigen von richtungweisender Bedeutung für alle anderen Mitglieder der Gemeinschaft waren. Ihre Beziehungen untereinander entsprachen den Regeln des Zusammenlebens generell, repräsentierten die traditionelle *Ordnung* der Gruppe, die ihrerseits wiederum die Grundlage für das *Routineverhalten* abgab. Beide bedingten und bestätigten einander im steten abbildlichen Wechselbezug.[628]

Eine stabile Ordnung ist die *conditio sine qua non* für den Fortbestand aller, namentlich aber aller kleineren, «geschlossenen» Gesellschaften. Sie strukturiert das Verhalten, unterstellt es in kritischen Bereichen ehernen Regeln und verleiht ihm damit *Bestimmtheit*, so daß die Menschen sich, ohne überlegen zu müssen, mühelos orientieren, zurechtfinden und, ohne «anzuecken», miteinander umgehen können.[629] Ordnung stellt nicht nur eine unerläßliche Voraussetzung für das Überleben einer jeden Gruppe dar, sie entspricht ebenso auch einem «Fundamentalbedürfnis» der Menschen.[630]

Infolgedessen muß unter den Mitgliedern einer Gemeinschaft ein elementares Interesse daran bestehen, sowohl die Beziehungen selbst als auch ihr Abhängigkeitsverhältnis untereinander, die *formale Struktur* der Gesellschaft, zu erhalten. Und in der Tat werden dazu auffallend viele Mittel aufgewandt, ja, man könnte der Auffassung sein, die gesamte *traditionelle* Kultur diene diesem Zweck. Im Folgenden seien nur die nachhaltigsten, die Institutionen mit der größten Breitenwirkung genannt.

- Die *Abstammungsverwandtschaft*. Den üblichen präszientifischen Zeugungsvorstellungen nach werden durch den Zeugungsakt stoffliche (vitalkrafthaltige) Anteile beider Geschlechter gemischt und wachsen während der Schwangerschaft zu einem einzigen Organismus zusammen. Kinder, die auf dieselbe Weise entstanden, das heißt dieselben Eltern besitzen, sind miteinander «blutsverwandt» und zu wechselseitigem Beistand verpflichtet.
- Die *Arbeitsteilung*. Innerhalb einer Familie nehmen die einzelnen Mitglieder, vor allem aber die Eheleute, unterschiedliche Aufgaben wahr, die indes zwingend einander ergänzen, das heißt wechselseitig voneinander abhängig sind. Jeder ist mithin auf alle anderen angewiesen.
- Die *Wohngemeinschaft*. Mitglieder einer Familie, eines Verwandtschaftsverbandes oder auch einer Interessengemeinschaft pflegen in der Regel dicht beieinander zu leben – in einer Hütte, einem Langhaus, einem bestimmten Teil des Dorfes, einem Stadtviertel,

in der Diaspora. So besteht die Möglichkeit, einander jederzeit (nicht nur im Notfall) Beistand zu leisten.

- *Solidarität.* Mitglieder einer – familiären, verwandtschaftlichen oder anderen mehr oder weniger geschlossenen – Gemeinschaft teilen (als Erwachsene) dieselben Aufgaben, Pflichten, Verhaltensweisen (die Etikette), Überlieferungen und das Wissen ihrer Gruppe. Daraus erwuchs, durch die tagtäglich wiederholte Inanspruchnahme der Wechselbeziehungen ständig bestärkt und bestätigt, ein starkes Empfinden von Einigkeit. Jeder bildete, wie die Jibaro in Ekuador sich ausdrückten, «einen untrennbaren Teil des Ganzen der Familie und Gruppe, zu der er gehörte»; man fühlte sich «kohärent miteinander verbunden».[631] Das schuf *auch* – im ursprünglichen Sinne des Wortes[632] – Sympathie füreinander und Gemeinsinnigkeit, gleichzeitig aber auch Abhängigkeit voneinander. Nach der Maxime «Einigkeit macht stark» herrschte daher generell die Verpflichtung zur Solidarität, zum bedingungslosen Beistand untereinander. Um ganz sicherzugehen, schworen sich die Boran in Südäthiopien, formelhaft und zur steten Ermahnung, immer wieder auf strikte Einmütigkeit, auf den «Frieden der Boran» ein.[633]
- Die *Kontrolle durch die Öffentlichkeit.* Da es alle anging, hatten alle ein Auge darauf, daß niemand die bestehenden Beziehungen störte oder wider eine Regel verstieß, die ihre fortlaufende Durchgängigkeit und Spannkraft gewährleistete. Der Riß nur einer Beziehung hätte sogleich zur Verformung ihrer aller Struktur geführt und das Gesamtnetz zumindest «durchhängen» lassen.
- Die *Wiederherstellung.* Wurde eine Beziehung verletzt, sollte der Schaden auf der Stelle behoben werden, auch, damit er nicht weiter um sich griff. Das geschah, indem man ihn, strukturadäquat, buchstäblich Zug um Zug *rückgängig* machte, das heißt Verunreinigungen tilgte (durch Abwaschen, Räuchern, Widerrufen, Ausgleichen nach dem *ius talionis* und dergleichen mehr), in schweren Fällen das zu Schaden Gekommene durch ein Restitutions-, ein «Wiedergeburtsritual» rundum erneuerte.
- Die *Seklusion.* Um das Beziehungsnetz einer Gemeinschaft erst gar nicht der Gefahr exogener Eingriffe auszusetzen, schotteten sich Familien, Verwandtschaftsverbände, Bünde, Lokalgruppen und so weiter von der jeweiligen «Außenwelt» auf teils diskrete, teils manifeste Weise durch Distanzierung, Meidungsvorschriften, bauliche Umwehrung (Wände, Mauern) oder auch Verunglimpfungen der Anderen, unrein, arbeitsscheu, unzuverlässig und zwielichtigen, ja bösartigen Charakters zu sein, ab – das heißt: man umgab sich mit dem sicheren Schutzwall der Seklusion.

Eine Beziehung kann zwischen zwei oder mehr Menschen, Nachfahren und Ahnen, einem Menschen und einem oder mehreren Tieren, Geistern und Göttern, einem Menschen und einem oder mehreren Erinnerungsstücken, Gebrauchsgegenständen, Kunstwerken und bestimmten Lokalitäten bestehen. Irgendwann muß sie angeknüpft und, falls sie sich bewährt und als lohnend erwiesen hat, gefestigt und verstetigt worden sein. Ihre Entstehung geschah vielleicht durch eine zufällige oder dritterseits veranlaßte Begegnung, ein besonderes Ereignis, das die künftigen Partner zu einer «Schicksalsgemeinschaft» verband, oder die Einsicht, daß eine dauerhafte Verbindung für alle Beteiligten von Vorteil sei. Die Art und Weise, wie sich die Initialverknüpfung vollzog – man umarmte sich, das heißt nahm, wie unter Blutsverwandten, Körperkontakt auf, mischte sein Blut («Bluts*brüderschaft*»), trank aus demselben Becher, verzehrte gemeinsam ein bestimmtes Gericht, gelobte einander ewige Treue («bis in den Tod») – wurde dann unter Umständen beispielgebend für andere. Bezeichnend ist, daß die genannten Alternativen allesamt dem Umgang unter Abstammungs- beziehungsweise «Blutsverwandten» entlehnt sind.

Beziehungen entsprechen nur in seltenen Fällen einer durchgezogenen Linie, einem Band, einem Weg ohne Unterbrechungen oder einem geschlossenen Kreis. Da sie ungleiche Größen (denn sonst würde es sich nicht um eine Beziehung handeln), das heißt verschiedene Personen untereinander, Personen mit einem Tier, einem Gegenstand oder einer bestimmten Örtlichkeit verbinden, besteht an der Stelle, wo sie in Kontakt treten, der «Nahtstelle» sozusagen, immer eine wenn auch noch so kleine Lücke mit schwankendem, unsicherem Grund, ein instabiler, der Zwischenphase in Seinswechselprozessen vergleichbarer Zustand, der strukturell ein gewisses Innovationspotential enthält, daher dem Bestand der Beziehung gefährlich werden könnte und insofern stets besondere Sicherungs- beziehungsweise «Verschlüsselungsmaßnahmen» erforderlich macht.

Dabei ist zu unterscheiden zwischen geringfügigen, längst zur Routine gewordenen, ferner zwar gewohnten, aber stärker einschneidenden sowie unvorhersehbaren, unter Umständen dramatischen Einschnitten einer Beziehung. Zur Veranschaulichung nur einige Beispiele.

Sprünge

- Freunde verbringen viel Zeit miteinander, gehen gemeinsamen Beschäftigungen nach, unterstützen sich und stehen einander in Notfällen bei. Trennen sie sich und begegnen erneut einander, begrüßen sie sich auf eine bestimmte, formale Weise, erkundigen sich nach dem Wohlergehen des anderen und seiner Familie und tauschen Neuigkeiten, vielleicht kleine Geschenke («Mitbringsel») aus.
- Familienangehörige, vor allem aber Eheleute, tragen auf unterschiedliche Weise zum gemeinsamen Unterhalt bei. Ihre Aufgaben stehen in einem *komplementären* Verhältnis zueinander, das heißt sie sind als Leistungsträger voneinander abhängig. Sie arbeiten zwar (kurzfristig) getrennt, bleiben aber (langfristig) miteinander verbunden. Überdies «schweißt» sie formal das bei Beziehungen dieser Art obligatorische *Reziprozitätsgebot* «zusammen».
- Die Angehörigen der zwei oder drei Generationen einer Familie partizipieren zwar an der familiären Aufgabenverteilung, sind darüber hinaus aber noch zur Fürsorge füreinander verpflichtet: Eltern sorgen und stehen ein für ihre Kinder (Enkel), diese für ihre Eltern (Großeltern), sobald sie nicht mehr in der Lage sind, ihren Unterhalt selbst zu bestreiten. Der Einschnitt im Wechsel der Beziehungen steht hier zwar für mehrere Jahre aus, vielleicht auch gedehnt durch eine längere Abwesenheit eines der Fürsorgepflichtigen, doch bleibt die Verbindung bestehen, zumal in den alten Gesellschaften von der Öffentlichkeit mit Argusaugen überwacht und in diesem Fall geregelt durch das *Redistributionsgebot* (von mlat. *redistributio*, «Rückverteilung»).
- Erwarten Eltern ein Kind, sondern sie sich – anfangs getrennt, später gemeinsam – von der Öffentlichkeit ab und begeben sich für einige Tage vor und nach der Geburt in Seklusion. Dort reduzieren sie ihre Bewegungen auf das Notwendigste, um den Wechsel des Kindes während der prekären Übergangsphase von dem einen in den anderen Seinszustand nicht zu gefährden, synchronisieren gleichzeitig ihr Verhalten aber auch,

um ihre Verbindung noch einmal zu stärken, damit das Neugeborene gleichsam auf sicheren Boden fällt und festen Halt in ihrer beider Beziehung findet.

- Lösen sich Braut und Bräutigam aus ihren Familien, ziehen sie sich ebenfalls zunächst (getrennt) für einen oder mehrere Tage in ein «Versteck» zurück, um bei der Verehelichung dann durch ein Zustandswechselritual miteinander verbunden zu werden. Da ehedem Patrilokalität und Exogamie die Regel bildeten[634], heiratete die Braut *als Fremde* in die Gruppe ihres Zukünftigen ein. Um der damit verbundenen gewissen Gefährdung der Einheimischen zu begegnen, entsprach das Heirats- einem Adoptionsritual[635] – die junge Frau wurde zur Quasiverwandten mit allen Pflichten und Rechten einer echten Angehörigen des Verwandtschaftsverbandes ihres Mannes «umgewandelt».
- Wechselten eine Familie, ein Teil der dörflichen Gemeinschaft oder diese selbst den Wohnsitz, pflegten sie, *um den Zusammenhang zu wahren*, fast immer irgendetwas *mitzunehmen*: abgesehen vom Brauchtum und der Tradition ihrer Gruppe, im einzelnen etwa ein brennendes Holzscheit oder glühende Asche aus dem familiären Herdfeuer, Bauteile aus dem Männerhaus, die im neuen mit verbaut wurden, Erinnerungsstücke, Reliquien, Idole und anderes mehr.
- Begaben sich die Männer auf eine gefährliche Jagd oder den Kriegspfad, bemühten sich die Ehefrauen daheim, die vom Zerreißen bedrohten Bande durch ein bestimmtes, quasi *korrespondierendes* Verhalten zusätzlich zu festigen, indem sie die Arbeit ruhen ließen, um sich voll auf das Vorhaben der Männer konzentrieren zu können, mieden den Schlaf, damit auch die Männer wachsam blieben, oder taten so, als ob sie sich gleichfalls auf der Jagd beziehungsweise dem Kriegspfad befänden.[636]
- Brach zwischen einzelnen Personen oder Gruppen innerhalb der Gesellschaft ein Streit aus, der das Zusammenleben und die Existenzfähigkeit aller akut bedrohte, sozusagen auf die «Zerreißprobe» stellte, schalteten sich die Ältesten mit dem Oberhaupt, das heißt dem Gearchen oder Ethnarchen an der Spitze ein, um als übergeordnete, formal unparteiische «Drittinstanzen» zwischen beiden Seiten zu vermitteln und nach Möglichkeit Frieden zu stiften. Gelang das, besiegelten die entzweiten Parteien die neu geknüpfte Verbindung durch Versöhnungsschwüre, Umarmungen, den Austausch von Geschenken (Reziprozität) und ein gemeinsames Friedensmahl.
- Erkrankte jemand (ein Erwachsener) schwer oder erlitt einen Unfall, wurde das als Strafe seiner Ahnen für ein – sei es öffentlich oder im Verborgenen begangenes – Vergehen aufgefaßt, wodurch die für beider Existenz unerläßliche Beziehung in höchstem Maße bedroht war. Sie zu retten und wiederherzustellen war Sache des Schuldigen. Er hatte das Geschehene auf die schon beschriebene Weise entweder *rückgängig* zu machen (durch Beichte, Reinigung, Fasten sowie, falls jemand zu Schaden gekommen war, entsprechende Wiedergutmachungsleistungen) oder sich selbst, seinen «alten Adam», von Grund auf zu *erneuern*, was wie üblich geschah, indem er sich an einem abgeschiedenen Ort einem Seinswechselritual unterzog.
- Starb ein Erwachsener (eines «natürlichen» Todes), waren abermals zwei Arten von Beziehungen betroffen: Einerseits schied er von seinen Angehörigen, zum andern wandelte sich die Beziehung zu seinen Ahnen auf entscheidende Weise. Innerhalb der Gesellschaft vollzog sich die Trennung wieder nach dem schon erwähnten Muster. Beide Betroffene begaben sich sozusagen in Seklusion: Der Tote wurde – häufig in Hockerstellung – begraben, die Trauernden aus dem engsten Familienkreis zogen sich für eine

Zeitlang in eine Hütte zurück, fasteten, gingen «in Sack und Asche» und verhielten sich auch sonst, als seien sie gleichfalls verstorben, um danach feierlich, als «Auferstandene», in die Gesellschaft wieder aufgenommen zu werden und ein neues Leben zu beginnen. Auf der anderen Seite stand auch der Tote zu einem neuen Leben auf: Er wurde – daher die Hockerstellung – als «Säugling» unter seinen Ahnen *wiedergeboren*, wuchs dort zum «Erwachsenen» auf, um sich dann eines Tages wieder unter den Seinen auf Erden zu reinkarnieren.

- Ging ein «Jahr», *de facto* eine Feldbausaison, zur Neige, galt es, alles zu tun, um die Beziehungen zum nächstfolgenden möglichst unversehrt über den kritischen Hiatus zwischen beiden (in Mitteleuropa die «Rauh»- oder «Zwölfnächte») zu erhalten, damit auch im neuen Jahr nichts Unvorhergesehenes geschah und das Überleben gesichert blieb. Dem diente eine bezeichnende Fülle von Brauchtümern, eingespannt in den Rahmen eines gesamtgesellschaftlichen Zustandswechselprozesses. Fremde waren dabei nicht zugelassen: Die Kommune begab sich geschlossen in Seklusion. Dem Strukturmuster folgend, entledigte man sich während der ersten Phase alles Fehlgelaufenen und Unzugehörigen, das sich möglicherweise angesammelt und Fuß gefaßt hatte, indem man sich und seine Besitztümer reinigte, sich durch Fasten, Beichten und Bußübungen entschlackte und fremdes Kulturgut ausschied. Die zweite, die Übergangsphase war entsprechend gekennzeichnet von Wechsel- und *Umkehrprozessen*. Die Feuer in den Häusern wurden gelöscht, Kinder beschimpften ihre Eltern, Frauen ihre Gatten, ja übten Gewalt wider sie, Männer gaben sich in Tracht und Gehabe als Frauen, Regeln und Tabus konnten ungeahndet gebrochen werden – kurz: Es herrschte das blanke Chaos. Gewöhnlich nach etwa drei Tagen hatte der Spuk dann ein Ende. Zu Beginn der dritten, der Angliederungsphase wurden die Herdfeuer wieder entzündet; abermals reinigte man sich, dazu seine Besitztümer einschließlich der Häuser; Beschädigtes besserte man aus oder ersetzte es durch Neues. Bestehende Abkommen wurden bestätigt, die lokalen Würdenträger feierlich aufs neue eingesetzt oder es traten andere an ihre Stelle. Die Gesellschaft war, wie die Lobedu in Transvaal den Sinn des Neujahrsbrauchtums erläuterten, jeweils zu *neuem Leben* «erwacht»[637], der Anschluß an das Folgejahr war geglückt.[638]
- Beging jemand ein schweres, ein «Kardinalverbrechen», zum Beispiel Mord («aus niedrigen Beweggründen»), ging es auch hier um zweierlei. Zum einen war die Verbindung zwischen der Täter- und der Opferfamilie gewaltsam durchtrennt, zum andern wieder auch die Beziehung des Täters zu seinen Ahnen betroffen. In der ersteren Hinsicht versuchten zunächst die Ältesten – es handelte sich ja um ein gesellschaftliches, ein «weltliches» Delikt – zwischen den enzweiten Parteien zu vermitteln. Zeigte sich der Täter uneinsichtig, konnte er *exkommuniziert*, das heißt dem «Untod» in der Fremde überantwortet werden, was ihn für immer auch aus der Ahnenwelt ausschloß. Vermochten sich die Ältesten nicht durchzusetzen, trat in der Regel das *ius talionis* in Kraft, oft mit verheerenden Folgen für die Gesamtgesellschaft, manchmal über Jahre hinaus.
- Fiel eine Gesellschaft einer Epidemie, einem Erdbeben oder sonst einem verheerenden Unheil zum Opfer, wurde auch das als Strafgericht der Ahnen für die wachsende Mißachtung ihrer Autorität, für Traditionsvergessenheit und einen allgemeinen Sittenverfall begriffen. Die Ahnen hatten damit, am Ende ihrer Geduld, ihrerseits die Beziehung zu ihren Nachfahren ein für allemal durchtrennt, womit der Untergang der Gruppe

> besiegelt war. Etliche Familien wanderten ab. Andere indes blieben, in der Hoffnung, das verlorene Leben vielleicht doch noch wiedergewinnen zu können. In diesen Fällen erhoben «Propheten» ihre Stimme und riefen die Restbevölkerung auf, alles Bisherige, mit dem Gift der Entartung Kontaminierte abzutun («Fundamentalismus»), umzukehren zurück zu den Ursprüngen («Nativismus») und sich selbst einer Totalumwandlung zu unterziehen, um so imstand zu sein, wiederaufzuerstehen zum Leben im urzeitlichen, reinen und «wahren» Sinne («Revivalismus»). Dann hätten die Ahnen vielleicht ein Einsehen, würden «Gnade vor Recht» ergehen lassen und es bräche eine neue, eine *Heilszeit* an («Heilserwartungsbewegungen»).

Sind die Beziehungen einer Gesellschaft intakt, funktioniert auch das Getriebe reibungslos. Doch wahrt man Beziehungen nicht nur, weil sie hier und jetzt bestimmte, notwendige Zwecke erfüllen. Dazu wäre ihr Schutz nicht hinreichend verbürgt. Ihre Bedeutung für den Bestand der Gemeinschaft erfordert ihre *zeitlose* Gültigkeit. Und dazu sollte ihr Anspruch auf stetigen Halt auch sozusagen «nach hinten zu», also vertikal, zurück bis tief in die Vergangenheit abgesichert, fest verankert, das heißt überzeugend *begründet* sein. Die Verwandtschaftsbande zum Beispiel reichen über ungezählte Generationen letztlich bis auf das (mythische) Urpaar zurück. Wichtige Institutionen wie die Arbeitsteilung, die Umgangsregeln, das Geburten- und Hochzeitsbrauchtum und das Restituierungs- beziehungsweise Wiedergeburtsritual wurden gar noch von den Kulturstifterheroen eingesetzt, das heißt sind, da sie auf übermenschliche, quasigöttliche Autoritäten zurückgehen, auch noch *legitimiert*. Die «rückwärtige» Bindung besitzt zudem untrügliche Verläßlichkeit, weil sie weder undichte Stellen noch offene Lücken kennt: Wo sie bestanden, wurden sie von den für die Überlieferung verantwortlichen Ältesten längst getilgt oder mittels fiktiver Zwischenglieder, wie häufig im Fall von Genealogien angesehener Familien, geschlossen.

Dermaßen vernetzt, entsprechen die Beziehungen, die einer Gesellschaft Struktur und Halt verleihen, den Lebensadern eines Organismus. Um ihre Funktionen erfüllen zu können, muß ihr aller Zusammenhang verläßlich gewährleistet sein. Dem dienen, um noch einmal zu resümieren, kurzfristig die unmittelbare, *Kontiguität* stiftende Verknüpfung ihrer Bindeglieder (durch Reziprozität, Adoption, Schwüre usw.) beziehungsweise Phasen (durch Erneuerungsrituale), langfristig deren gleichförmige *Wiederholung*, die ihre *Kontinuität* verbürgt, sei es linear oder zyklisch.

Durch Adern fließt, vom Herzschlag, solange das Leben währt, unablässig getrieben, Blut; Beziehungen vermitteln, unbewußt vom Herkommen, bewußt von geistigen Impulsen, wie dem Willen, in Gang gesetzt und gehalten, Emotionen, Absichten und Handlungen. Blutkreislauf und Beziehungen funktionieren, «leben» nur, sofern sie sich *in Bewegung* befinden. Tritt Stillstand ein, zerfällt und vergeht das Blut und kommen die Beziehungen zum Erliegen. Das *Movens*, das sie weckt und antreibt, wird weltweit als «*Kraft*» begriffen, konkret gesondert in die drei immanenten Natur-, Vital- und Sozialkräfte sowie als vierte die stoffunabhängige, transzendente Spiritualkraft (s. o. S. 34–38). Keine von ihnen läßt sich unmittelbar sehen noch berühren, aber gleichwohl *erfahren* – an den Effekten, die sie bewirken. Insofern zweifelte niemand an ihrer Existenz, wie sie auch heute sowohl in den Sozial- als auch den Naturwissenschaften als reale Größe anerkannt sind, wenn auch nur mittelbar bestimmbar anhand ihrer Wirkungen, das heißt der meßbaren *Veränderungen*, die sie auslösen. Wer die Erfahrungen mit ihnen gründlich studiert («erforscht») und zutreffende, «belastbare» Schlußfolgerungen daraus gezogen hat, kann sie nutzen und manipulieren, das heißt ihre Wirksamkeit ebenso schwächen wie stärken. In den alten autonomen, «geschlossenen» Dorfgemeinschaften handelte im sozialen wie moralischen Sinne korrekt, wer die altüberkommene, sichtlich bestens bewährte Kräfteordnung unangetastet ließ. Denn das Ideal war und blieb die *Unversehrtheit* des Ahnenerbes, der Tradition.

Keine Überlegung, keine Handlung, die dieser Lebenseinstellung entsprach, läßt sich als «irrational» diskreditieren. Man ging von konkreten Beobachtungen und Erfahrungen aus, zog Folgerungen daraus, die damit im Einklang standen, und hatte hinreichend Gelegenheit, ihre Gültigkeit *im Rahmen des gegebenen Kenntnisstandes* Tag für Tag zu überprüfen. Das betraf selbst kompliziertere Naturvorgänge. So vertraten zum Beispiel die Batek im zentralen Süden der Halbinsel Malakka (Malaysia) – um es bei diesem einen Hinweis zu belassen – die Auffassung, daß die dichten Nebel, die sich bei ihnen frühmorgens über den Flüssen und Teichen bilden, diesen Wasser entzögen, sich zu Wolken verdichteten, darin, wie in Beuteln, das Wasser mit an den Himmel trügen und es irgendwann, wenn die Wolke dem Druck nicht mehr gewachsen war, fallen beziehungsweise als Regen niedergehen zu lassen. Der versickere dann im Boden und fülle Quellen, Bäche, Flüsse und Teiche von unten her erneut wieder auf.[639] Geschehnisse, für die eine naheliegende, «natürliche» Begründung nicht auf der Hand lag, erklärte man sich, durchaus konsequent, mit dem Eingreifen «übernatürlicher», also unsichtbarer, transzendenter und ergo dem Menschen überlegener Geistmächte.

Begründung und Legitimierung

Indigene und autonome prämoderne Dorfgemeinschaften bildeten sowohl objektiv als auch ihrem eigenen Verständnis nach geschlossene Einheiten. Den üblichen Gegebenheiten folgend, waren sie im Innern nach den Kategorien Alter, Geschlecht, Kompetenz und Status in kleinere und größere Teileinheiten – Familien, Verwandtschaftsverbände, Frauen- und Männervereinigungen sowie Ältestengremien – aufgeteilt, mit je unterschiedlichen Aufgaben, Pflichten und Interessen. Da keine der Subgruppen imstande gewesen wäre, längerfristig für ihren Unterhalt selbst aufzukommen, waren sie auf Kooperation angewiesen. Das aber besagte, daß die einzelnen Beiträge nur ungleichwertig, das heißt von unterschiedlicher Bedeutung für den Haushalt der Gemeinschaft sein konnten und es infolge dessen zu mehrschichtigen Abhängigkeitsverhältnissen kam. Darin lag ein latentes Konfliktpotential, das die Existenz aller bedrohte. Ihm wurde wirksam vor allem durch zwei Ausgleichsmechanismen begegnet: kurzfristig durch das Reziprozitäts-, auf Dauer durch das Redistributionsgebot, letztlich die Zyklisierung allen Geschehens.

Gesellschaften dieses Typs entsprechen formal geschlossenen Systemen. Ihre Struktur bilden lineare, über kürzere Strecken horizontal, über längere teils ansteigend, teils fallend verlaufende *Beziehungen*, welche die Interkommunikation zwischen den Parzellen («Organen») des Systems sicherstellen und als geschlossenes Netz für den *Zusammenhang* des Ganzen stehen. Ihre volle Funktionsfähigkeit setzt voraus, daß sie möglichst lückenlos, also *kontinuierlich* verlaufen. Anknüpfungs- und Verbindungsstellen zwischen einzelnen Gliedern oder Phasen werden rituell verklammert beziehungsweise durch «Anverwandlung» *via* Seinswechselritual zu einem quasiverwandtschaftlichen, Kontiguität stiftenden Verhältnis zusammengezogen. Endlich die Bestandsgarantie in der Zeit liefert ihre *Begründung*: das Postulat ihrer aller Abkunft aus einem gemeinsamen Ursprung. Die Gültigkeit der bindenden und den Zusammenhalt verbürgenden

Konnexionen wird durch das Herkommen, die Tradition, und die Verhaltensregeln der Gemeinschaft sanktioniert.

Der Ursprungsmythos eines jeden Ethnos mit stabiler Identität besagte, daß Gott seinen Urahn als ersten Menschen erschaffen und ihm als Wohnstätte einen paradiesischen Ort (offenbar irgendwo zwischen Himmel und Erde) zugedacht hatte, daß die Menschen den Schöpfer jedoch durch Übermut und frevlerisches Verhalten enttäuschten, aus dem Paradies verbannt wurden, «abstürzten», sich aber immerhin noch im zentralen Bereich des Erdkreises wiederfanden, dann eine quasichaotische Phase bis hart an die Überlebensgrenze durchlebten, bis Gott schließlich Gnade walten ließ und ihnen die Kulturstifterheroen sandte, die sie in den erforderlichen Unterhaltstechniken und den Regeln und Normen eines geordneten, konfliktfreien Zusammenlebens unterwiesen. Jedes Ethnos durfte sich daher, trotz des leichtsinnig aufs Spiel gesetzten Urzustands, als das bevorzugte, das «auserwählte» Volk Gottes verstehen.[640]

Die letztere, «*nostrozentrische*» Einschätzung war indes nicht nur typisch für indigene Ethnien, sondern prägte auch das Selbstbewußtsein autonomer Dorfgemeinschaften und geschlossener Gesellschaften außerhalb des unmittelbaren politischen und ideologischen Einflußbereichs der Hochkulturen, ja lebte in den Grundzügen im «Nationalismus» antiker und moderner Staaten fort.

In den alten Dorfkulturen bildete dabei die Siedlungsstruktur zur steten und augenfälligen Bestätigung das Weltbild topographisch ab: Im Zentrum befand sich die Agora, auf der die Ältesten mit dem Oberhaupt (dem Gearchen bzw. Ethnarchen) in ihrer Mitte tagten und Rats pflogen. Hier liefen die Beziehungsfäden, die «Lebensadern» der Lokalgemeinschaft zusammen, wurden gebündelt, gestärkt aus dem Kräftefundus der Zentralkohärenz und bei Bedarf aufs neue ausgerichtet, um wieder «zurückzustrahlen» in die Arena, den eigentlichen Lebensraum der Dorfbewohner. Die dergestalt ständig gestraffte und auf Kurs gehaltene Gemeinschaftsordnung löste sich zur Peripherie der Siedlung hin, mit der Abschwächung der Bindekräfte proportional zur Entfernung von der Agora, allmählich auf. Im Randbereich, der *Übergangssphäre* zwischen Binnen- und Außenwelt, herrschten, da Impulsen beider Seiten ausgesetzt, ambivalente, labile, wechselvolle, von den Bruchstücken des dörflichen Beziehungsnetzes durchzogene, teils quasichaotische Verhältnisse. Entsprechend wurden hierher notorisch Tabubrüchige, Verfemte, Eheunwillige, Sonderlinge und sonstige soziale «Ex-zentriker» abgeschoben, hielten sich fahrende Handwerker, Händler, anderwärts straffällig Gewordene, Flüchtlinge und Asylsuchende auf.

Die Verherrlichung der eigenen, gewissermaßen postparadiesischen Lebenswelt hatte konsequentermaßen zur Folge, daß alles jenseits ihrer Territoriumsgrenze als verquer, mißgestaltet, unförmig – kurz: als «abartig» erschien, und zwar zunehmend mit der Entfernung. Beide Welten verhielten sich *invers* zueinander, waren einander von Grund auf *fremd*. Das heimische Kulturland ging vermeintlich «drüben» in unwirtliche, schwer passierbare Landschaften über, in denen unverträgliche Pflanzen und Früchte gediehen, giftiges Gewürm, gefährliche Raubtiere und Menschen von abstoßendem, häßlichem Äußeren hausten, die lediglich eine rudimentär entwickelte Zivilisation, eine ungehobelte, rohe Gesittung besaßen. Besser, man hatte möglichst wenig mit ihnen zu tun. Gleichwohl ließen sich Kontakte nicht gänzlich vermeiden. Allein schon die Exogamie setzte beständige, sogar quasiverwandtschaftliche Beziehungen zu bestimmten benachbarten Gruppen voraus. Mit ihnen oder anderen, mit denen man aufgrund ihrer Siedlungsnähe und unverkennbarer Gemeinsamkeiten vertrauter war, tauschte man auch Rohstoffe oder Produkte aus, über die man nicht selber verfügte, derer man aber für die eigene Lebenshaltung bedurfte. Bezeichnenderweise wurde der Handel im jeweiligen Grenzbereich von den Frauen, die auf beiden Seiten heimisch waren, bestritten (sog. «Frauengrenzmarkthandel»). In anderen Fällen ging man Bündnisse mit einer oder mehreren Nachbargruppen ein, um sich der Bedrohung durch stärkere, überlegene Gegner zu erwehren. In all diesen Fällen waren dann aber die Heirats-, Handels- und diplomatischen Beziehungen über die Territoriumsgrenzen hinaus *aufs strengste ritualisiert.*

Endo- und Exosphäre waren genuin *unverträglich* miteinander: Die dualistische Weltanschauung hatte die Überzeugung zur Folge, daß alles, was die eigene Daseinsordnung gefährdete, was unguter, zerstörerischer Art war, nur *exogener* Herkunft sein konnte. Bedrohliche Entwicklungen, waren sich die Suyá und andere Gé-Gruppen in Ostbrasilien sicher, brauten sich stets jenseits des Horizonts des eigenen Siedlungsareals zusammen.[641] Dort selbst gingen entsprechend Krankheiten, Mißgeschicke, Zerwürfnisse und dergleichen letzten Endes immer auf Fremdimpulse zurück. Die «griffen» am ehesten, wenn sich jemand, zwei Parteien oder ein Produktionsprozeß in der *Übergangsphase* eines – leiblichen, biographischen, sozialen, ökonomischen – Zustandswechsels befanden; daher auch hier die Abwehrversuche durch Ritualisierung. Folgerichtig mußten als extrem riskant unmittelbare Kontakte mit Fremden und spontane Grenzübertritte *ohne* Absicherung durch rituelle Formalisierung gelten. Sie lösten zumindest Verunreinigungen, oft auch – sozusagen durch Infizierung – Krankheiten und negative Veränderungen im Wesen der Betreffenden aus; sexuelle Beziehungen hatten Miß- oder Totgeburten zur Folge.[642] Personen, die Fremdland betraten, «verkrümmten» sich gleichsam, nahmen «abartige» Verhaltensweisen an, liefen Gefahr, auf Abwege zu geraten. Fanden sie zurück, bedurften sie, um reintegriert werden zu können, einer gründlichen Reinigung und rituellen Restituierung; in schweren Fällen half nur mehr ein Wiedergeburtsritual – wofern sie nicht vollends «abgestoßen», das heißt exkommuniziert wurden. Offene Wunden zehrten am Kraftbesitz der Gesellschaft; sie entsprachen undichten Stellen, Rissen oder gar Löchern in der Schutzwehr des Systems, durch die Kraft entweichen, für immer verlorengehen konnte.

Exogenen Kulturgütern haftete, gleich einem unsichtbaren, klebrigen Überzug, das Odium des Uneigenen, Fremden, Unzuträglichen an; ließ man sie zu, riskierte man, daß sie sich zu einem gefährlichen Brandherd entwickelten. Überdies waren sie für die (meisten) Angehörigen der eigenen Gemeinschaft oftmals neu, das heißt unkalkulierbar und stellten so auch in dieser Beziehung (vermeintlich) eine potentielle Bedrohung dar. Insofern lehnten sie indigene und prämoderne ländliche Gesellschaften durchweg ab, das heißt herrschte allgemein *Neophobie* – moderne Intellektuellenkreise nicht ausgenommen: Abweichende Auffassungen werden diskreditiert, bezweifelt, ins Lächerliche gezogen oder schlichtweg ignoriert[643], während die «eigenen Anschauungen am besten in einem von allen externen Einflüssen abgeschotteten Meinungsbiotop gedeihen, zu dem nur Gleichgesinnte Zugang erhalten, in dem nur kanonische Schriften gelesen werden und in dem die Gesinnung mehr zählt als Wissen.»[644] Auch endogene Neuerungen hatten es schwer, sich durchzusetzen. Der Neophobie entsprach eine notorische *Innovationsresistenz.* Man schottete sich ab – topographisch und kulturell; die Öffentlichkeit achtete scharfen Auges auf Regeltreue und kompromißlose Wahrung der Tradition; man suchte Schutz in der Seklusion, sozusagen der Gralsburg der nostrozentrischen Selbstverklärung.

Nahmen die Neuerungen und die dadurch bedingten Veränderungen indes überhand und wuchsen die Regelverletzungen, die Zerwürfnisse und der Unfriede in der Gesellschaft in einem Maße an, daß ihnen die gewohnt probaten Restituierungsbemühungen nicht mehr nachkommen konnten, gerieten sowohl der Bestand als auch das Gleichgewicht der Kräfte ins Wanken – schlimmer noch: entwich Kraft durch die Lücken, so daß die Gesellschaft, gleich einem Ballon, der an Gas verliert, in sich zusammensank und ihre Existenz auf dem Spiel stand. In derartigen Fällen extremer Bedrohung erhoben die Ältesten (oder «Propheten») ihre Stimme, beklagten den allgemeinen Sittenverfall und riefen die Ihren auf, sich auf der Stelle alles Neuen, Fremden und *Unzugehörigen* zu entledigen, sich «reinzuwaschen» und *umzukehren* zu den Traditionen der Ahnen. Gäben sie dem Appell nicht nach, wäre ihr Ende besiegelt.[645]

Fixierung

Für Gesellschaften, deren Angehörige sich streng an die seit alters überkommenen Vorgaben hielten, blieb das freilich eine eher mythische Vision, die gelegentlich ihre Ältesten, wenn sie den Eindruck gewannen, daß die Verhältnisse eine ungute Entwicklung nehmen könnten, sozusagen als «Drohkulisse» heraufbeschworen. Gleichwohl scheinen sich die Menschen der «guten alten Zeit», sicherlich auch durch Erfahrung belehrt, immer der Möglichkeit einer Gefährdung ihrer Existenz bewußt gewesen zu sein. Denn *de facto* dienten ihre Verhaltensmaximen letztlich dem einen Ziel, setzte man alles daran, den Bestand der überlieferten Seinsordnung, das besagt insonderheit die Struktur des Beziehungsgeflechts, die Zusammenhänge und die gleichgewichtige Kräfteverteilung, *konstant und unversehrt*, das «System» *stabil* zu erhalten. Alles mußte «in Ordnung» sein – ein Schlüsselkonzept des Gruppenbewußtseins: Ordnung verbürgte, daß alles an seinem angestammten Platz war, das gesellschaftliche Regelwerk reibungslos funktionierte, jeder seinen Aufgaben und Verpflichtungen nachkam, Eintracht herrschte und der innere Friede gewahrt blieb. Insofern entsprach Ordnung, wie bereits (oben S. 142) erwähnt, einem menschlichen «Fundamentalbedürfnis» beziehungsweise besteht, wie der Philosoph Karl Raimund Popper (1902–1994) der Überzeugung war, grundsätzlich ein «ungeheuer mächtiges Bedürfnis nach Regelmäßigkeit», das so stark sei, daß es manchmal selbst «gar nicht vorhandene Regelmäßigkeiten wahrnehmen läßt».[646] Ein «Bedürfnis» liegt sicher vor. Ausschlaggebender aber erscheint mir die Einsicht, daß ohne Ordnung, das heißt die Gewißheit, daß die Lebensbedingungen von heute auch morgen (und darüber hinaus) noch gelten werden, weder eine gesicherte Orientierung noch ein *systematisch* geregeltes und insofern, dem Ideal nach zumindest, konfliktfreies Zusammenleben möglich wären.

Und dabei spielte Magie eine wesentliche Rolle; denn sie trug mit dazu bei, den Kreislauf der Kräfte im «Betriebsnetz» des gesellschaftlichen Zusammenlebens zu schützen, in Schwachstellenbereichen zu stärken, Schädigungen zu beheben, Bedrohungen abzuwehren und so insgesamt die Funktionsfähigkeit des kommunalen Ordnungssystems aufrechtzuerhalten.

Eher unbewußt geschah das im alltäglichen *Routineverhalten*, indem man sich an die Höflichkeitsregeln hielt, Vermutungen, um sie zu bekräftigen, mehrfach wiederholte, auf Abstand zu Höhergestellten hielt, jemandem den Rücken kehrte, ihn beschimpfte oder beglückwünschte, ein zerbrochenes Geschirr durch eine exakte Replik ersetzte, eingefahrene Gewohnheiten beibehielt und dergleichen mehr. In diesen Fällen könnte man von «*schwacher Magie*» sprechen, wie ebenso auch dann noch, wenn man sich bewußt magischer Mittel zum Schutz von Koventionen bediente, die von Bedeutung für den Systemerhalt waren. Das beträfe beispielsweise das Bemühen, im Fall einer ernsten Bedrohung allgemein die Zügel straffer zu spannen und auf strikte Fehllosigkeit, namentlich bei der Durchführung von Riten, zu achten, speziell angemessene apotropäische Vorkehrungen zu treffen sowie Maßnahmen zur Stärkung der unmittelbar gefährdeten Güter, Personen und Institutionen zu ergreifen (etwa durch Korrespondenzverhalten); desgleichen ließe sich noch als «schwache» Magie verstehen, wenn es zum Beispiel galt, Verunreinigungen zu tilgen, leichtere Krankheiten zu heilen, kleinere Lücken im Beziehungsnetz zu schließen oder Abweichungen und Verfehlungen geringeren Ausmaßes zu «begradigen» beziehungsweise rückgängig zu machen.

Lagen massive Gefährdungen vor, die das Überleben einzelner oder des gesamten Gemeinwesens unmittelbar bedrohten, setzte man auf Verfahren und Mittel der «*starken Magie*». In derartigen Fällen galt es als erstes, die Abwehr zu stärken – durch entsprechende apotropäische Signaturen an der Schutzwehr der Siedlung, «Kriegsbemalung», Krachschlagen beziehungsweise, in christlichen Gemeinden, Glockenläuten (z.B. bei feindlichen Attacken und Eklipsen) oder indem man das System sozusagen in einen «magischen Kreis» versetzte, das heißt sich alle *intra muros* in Seklusion begaben. Die eigentlichen, effizienteren Abwehrmaßnahmen sah man dann in gezielten Ritualen, und zwar wenn sie entweder unter der Leitung von ausgesprochenen Kraftträgern (wie den Ältesten, dem Gearchen, Sakralkönigen, Heiligen), an krafthaltigen Orten (auf der Agora, im Männerhaus, an Heiligengräbern, d.h. *ad sanctos*) und zu einer Zeit, in der übermäßig Kraft freigesetzt und verfügbar war (etwa während persönlicher und kosmischer Übergangsphasen), oder kollektiv von allen erwachsenen Mitgliedern der Gruppe (z.B. Kriegstänze) durchgeführt wurden.

Hatte der Fremdimpuls bereits durchgeschlagen und Zerstörungen angerichtet, angesichts deren Ausmaß der Fortbestand der Gesellschaft fraglich erschien, kam alles darauf an, die entstandenen Schäden unter Aufbietung sämtlicher verfügbarer Mittel und Kräfte vielleicht doch noch und möglichst umgehend zu beheben. Neben umfänglichen kollektiven Reinigungsmaßnahmen suchte man die gerissenen Beziehungen wieder zu verknüpfen, Lücken im Netz zu schließen, abwegige Prozesse rückgängig zu machen und vor allem schwer Geschädigtes entweder *via Inversion* zu restituieren, das heißt kraft eines Umwandlungsrituals zu «töten» (vollends zu zerstören), während des «Todeszustands» eine Replik zu erstellen und anschließend dem System zu reintegrieren oder aber, falls eine Erneuerung nicht mehr möglich erschien, zu eliminieren. In manchen Fällen pflegte man auch den «Schutt» alles Zerbrochenen, das im abgelaufenen Jahr zerstörerischen Attacken zum Opfer gefallen war, zu Beginn des neuen einem «Sündenbock» aufzuladen und den dann aus dem Gemeinwesen zu treiben und irgendwo «draußen» zu töten. Wollte man auch fürderhin überleben können, mußte der ursprüngliche Zustand *unversehrt* wiederhergestellt sein.

Leitende Direktiven

Soweit durfte es auf keinen Fall kommen. Es blieb das Ziel, das Ahnenerbe, die traditionelle Seinsordnung (bzw. Kultur), die das Überleben bisher gesichert hatte, möglichst unversehrt, «rein» zu erhalten. Dem diente zuallererst ein Satz allseits verpflichtender Verhaltensregeln, die ihrerseits bestimmten universalen, auf magischen Grundsätzen beruhenden *Prinzipien* folgten. Dabei ist zu unterscheiden zwischen fünf leitenden und einer Anzahl ihnen untergeordneter, auf die Ziele im engeren Sinne gerichteter Handlungsrichtlinien.

Um sich seiner Selbständigkeit und Identität als Gruppe bewußt sein zu können, bedurfte es einer unilinearen, auf Abstammungsverwandtschaft gegründeten Herkunft und des Anspruchs, ein eigenes Territorium und eine eigene Kultur zu besitzen. Dem diente erstens das *Markierungsprinzip*, geschieden im einzelnen in:

- Das *Lokalisierungsprinzip*, das die Lage und die Grenzen des Territoriums und der Siedlung, die Anordnung der Hütten, die zentrale Bedeutung der Agora, des Männerhauses und gegebenenfalls wichtiger Heiligtümer durch die Ortswahl, Distanz zueinander, Größe, Ausgestaltung und so weiter markiert.
- Das *Differenzierungsprinzip*, das die Besonderheit der einzelnen Alters-, Verwandtschafts-, Statusgruppen und Geschlechter durch die Tracht, den Aufgabenbereich, einen entsprechenden Werkzeug- und Gerätebesitz, ein spezifisches Brauchtum sowie das Verhalten untereinander (und anderes mehr) eindeutig markiert.
- Das *Individualisierungsprinzip*, das die hervorragende, «einzigartige» Bedeutung einzelner Gegenstände (Erbstücke, Reliquien, Antiquitäten usw.), Stätten (Agora, Männerhaus, Opferaltäre, Heiligtümer), Personen (Gearch, Sakralkönig), Kollektivrituale (das Neujahrsfest) oder des Schöpfungsmythos durch ihre besondere, zentrale Lokalisierung beziehungsweise Positionierung in Kult und Gesellschaft, die Art, wie man mit ihnen umgeht, wann und wie man sie zelebrierte und rezitierte und so weiter mehr markiert.

Um sich in seiner Gesellschaft verläßlich orientieren, reibungslos kooperieren und konfliktfrei zusammenleben zu können, bedurfte es einer verbindlichen Festlegung der Beziehungen, die zwischen den verschiedenen Alters-, Verwandtschafts-, Statusgruppen und Geschlechtern samt ihren Aufgaben, Pflichten und Privilegien bestanden. Dem diente zweitens das *Strukturierungsprinzip*, geschieden im einzelnen in:

- Das *Positionierungsprinzip*, das die Lokalisierung, die Bedeutung (den Rang), den Verwendungszweck, den Zuständigkeitsbereich und die Weisungshoheit von Gerätschaften, Sozialgruppen, Geschlechtern und übergeordneten Verantwortungsträgern (Ältesten, Oberhäuptern) festlegt.
- Das *Distanzierungsprinzip*, das zum einen die Abstände, die räumlich wie habituell zwischen den genannten Gruppen und Hoheitsträgern einzuhalten waren, regelt, zum andern vorgibt, wer wann welche Stätten betreten darf, welche Kleidung zu tragen, welche Aufgaben zu übernehmen und welche Gerätschaften zu benutzen hat sowie schließlich, wer Anspruch auf welche Privilegien besitzt.
- Das *Zentrierungsprinzip*, demzufolge Gegenstände, Unternehmungen, Rituale, Überlieferungen und Personen, die von besonderer, übergeordneter Bedeutung für die Gesellschaft sind, an zentraler Stelle, das heißt inmitten der Siedlung (am weitesten entfernt von ihrer Peripherie!) deponiert und durchgeführt werden beziehungsweise ihren Sitz (ihre «Residenz») haben.
- Das *Marginalisierungsprinzip*, das dem Zweck dient, organische Abfälle, Geräte, die abgenutzt oder irreparabel beschädigt sind, sowie Personen, die sich notorisch unsozial verhalten (darunter auch Junggesellen!), immer wieder Tabus brechen und wiederholt (kleinere) Verfehlungen begehen, an die Peripherie der Siedlung abzuschieben, in schwereren Fällen durch Seklusion aus der Gesellschaft auszusondern, um sie dort rituell rundum zu «erneuern», das heißt einem Wiedergeburtsritual zu unterziehen.

Um Güter, Brauchtümer, Institutionen, Überlieferungen und Personen, die für die Existenz der Gesellschaft eine Schlüsselbedeutung besaßen und demzufolge eine hohe Wertschätzung genossen, vor Mißbrauch beziehungsweise mangelndem Respekt zu schützen, mußten sie als solche ausgewiesen sein. Dem diente drittens das *Qualifizierungsprinzip*, geschieden im einzelnen in:

- Das *Legitimierungsprinzip*, das dem Bemühen gilt, die Höherwertigkeit besagter Kulturgüter und Personen mit dem Postulat zu begründen, daß sie von den Menschen übergeordneten, also transzendenten Mächten geschaffen oder eingeführt wurden beziehungsweise, im Fall von Personen, in direkter Linie von ihnen abstammen.
- Das *Sakralisierungsprinzip*, demzufolge höherwertigen Kulturgütern und Personen zusätzlich zur gesellschaftlichen auch eine sakrale Bedeutung zugeschrieben wird, ausgewiesen etwa durch ihre Lokalisierung an heiligen Stätten, den privilegierten Zugang zu Genien und Gottheiten, den Anspruch, sie auf Erden zu repräsentieren, infolgedessen auch übergewöhnliche, insbesondere heilende Kräfte zu besitzen, nach dem Tod die Bestattung *ad sanctos*, bei dinglichen Wertgütern ihre Thesaurierung und Nutzung als Reliquien.
- Das *Hierarchisierungsprinzip*, das der Intention diente, Personen, die edler Abkunft (Angehörigen der Gründersippe, der Königsfamilie), vorgerückten Alters, wirtschaftlich erfolgreicher als andere sind oder sich gesellschaftlich verdient gemacht haben, einen entsprechend höheren Rang, zunehmendes Prestige und bestimmte Privilegien zuzuerkennen.
- Das *Ästhetisierungsprinzip*, bei dem es darum geht, höherwertige Kulturgüter und Personen dadurch als solche zu qualifizieren, daß Dinge (Gebrauchsgüter) aus wertvollen (seltenen) Materialien hergestellt und besonders kunstvoll gestaltet werden, Personen in größeren, schöneren und reicher ausgestatteten Häusern leben, kostbare Kleider tragen, einen «vornehmen» Umgangsstil pflegen und sich einer gewählten Ausdrucksweise bedienen.
- Das *Idealisierungsprinzip*, demzufolge eine jede eigenständige lokale, ethnische oder religiöse Gruppe der Überzeugung ist, die Nachfahren der ersterschaffenen, mit den besten Gaben (Schönheit, Klugheit, Tüchtigkeit) ausgezeichneten Menschen und das auserwählte «Volk» Gottes zu sein, das schönste und mit allem zum Leben Notwendigen überreich ausgestattete Land, den einzig wahren Glauben und eine vollkommene Kultur zu besitzen.

Aus alledem, vor allem aber aus dem letztgenannten Anspruch, das heißt der *nostrozentrischen* (bzw. ethnozentrischen) Ideologie, folgte das Bestreben, die altüberkommenen Lebens- und Vorstellungstraditionen zu erhalten, zu schützen und, wo es nottat, durch spezielle Maßnahmen zu stärken. Dem diente viertens das *Stabilisierungsprinzip*, geschieden im einzelnen in:

- Das *Regulierungsprinzip*, demzufolge das Zusammenleben in der Gemeinschaft, das heißt sämtliche Tätigkeits- und Verhaltensformen festen Regeln («Gesetzen») unterworfen sind.
- Das *Konventionalisierungs-* oder *Kanonisierungsprinzip*, das verbürgte, daß sämtliche Traditionen, von der Zelt-, Hütten- und Hausform über die Art des Nahrungserwerbs, die Produktions- und Hausgerätschaften, das Sozialverhalten, Brauchtum und so weiter bis hin zu den säkularen und religiösen Vorstellungen als richtig, schön und wahr und insofern als unantastbar gelten.

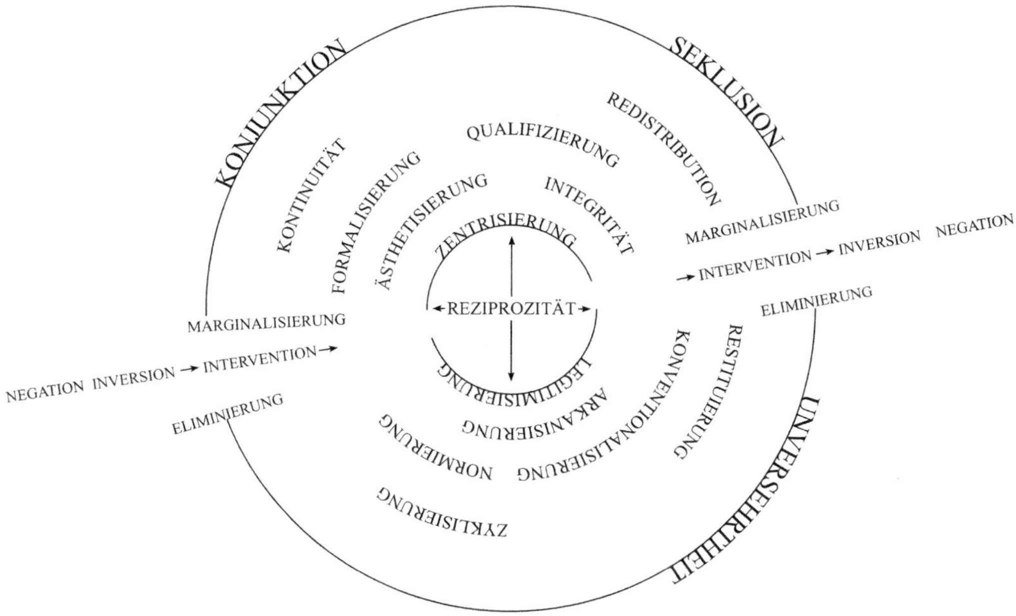

Abb. 26 Schematische Darstellung der Prinzipien der Magie

- Das *Kontinuitätsprinzip*, das sicherstellte, daß die zweckbedingte Verbindung, der Zusammenhang zwischen bestimmten Kulturgütern (*secundum* Kontiguitätsprinzip), wie etwa zwischen Beilklinge und Stiel oder Ernteanschnitt und Erstfrüchtemahl, erhalten und die Phasenfolge lebenswichtiger Prozesse (*secundum* Sequenzierungsprinzip z.B.) gewahrt bleiben, das heißt auf keinen Fall – etwa durch Fehler – unterbrochen werden, weil das, wie insbesondere bei Ritualen, ihre Wirksamkeit geschmälert, wenn nicht vollends aufgehoben hätte.
- Das *Zyklisierungsprinzip*, das der Intention entspricht, Prozesse, die sich in regelmäßigen Abständen wiederholen, an die Bahn der Sonne, das heißt den Kreislauf der Jahreszeiten zu binden, damit sie nicht etwa, zu einer Geraden gestreckt, über die Lokalgesellschaft hinaus *ad infinitum* führen (und der Kontrolle entzogen wären). Demselben Prinzip der quasi kreisförmigen Umgrenzung zum Schutz der Gesellschaft folgt auch der – bei seßhaften Gruppen praktisch universale – Wiedergeburtsglaube, der garantiert, daß die Spiritualseelen möglichst aller Mitglieder der Gemeinschaft erhalten bleiben und so deren Fortleben sicherstellen.
- Das *Perfektionierungsprinzip*, das vorschreibt, sich in allem strikt traditions-, also regelgetreu zu verhalten und nach Möglichkeit keinerlei Fehler zu begehen, weil nur dann wie in der Vergangenheit, so auch in der Zukunft das Überleben gesichert erscheint.
- Das *Quantifizierungsprinzip*, dem das Bemühen zugrunde liegt, die Effizienz von säkularen wie religiösen (magischen) Unternehmungen zu erhöhen, indem man einzelne, vor allem zentrale Abschnitte mehrfach wiederholt (*Iterationsprinzip*), die Aufwendungen durch Vervielfachung der Mittel (*Allokations-* und *Massierungsprinzip*) und beteiligten Personen (*Kollektivierungs-* und *Korrespondenzprinzip*; parallel agieren, gemein-

schaftlich singen und tanzen) oder die Bildung von Allianzen, auch mit Geistern und Göttern, zu verstärken sucht.

- Das *Formalisierungsprinzip*, das darauf abzielt, dem Handeln in häufig wiederkehrenden kritischen Situationen zur Stärkung seiner Wirkkraft eine verbindlich strukturierte Form und Abfolgeordnung in den einzelnen Schritten zu verleihen, sekundiert unter Umständen von einer bestimmten, vorgeschriebenen Tracht, streng formalisierten Gestik und Sprache, um Abweichungen (Fehler), die den Erfolg des Ganzen in Frage gestellt hätten, unbedingt auszuschließen.
- Das *Seklusionsprinzip*, das die – schon in anderen Zusammenhängen angesprochenen – Bemühungen gleichsam «abrundet», generell die Geschlossenheit der Lokalgemeinschaften durch territoriale Grenzmarkierungen und Befestigungsanlagen rings um das Siedlungsareal (Mauern, Wälle, Palisaden) vor verunreinigenden, zerstörerischen Einflüssen aus der exosphärischen Fremdwelt abzusichern, speziell wichtige Rituale, Prozesse (wie z.B. Initiationen) oder kollektive Feierlichkeiten von zentraler Bedeutung (wie das Neujahrsfest) mittels eines realen oder symbolischen Schutzrings abzuschirmen.
- Das *Normierungsprinzip*, das dem Usus entspricht, bestimmte, für das Zusammenleben unentbehrliche Regularien, Konventionen, Institutionen und Vorstellungen als Schöpfungen Gottes oder der Kulturstifterheroen auszuweisen (bzw. zu legitimieren) und für sakrosankt zu erklären, um sie der Antastbarkeit, das heißt jeglicher, auch der geringsten Modifizierung zu entziehen, weil dadurch ihre Wirksamkeit beeinträchtigt würde.
- Das *Arkanisierungsprinzip*, das der Intention dient, bestimmte, besonders krafthaltige, «kostbare» Dinge (z.B. Reliquien und Kultgerätschaften), Riten, Formeln, Wissensbestände, Texte (z.B. Schöpfungsmythen) und Personen (Sakralkönige) möglichst geheimzuhalten, gewissermaßen zu thesaurieren und lediglich im Rahmen zentraler Kultfeierlichkeiten der Öffentlichkeit zu präsentieren beziehungsweise zu zelebrieren und zu rezitieren, damit sie nicht zur Kenntnis von Frauen (die anderen Gruppen entstammten), noch nicht initiierten Jugendlichen und vor allem Fremden gelangen, was sie «verunreinigt», das heißt ihre Wirkkraft beeinträchtigt und so die eigenen Leute angreifbar gemacht hätte.
- Das *Eliminierungsprinzip*, das bezweckte, durch Fremdkontakt «verunreinigte» oder schadhafte, funktionsunfähig gewordene Gerätschaften, notorisch asoziale, unheilbar erkrankte (d.h. von den Ahnen gerichtete) sowie unverbesserliche Missetäter entweder zu marginalisieren (s. oben) oder vollends aus der Gesellschaft auszuschließen, ihnen also eine rituelle Beisetzung zu verwehren, so daß sie sich nicht mehr reinkarnieren konnten und zu Untoten wurden.

Schließlich galt es, exogene Einflüsse und Übergriffe auf das eigene Territorium, die Siedlung, die überkommene Lebensordnung insgesamt sowie nicht zuletzt die Menschen selbst möglichst schon prophylaktisch abzuwehren. Dem diente fünftens das *Repulsionsprinzip*, geschieden im einzelnen in:

- Das *Integritätsprinzip*, demzufolge ein jeder bemüht ist, sich an die geltenden Regeln und Traditionen zu halten und möglichst keine Fehler zu begehen, um weder sich selbst (und seiner Familie) noch auch der Gesellschaft insgesamt sozusagen eine Blöße und damit eine Angriffsfläche für exogene und insofern schädliche Einflußnahmen zu bieten.

- Das *Diskriminierungs-* oder *Negationsprinzip*, das der Intention entspricht, alles Fremd- und Außerweltliche, ob Stoffe, Güter, Pflanzen, Tiere oder Menschen und Vorstellungen, für unterentwickelt, minderwertig, bösartig, unverträglich und schädlich zu erklären.
- Das *Kontinenzprinzip*, das die Abneigung schürt, Güter fremder Herkunft zu berühren, geschweige denn zu verzehren, Kontakte – vor allem intime – zu Fremden einzugehen (was vermeintlich zu Tot- oder Mißgeburten führt) oder den Glauben an fremde Gottheiten zu übernehmen. Alles das widersprach der schon erwähnten Maxime, daß es zu nichts Gutem führen kann, wenn Unverträgliches (Nahrungsmittel, Umgangsformen, Glaubenssätze) miteinander gemischt werden. In jedem Fall steht ein Eingriff in das Herkommen, eine *Veränderung* des Gewohnten zu befürchten – wodurch zumindest das Integrations- und das Kontinuitätsprinzip verletzt worden wären.
- Das *Interventionsprinzip*, das die Absicht leitet, bedrohliche Entwicklungen, sei es von außen oder im Innern der Gemeinschaft, zu *unterbrechen*, indem man sich herannahenden Feinden entgegenstellt und sie zurückschlägt, zur Abwehr von Seuchen die Siedlung hermetisch schließt, Übeltäter und Verfechter falscher Auffassungen stellt und bestraft oder persönliche Widersacher, während sie schlafen, quer überschreitet, das heißt ihre feindseligen Neigungen «durchkreuzt».
- Das *Purifizierungsprinzip*, das der Praxis zugrunde liegt, durch Kontakte mit fremden Gütern und Menschen oder (leichtere) Vergehen Kontaminierte durch Ablutionen, Räuchern, Erbrechen und andere Reinigungsmaßnahmen wieder in ihren ursprünglichen «unbefleckten» Zustand zurückzuversetzen.
- Das *Restituierungsprinzip*, das der Überzeugung Rechnung trägt, daß sich, gleichwie durch Fremdberührung extrem verunreinigte und somit unbrauchbar beziehungsweise ungenießbar gewordene Gebrauchsgüter und Lebensmittel ausgeschieden und durch «unbefleckte» ersetzt werden, auch Menschen, die sich massiv «verunreinigt» oder aufs Schwerste vergangen haben, der Gesellschaft zurückgewinnen lassen, wenn man sie von Grund auf «erneuert», das heißt einem Wiedergeburtsritual nach dem Modus der *Rites de Passage* unterzieht.

Alle genannten, für ein gedeihliches Zusammenleben in eigenständigen, autonomen Gruppen grundlegenden Verhaltensprinzipien entsprechen *magischen* Richtlinien, weil sie zum einen unsichtbare (potentielle) Kräfte zu mobilisieren und zweckdienlich zu nutzen imstande sind, zum andern, weil sich, folgt man genauestens ihren Weisungen, *übergewöhnliche* Wirkungen erzielen lassen.

Zusammenführung

Die genannten Prinzipien leiten mehr oder weniger unbewußt das seit Jahrtausenden eingeschliffene Routineverhalten, wie es sich als Lösung der grundlegenden, Tag für Tag wiederkehrenden Aufgaben des Überlebens herausgebildet und bewährt hat. Gleichzeitig sah man sich jedoch auch, zwar seltener, aber doch wiederholt, vor Herausforderungen gestellt, die einen höheren Schwierigkeitsgrad und insofern auch ein gewisses Gefahrenpotenzial enthielten und dabei bedeutend genug waren, um gelöst werden zu müssen – zum Beispiel soziale oder Generationenkonflikte, Mißernten, ein schweres Vergehen oder der drohende Überfall einer benachbarten Gruppe. In derartigen Fällen belebte sich die Aufmerksamkeit sofort; die Routine wich konzentrierter Sorgfalt, das heißt die Verhaltensdirektiven traten als solche ins Bewußtsein und wurden gezielt für die Gegenmaßnahmen eingesetzt. Und da es sich, wie gesagt, auch hier um Vorkommen handelte, die sich immer wieder mal mit einer gewissen Gleichförmigkeit wiederholten, wuchsen sozusagen Anlässe und Reaktionen zu universalen *Handlungstypen* zusammen: zu kontiguitätstiftenden *Ritualen*, wie sie an allen kritischen Punkten des sozialen Zusammenlebens eingebaut sind und dem Kollektivverhalten über die bloße Routine hinaus funktional echten System-, als «Verschlußmechanismen» *Regelcharakter* verleihen.

Die Handlungsdirektiven (Prinzipien) und Regeln, die sie konstituieren, stellen sonach abermals universale *Konstanten* dar, das heißt Größen, die auch bei wechselnden Umweltbedingungen invariant (unverändert) bleiben.[647] Ihre Ausgangsbasis bilden die grundlegenden Existenzinteressen indigener und autonomer ländlicher Gemeinschaften, an deren Verwirklichung daher, routinemäßig (schwach) oder bewußt (stark), die Magie *immer mitbeteiligt* ist. Im wesentlichen lassen sich dabei die folgenden fünf unterscheiden:

1. Den Bestand, genauer die Unversehrtheit («Reinheit») des «Organismus» der Gesellschaft und ihres kulturellen Erbes, da sichtlich bewährt, zu erhalten, das heißt zu stabilisieren.
2. Die Funktionsfähigkeit der «Einzelorgane» des Gemeinschaftskorpus, mit besonderem Bedacht jene, die von zentraler Bedeutsamkeit sind, zu erhalten, das heißt zu stabilisieren.
3. Die labilen, für zerstörerische Einflußnahmen leichter zugänglichen Bereiche nicht außer Acht zu lassen, beim Umgang mit ihnen Bedachtsamkeit und Vorsicht walten zu lassen und sie mit verstärktem Aufwand zu sichern.
4. Für mögliche Gefährdungen bewährte Abwehrmittel beziehungsweise Gegenmaßnahmen parat zu haben.
5. Eingetretene Schädigungen wirksam beheben zu können.

Gezieltes Handeln erfolgte dabei generell – und ganz besonders in den für das Überleben entscheidenden Fällen – nach dem Paradigma der Schöpfung, speziell der Anthropogonie, das heißt auf der Grundlage des Leib-Seele-Dualismus: Kräfte mußten gesammelt und mobilisiert, impulsförmig gebündelt und auf das stoffliche Zielobjekt gleichsam «abgeschossen» werden, um durch den «Aufprall» (die Berührung, den Kontakt) zu dem erwünschten Ergebnis zu führen. Bei dem Impuls konnte es sich um einen Gedanken (Entschluß, Willensakt), einen Blick, ein Wort beziehungsweise eine Wortfolge (eine Formel), eine Berührung oder einen Gestus handeln. Vollzog sich die Kontaktnahme unter Abstammungs-, also «Blutsverwandten», Ehepartnern, guten Freunden oder sonstwie langjährig einander Nahestehenden, bewegte sich der Kraftfluß, vermöge der Sympathie (bzw. Telepathie), widerstandsfreier, also geradliniger, unmittelbarer.

Konkret ging es dabei immer, entsprechend der dualistischen Weltanschauung, um zweierlei: entweder um *Konjunktion*, das heißt um die Zufuhr stärkender Stoffe und die lineare oder zyklische Verbindung (Verknüpfung, Verknotung) einzelner Teile, Partien oder Phasen (z.B. von Wachstums- bzw. Lebensstadien), oder *Disjunktion*, das heißt die Zufuhr fremdartiger Stoffe (Kontamination) und die Trennung (Unterbrechung, Auflösung) enger Verbindungen (z.B. von Leib und Seele im Tötungsfall), von Abfolgen und Zyklen, positivenfalls durch Purifizierung und Entäußerung von Unzuträglichem, das heißt Unzugehörigem, sei es durch Beichten und Ausscheiden oder stoffliche, räumliche und persönliche Distanzierung.

Konjunktion stiftet den *Zusammenhalt* einer Gemeinschaft, deren «Geschlossenheit» sie theoretisch als *System* begreifen läßt, wie auch jedes einzelne Lebewesen von Biologen als «*organizationally closed system*» verstanden wird.[648] Das bedeutet, daß die Beziehungen unter den Invarianzen («Organen») *Gesetzmäßigkeiten* folgen[649], die allerdings, da es sich um «lebende» Systeme handelt, korrekt eine nur mehr oder weniger probabilistische Geltung besitzen.[650] Fortgesetzte vergleichende Beobachtung bietet indes die Möglichkeit, sie stetig zu überprüfen, zu präzisieren und gegebenenfalls zu modifizieren.[651] Aus ihrer Summe ließe sich dann eine Theorie als Voraussetzung zum adäquaten Verständnis des Systems formulieren. «Wir brauchen Theorie, um das Wesen der Gegenstände, die wir studieren, zu verstehen und um den Rest voraussagen zu können.»[652]

In diesem Sinne lassen sich die oben genannten fünf Intentionen folgendermaßen präzisieren:

1. Der Bestand einer autonomen Gemeinschaft und ihrer Kultur wird gesichert und stabilisiert
   - durch die Festigung der zentralen Beziehungen, kurzfristig *via* fortwährenden Wechselkontakt, der die erforderliche Kontiguität stiftet (*Reziprozitätsprinzip*), langfristig durch Zyklisierung der linearen Verbundbeziehung, indem diese an der Systemperipherie aufgrund der dort einsetzenden Inversion gekrümmt und zurückgeführt wird (*Redistributionsprinzip*), um mögliche Bahnabweichungen zu verhindern;
   - durch die Konventionalisierung und Kanonisierung des Überlieferungsguts (der Tradition), um es der Antastbarkeit und möglichen Modifizierung zu entziehen (*Konventionalisierungs-* bzw. *Kanonisierungs-*, *Normierungsprinzip*); durch die Festlegung aller für die Existenz relevanten Bewegungsverläufe und Prozesse, um die Ordnung des Systems (seine «Gesundheit») zu gewährleisten und damit auch die Orientierungsfähigkeit der Gruppenmitglieder sicherzustellen (*Regulierungsprinzip*);
   - durch die Begründung (bzw. Legitimierung) des Anspruchs der ortsansässigen Gemeinschaft auf Autochthonie und den rechtmäßigen Besitz ihres Territoriums und ihrer Kultur *via* Rückbezug auf den Menschen vor- und übergeordnete tran-

szendente Instanzen, repräsentiert in der Folgezeit durch die genealogisch und den Jahren nach jeweils ältesten Gruppenmitglieder (*Legitimierungsprinzip* → *Prioritäts-* bzw. *Senioritätsprinzip*);

- durch den Anspruch, daß der eigene Lebensbereich im Zentrum der Erde gelegen sowie, gleich seinen Bewohnern und ihrer Kultur, optimal beschaffen und mithin allen anderen Gegenden der Erde, ihren Bewohnern und Kulturen überlegen ist (*Idealisierungsprinzip* → Nostrozentrismus);
- durch die wehrhafte Umfriedung der Siedlung und aller für das Überleben relevanter Stätten, Wertgüter, Institutionen und Sakralhandlungen (Rituale, Kulte; *Seklusionsprinzip*).

2. Die Funktionsfähigkeit der einzelnen, für die «Gesundheit» des Gruppenorganismus bedeutsameren «Organe» wird gesichert und stabilisiert
   - durch die Sicherung der Kontinuität ihrer Beziehungen untereinander, kurzfristig und linear durch Reziprozität, langfristig durch Redistribution, indem der Beziehungsverlauf an der Peripherie des Systems gleichsam gebogen und zirkulär zum Ursprung zurückgeführt wird (*Kontinuitäts-*, *Zyklisierungsprinzip*);
   - durch die kontinuierliche genealogische Fortpflanzung, indem die männlichen Mitglieder der autochthonen, patrilokalen Sippe durch Impulse ihrer Spiritualseele in Kontakt mit dem Leib ihrer *via* Exogamie eingeheirateten Ehefrauen treten und dort einen Schöpfungsprozeß auslösen, der zur Entstehung eines neuen menschlichen Organismus führt (*Kontinuitätsprinzip*);
   - durch das Gebot, strikt den Traditionen zu folgen und keinerlei Neuerungen zuzulassen (*Integritäts-*, *Kontinuitätsprinzip*);
   - durch die Strukturierung der sozialen Beziehungen *via* Differenzierung (*Differenzierungsprinzip*) und Hierarchisierung (*Hierarchisierungsprinzip*) nach Abkunft, Alter, Geschlecht, Kompetenz und Besitz zwecks Zuordnung der Aufgaben, Zuständigkeiten, Verantwortlichkeiten und Rechte (*Strukturierungsprinzip*);
   - durch die Qualifizierung (d.h. die begrenzte Zugänglichkeit) bestimmter für das Überleben der Gemeinschaft hochwertiger Stätten, Sachgüter, Brauchtümer, Institutionen, Überlieferungen und Personen *via* topographischer und sozialer Positionierung, Distanzierung, Singularisierung sowie Ästhetisierung (*Qualifizierungs-*, *Positionierungs-*, *Ästhetisierungsprinzip*);
   - durch die Quantifizierung, das heißt die Vervielfältigung und Verstärkung der Sekurierungsbemühungen durch strukturelle Anfälligkeit gefährdeter Stellen in den Beziehungen und Prozessen des Systems *via* Massierung der Aufwendungen, Korrespondenzverhalten (Solidarität) und Iteration (*Quantifizierungs-*, *Massierungs-*, *Iterationsprinzip*);
   - durch die Mystifizierung (Geheimhaltung, Distanzierung) von Örtlichkeiten, Gütern, Brauchtümern, Sakralhandlungen, Überlieferungen und Personen, die für die Gesellschaft von besonderer Bedeutung sind, indem man Jugendlichen, die noch nicht initiiert sind, Gruppenmitgliedern niedrigen Standes, Frauen und vor allem Fremden den Zutritt zu heiligen Stätten, die Anwesenheit bei zentralen Riten und Kulthandlungen, den Anblick bestimmter Wertgüter hohen Alters (Reliquien, Kultgerätschaften), die Kenntnis der Ursprungsmythen und anderer reli-

giöser Texte sowie den Kontakt zu hochgestellten Persönlichkeiten, wie Gearchen und Sakralkönigen, verwehrt (*Arkanisierungsprinzip*);

- durch das Bemühen der Erwachsenen der Gemeinschaft, bei allem, was immer sie empfinden, denken und tun, genau den Vorgaben der Tradition zu folgen und nach Möglichkeit auch nicht den geringsten Fehler zu begehen (*Integritäts-*, *Perfektionierungsprinzip*);
- durch die Kontrolle durch Öffentlichkeit, Älteste, Oberhäupter, Ahnen und Götter, daß die Mitglieder der Gemeinschaft auch korrekt den überlieferten Verhaltensnormen folgen (*Regulierungsprinzip*);
- durch die Auslöschung alles von der Tradition Abweichenden, die Ausscheidung alles Unzugehörigen und die Exkommunikation von Personen, die ständig die Tradition verletzen und sich als unbelehrbar, das heißt als nicht reintegrabel erweisen (*Eliminierungsprinzip*).

3. Bestimmte Stellen (Bereiche) in der Schutzwehr des Gruppenkorpus sind mehr gefährdet als andere und bedürfen daher besonderer Aufmerksamkeit und verstärkten Schutzes. Dabei handelt es sich räumlich um Grenzpassagen und zeitlich um Übergangsphasen, beide als solche durchlässiger für Einflußnahmen aus der exosphärischen Umwelt, die sich vermöge des kosmologischen Dualismus *invers* zur endosphärischen Binnenwelt verhält. Einwirkungen von «drüben» können also nur verunreinigender oder zerstörerischer Natur sein. Dabei handelt es sich vor allem um die drei folgenden Situationen:
   - Jemand überschreitet die Peripherie seines heimischen Territoriums und gerät damit unter den Einfluß fremder, das heißt für ihn unverträglicher Lebensbedingungen. Der Genuß der Nahrungsmittel, der Kontakt mit Menschen dort «verunreinigen» ihn, ja drohen, falls er keine Vorkehrungsmaßnahmen getroffen hat, seine Gesundheit anzugreifen.[653]
   - Jemand begeht ein schweres Vergehen, das heißt er versetzt sich aus eigenem Antrieb (oder aufgrund einer persönlichen Schwäche veranlaßt von einem exogenen Impuls) in einen der Außenwelt entsprechenden «verkehrten» Zustand; er wird zum «Außenseiter», zum Fremden, dessen Andersartigkeit eine Gefahr für die Lebensordnung der Gesellschaft darstellt.
   - Jemand durchläuft – aus welchen Gründen auch immer – einen Zustandswechselprozeß, das heißt er überquert zunächst die Peripherie des Ausgangszustands, bewegt sich durch die Übergangsphase außerhalb des aufgegebenen und des angestrebten Zustands, um zuletzt, falls der Wechsel glückt, sein Ziel zu erreichen. In diesem Fall stellt die Übergangsphase, in der weder die Ausgangs- noch die Ordnung des Endzustands gelten, die Gefährdungszone dar, weil sie mehr oder weniger ungeschützt den Impulsen der Außenwelt ausgesetzt ist und insofern von flexiblen, unkalkulierbaren, *in extremis* chaotischen Verhältnissen beherrscht wird, so daß der Prozeß auf Abwege geraten und irreversibel über die Endowelt hinausführen kann, gleichgültig, ob der Anlaß eine Krankheit, eine Straftat, ein soziales Zerwürfnis oder eine gesamtgesellschaftliche Katastrophe war.

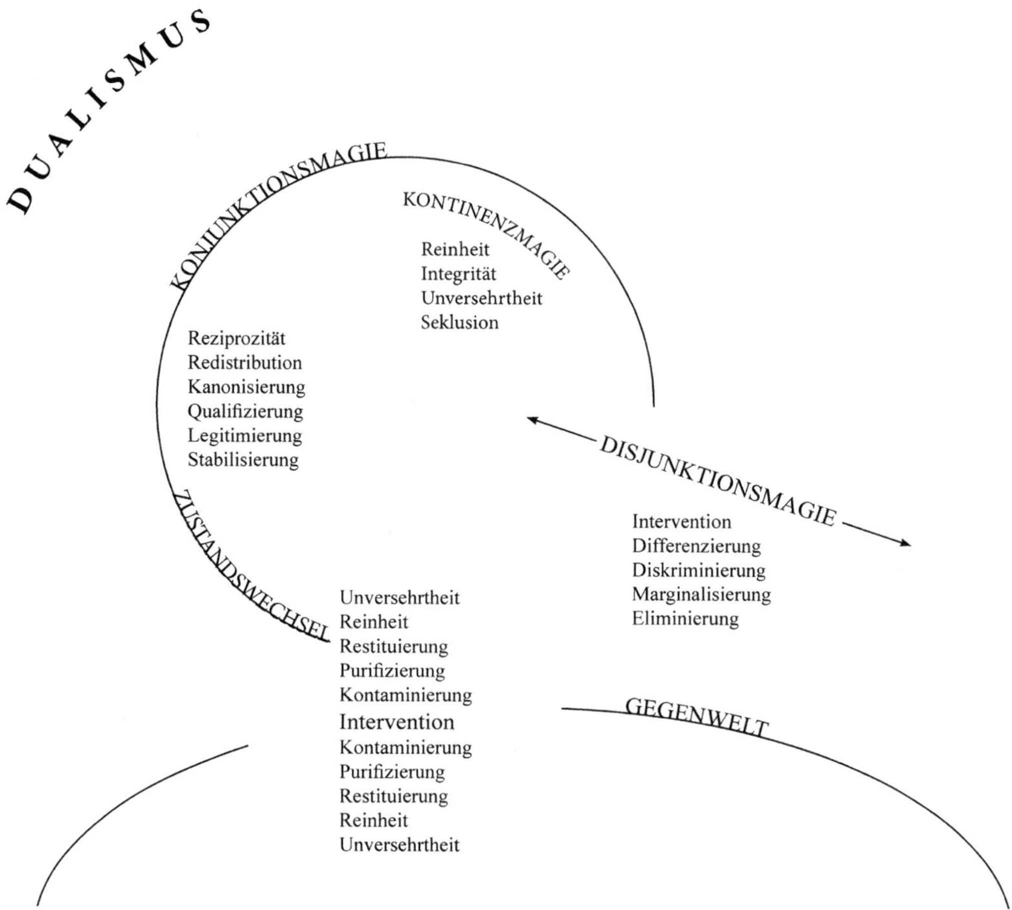

Abb. 27 Schematische Darstellung der fundamentalen Modi der Magie

4. Um auch gegen Gefährdungen wie diese gewappnet zu sein, hielt man auf Distanz und traf Vorkehrungen, mögliche Bedrohungen bereits im Vorfeld entweder aufzuhalten oder unschädlich zu machen. Das geschah in der Hauptsache,
   - indem man die Siedlung gleich bei der Gründung – beispielsweise durch eine Furche – umzirkelte und die dergestalt markierte Peripherie dann mit einer Mauer, einem Wall, einem Palisadengürtel oder einer dichten Hecke nach außen hin abschirmte, das heißt herannahende Störimpulse durchkreuzte (*Interventionsprinzip*) und die Gemeinschaft topographisch in Seklusion versetzte (*Seklusionsprinzip*);
   - indem man sowohl an den Wehranlagen, namentlich den Zugängen, als auch am eigenen Körper, hier vor allem um die Öffnungen (Mund, Augen, Nase, Gelenke) herum, apotropäische Signaturen beziehungsweise Bänder (wie z.B. den Leibriemen oder Arm- und Fußringe), Tatauierungsmuster und Schmuckstücke (Spangen, Pflöcke, Ketten) anbrachte (*Markierungs-*, *Seklusionsprinzip*);

- indem man sich streng normenkonform verhielt und Acht darauf hatte, keinen Fehler zu begehen, das heißt sich keine Blöße zu geben (*Integritätsprinzip*);
- indem man Unzugehöriges mied, auf Distanz dazu blieb, es auf keinen Fall berührte oder sich gar zu eigen machte (*Kontinenzprinzip*);
- indem man einmal jährlich, in der Regel zur Jahreswende im Rahmen des Neujahrs- beziehungsweise Erntedankfestes, die anfängliche Abwehrkraft dadurch wieder auffrischte, daß man nicht nur die Siedlungsgründung rituell wiederholte, sondern auch das gesamte Gemeinwesen, die Menschen wie ihre Kultur, durch ein allumfassendes Wiedergeburtsritual von Grund auf erneuerte (*Restituierungsprinzip*).

5. Kein Sicherungssystem ist perfekt; sonst gäbe es weder Sorgen, Leid noch Not. Wie die Welt, in der sie leben, sind auch die Menschen dualistischer Natur. Überall verlaufen Grenzen, bestehen undichte Stellen, gähnen offene Übergangszonen zwischen Innen- und Außenwelt beziehungsweise Immanenz und Transzendenz, Übergangsphasen zwischen Ausgangs- und Endzuständen. Irgendwann tritt jemand fehl, verletzt eine Regel und löst eine «Störung» in den Sicherungsmechanismen der Gemeinschaft aus. Damit sich der entstandene Schaden nicht weiter ausbreiten und zur existentiellen Bedrohung werden kann, gilt es, ihn zu identifizieren (*Diskriminierungs-* bzw. *Negationsprinzip*), einzugrenzen (*Markierungsprinzip*) und zunichte zu machen. Das geschah je nach der Art und Schwere des Übergriffs in der Regel,
   - indem man, falls die Schädigung lediglich oberflächlicher Art war, die befallene Stelle reinigte, das heißt mittels Wasser, Feuer, Rauch, Sand oder auf eine andere geeignete Weise dekontaminierte (*Purifizierungsprinzip*);
   - indem man betroffene Menschen, also Erkrankte oder Verletzte, isolierte und heilte (*Restituierungsprinzip*);
   - indem man Sachgüter, Einrichtungen, Arbeitsprozesse oder Personen, die derart zu Schaden gekommen waren, daß eine Wiederherstellung beziehungsweise Therapie auf die übliche Weise aussichtslos erschien, die man ihrer Bedeutung wegen aber nicht aufgeben wollte, von Grund auf erneuerte, Prozesse Schritt für Schritt rückgängig, also quasi ungeschehen machte, betroffene Menschen einer Metamorphose, das heißt einem Wiedergeburtsritual unterzog (*Restituierungsprinzip*).
   - indem man Fremdartiges, also Unzugehöriges, das Eingang in die Gesellschaft gefunden hatte und sich nicht beseitigen ließ, gleich «Abfall» an die Peripherie der Siedlung verschob (*Marginalisierungsprinzip*) oder vollends in der exosphärischen Umwelt «entsorgte» (*Eliminierungs-* bzw. *Exkommunizierungsprinzip*).

Zu Anbeginn führten die Menschen, inmitten der Erde, wo die besten Lebensbedingungen herrschten, ein sorgloses, glückliches Dasein. Doch einige mißverstanden das und nahmen sich heraus, was den Vorgaben ihres Schöpfers zuwiderlief und ihren Mitgeschöpfen zum Schaden gereichte. Nach dem «Sündenfall» hatte Gott indes, wie ihre mythischen Überlieferungen berichten, in seiner Güte noch einmal Gnade vor Recht ergehen lassen und ihnen die Kulturstifterheroen gesandt, mit dem Auftrag, sie in der bestmöglichen aller Kulturen zu unterweisen. Dazu zählten als bindende Richtlinien auch die oben genannten Maximen. Solange sie nicht abwichen von den vorgetretenen Pfaden und ein jeder nach Alter, Geschlecht, Status, Erfahrung und Kompetenz zum Wohl der anderen beitrug, das heißt alle friedfertig, hilfsbereit und solidarisch zusammenlebten, gebrach es ihnen an nichts. Alles war in Fülle vorhanden.

Dennoch war Anlaß zu Besorgnis gegeben. Denn die Schöpfung hatte zu einem *dualistischen* Weltaufbau geführt: Der Vollendung in der Innenwelt entsprachen unvollkommene Verhältnisse in der Außenwelt, der Ordnung die Regellosigkeit, dem Frieden die Uneinigkeit, dem Leben der Tod, jeweils zunehmend mit dem Maß der Entfernung, so daß sich weit draußen am Rand des Universums alles exakt *invers* zum zentralen Innern verhielt. Hinzukommt, daß kein System jemals vollends geschlossen ist. Die Grenz- und Übergangsbereiche zwischen den widersätzlichen Welten wiesen gewissermaßen Dehnungsfugen auf, durch welche der exogene, durch die Antinomie für die Binnenwelt toxische Dunst zuströmen und Oxydationserscheinungen («Verunreinigungen») auslösen konnte. Die Lücken im Firmament, im Boden Quellen und Höhlen, mehr noch Vulkane boten guten, ebenso aber auch fremdartigen und insofern unverträglichen, schädlichen Kräften und Mächten gleichfalls die Möglichkeit, Einfluß auf die Binnenwelt zu nehmen. Dort selbst führte ein jeder Zustandswechselprozeß durch eine Übergangsphase, einen Hiatus, der zuvor Verbundenes trennte und Raum für störende Impulse, für den Zustrom von Unzugehörigem freigab. Jede Berührung, jeder Kontakt damit barg das Risiko, Schaden zu nehmen, Einbußen an der Lebensfähigkeit zu erleiden. Dem zu entgehen, hatten die Menschen verständlicherweise ein vitales Interesse. Wer wäre schon willens, sein Glück aufs Spiel zu setzen. Alles sollte so bleiben, wie es war.

Soweit möglich mied man daher die Risikozonen und zog sich zurück in das Schneckengehäuse der heimischen Feste. Von den göttlichen Kulturstifterheroen ebenso sicher im Dasein verankert wie umsichtig angelegt, fußte ihre Ordnung auf einer Allzweckstruktur, deren Stabilität und Kontinuität eine überzeugende Begründung und Legitimation garantierten, deren Funktionengerüst, ein System aus Verhaltensdirektiven wie namentlich Differenzierung, Lokalisierung, Kanonisierung, Qualifizierung, Formalisierung, Regeltreue, Solidarität und Integrität, dem Ganzen Ordnung und Bestand verliehen.

Gleichzeitig blieben sich die Menschen der gefährdeten Stellen ihres Schutzpanzers – vor allem der Ortszugänge und Körperöffnungen – bewußt und sicherten sie prophylaktisch mittels moderat übergewöhnlicher, das heißt *schwach magischer*, dafür aber oft mehrfach verstärkter apotropäischer Chiffren und Beschwörungstexte ab. Die Intention bestand hier zum einen im *Verschluß*, zum andern in der *Intervention*: im Durchkreuzen der «Flugbahnen» feindlicher Impulse. Drohte eine akute Gefahr, setzte man sich unmittelbar zur Wehr, und zwar, da ihr Wirkvermögen auf exogenen, also nur kaum abzuschätzenden Kräften beruhte, nunmehr mit maximal übergewöhnlichen, das heißt *massiv magischen* Mitteln. Die Handlung folgte auf beiden Seiten demselben Konzept: Man identifizierte einen gegnerischen Impuls, mobilisierte Kraft und setzte seinerseits einen Impuls in Bewegung. Aufgrund der dualistischen Ausgangsbasis verhielten sich beide invers zueinander, das heißt löschten, die Zielgenauigkeit beider vorausgesetzt, einander aus.

Hatte eine (gegnerische) Attacke Erfolg, galt es, den Schaden, der dadurch entstanden war, baldmöglichst, bevor er weitere Kreise zog, durch adäquate, das heißt mindestens gleichstarke magische Mittel und Verfahren zunichte zu machen, sei es durch Purifizierung, Korrekturen oder Restituierung des ursprünglichen Zustands. Ziel war und blieb die Unverletzlichkeit beziehungsweise Unversehrtheit («Gesundheit») und volle Funktionsfähigkeit des quasi organischen, *idealiter* holistischen Ganzen des Gemeinschaftssystems.

Magie ist weder Zauberei, die durch Illusionisten-Tricks scheinbar Unmögliches möglich erscheinen läßt, noch Hexerei, Teufelswerk oder ein folkloristisches Überlebsel aus unaufgeklärten, «dunklen» Zeiten, sondern ein konsequent durchdachtes Instrumentarium, dem seit alters bewährten Verhaltensrepertoire durch Verstärkung mehr Effizienz zu verleihen. Zwar glitt sie im Zuge der Aufklärung in den Dunstkreis des Aberglaubens und der Esoterik ab, spielt aber dennoch nach wie vor im alltäglichen, ja selbst im vermeintlich streng rationalen Denken und Handeln eine wenngleich eher unbewußte, so doch allgegenwärtige, unentbehrliche Rolle. Generell baut sie, dualismusbedingt, auf den Eckprinzipien der *Konjunktion* und *Disjunktion* auf. Wo der Mensch beiden mit weniger Strenge begegnet, vermag sich als dritte, vermittelnde Kraft Barmherzigkeit zu entfalten.

Bibliographie

Aarne, Antti, 1930: *Die magische Flucht: Eine Märchenstudie.* Helsinki.
Adriani, Nicolaus & Alb. C. Kruijt, 1912: *De Bare'e-sprekende Toradja's van Midden-Celebes.* Bd. I. Batavia.
Agrippa von Nettesheim, [4]o. J.: *Heinrich Cornelius Agrippa's von Nettesheim Magische Werke sammt den Geheimnißvollen Schriften des Petrus von Abano, Pictorius von Villingen, Gerhard von Cremona, Abt Tritheim von Spanheim, dem Buche Arbatel, der sogenannten Heil.Geist-Kunst und verschiedenen anderen.* Bd. V. Meisenheim am Glan.
Ahrendt-Schulte, Ingrid & Barbara Hoffmann, 1996: «Von falscher Lehr und bösen unchristlichen Leben. Zur Verfolgung von Zauberei und Pietisterey in der Frühen Neuzeit.» In: *Sowi* 25, 1: 19–26.
Allwohn, Adolf, 1959: «Magie und Suggestion in der Heilpraxis.» In: Wilhelm Bitter (Hg.): *Magie und Wunder in der Heilkunde: Ein Tagungsbericht.* Stuttgart. S. 29–50.
Angenendt, Arnold, 2004: *Liturgie im Mittelalter: Ausgewählte Aufsätze zum 70. Geburtstag.* Münster.
Anisimov, Arkadij F., 1958: *Religija ėvenkov v istoriko-genetičeskim izučenii i problemy proischoždenija pervobytnych verovanij.* Moskva.
Assmann, Jan, 1991: *Stein und Zeit: Mensch und Gesellschaft im alten Ägypten.* München.
– 2000: *Weisheit und Mysterium: Das Bild der Griechen von Ägypten.* München.
– 2015: *Exodus: Die Revolution der Alten Welt.* München.

Barnes, Robert H., 1974: *Kédang: A study of the collective thought of an eastern Indonesian people.* Oxford.
Battaglia, Debbora, 1990: *On the bones of the serpent: Person, memory and mortality in Sabarl Island society.* Chicago.
Baumann, Hermann, o. J.: *Die religiösen Vorstellungen der Afrikaner.* Unveröffentlichtes Vorlesungsmanuskript.
– 1950: «Nyama, die Rachemacht. Über einige mana-artige Vorstellungen in Afrika.» In: Adolf E. Jensen (Hg.): *Mythe, Mensch und Umwelt: Beiträge zur Religion, Mythologie und Kulturgeschichte.* Bamberg. S. 191–230.
– 1959: «Mythos in ethnologischer Sicht.» In: *Studium Generale* 12, 1: 1–17, 583–597.
Baxter, R. T. W., 1965: «Repetition in certain Boran ceremonies.» In: *African systems of thought: Studies presented and discussed at the Third International African Seminar in Salisbury, December 1960.* London. S. 64–78.
Beattie, John, 1963: «Sorcery in Bunyoro.» In: John Middleton & E. H. Winter (Hg.): *Witchcraft and sorcery in East Africa.* London. S. 27–55.
– 1964: *Other cultures: Aims, methods and achievements in social anthropology.* London.
Beauclair, Inez de, 1963: «Über Religion und Magie auf Yap.» In: *Sociologus* 13, 1: 68–83.
Bechstein, Ludwig, 1974: *Sämtliche Märchen.* Stuttgart.
Behrend, Heike, 1987: *Die Zeit geht krumme Wege: Raum, Zeit und Ritual bei den Tugen in Kenia.* Frankfurt am Main.
Beidelman, Thomas O., 1971: *The Kaguru: A matrilineal people of East Africa.* New York.
– 1986: *Moral imagination in Kaguru modes of thought.* Bloomington.
Belanovskaja, T. D., [2]1967: *Istorija pervobytnogo obščestva i osnovy ėtnografii.* Leningrad.
Benedict, Ruth, 1938: «Religion.» In: Franz Boas (Hg.): *General anthropology.* Boston. S. 627–665.
Benz, Ernst, 1977: *Franz Anton Mesmer und die philosophischen Grundlagen des «animalischen Magnetismus».* Wiesbaden.
Bertholet, Alfred & Hans Freiherr von Campenhausen, 1952: *Wörterbuch der Religionen.* Bd. I. Stuttgart.
Beth, Karl, 1927: *Religion und Magie: Ein religionsgeschichtlicher Beitrag zur psychologischen Grundlegung der religiösen Prinzipienlehre.* Leipzig.
Beumann, Helmut, 1962: *Ideengeschichtliche Studien zu Einhard und anderen Geschichtsschreibern des früheren Mittelalters.* Darmstadt.
Birk, Kasimir, 1970: *Sigmund Freud und die Religion.* Münsterschwarzach.
Blumberg, P., 1962–63: «Magic in the modern world.» In: *Sociology and Social Research* 47: 147–160.
Bobek, Hans, 1959: «Die Hauptstufen der Gesellschafts- und Wirtschaftsentfaltung in geographischer Sicht.» In: *Die Erde* 90, 3: 259–298.
Bödiger, Ute, 1965: *Die Religion der Tukano im nordwestlichen Amazonas.* Köln.

Böhm, Walter: 1967: *Johannes Philoponos, Grammatikos von Alexandrien (6. Jh. n. Chr.).* München.

Börm, Henning, 2015: «Dynastie und Charisma im Sasanidenreich.» In: Dietrich Boschung & Jürgen Hammerstaedt (Hg.): *Das Charisma des Herrschers.* Paderborn. S. 253–280.

Bolz, Peter, 1983: «Oglala-Sioux.» In: Klaus E. Müller (Hg.): *Menschenbilder früher Gesellschaften: Ethnologische Studien zum Verhältnis von Mensch und Natur. Gedächtnisschrift für Hermann Baumann.* Frankfurt am Main. S. 422–449.

Bork, Siegfried, 1970: *Mißbrauch der Sprache: Tendenzen nationalsozialistischer Sprachregelung.* Bern.

Boschung, Dietrich, 2015a: «Vorwort.» In: Dietrich Boschung & Jürgen Hammerstaedt (Hg.): *Das Charisma des Herrschers.* Paderborn. S. 7–10.

– 2015: «Divus Augustus. Das Charisma des Herrschers und seine posthume Beglaubigung.» In: Dietrich Boschung & Jürgen Hammerstaedt (Hg.): *Das Charisma des Herrschers.* Paderborn. S. 173–186.

Bourdieu, Pierre, 1963: «The attitude of the Algerian peasant toward time.» In: Julian Pitt-Rivers (Hg.): *Mediterranean countrymen: Essays in the social anthropology of the Mediterranean.* Paris. S. 55–72.

Boyer, Pascal, 1990: *Tradition as truth and communication: a cognitive description of traditional discourse.* Cambridge.

Brems, Franz J., 1994: *Marien-Wallfahrtsorte in Europa: Kulturgeschichtlicher Führer zu 100 Gnadenstätten.* München.

Broekman, Jan M., 1971: *Strukturalismus: Moskau – Prag – Paris.* Freiburg, München.

Brown, Walter A., 1998: «Der Placebo-Effekt.» In: *Spektrum der Wissenschaft* 1998 (3): 68–74.

Buck, Peter H., 1936: *Regional diversity in the elaboration of sorcery in Polynesia.* New Haven.

Bühler, Karl, 1982: *Sprachtheorie: Die Darstellungsfunktion der Sprache.* Stuttgart.

Burkert, Walter, 1998: *Kulte des Altertums: Biologische Grundlagen der Religion.* München.

Buxton, Jean C., 1958: «The Mandari of the southern Sudan.» In: John Middleton & David Tait (Hg.): *Tribes without rulers: Studies in African segmentary systems.* London. S. 67–96.

Campen, C. F. H., 1882: «De godedienstbegrippen der Halmaherasche Alfoeren.» In: *Tijdschrift voor Indische Taal-, Land- en Volkenkunde* 27: 442–461.

Cancian, Frank, 1961: «The southern Italian peasant. World view and political behavior.» In: *Anthropological Quarterly* 34, 1: 1–18.

Carneiro, Robert L., 1970: «Hunting and hunting magic among the Amahuaca of the Peruvian Montana.» In: *Ethnology* 9, 4: 331–341.

Château, Jean, 1976: *Das Spiel des Kindes: Natur und Disziplin des Spielens nach dem dritten Lebensjahr.* Paderborn.

Clemen, Carl, 1921: «Wesen und Ursprung der Magie.» In: *Archiv für Religionspsychologie* 2–3: 108–135.

Clements, F. E., 1932: *Primitive concepts of disease.* Berkeley.

Clogger, T. J., 1968: «Witchcraft.» In: *Contemporary Review* 213: 307–312.

Cooper, John M., 1941: *Temporal sequence and the marginal cultures.* Washington.

Dahlheim, Werner, ^{4}2015: *Die Welt zur Zeit Jesu.* München.

Dalman, G., 1939: «Aus dem Rechtsleben und religiösen Leben der Beduinen.» In: *Zeitschrift des Deutschen Palästina-Vereins* 62: 52–63.

Danzel, Theodor-Wilhelm, 1922: «Die psychologische Bedeutung magischer Bräuche.» In: *Psychologische Forschung* 2: 61–64.

– 1924: *Magie und Geheimwissenschaft in ihrer Bedeutung für Kultur und Kulturgeschichte.* Stuttgart.

Denisov, Petr V., 1959: *Religioznye verovanija čuvaš: Istoriko-ėtnografičeskie očerki.* Čeboksary.

Dirr, Adolf, 1928 «Trepanation als gerichtlicher Beweis im Kaukasus.» In: *Festschrift P. W. Schmidt.* Wien. S. 218–219.

Dittmer, Kunz, 1961: *Die sakralen Häuptlinge der Gurunsi im Obervolta-Gebiet.* Hamburg.

Dobrizhoffer, Martin, 1783: *Geschichte der Abiponer, einer berittenen und kriegerischen Nation in Paraquay.* Bd. II. Wien.

Dongier, Maurice, 1971: *Neurosen: Erscheinungsformen und Beispiele aus der psychotherapeutischen Praxis.* Freiburg im Breisgau.

Douglas, Mary, 1963: «Techniques of sorcery control in Central Africa.» In: John Middleton & E. H. Winter (Hg.): *Witchcraft and sorcery in East Africa.* London. S. 123–141.

– 1963a: *The Lele of the Kasai.* London.

– 1965: «The Lele of Kasai.» In: Daryll Forde (Hg.): *African worlds: Studies in the cosmological ideas and social values of African peoples.* London. S. 1–26.

Dürr, Lorenz, 1938: *Die Wertung des göttlichen Wortes im Alten Testament und im antiken Orient; zugleich ein Beitrag zur Vorgeschichte des neutestamentlichen Logosbegriffes*. Leipzig.

Eckermann, Johann P., o. J.: *Gespräche mit Goethe in den letzten Jahren seines Lebens*. Bd. III. Leipzig.
Ehmcke, Franziska, 2015: «Das duale Herrschaftssystem im vormodernen Japan.» In: Dietrich Boschung & Jürgen Hammerstaedt (Hg.): *Das Charisma des Herrschers*. Paderborn. S. 123–148.
Eibl-Eibesfeldt, Irenäus, [4]1971: *Liebe und Haß: Zur Naturgeschichte elementarer Verhaltensweisen*. München.
Eliade, Mircea, o. J.: *Die Religionen und das Heilige: Elemente der Religionsgeschichte*. Salzburg.
Ellenberger, V., 1956: «Le rôle de la saliva, des crachotements et des crachats dans la vie sociale des Noirs Africains.» In: *Le Monde non Chrétien* 40: 326–337.
Ellicott, Robert C., 1963: «Satire und Magie.» In: *Antaios* 4: 313–326.
Elwin, Verrier, 1947: *The Muria and their ghotul*. London.
Endicott, Kirk M., 1979: *Batek Negrito religion: The world-view and rituals of a hunting and gathering people of peninsular Malaysia*. Oxford.
Evans-Pritchard, Edward E., 1929: «Some collective expressions of obscenity in Africa.» In: *The Journal of the Royal Anthropological Institute of Great Britain and Ireland* 59: 311–331.
– 1931: «Sorcery and native opinion.» In: *Africa* 4: 22–55.
– 1933: «The intellectual (English) interpretation of magic.» In: *University of Egypt. Bulletin of the Faculty of Arts* 1, 2: 282–311.
– 1937: *Witchcraft, oracles and magic among the Azande*. Oxford.
– 1967: «The morphology and function of magic. A comparative study of Trobriand and Zande rituals and spells.» In: John Middleton (Hg.): *Magic, witchcraft, and curing*. Garden City. S. 5–36.
Everett, Daniel L., [5]2010: *Das glücklichste Volk: Sieben Jahre bei den Pirahã-Indianern am Amazonas*. München.

Faithorn, Elizabeth, 1975: «The concept of pollution among the Káfe of the Papua New Guinea Highlands.» In: Rayna R. Reiter (Hg.): *Toward an anthropology of women*. New York. S. 127–140.
Fehrle, Eugen, 1926: *Zauber und Segen*. Jena.
Ferrari, Michele C., 2017: «Körper und Ding. Wesen und Wahrnehmung von mittelalterlichen Reliquien.» In: Andrea Beck et al. (Hg.): *Heilige und geheiligte Dinge*. Stuttgart. S. 129–141.
Firth, Raymond, 1958: *Human types: An introduction to social anthropology*. London.
– 1969: «Extraterritoriality and the Tikopia chiefs.» In: *Man* 4: 354–378.
Fortune, Reo F., 1932: *Sorcerers of Dobu: The social anthropology of the Dobu Islanders of the western Pacific*. London.
Fox, Nikolaus, 1927: *Saarländische Volkskunde*. Bonn.
Frazer, James G., 1935: *Totemism and exogamy: A treatise on certain early forms of superstition and society*. Bd. IV. London.
– 1963: *The magic art and the evolution of kings*. Bd. I. London.
– 1963a: *Taboo and the perils of the soul*. London.
– 1963b: *The dying god*. London.
– 1963c: *Spirits of the corn and of the wild*. Bd. II. London.
Freud, Sigmund, 1974: *Totem und Tabu: Einige Übereinstimmungen im Seelenleben der Wilden und der Neurotiker*. Frankfurt am Main.
Fried, Johannes, 1993: «Die Kunst der Aktualisierung in der oralen Gesellschaft. Die Königserhebung Heinrichs I. als Exempel.» In: *Geschichte in Wissenschaft und Unterricht* 44, 8: 493–503.
– 2007: *Zu Gast im Mittelalter*. München.
Friend, John A. N., 1961: *Demonology, sympathetic magic and witchcraft: A study of superstition as it persists in man and affects him in a scientific age*. London.
Frind, Sigrid, 1966: «Die Sprache als Propagandainstrument des Nationalsozialismus.» In: *Muttersprache* 76, 5–6: 129–135.
Fromm, Erich, 1966: *Psychoanalyse und Religion*. Konstanz.
Fuchs, Stephen, 1950: *The Children of Hari: A study oft he Nimar Balahis in the central provinces of India*. Wien.
– 1965: «Die magischen Vorstellungen der Korku.» In: *Mitteilungen der Anthropologischen Gesellschaft in Wien* 95: 92–100.
Fürer-Haimendorf, Christoph von, 1943: *The Chenchus: Jungle folk of the Deccan*. London.
– 1948: *The Raj Gonds of Adilabad: A peasant culture of the Deccan*. London.

Gärdenfors, Peter, 2004: «Conceptual spaces as a framework for knowledge representation.» In: *Mind and Matter* 2, 2: 9–27.

Gallwitz, Hans, 1960: *Religion und Magie der Menschen in der Altsteinzeit*. Berlin.

Gauld, Alan, 1983: «Andrew Lang as psychical researcher.» In: *Journal of the Society for Psychical Research* 52: 161–176.

Gifford, E. S., 1958: *The evil eye: Studies in the folklore of vision*. New York.

Godelier, Maurice, 1973: *Ökonomische Anthropologie: Untersuchungen zum Begriff der sozialen Struktur primitiver Gesellschaften*. Reinbek.

Gohain, Bikash Ch., 1977: *Human sacrifice and head-hunting in north-eastern India*. Gauhati.

Goldman, Irving, 1963: *The Cubeo Indians of the Northwest Amazon*. Urbana.

Goldman, Laurence, 1983: *Talk never dies: The language of Huli disputes*. London.

Goldziher, Ignaz, [2]1971: *Muhammedanische Studien*. Hildesheim.

Goode, William J., 1964: *Religion among the primitives*. London.

Goody, Esther, 1972: «‹Greeting›, ‹begging›, and the presentation of respect.» In: Joan S. La Fontaine (Hg.): *The interpretation of ritual: Essays in honour of A. I. Richards*. London. S. 39–71.

Gossen, Gary H., 1974: *Chamulas in the world of the sun: Time and space in a Maya oral tradition*. Cambridge, Mass.

Grambo, Ronald, 1971: «Ritual crying in folk tradition.» In: *Anthropos* 66, 5–6: 938–945.

Graus, František, 1987: «Epochenbewußtsein im Spätmittelalter.» In: Reinhart Herzog & Reinhart Koselleck (Hg.): *Epochenschwelle und Epochenbewußtsein*. München. S. 153–166.

Greeley, Andrew, 1961–62: «Myths, symbols and rituals in the modern world.» In: *Critic* 20, 3: 18–25.

Greßmann, Hugo, 1920: «Die Sage von der Taufe Jesu und die vorderorientalische Taubengöttin.» In: *Archiv für Religionswissenschaft* 20: 323–359.

Grigorenko, Andrej J., 1987: *Raznolikaja magija*. Moskva.

Grigson, Wilfrid, 1949: *The Maria Gonds of Bastar*. Oxford.

Grube-Verhoeven, Regine, 1966: «Die Verwendung von Büchern christlich-religiösen Inhalts zu magischen Zwecken.» In: *Zauberei und Frömmigkeit*. Tübingen. S. 11–57.

Güntert, Hermann, 1921: *Von der Sprache der Götter und Geister: Bedeutungsgeschichtliche Untersuchungen zur homerischen und eddischen Göttersprache*. Halle.

Guntern, Josef (Hg.), [9]1998: *Walliser Sagen*. Zürich.

Gusinde, Martin, 1931: *Die Selk'nam: Vom Leben und Denken eines Jägervolkes auf der großen Feuerlandinsel*. Mödling bei Wien.

– 1937: *Die Yamana: Vom Leben und Denken der Wassernomaden am Kap Hoorn*. Mödling bei Wien.

Haberland, Eike, 1973: «Sakralkönigtum in Äthiopien.» In: *Geschichte und Verfassungsgefüge: Frankfurter Festgabe für Walter Schlesinger*. Wiesbaden. S. 250–265.

Hänel, Dagmar, 2015: «‹Maria hat geholfen› – Heterodoxe Konzepte von Heilung in Kontexten christlicher Religion, Religiosität und Spiritualität.» In: Mirko Uhlig et al. (Hg.): *Sinnentwürfe in prekären Lebenslagen: Interdisziplinäre Blicke auf heterodoxe Phänomene des Heilens und ihre Funktionen im Alltag*. Münster. S. 181–193.

Halama, Simon, 2018: «Protecting civilization. Cosmological and ideological concepts behind city walls in Assyria.» In: Ariane Ballmer et al. (Hg.): *Understanding ancient fortifications: Between regionality and connectivity*. Oxford. S. 83–91.

Hall, Edward T., 1980: *The silent language*. Westport.

Halm, Heinz, 2014: *Kalifen und Assassinen: Ägypten und der Vordere Orient zur Zeit der ersten Kreuzzüge 1074–1171*. München.

Hand, Wayland D., 1970: «Physical harm, sickness, and death by conjury. A survey of the sorcerer's evil art in America.» In: *Acta Ethnographica Academiae Scientiarum Hungaricae* 19: 169–177.

Hanke, Wanda, 1964: *Völkerkundliche Forschungen in Südamerika*. Braunschweig.

Hansmann, Liselotte & Lenz Kriss-Rettenbeck, 1966: *Amulett und Talisman: Erscheinungsform und Geschichte*. München.

Harding, Susan, 1975: «Women and words in a Spanish village.» In: Rayna R. Reiter (Hg.): *Toward an anthropology of women*. New York. S. 283–308.

Harnischfeger, Johannes, 2015: «Die Bedeutung der Religion bei der Entstehung von Zentralgewalten. Sakrale Könige in Nigeria.» In: Dietrich Boschung & Jürgen Hammerstaedt (Hg.): *Das Charisma des Herrschers*. Paderborn. S. 93–122.

Hartmann, Andreas, 1996: «Private Magie im Deutschland des 20. Jahrhunderts. Forschungsgeschichtliche und aktuelle Perspektiven.» In: *Sowi* 25, 1: 27–34.

Hartmann, Dietrich, 1973: «Begrüßungen und Begrüßungsrituale. Überlegungen zu Verwendungsweisen sprachlicher Symbolik in kommunikativen Handlungsmustern.» In: *Zeitschrift für germanistische Linguistik* 1: 133–162.

Harwood, Alan, 1970: *Witchcraft, sorcery, and social categories among the Safwa*. Glasgow.

Hasenfratz, Hans-Peter, 1982: *Die toten Lebenden: Eine religionsphänomenologische Studie zum sozialen Tod in archaischen Gesellschaften*. Leiden.

Haug, Walter, 1987: «Die Zwerge auf den Schultern der Riesen. Epochales und typologisches Geschichtsdenken und das Problem der Interferenzen.» In: Reinhart Herzog & Reinhart Koselleck (Hg.): *Epochenschwelle und Epochenbewußtsein*. München. S. 167–194.

Hauschild, Thomas, 1982: *Der böse Blick: Ideengeschichtliche und sozialpsychologische Untersuchungen*. Berlin.

Hauser-Schäublin, Brigitta, 1977: *Frauen in Kararau: Zur Rolle der Frauen bei den Iatmul am Mittelsepik, Papua New Guinea*. Basel.

– 2004: «Austronesian aboriginality or the ritual organization of the state? A controversy on the political dimension of temple networks in early Bali.» In: *History and Anthropology* 14, 4: 317–344.

– 2005: «Temple and king. Resource management, rituals and redistribution in early Bali.» In: *The Journal of the Royal Anthropological Institute* 11: 747–771.

Havers, Wilhelm, 1946: *Neuere Literatur zum Sprachtabu*. Wien.

Hebbel, Friedrich, 1906: *Meine Kindheit. Die einsamen Kinder. Gedichte*. Hamburg.

Hegedüs, L., 1958: «Beiträge zum Problem des sprachlichen Tabu und der Namenmagie.» In: *Orbis* 7: 79–96.

Heine, Heinrich, [2]1980: *Reisebilder*. Frankfurt am Main.

Heintze, Beatrix, 1977: «Unbekanntes Angola. Der Staat Ndongo im 16. Jahrhundert.» In: *Anthropos* 72: 749–805.

Helbling, Jürg, 1996: *Verwandtschaft, Macht und Produktion: Die Alangan-Mangyan im Nordosten von Mindoro, Philippinen*. Berlin.

Henning, Joachim, 1936: *Die Frau im öffentlichen Leben in Melanesien*. Leipzig.

Hensel, Herbert, 1977: «Die natürliche Selbstheilung des menschlichen Organismus und die moderne Naturwissenschaft.» In: *Universitas* 32, 9: 951–960.

Hewitt, J. N. B., 1916: «The requickening address of the league of the Iroquois.» In: *Holmes Anniversary Volume*. Washington 1916: 163–179.

Hillner, Johann, 1876–77: «Volksthümlicher Glaube und Brauch bei Geburt und Taufe im Siebenbürger Sachsenlande.» In: *Programm des evangelischen Gymnasiums in Schäßburg und der damit verbundenen Lehr-Anstalten*. Schäßburg 1876–77: 3–52.

Hirayama, Toshijiro, 1973: «Seasonal rituals connected with rice culture.» In: Richard M. Dorson (Hg.): *Studies in Japanese folklore*. Port Washington. S. 57–75.

Hitler, Adolf, 1940: *Mein Kampf.*

Holt, P. M., 1989: «The Nilotic Sudan.» In: *The Cambridge History of Islam*. Bd. II A. Cambridge. S. 327–344.

Homans, George C., 1941: «Anxiety and ritual. The theories of Malinowski and Radcliffe-Brown.» In: *American Anthropologist* 43: 164–172.

Hood, Bruce M., 2011: *Übernatürlich? Natürlich! Warum wir an das Unglaubliche glauben*. Heidelberg.

Hopfner, Theodor, 1965: «Mageia.» In: *Pauly-Wissowa: Realencyclopädie der Classischen Altertumswissenschaft*. Bd. XIV 1. Stuttgart. S. 301–393.

Hornung, Erik, 1996: «Götterworte im alten Ägypten.» In: Tilo Schabert & Rémi Brague (Hg.): *Die Macht des Wortes*. München. S. 159–186.

Hudson, Charles, 1966: «Folk history and ethnohistory.» In: *Ethnohistory* 13: 52–70.

Huizinga, Johan, 1969: *Herbst des Mittelalters: Studien über Lebens- und Geistesformen des 14. und 15. Jahrhunderts in Frankreich und in den Niederlanden*. Stuttgart.

Hultkrantz, Åke, 1982: «Religion and experience of nature among North American Indians.» In: Åke Hultkrantz & Ørnulf Vorren (Hg.): *The hunters: Their culture and way of life*. Tromsø. S. 163–186.

Hutton, John H., 1921: *The Sema Nagas*. London.

Inan, Abdülkadir, 1954: *Tarihte ve bugün şamanizm: Materyaller ve araştırmalar*. Ankara.

Izutsu, Toshihiko, 1956: *Language and magic: Studies in the magical function of speech*. Tokyo.

Jackson, Anthony, 1968: «Sound and ritual.» In: *Man* 3: 293–299.

Jäggi, Carola, 2017: «Heiliges zum Mitnehmen. Überlegungen zur Mobilität heiliger Dinge in Spätantike und Frühmittelalter.» In: Andrea Beck et al. (Hg.): *Heilige und geheiligte Dinge: Formen und Funktionen*. Stuttgart. S. 213–233.

Jaffé, Aniela, 1958: *Geistererscheinungen und Vorzeichen: Eine psychologische Deutung.* Zürich.
Jegerlehner, Johannes, 1989: *Walliser Sagen: Ein Heimatbuch für jung und alt.* Zürich.
Jensen, Adolf E., 1948: «Magie. Bemerkungen zu drei neuen Veröffentlichungen.» In: *Studium Generale* 1, 4: 226–236.
– 1950: «Gibt es Zauberhandlungen?» In: *Zeitschrift für Ethnologie* 75: 3–12.
Jones, Rex L. & Shirley K. Jones, 1976: *The Himalayan woman: A study of Limbu women in marriage and divorce.* Palo Alto.
Just, Gisela, 1991: *Magische Musik im Märchen: Untersuchungen zur Funktion magischen Singens und Spielens in Volkserzählungen.* Frankfurt am Main.

Karsten, Rafael, 1923: *Blood revenge, war and victory feasts among the Jibaro Indians of eastern Ecuador.* Washington.
– 1935: *The head-hunters of western Amazonas: The life and culture of the Jibaro Indians of eastern Ecuador and Peru.* Helsingfors.
Katz, David, 1948: *Gestaltpsychologie.* Basel.
Kayser, Karl, 1886: *Die Canones Jacob's von Edessa.* Leipzig.
Keysser, Christian, 1911: «Aus dem Leben der Kai-Leute.» In: Richard Neuhauss: *Deutsch Neu-Guinea.* Bd. III. Berlin. S. 3–242.
King, Irving, 1910: *The development of religion: A study in anthropology and social psychology.* New York.
Kirchgässner, Alfons, 1959: *Die mächtigen Zeichen: Ursprünge, Formen und Gesetze des Kultes.* Basel.
Klaus, Georg & Heinz Liebscher, 1970: *Was ist, was soll Kybernetik.* Berlin.
Kluckhohn, Clyde, 1944: *Navaho witchcraft.* Cambridge, Mass.
Knebel, J., 1898: *Amulettes javanaises.* Batavia.
Koch, Gerd, 1963: «Alte Glaubensvorstellungen und Magie auf den Ellice-Inseln (Westpolynesien).» In: *Baessler-Archiv* 35: 45–62.
Köhler, Oswin, 1973: «Die rituelle Jagd bei den Kxoe-Buschmännern von Mutsiku.» In: *Festschrift zum 65. Geburtstag von Helmut Petri.* Köln. S. 215–257.
Köhler, Wolfgang, 1971: *Die Aufgabe der Gestaltpsychologie.* Berlin.
Koenig, Otto, 1970: *Kultur- und Verhaltensforschung: Einführung in die Kulturethologie.* München.
Koffka, Kurt, [3]1950: *Principles of gestalt psychology.* London.
Krauss, Heinrich, 2000: *Die Engel: Überlieferung, Gestalt, Deutung.* München.
Krige, Eileen J. & Jacob D. Krige, [3]1947: *The realm of a rain-queen: A study of the pattern of Lovedu society.* London.
Kris, Ernst & Otto Kurz, 1980: *Die Legende vom Künstler: Ein geschichtlicher Versuch.* Frankfurt am Main.
Kröger, Franz, 1978: *Übergangsriten im Wandel: Kindheit, Reife und Heirat bei den Bulsa in Nord-Ghana.* Hohenschäftlarn.
Künssberg, Eberhard, Freiherr von, 1941: *Messerbräuche: Studien zur Rechtsgeschichte und Volkskunde.* Heidelberg.
Kulišic, Špiro, 1966: *Volksbräuche in Jugoslawien.* Beograd.
Kunike, Hugo, 1911: «Das sogenannte ‹Männerkindbett›.» In: *Zeitschrift für Ethnologie* 43: 346–563.
Kuper, Adam, 1996: «The death of Piet Retief.» In: *Social Anthropology* 4, 2: 133–143.
Kwella, Peter, 1973: *Flußüberschreitung im Rigveda. RV III, 33 und Verwandtes.* Wiesbaden.

Landes, Ruth, 1938: *The Ojibwa woman.* New York.
Landmann, Michael, 1963: «‹Tout finit par des chansons›. Die Kunst als Bewahrerin von Magie und Mythos.» In: *Antaios* 4: 405–421.
Lang, Andrew, 1894: *Cock Lane and common-sense.* London.
– [2]1900: *The making of religion.* New York.
Lang, Bernhard, 1998: *Heiliges Spiel: Eine Geschichte des christlichen Gottesdienstes.* München.
Laoust, Emile, 1920: *Mots et choses Berbères: Notes de linguistique et d'ethnographie. Dialectes du Maroc.* Paris.
Lasch, Richard, 1907: «Über Sondersprachen und ihre Entstehung.» In: *Mitteilungen der Anthropologischen Gesellschaft in Wien* 37: 89–101, 140–162.
Laufer, Carl, 1961: «Jagdzauber der Gunantuna (Südsee).» In: Dietrich Drost & Wolfgang König (Hg.): *Beiträge zur Völkerforschung: Hans Damm zum 65. Geburtstag.* Berlin. S. 393–409.
Lee, Richard B. & Irven DeVore (Hg.), 1968: *Man the hunter.* Chicago.
Leeuw, Gerardus van der, 1961: *Einführung in die Phänomenologie der Religion.* Darmstadt.
Lehmann, Emil, 2003: *Sudetendeutsche Volkskunde.* Frankfurt am Main.

Lehmann, F. Rudolf, 1930: *Die polynesischen Tabusitten: Eine ethno-soziologische und religionswissenschaftliche Untersuchung*. Leipzig.
Lewis, Lionel S., 1963: «Knowledge, danger, certainty, and the theory of magic.» In: *American Journal of Sociology* 69: 7–12.
Lienhardt, Godfrey, 1961: *Divinity and experience: The religion of the Dinka*. Oxford.
Lindig, Wolfgang, 1972: *Die Kulturen der Eskimo und Indianer Nordamerikas*. Frankfurt am Main.
Loisy, Alfred, 1920: *Essai historique sur le sacrifice*. Paris.
Loux, Françoise, 1980: *Das Kind und sein Körper: Volksmedizin, Hausmittel, Bräuche*. Frankfurt am Main.
Lowie, Robert H., 1937: *The history of ethnological theory*. New York.
– [3]1952: *Primitive religion*. New York.
Lüning, Jens (Hg.), 2004: *Die Bandkeramiker: Erste Steinzeitbauern in Deutschland*. Rahden.
Lüpkes, W., 1907: *Ostfriesische Volkskunde*. Emden.
Luhmann, Niklas & Peter Fuchs, [2]1992: *Reden und Schweigen*. Frankfurt am Main.
Lukas, Franz, 1894: «Das Ei als kosmogonische Vorstellung.» In: *Zeitschrift des Vereins für Volkskunde* 4: 227–243.
Luria, Alexander R., [2]1977: *Cognitive development: Its cultural and social foundations*. Cambridge, Mass.

Mabille, A., 1906: «The Basuto of Basutoland.» In: *Journal of the African Society* 19: 233–251.
Mair, Lucy P., 1964: «Witchcraft as a problem in the study of religion.» In: *Cahiers d'Études Africaines* 4, 15: 335–348.
– 1969: *Magie im Schwarzen Erdteil*. München.
Majumdar, Dhirendra N., 1937: *A tribe in transition: A study in culture patterns*. London.
Malinowski, Bronislaw, 1935: *Coral gardens and their magic*. London.
– 1936: *The foundations of faith and morals: An anthropological analysis of primitive beliefs and conduct with special reference to the fundamental problems of religion and ethics*. London.
– [4]1953: *Argonauts of the western Pacific: An account of native enterprises and adventure in the archipelagoes of Melanesian New Guinea*. London.
– 1954: Magic, science and religion and other essays. New York.
– 1965: «The role of magic and religion.» In: William A. Lessa & Evon Z. Vogt (Hg.): *Reader in comparative religion: An anthropological approach*. New York. S. 102–112.
Maloney, Clarence, 1974: *Peoples of South Asia*. New York.
Mann, Thomas, [12]2004: *Joseph und seine Brüder: Der dritte Roman. Joseph in Ägypten*. Frankfurt am Main.
Mannhardt, Wilhelm, 1963: *Wald- und Feldkulte, Bd. II: Antike Wald- und Feldkulte aus nordeuropäischer Überlieferung erläutert*. Darmstadt.
Maple, Eric, 1971: *Superstition and the superstitious*. London.
Marett, Robert R., 1904: «From spell to prayer.» In: *Folk-Lore* 15: 132–165.
– 1909: *The threshold of religion*. London.
– 1909a: «The tabu-mana formula as a minimum definition of religion.» In: *Archiv für Religionswissenschaft* 12: 186–194.
Margetts, Edward L., 1975: «Canada. Indian and Eskimo medicine, with notes on the early history of psychiatry among French and British colonists.» In: John G. Howells (Hg.): *World History of Psychiatry*. New York. S. 400–431.
Marks, Stuart, [2]2005: *Large mammals and brave people: Subsistence hunters in Zambia*. New Brunswick.
Martin, Albert, 2011: *Handlungstheorie: Grundelemente des menschlichen Handelns*. Darmstadt.
Marwick, M. G., 1967: «The sociology of sorcery in a Central African tribe.» In: John Middleton (Hg.): *Magic, witchcraft, and curing*. Garden City. S. 101–126.
– 1970: *Sorcery in its social setting: A study of the Northern Rhodesian Cewa*. Manchester.
Marzell, Heinrich, 1964: *Zauberpflanzen, Hexentränke: Brauchtum und Aberglaube*. Stuttgart.
Maul, Stefan M., 2010: «Im Rückwärtsgang in die Zukunft.» In: *Spektrum der Wissenschaft* 2010 (8): 72–77.
Mauss, Marcel, 1972: *A general theory of magic*. London.
Meigs, Anna S., 1978: «A Papuan perspective on pollution.» In: *Man* 13: 304–318.
Mensching, Gustav, 1926: *Das heilige Schweigen: Eine religionsgeschichtliche Untersuchung*. Gießen.
Merker, M., 1902: *Rechtsverhältnisse und Sitten der Wadschagga*. Gotha.
Meyer, Carl, 1884: *Der Aberglaube des Mittelalters und der nächstfolgenden Jahrhunderte*. Basel.
Middleton, John & E. H. Winter (Hg.), 1963: *Witchcraft and sorcery in East Africa*. London.
Mieder, Wolfgang, 1992: *Sprichwort – Wahrwort!? Studien zur Geschichte, Bedeutung und Funktion deutscher Sprichwörter*. Frankfurt am Main.

Miller, Nathan, 1928: *The child in primitive society*. London.
Mills, James P., 1922: *The Lhota Nagas*. London.
– 1926: *The Ao Nagas*. London.
Moortgat, Anton, 1949: *Tammuz: Der Unsterblichkeitsglaube in der altorientalischen Bildkunst*. Berlin.
Mühlmann, Wilhelm E., 1964: *Rassen, Ethnien, Kulturen: Moderne Ethnologie*. Neuwied.
Müller, Klaus E., 1971: «Animismus.» In: *Historisches Wörterbuch der Philosophie*. Bd. I. Basel. S. 315–319.
–1973–1974: «Grundzüge der agrarischen Lebens- und Weltanschauung.» In: *Paideuma* 19–20: 54–124.
– 1984: «Ursprung, Sein und Ewigkeit. Der Dualismus als zentrales Problem der menschlichen Existentialität.» In: Ekkehard Schröder & Dieter H. Frießem (Hg.): *George Devereux zum 75. Geburtstag: Eine Festschrift*. Braunschweig. S. 275–288.
– 1987: *Das magische Universum der Identität: Elementarformen des sozialen Verhaltens; ein ethnologischer Grundriß*. Frankfurt am Main.
– [2]1996: «Kindheitsvorstellungen.» In: Klaus E. Müller & Alfred K. Treml (Hg.): *Ethnopädagogik: Sozialisation und Erziehung in traditionellen Gesellschaften: Eine Einführung*. Berlin. S. 13–34.
– 1996a: *Der Krüppel: Ethnologia passionis humanae*. München.
– 1997: *Der gesprungene Ring: Wie man die Seele gewinnt und verliert*. Frankfurt am Main.
–1998: «Das Geheimnis in traditionellen Gesellschaften.» In: Albert Spitznagel (Hg.): *Geheimnis und Geheimhaltung: Erscheinungsformen – Funktionen – Konsequenzen*. Göttingen. S. 55–66.
– 2001: *Wortzauber: Eine Ethnologie der Eloquenz*. Frankfurt am Main.
– 2003: «Wendezeiten in traditionellen Kulturen.» In: Klaus E. Müller (Hg.): *Historische Wendeprozesse: Ideen, die Geschichte machten*. Freiburg im Breisgau. S. 14–43.
– 2003a: «Mfumu José und der heilige Joseph.» In: Dieter Kramer et al. (Hg.): *Missio, Message und Museum: Festschrift für Josef Franz Thiel zum 70. Geburtstag*. Frankfurt am Main. S. 23–34.
– 2002–2004: «A Cloddish controversy.» In: *Zeitschrift für Parapsychologie und Grenzgebiete der Psychologie* 44–46: 20–35.
– 2004: *Der sechste Sinn: Ethnologische Studien zu Phänomenen der außersinnlichen Wahrnehmung*. Bielefeld.
– 2005: «Der Ursprung der Geschichte.» In: Jan Assmann & Klaus E. Müller (Hg.): *Der Ursprung der Geschichte: Archaische Kulturen, das Alte Ägypten und das Frühe Griechenland*. Stuttgart. S. 17–86.
– 2005–2007: «Der über das Wasser geht. *Mirabilia secundum Matthaeum et Alios*.» In: *Zeitschrift für Parapsychologie und Grenzgebiete der Psychologie* 47–49: 3–20.
– 2008: «Der innere Kreis. Oberschichten in präurbanen Gesellschaften.» In: Hans Beck et al. (Hg.): *Die Macht der Wenigen: Aristokratische Herrschaftspraxis, Kommunikation und ‹edler› Lebensstil in Antike und Früher Neuzeit*. München. S. 15–33.
– 2010: *Die Siedlungsgemeinschaft: Grundriß der essentialistischen Ethnologie*. Göttingen.
– [4]2010a: *Schamanismus: Heiler, Geister, Rituale*. München.
– 2011: «Anfänge der Kulturentwicklung – Sinnkonzepte archaischer Gesellschaften.» In: Friedrich Jaeger & Burkhard Liebsch (Hg.): *Handbuch der Kulturwissenschaften: Grundlagen und Schlüsselbegriffe*. Bd. I. Stuttgart. S. 431–452.
– 2012: *Schuld und Sühne: Die Vorgeschichte des Erlösungsglaubens*. Berlin.
–2014: «Die Grundlagen der religiösen Vorstellungsbildung und Praxis.» In: Jan Assmann & Harald Strohm (Hg.): *Homo religiosus: Vielfalt und Geschichte des religiösen Menschen*. Paderborn. S. 141–173.
–2015: «Der Venus-Effekt.» In: Ronald Hitzler (Hg.): *Hermeneutik als Lebenspraxis: Ein Vorschlag von Hans-Georg Soeffner*. Weinheim. S. 67–78.
– 2018: *Verhängnis Kultur: Der Mythos vom menschlichen Fortschritt*. Köln.
– 2019: «Das Kreuz mit dem Kopftuch.» Unveröffentlichtes Manuskript.
– 2020: *Verfangen im Fadenkreuz Gottes: Eine kulturanthropologische Fabel*. Wiesbaden.
Müller, Klaus E. & Ute Ritz-Müller, 2004: *Des Widerspenstigen Zähmung: Sinnwelten prämoderner Gesellschaften*. Bielefeld.
Muller, Jean-Claude, 1971: «Pouvoir mystique, sorcellerie et structure sociale chez les Rukuba (Benue-Plateau State, Nigeria).» In: *L'Homme* 11: 71–111.
– 1975: «La royauté divine chez les Rukuba (Benue-Plateau State, Nigeria).» In: *L'Homme* 15: 5–27.
Murray, Gilbert G. A., 1910: «Die Anthropologie in der griechischen epischen Tradition außer Homer.» In: Robert R. Marett (Hg.): *Die Anthropologie und die Klassiker: Sechs Vorlesungen, gehalten vor der Universität Oxford*. Heidelberg.

Nadel, Siegfried E., 1947: *The Nuba: An anthropological study oft he hill tribes in Kordofan*. London.
Näf, Beat, 2015: «Das Charisma des Herrschers. Antike und Zeitgeschichte in der ersten Hälfte des 20. Jahrhunderts.» In: Dietrich Boschung & Jürgen Hammerstaedt (Hg.): *Das Charisma des Herrschers*. Paderborn. S. 11–50.
Nag, Moni, 1962: *Factors affecting human fertility in nonindustrial societies: A cross-cultural study*. New Haven.
Nemec, Helmut, 1976: *Zauberzeichen: Magie im volkstümlichen Bereich*. Wien.
Nevermann, Hans, 1965: «Die Besiedlungsgeschichte Polynesiens.» In: *Saeculum* 16, 1: 42–56.
Newman, Lucile F., 1969: «Folklore of pregnancy. Wives' tales in Contra Costa County, California.» In: *Western Folklore* 28: 112–135.
Nicolaisen, Johannes, 1961: «Essai sur la religion et la magie touarègues.» In: *Folk* 3: 113–162.
Niebuhr, 1772: *Beschreibung von Arabien: Aus eigenen Beobachtungen und im Lande selbst gesammelten Nachrichten abgefasset*. Kopenhagen.
Nilsson, Martin P., 1954: «Religion as man's protest against the meaninglessness of events.» In: *Arsberättelse. Bulletin de la Société Royale des Lettres de Lund* 1953–54: 25–92.
Norbeck, Edward, 1961: *Religion in primitive society*. New York.

Oberweis, Michael, 2017: «Est sua vox bam bam, potens repellere Satan.» In: Andrea Beck et al. (Hg.): *Heilige und geheiligte Dinge: Formen und Funktionen*. Stuttgart. S. 83–92.
Ong, Walter J., 1967: *The presence of the word: Some prolegomena for cultural and religious history*. New Haven.
Opie, Iona & Peter Opie, 1959: *The lore and language of schoolchildren*. London.
Ōtō, Tokihiko, 1973: «The taboos of fishermen.» In: Richard M. Dorson (Hg.): *Studies in Japanese folklore*. Port Washington. S. 107–121.

Packard, Randall M., 1980: «Social change in the history of misfortune among the Bashu of eastern Zaire.» In: Ivan Karp & Charles S. Bird (Hg.): *Explorations in African systems of thought*. Bloomington. S. 237–267.
Pankeev, Ivan, 2000: *Tajny russkich sueverij*. Moskva.
Paracelsus, 1926: «Über das Ens der Geister.» In: Paracelsus: *Sämtliche Werke*, hg. von Bernhard Aschner. Bd. I. Jena. S. 46–54.
– 1932: «Über die geheime Philosophie.» In: Paracelsus: *Sämtliche Werke*, hg. von Bernhard Aschner, Bd. IV. Jena. S. 292–326.
Parmentier, Richard J., 1987: *The sacred remains: Myth, history, and polity in Belau*. Chicago.
Parrinder, Geoffrey, ²1963: *Witchcraft: European and African*. London.
Parry, Nevill E., 1932: *The Lakhers*. London.
Paulson, Ivar, 1963: «Der Mensch im Volksglauben der finnischen Völker.» In: *Zeitschrift für Ethnologie* 88, 1: 49–65.
Peat, F. David, 1992: *Synchronizität: Die verborgene Ordnung*. München.
Pechuël-Loesche, Eduard, 1907: *Volkskunde von Loango*. Stuttgart.
Perry, William J., 1923: *The origin of magic and religion*. London.
Petermann, Bruno, 1929: *Die Wertheimer-Koffka-Köhlersche Gestalttheorie und das Gestaltproblem systematisch und kritisch dargestellt: Ein Kapitel aus der Prinzipienrevision in der gegenwärtigen Psychologie*. Leipzig.
Pettazzoni, Raffaele, 1954: «Confession of sins. An attempted general interpretation.» In: Raffaele Pettazzoni: *Essays on the history of religions*. Leiden. S. 43–54.
Piaget, Jean, 1980: *Das Weltbild des Kindes*. Frankfurt am Main.
Pikulik, Lothar, 1997: *Warten, Erwartung: Eine Lebensform in End- und Übergangszeiten; an Beispielen aus der Geistesgeschichte, Literatur und Kunst*. Göttingen.
Popper, Karl R., 1973: *Objektive Erkenntnis: Ein evolutionärer Entwurf*. Hamburg.
Porter, Enid, 1974: *The folklore of East Anglia*. London.
Povinelli, Elizabeth A., 1993: *Labor's lot: The power, history, and culture of Aboriginal action*. Chicago.
Preuss, Konrad T., 1904: «Der Ursprung der Religion und Kunst.» In: *Globus* 86: 321–327, 355–363, 375–379, 388–392.
– 1905: «Der Ursprung der Religion und Kunst.» In: *Globus* 87: 333–419.
Probst, Ferdinand, 1871: *Lehre und Gebet in den drei ersten christlichen Jahrhunderten*. Tübingen.

Rackow, Ernst, 1938: «Das Beduinenzelt. Nordafrikanische und arabische Zelttypen mit besonderer Berücksichtigung des zentralalgerischen Zeltes.» In: *Baessler-Archiv* 21: 151–184.
Radcliffe-Brown, Alfred R., 1939: *Taboo*. Cambridge.
Rader, Olaf B., 2015: *Hokuspokus: Bluthostien zwischen Wunderglaube und Budenzauber*. Paderborn.

Rasmussen, Knud, 1929: *Intellectual culture of the Iglulik Eskimos*. Copenhagen.
Reichard, Gladys A., 1944: *Prayer: The compulsive word*. New York.
Reintjens, Hortense, 1975: *Die soziale Stellung der Frau bei den nordarabischen Beduinen unter besonderer Berücksichtigung ihrer Ehe- und Familienverhältnisse*. Bonn.
Richter, Erwin, 1960: «Die ‹andächtige Beraubung› geistlicher Toter als volksglaubenskundliches Phänomen.» In: *Bayerisches Jahrbuch für Volkskunde* 1960: 82–104.
Riedl, Rupert, 1984: *Die Strategie der Genesis: Naturgeschichte der realen Welt*. München.
Riess, 1893: «Aberglaube». In: *Paulys Realencyclopädie der Classischen Altertumswissenschaft*. Bd. I 1. Sp. 29–93.
Rivers, William H. R., 1920: «The concept of ‹soul-substance› in New Guinea and Melanesia.» In: *Folk-Lore* 31: 48–86.
Röckelein, Hedwig, 2017: «Verhüllen und Verbergen – Strategien der Sakralisierung und der Mystifizierung von und mit Reliquien.» In: Andrea Beck et al. (Hg.): *Heilige und geheiligte Dinge: Formen und Funktionen*. Stuttgart. S. 93–110.
Röhrich, Lutz, 1980: «Der Tod in Sage und Märchen.» In: Gunther Stephenson (Hg.): *Leben und Tod in den Religionen: Symbol und Wirklichkeit*. Darmstadt. S. 165–183.
Rösing, Ina, 2006: *Weisheit: Meterware, Maßschneiderung, Mißbrauch*. Kröning.
Róheim, Géza, 1955: *Magic and schizophrenia*. New York.
Rousseau, Jérôme, 1990: *Central Borneo: Ethnic identity and social life in a stratified society*. Oxford.
Roy, Sarat C., 1925: *The Birhors: A little known jungle tribe of Chota Nagpur*. Ranchi.
Ruggles Gates, R., 1944: «An explanation for the couvade.» In: *Man* 44: 55.

Sahlins, Marshall, 1968: «Tribesmen in history and anthropology.» In: Ashley Montagu (Hg.): *The concept of the primitive*. New York. S. 194–211.
Samarin, William J., 1965: «Language of silence.» In: *Practical Anthropology* 12, 3: 115–118.
Samter, Ernst, 1911: *Geburt, Hochzeit und Tod: Beiträge zur vergleichenden Volkskunde*. Leipzig.
Schäfer, Herbert, 1958: *Der Okkulttäter: Hexenbanner, magische Heiler, Erdenstrahler*. Bonn.
Scheftelowitz, Isidor, 1914: «Die Sündentilgung durch Wasser.» In: *Archiv für Religionswissenschaft* 17: 353–412.
Scherf, Walter, 1982: *Lexikon der Zaubermärchen*. Stuttgart.
Scherke, Felix, 1923: *Über das Verhalten der Primitiven zum Tode*. Langensalza.
Schimmel, Annemarie, 1996: «Das Wort ist ein Fächer.» In: Tilo Schabert & Rémi Brague (Hg.): *Die Macht des Wortes*. München. S. 187–231.
Schindel, Leo, 1967: «Placebo und Placebo-Effekte in Klinik und Forschung.» In: *Arzneimittel-Forschung* 17, 7: 892–918.
Schlee, Günther, 1979: *Das Glaubens- und Sozialsystem der Rendille, Kamelnomaden Nord-Kenias*. Berlin.
Schmidbauer, Wolfgang, 1971: *Psychotherapie: Ihr Weg von der Magie zur Wissenschaft*. München.
Schmidt, Kurt D., 1965: «Germanische und germanisch-christliche Geschichtstheologie.» In: Walther Lammers (Hg.): *Geschichtsdenken und Geschichtsbild im Mittelalter: Ausgewählte Aufsätze und Arbeiten aus den Jahren 1933 bis 1959*. Darmstadt. S. 76–90.
Schmidt, Wilhelm, 1912–55: *Der Ursprung der Gottesidee: Eine historisch-kritische und positive Studie*. 12 Bde. Münster.
Schmidt-Glintzer, Helwig, 1977: «Traditionalismus und Geschichtsschreibung in China. Zur Maxime ‹shu erh putso›.» In: *Saeculum* 28, 1: 42–52.
Schmökel, Hartmut, 1956: *Das Land Sumer*. Stuttgart.
Schram, Louis M. J., 1954: *The Monguors of the Kansu-Tibetan frontier: Their origin, history, and social organization*. Philadelphia.
Schütrumpf, Eckart, 2015: «Aristotle's concept of a king ‹like god among men›.» In: Dietrich Boschung & Jürgen Hammerstaedt (Hg.): *Das Charisma des Herrschers*. Paderborn. S. 189–211.
Schur, Israel, 1935: *Versöhnungstag und Sündenbock*. Helsingfors.
Schwebe, Joachim, 1960: *Volksglaube und Volksbrauch im Hannoverschen Wendland*. Köln.
Seeger, Anthony, 1989: «Dualism: fuzzy thinking or fuzzy sets?» In: David Maybury-Lewis & Uri Almagor (Hg.): *The attraction of opposites: Thought and society in the dualistic mode*. Ann Arbor. S. 191–208.
Seligmann, Siegfried, 1922: *Die Zauberkraft des Auges und das Berufen: Ein Kapitel aus der Geschichte des Aberglaubens*. Hamburg.
Shils, Edward, 1975: *Center and periphery: Essays in macrosociology*. Chicago.
Shukla, Brahma K., 1959: *The Daflas of the Subansiri region*. Shillong.

Signori, Gabriela, 2007: *Wunder: Eine historische Einführung*. Frankfurt am Main.
Sinha, Tarunchandra, 1966: *The psyche oft he Garos*. Calcutta.
Smith, William C., 1925: *The Ao Naga tribe of Assam*. London.
Smoljak, Anna V., 1991: *Šaman: Ličnost', funkcii, mirovozzrenie (narody Nižnego Amura)*. Moskva.
Spamer, Adolf, 1955: «Zauberbuch und Zauberspruch.» In: *Deutsches Jahrbuch für Volkskunde* 1: 109–126.
– 1958: *Romanusbüchlein: Historisch-philologischer Kommentar zu einem deutschen Zauberbuch*. Berlin.
Specht, Rainer, 2002: «Schulphilosophische Meinungen über angenommene Engelleiber.» In: Hans-Jürgen Horn (Hg.): *Jakobs Traum: Zur Bedeutung der Zwischenwelt in der Tradition des Platonismus*. St. Katharinen. S. 139–152.
Spencer, Baldwin & F. J. Gillen, 1899: *The native tribes of central Australia*. London.
– 1904: *The northern tribes of Central Australia*. London.
Stagl, Justin, 2019: «Das Kopftuch.» In: Tanja Hinterholz & Romana Sammern (Hg.): *Geisteswissenschaftliche Spaziergänge: Festschrift für Renate Prochner-Schinkel*. Regensburg. S. 101–126.
Steger, Florian, 2016: *Asklepios: Medizin und Kult*. Stuttgart.
Stöcklin, W. H., 1965: «Medizin und Schwarze Magie bei den Fore im östlichen Hochland Neu Guineas.» In: *Festschrift Alfred Bühler*. Basel. S. 389–400.
Stollberg-Rilinger, Barbara, 2013: *Rituale*. Frankfurt am Main.
Storch, Alfred, 1922: *Das archaisch-primitive Erleben und Denken der Schizophrenen: Entwicklungspsychologisch-klinische Untersuchungen zum Schizophrenenproblem*. Berlin.
Strack, Hermann L., 1900: *Das Blut im Glauben und Aberglauben der Menschheit: Mit besonderer Berücksichtigung der ‹Volksmedizin› und des ‹jüdischen Blutritus›*. München.

Tambiah, Stanley J., 1968: «The magical power of words.» In: *Man* 3: 175–208.
Tardits, Claude, 1990: *À propos du pouvoir sacré en Afrique: Que dissent les textes?* Paris.
Thiel, Josef F., 2001: *Jahre im Kongo: Missionar und Ethnologe bei den Bayansi*. Frankfurt am Main.
Thornton, Robert J., 1980: *Space, time, and culture among the Iraqw of Tanzania*. New York.
Thurnwald, Richard, 1929: «Zauber.» In: *Reallexikon der Vorgeschichte*. Bd. XIV. Berlin. Sp. 483–511.
– 1951: *Des Menschengeistes Erwachen, Wachsen und Irren: Versuch einer Paläopsychologie von Naturvölkern mit Einschluß der archaischen Stufe und der allgemein menschlichen Züge*. Berlin.
– 1966: «Beiträge zur Analyse des Kulturmechanismus.» In: Wilhelm E. Mühlmann & Ernst W. Müller (Hg.): *Kulturanthropologie*. Köln. S. 356–387.
Tidemann, H., 1935: «Der glückbringende Sektpfropfen.» In: *Niederdeutsche Zeitschrift für Volkskunde* 13: 53.
Titiev, Mischa, 1960: «A fresh approach to the problem of magic and religion.» In: *Southwestern Journal of Anthropology* 16, 3: 292–298.
Tokarev, Sergej A., 1957: «Entstehung und Frühformen der Religion.» In: *Sowjetwissenschaft. Gesellschaftswissenschaftliche Beiträge* 7: 857–877.
–1959: «Suščnost' i proizchoždenie magii.» In: *Issledovanija i materialy po voprosom pervobytnych religioznych verovanij*. Moskva. S. 7–75.
Tolstoj, N. I., 2000: «Bez četyrech uglov izba ne stroitsja.» In: *Slavjanskij Fol'klor: Narodnaja demonologija*. Moskva. S. 9–24.
Toy, Crawford H., ²1970: *Introduction to the history of religions*. New York.
Tylor, Edward B., 1873: *Die Anfänge der Cultur: Untersuchungen über die Entwicklung der Mythologie, Philosophie, Religion, Kunst und Sitte*. 2 Bde. Leipzig.

Ugrinovič, Dmitrij M., 1973: *Vvedenie v teoretičeskoe religiovedenie*. Moskva.

Vacano, Otto-Wilhelm von, 1961: *Die Etrusker in der Welt der Antike*. Reinbek.
Vaihinger, Hans, ⁸1922: *Die Philosophie des Als Ob: System der theoretischen, praktischen und religiösen Fiktionen der Menschheit auf Grund eines idealistischen Positivismus*. Leipzig.
Valéry, Paul, 1962: *Zur Theorie der Dichtkunst: Aufsätze und Vorträge*. Frankfurt am Main.
Varela, Francisco J., 1981: «Autonomy and autopoiesis.» In: Gerhard Roth & H. Schwegler (Hg.): *Self-organizing systems*. Frankfurt am Main. S. 14–23.
Versnel, Hendrik S., 1996: «Die Poetik der Zaubersprüche.» In: Tilo Schabert & Rémi Brague (Hg.): *Die Macht des Wortes*. München. S. 233–297.
Vierkandt, Alfred, 1907: «Die Anfänge der Religion und Zauberei.» In: *Globus* 92: 21–25, 40–45, 61–65.

Vilkuna, Asko, 1959: *Die Ausrüstung des Menschen für seinen Lebensweg*. Helsinki.

Vollmer, Gerhard, [2]1981: *Evolutionäre Erkenntnistheorie: Angeborene Erkenntnisstrukturen im Kontext von Biologie, Psychologie, Linguistik, Philosophie und Wissenschaftstheorie*. Stuttgart.

– 1985–86: *Was können wir wissen?* Bd. II. Stuttgart.

Von den Steinen, Karl, 1894: *Unter den Naturvölkern Zentral-Brasiliens: Reiseschilderung und Ergebnisse der Zweiten Schingú-Expedition 1887–1888*. Berlin.

Vorwahl, H, 1929: *Psychologie der Vorpubertät: Eine Einführung in das Eigenleben der Halbwüchsigen*. Berlin.

Vries, Jan de, 1956: «Das Königtum bei den Germanen.» In: *Saeculum* 7, 3: 289–309.

– 1962: «Magic and religion.» In: *History of Religions* 1, 2: 214–221.

Wagley, Charles & Eduardo Galvão, 1949: *The Tenetehara Indians of Brazil: A culture in transition*. New York.

Walk, L., 1928: «Die ersten Lebensjahre des Kindes in Südafrika.» In: *Anthropos* 23, 1–2: 38–109.

Wax, Murray & Rosalie Wax, 1963: «The notion of magic.» In: *Current Anthropology* 4, 5: 495–518.

Weber, Max, [5]1972: *Wirtschaft und Gesellschaft: Grundriß der verstehenden Soziologie*. Tübingen.

Webster, Hutton, 1942: *Taboo: A sociological study*. London.

– 1948: *Magic: A sociological study*. Stanford.

Weiser, Lily, 1929–30: «Faustus.» In: *Handwörterbuch des deutschen Aberglaubens*. Bd. II. Berlin. Sp. 1269–1274.

Weiser-Aall, Lily, 1937: *Volkskunde und Psychologie: Eine Einführung*. Berlin.

Weiss, Richard, 1945: *Volkskunde der Schweiz: Grundriß*. Erlenbach-Zürich.

Werner, Heinz, 1928: «Über magische Verhaltungsweisen im Kindesalter.» In: *Zeitschrift für Pädagogische Psychologie* 29: 465–476.

– [2]1933: *Einführung in die Entwicklungspsychologie*. Leipzig.

Werner, Theodor, 1996: «Die den Teufel zwingen: Schwarze Magie im Mittelalter.» In: *Sowi* 25: 5–11.

West, Geoffrey, 2019: *Scale: Die universalen Gesetze des Lebens von Organismen, Städten und Unternehmen*. München.

Westermarck, Edward, [2]1913: *Ursprung und Entwickelung der Moralbegriffe*. Bd. I. Leipzig.

Weth, Georg A., 1984: *Da-Sein wie nie zuvor: Heitere und makabre, seltsame und kriminelle Friedhofsgeschichten*. Interlaken.

Wieser, Wolfgang, 1959: *Organismen, Strukturen, Maschinen: Zu einer Lehre vom Organismus*. Frankfurt am Main.

Winkler, Eike & Josef Schweikhardt, 1982: *Expedition Mensch: Streifzüge durch die Anthropologie*. Wien.

Winter, E. H., 1963: «The enemy within. Amba witchcraft and sociological theory.» In: John Middleton & E. H. Winter (Hg.): *Witchcraft and sorcery in East Africa*. London. S. 277–299.

Winterfeldt, Hans, 1965: «Elemente der Brutalität im nationalsozialistischen Sprachgebrauch.» In: *Muttersprache* 75, 7–8: 231–236.

Woodburn, James, 1968: «An introduction to Hadza ecology.» In: Richard B. Lee & Irven DeVore (Hg.): *Man the hunter*. Chicago. S. 49–55.

Wrede, Adam, 1922: *Eifeler Volkskunde*. Bonn.

Wundt, Wilhelm, [3]1920: *Völkerpsychologie: Eine Untersuchung der Entwicklungsgesetze von Sprache, Mythus und Sitte*. Bd. IV 1. Leipzig.

– [4]1921: *Völkerpsychologie: Eine Untersuchung der Entwicklungsgesetze von Sprache, Mythus und Sitte*. Bd. I. Leipzig.

Zeininger, Karl, 1929: *Magische Geisteshaltung im Kindesalter und ihre Bedeutung für die religiöse Entwicklung*. Leipzig.

Zelënin, Dmitrij K., 1930: «Tabu slov u narodov vostočnoj Evropy i severnoj Azii.» In: *Sbornik Muzeja Antropologii i Ėtnografii* 9: 1–166.

Ziel, Wulfhild (Hg.), [2]1998: *Bibliographien zu Slawisch-folkloristischem Schriftgut, ausgewählt aus dem Vorlesungsrepertoire von Vladimir Propp, und zu Slawischer Folklore vom Balkan von Nikita I Tolstoi (Ed.)*. Frankfurt am Main.

Abbildungsnachweis

Abb. 1: DU: Die Zeitschrift der Kultur, Heft 8 (1996), S. 70.

Abb. 2: a) DU: Die Zeitschrift der Kultur, Heft 8 (1996), S. 72. b) Grahmann, Rudolf: Urgeschichte der Menschheit. Stuttgart: W. Kohlhammer, [2]1952. Tafel 15.

Abb. 3: Foto einer Verwandten des Arztes.

Abb. 4: a) Jacques Brosse, Klaus E. Müller: Das tägliche Leben: 100 000 Jahre Kultur im Bild der Geschichte. Bern: Scherz Verlag, 1961. S. 52. b) Klaus E. Müller: Das magische Universum der Identität: Elementarformen sozialen Verhaltens; ein ethnologischer Grundriß. Frankfurt am Main: Campus Verlag, 1987. S. 316. c) Foto Alexander Voitmann. d) Foto Harald Strohm.

Abb. 5: a) Klaus E. Müller: Das magische Universum (wie Abb. 4), S. 314. b) Christoph Henning, Klaus E. Müller, Ute Ritz-Müller: Soul of Africa: Magie eines Kontinents. Köln: Könemann Verlagsgesellschaft mbH, 1999. S. 198.

Abb. 6: a) Klaus E. Müller: Das magische Universum (wie Abb. 4), S. 22. b) Adolf E. Jensen: Im Lande des Gada. Stuttgart: W. Kohlhammer, 1936. S. 56, Abb. 19. c) Das magische Universum (wie Abb. 4), S. 22.

Abb. 7: Christoph Henning et al.: Soul of Africa (wie Abb. 5), S. 83.

Abb. 8: a) Christoph Henning et al.: Soul of Africa (wie Abb. 5), S. 121. b) Klaus E. Müller: Das magische Universum (wie Abb. 4), S. 307. c) Privatbesitz.

Abb. 9: a) Klaus E. Müller: Das magische Universum (wie Abb. 4), S. 319. b) Foto eines Bekannten des Verfassers.

Abb. 10: a und b) Marija Gimbutas: Das Ende Alteuropas: Der Einfall von Steppennomaden aus Südrußland und die Indogermanisierung Mitteleuropas. Innsbruck: Verlag des Instituts für Sprachwissenschaft der Universität Innsbruck, 1994. S. 109 und 117. c) Privatbesitz.

Abb. 11: Klaus E. Müller: Die Siedlungsgemeinschaft: Grundriß der essentialistischen Ethnologie. Göttingen: V&R unipress, 2010. S. 282. b) Christoph Henning et al.: Soul of Africa (wie Abb. 5), S. 47. c) Werbefoto eines Pharmakonzerns.

Abb. 12: Klaus E. Müller: Kulturhistorische Studien zur Genese pseudo-islamischer Sektengebilde in Vorderasien. Wiesbaden: Franz Steiner Verlag, 1967. Tafel III. b) Foto des Verfassers. c) Internet.

Abb. 13–14: Privatbesitz.

Abb. 15: a–c) Leopold von Schrenck: Reisen und Forschungen im Amur-Lande in den Jahren 1854–1856. Bd. III 3: Die Völker des Amur-Landes, 2. Hälfte. St. Petersburg: Eggers & Co. Verlag, 1895. Tafelteil. d–e) Christoph Henning et al.: Soul of Africa (wie Abb. 5), S. 167.

Abb. 16: Eike Haberland, Meinhard Schuster, Helmut Straube (Hg.): Festschrift für Ad. E. Jensen. Teil I. München: Klaus Renner Verlag, 1964. S. IV.

Abb. 17: a) Internet. b) Privatbesitz des Verfassers.

Abb. 18: a) Wilhelm Koppers (Hg.): Festschrift P. W. Schmidt. Wien: Mechitharisten-Congregations-Buchdr., 1928; vorn im Buch. b) Ethnographisch-Archäologische Zeitschrift 11 (1970), S. 381.

Abb. 19: Internet.

Abb. 20: R. Nederling (Hg.): Die Reichsparteitage der NSDAP 1923–1939: Zeitgeschichte im Bild. leoni am Starnbergersee: Druff el Verlag, 1981. S. 87.

Abb. 21: Raymond Firth (Hg.): Man and culture. London: Routledge and Kegan Paul, [2]1959. S. 39.

Abb. 22: Karl Schefold: Die Bildnisse der antiken Dichter, Redner und Denker. Basel: Schwabe, 1943. S. 51.

Abb. 23: Internet.

Abb. 24: Robert Ackermann: J. G. Frazer: His life and work. Cambridge: Cambridge University Press, 1987. Abb. 11.

Abb. 25: Anthropological essays presented to Edward Burnett Tylor in honour of his 75th birthday Oct. 2 1907. Oxford: Clarendon Press, 1907. Vorn im Buch.

Abb. 26–27: Nach Entwürfen des Verfassers gezeichnet von Yasin Vormann.

Anmerkungen

1 Tidemann 1935: 53.
2 Blumberg 1962–63: 52ff.
3 Newman 1969: 122 u. *passim*.
4 Lewis 1963: 9ff.
5 Müller 2018: 197–200.
6 Müller 2018: 200–203.
7 Gallwitz 1960: 20ff.
8 Müller 2015: 72–75, und die dort angeführten Belege.
9 Schmökel 1956: 140f.
10 Danzel 1924: 131.
11 Steger 2016: 55f.
12 2. *Mose* 22,17.
13 3. *Mose* 20,6 u. 27. Vgl. 5. *Mose* 18,10.
14 Vgl. z.B. 2. *Könige* 9,22. *Jesaja* 47,9. *Jeremia* 27,9. *Nahum* 3,4. *Maleachi* 3,5.
15 Plinius: *Naturalis historia* XXXII 29.
16 Aristoteles: *Politik* III 3, 1284a, 3–12. Vgl. Schütrumpf 2015: 191–209.
17 Weber 1972: 140–148.
18 Boschung 2015: 173f. Steger 2016: 97. Dahlheim 2015: 64.
19 Vgl. z.B. *Matthäus* 4,24. 8,2–3; 7; 14–15; 16. 9,28–29; 32–33; 35. 12,13: 15; 22. 14,14. 15,30–31. 17,18. 19,2. 21,14. *Markus* 1,30–34; 40–42. 2,3–12. 3,1–5. 6,5. 7,32–35. 10,46–52. *Lukas* 4,38–41. 5,12–13. 6,10; 18–19; 21–22. 8,41–55. 14,2–4.
20 Vgl. z. B. *Markus* 8,22–25. *Johannes* 9,1–7.
21 *Lukas* 18,35–43. *Johannes* 5,1–9. Vgl. *Matthäus* 9,6. *Lukas* 4,38–41. 5,18–25. 7,7–10.
22 Vgl. z.B. *Matthäus* 14,36. *Markus* 5,27; 55–56. *Lukas* 8,44.
23 *Markus* 5,30. *Lukas* 6,19. 8,46.
24 *Lukas* 1,35.
25 *Lukas* 3,21–22. *Matthäus* 3,16–17.
26 1. *Korinther* 12,9–10.
27 Müller 2005–07: 13, und die dort angegebenen Belegstellen. Ein Studienkollege und Jesuit erklärte mir gegenüber einmal, Jesus sei «der Arzt schlechthin».
28 Paulus differenzierte dabei allerdings in bemerkenswerter Weise: «Es sind mancherlei *Gaben* (*charísmata*, χαρίσματα!); aber es ist *ein* Geist (πνεῦμα).» 1. *Korinther* 12,4.
29 Vgl. *Apostelgeschichte* 13,6–12. 14,11. Irenäus: *Adversus haereses* II 32, 4. Dahlheim 2015: 65, 295, 300.
30 *Apostelgeschichte* 14,8–11. Vgl. Schütrumpf 2015: 190. Dahlheim 2015: 65.
31 *Apostelgeschichte* 13,6–11.
32 Dahlheim 2015: 295.
33 Kayser 1886: 25.
34 Kayser 1886: 22ff. Werner 1996: 8.
35 Burkert 1998: 146.
36 Probst 1871: 147f.
37 Huizinga 1969: 1.
38 Huizinga 1969: 211; vgl. 210ff.
39 Signori 2007: 11f.
40 Signori 2007: 61, 66.
41 Signori 2007: 106.
42 Signori 2007: 15f.
43 Röckelein 2017: 108f.

44 Signori 2007: 66–69. Brems 1994: 8. Rader: Hokuspokus 2015: 38. Hänel 2015: 182.
45 Strack 1900: 29. Nach dem Prinzip: Unreines löscht Unreines aus!
46 Friend 1961: 154f.
47 Magische Geheimzeichen in Zauberformeln.
48 Agrippa von Nettesheim o.J.: 122.
49 Agrippa von Nettesheim o.J.: 123.
50 Weiser 1929–30: 1274.
51 Mair 1969: 225f.
52 Weiser 1929–30: 1269f.
53 Huizinga 1969: 212.
54 Huizinga 1969: 211f.
55 Ahrendt-Schulte & Hoffmann 1996: 19.
56 Packard 1980: 248ff. Thiel 2001: 72. Müller 1987: 170, und die dort angegebenen Belege. 2004: 142.
57 Jaffé 1958: 10. Kirchgässner 1959: 325. Shils 1975: 156f. Hartmann 1996: 27ff.
58 Schäfer 1958: 35.
59 Strack 1900: 71, 72.
60 Strack 1900: 72f. Tokarev 1959: 70.
61 Knebel 1898: 506.
62 Webster 1942: 37. Tokarev 1959: 23.
63 Erschienen zu Schwäbisch Hall in der Haspel'schen Buchhandlung. Vgl. Spamer 1958: 31.
64 Spamer 1955: 116ff., 124ff.
65 Schäfer 1958: 54f. Die Popularität dieser Schriften besitzt für die Wissenschaft neben dem faszinierenden auch einen mißlichen Aspekt. Als der Volkskundler Adolf Spamer (1883–1953) in den 1920er Jahren in der Preußischen Staatsbibliothek Berlin ältere und neuere Zauberbücher ausleihen wollte, erhielt er alle Bestellzettel mit dem Vermerk zurück: «nicht auffindbar», was besagte, sie waren gestohlen worden. Und auf dieselbe geheimnisvolle Weise verschwanden auch sämtliche Zauberbücher, die Spamer für seine Seminarbibliothek in Dresden anschaffte, und zwar innerhalb eines einzigen Jahres – eine kleine Broschüre mit dem Titel *Zauber und Liebe* gleich dreimal (Spamer: Zauberbuch und Zauberspruch [1955], 112)! Als ich selber in den 1980er Jahren das gut zehn Jahre zuvor in 2. Auflage in der Akademischen Druck- und Verlagsanstalt Graz erschienene *Handlexikon der magischen Künste von der Spätantike bis zum 19. Jahrhundert* im Lesesaal I der Universitätsbibliothek Frankfurt am Main einsehen wollte – griff ich ins Leere. Dort, wo es hätte stehen sollen, klaffte eine Lücke. Nach einigen mühevollen Recherchen stand fest, daß es auf Nimmerwiedersehen entwendet worden war. Bekanntlich bestimmt der Bedarf die Nachfrage.
66 Spamer 1955: 112ff.
67 Schindel 1967: 892ff. Vgl. Brown 1998: 68ff.
68 Greeley 1961–62: 23.
69 Schindel 1967: 892ff.
70 Vgl. Wundt 1921: 262f. Beth 1927: 165f. Homans 1941: 171f. Lewis 1963: 7a, 8b. Beattie 1963: 49. Mühlmann 1964: 118f. Mauss 1972: 139. Godelier 1973: 297f.
71 Malinowski 1965: 106a.
72 Carneiro 1970: 338.
73 Huizinga 1969: 211f.
74 Schäfer 1958: 44.
75 Schäfer 1958: 49ff.
76 Malinowski 1954: 90. Vgl. Homans 1941: 164. Blumberg 1962–63: 158. Lewis 1963: 7f. Beattie 1964: 207f.
77 Woodburn 1968: 49ff.
78 Fürer-Haimendorf 1943.
79 Everett 2010. Zu anderen vergleichbaren Gruppen vgl. Lee & DeVore 1968.
80 Sahlins in Lee & DeVore 1968: 85ff.
81 Fürer-Haimendorf 1943: 272.
82 Thurnwald 1929: 484b. Webster 1948: 502ff. Vgl. Schmidt 1912: 487. Cooper 1941: 22.
83 1. *Mose* 3,17–19.
84 Kluckhohn 1944: 39b, 63a, 64a. Marwick 1967: 124. 1970: 247.
85 Beattie 1963: 51f.
86 Schmidbauer 1971: 19.

87 Beattie 1963: 52.
88 Schmökel 1956: 140f.
89 Hudson 1966: 65.
90 Malinowski 1936: 17f. Evans-Pritchard 1937: 63ff., 405. Douglas 1963: 128. Marwick 1967: 104ff.
91 Evans-Pritchard 1937: 69ff.
92 Schäfer 1958: 54.
93 Hopfner 1965: 302f.
94 Tokarev 1959: 73f.
95 Parrinder 1963: 138. Winter 1963: 280f. Mair 1969: 11.
96 Winter 1963: 279f. Turner 1964: 319. Clogger 1968: 308. Mair 1969: 46.
97 Fortune 1932: 150. Middleton & Winter 1963: 12. Turner 1964: 319. Mair 1964: 138.
98 Evans-Pritchard 1937.
99 Karsten 1935: 453; vgl. 142.
100 Vgl. Müller 1987: 184.
101 Goldman 1983: 67.
102 Karsten 1923: 12. Gleichlautende Aussagen ließen sich beliebig vermehren. So bestätigt zum Beispiel auch der amerikanische Linguist Daniel Everett, der Ende des letzten Jahrhunderts mehrere Jahre lang unter den Pirahã am Maici, einem Nebenfluß des Marmelos (der wiederum ein Nebenfluß des Madeira ist) im brasilianischen Bundesstaat Porto Velho, arbeitete: «Man vertraut darauf, dass jedes Mitglied der Gemeinschaft jedes andere versteht und die gleichen Werte hat. Dieses Gemeinschaftsgefühl [...] basiert auf der Kernfamilie [...] Die Familie ist in der Gesellschaft der Pirahã das zentrale Element. Jeder einzelne Pirahã ist in einem gewissen Sinn Bruder oder Schwester aller anderen. Aber die mit Abstand engsten Bindungen sind die innerhalb der Kernfamilie.» Everett 2010: 176.
103 Karsten 1923: 12. Vgl. Wagley & Galvão 1949: 68ff. Müller 1996: 16ff.
104 Loux 1980: 112.
105 So z.B. bei den Gbeya in Zentralafrika. Samarin 1965: 118f.
106 So z.B. bei den Jibaro. Karsten 1923: 12.
107 Mills 1922: 40.
108 So z.B. bei den Kaguru in Tansania. Beidelman 1971: 106.
109 Baxter 1965: 65f.
110 Thornton 1980: 62ff.
111 Thornton 1980: 139.
112 Harwood 1970: 58; vgl. 59ff.
113 Müller 1987: 11, 34.
114 Vgl. Halama 2018: 89.
115 Carneiro 1970: 339.
116 Frazer 1963: 145.
117 Riess 1893: 51ff.
118 In Shakespeares *Hamlet* stirbt der König daran!
119 Marzell 1964: 10.
120 Der erste Sonntag (vor Aschermittwoch) innerhalb der 50tägigen Vorbereitungszeit auf Ostern.
121 Dobrizhoffer 1783: 560f.
122 Merker 1902: 21.
123 Plinius XVII 265. XXVIII 258. XXX 63. XXXII 79. Vgl. Riess 1893: 68ff.
124 Lediglich der Urin wurde gelegentlich, und zwar nach dem auch sonst in der Magie vielfach befolgten Prinzip «negativ Gleiches hebt sich im Kontaktfall auf» zu Reinigungszwecken benutzt.
125 Davon war bereits oben, S. 34f., bei Behandlung der *Kräfte*, die Rede.
126 Auf der menschlichen Körperhaut befinden sich etwa 2,5 Millionen kleine («ekkrine») Schweißdrüsen, besonders dicht verteilt an Fußsohlen, den Innenflächen der Hände und in den Achselhöhlen: bis zu 400 auf einem Quadratzentimeter. Im Vergleich dazu sind es beispielsweise im Nackenbereich gerade mal rund 55!
127 Spencer & Gillen1899: 382, 461. 1904: 598.
128 Strack 1900: 44.
129 Meigs 1978: 308.
130 Vgl. z.B. Ellenberger 1956: 334.
131 Preuß 1904: 376.

132 Vgl. *Markus* 8,22–26.
133 Vgl. *Johannes* 9,1–7.
134 Müller 1987: 177. Vgl. Schlee 1979: 336. Behrend 1987: 50.
135 So u.a. bei den Bayansi im Kongo. Thiel 2001: 211.
136 Art. «Spucken», in: Handwörterbuch des Deutschen Aberglaubens, Bd. VIII (1936–37), Sp. 325–344.
137 Preuß 1904: 376. Clemen 1921: 130.
138 Grambo 1971: 939ff.
139 Vgl. Bechstein 1974: 138f. (*Das Tränenkrüglein*). Kröger 1978: 59. Röhrich 1980: 178f. Loux 1980: 232.
140 Nag 1962: 23.
141 Seligmann 1922: 1f. Muller 1971: 76f.
142 Piaget 1980: 51.
143 Seligmann 1922: 461ff. Kwella 1973: 103. Böhm 1967: 188. Hauschild 1982: 10ff.
144 Karsten 1935: 409f.
145 Seligmann 1922: 35, 460ff. Hauschild 1982: 10ff.
146 Thomas von Aquin: *Summa theologica* I 117, 3.
147 Seligmann 1922: 63ff., 130, 365ff.
148 Seligmann 1922: 4f., 95, 114ff.
149 Gifford 1958: 21f.
150 Baumann 1950: 192. Koenig 1970: 197.
151 Seligmann 1922: 211ff. Scherke 1923: 13f. Koenig 1970: 197.
152 Gifford 1958: 26, 35.
153 Thurnwald 1929: 508b.
154 Platon: *Phaidon* 80D.
155 Hanke 1964: 39.
156 Frazer 1963a: 267ff. 1963: 176ff. Müller 1997: 132.
157 Thurnwald 1929: 508.
158 Thurnwald 1929: 508b.
159 Den Israeliten, und insbesondere ihren Priestern, hatte Jahwe durch den Mund Mosis eigens geboten: «Sie sollen auch keine Platte machen auf ihrem Haupt noch ihren Bart abscheren.» 3. *Mose* 21,5.
160 Artikel «Bart», in: *Lexikon für Theologie und Kirche*, Bd. I, Freiburg im Breisgau 1930, Sp. 991.
161 Zur Bedeutung des Haupthaares *verheirateter* Frauen und des damit verbundenen Tabus, es niemals den Blikken fremder Männer auszusetzen, das heißt in der Öffentlichkeit ein Kopftuch zu tragen, s. unten S. 188, Anm. 360.
162 Niebuhr 1772: 69.
163 Pankeev 2000: 19 (hier in Bezug auf russisches Brauchtum).
164 Thurnwald 1929: 508b. Goldziher 1971: 129, 185, Fußn. 4.
165 *Richter* Kap. 16.
166 Künssberg 1941: *passim*. Reintjens 1975: 35.
167 Clemen 1921: 130ff. Stöcklin 1965: 395. Fuchs 1965: 93. Mauss 1972: 65.
168 *Apostelgeschichte* 19,11–12.
169 Vgl. z.B. Rackow 1938: 156. Nicolaisen 1961: 119. Grube-Verhoeven 1966: *passim*. Hand 1970: 171, 174. Maple 1971: 112. Maloney 1974: 257f. Nemec 1976: 98f. 104, 105, 114f..
170 Halm 2014: 293.
171 Clemen 1921: 130ff.
172 Vgl. Lang 1998: 42.
173 Richter 1960: 93f.
174 Angenendt 2004: 287–292. Stollberg-Rilinger 2013: 68. Rader 2015: 65.
175 Richter 1960: 83, 92.
176 Rader 2015: 76.
177 Huizinga 1969: 232f.
178 Rader 2015: 63.
179 Jäggi 2017: 217.
180 Sie rührte christlicher Überlieferung nach ursprünglich von niemand Geringerem als Jesus selbst her. Allerdings war ihm anfangs offenbar noch nicht bewußt, daß er sie besaß. Als ihm eines Tages ein Vater seine Tochter brachte, die zwölf Jahre lang unter dem «Blutfluß» gelitten hatte und dem Tode nahe war und diese von

hinten sein Gewand berührte und auf der Stelle genas, spürte er erstmals «die Kraft, die von ihm ausgegangen war» (*Markus* 5,22–30). Später übertrug er sie dann auf seine Jünger, von denen sie auf die Apostel überging, weshalb beide, gleich ihm, Wunderheilungen vollbringen konnten.

181 Röckelein 2017: 108f.

182 Signori 2007: 31.

183 Richter 1960: 100.

184 Mauss 1972: 48. Lindig 1972: 272, 274f.

185 Perry 1923: 161f.

186 Hanke 1964: 35.

187 Der Begriff leitet sich aus dem italienischen *talismano* ab, der, wie das französische und spanische *talisman*, aus dem arabischen *ṭilasm* (plur. *ṭilismān*) stammt, das seinerseits auf das griechische *télesma* (τέλεσμα), «geweihter Gegenstand», beziehungsweise das Verbum *telīn* (τελεῖν), «bewirken», zurückgeht.

188 Tokarev 1959: 42. Dammann 1972: 18.

189 Strack 1900: 7.

190 Gemeint ist die sogenannte «Glückshaube»: Gelegentlich bleibt bei der Geburt die Embryonalhaut am Kopf des Neugeborenen hängen und nimmt, trocken geworden, Helmgestalt an. Nicht nur, aber überwiegend galt das, wie die Bezeichnung ja schon besagt, als besonders günstiges Vorzeichen. Der «Helm» brachte seinem Besitzer Glück und schützte ihn speziell, etwa im Krieg, vor feindlichen Geschossen.

191 Zitiert nach Strack 1900: 2.

192 Von griechisch *apotrépein* (ἀποτρέπειν), «Unheil abwenden».

193 Eine unmittelbare Übernahme des gleichbedeutenden lateinischen Begriffs *amuletum*, «Schutzmittel gegen Krankheit und Zauberei», dessen Etymologie unsicher ist.

194 Der Audruck «Frais» bedeutet Krampfzustände, die aus Schrecken («Schreckstarre»), Wut, Zorn oder Angst herrühren; auch epileptische Anfälle wurden dazu gerechnet: Man sah sie gewöhnlich durch ein entsprechendes, *exogen* induzierten Erlebnis ausgelöst.

195 Vgl. Bargheer: Artikel «Frais», in: Handwörterbuch des deutschen Aberglaubens, Bd. II. Berlin 1929–30. Sp. 1724–1729. Richter 1960: 98.

196 Vgl. Landmann 1963: 407f.

197 Mauss 1972: 47f.

198 Vierkandt 1907: 23a. Parrinder 1963: 59.

199 Tokarev 1959: 23.

200 Dürr 1938: 24.

201 1. *Mose* 1,5–10.

202 1. *Mose* 2,19–20.

203 Thornton 1980: 17.

204 Platon: *Kratylos* 388B–C.

205 Bühler 1982: 81, 86.

206 Vgl. Frazer 1963a: 318f. Rivers 1920: 54. Güntert 1921: 5. Mills 1926: 268f. Werner 1933: 219f. Izutsu 1956: 20. Tambiah 1968: 183.

207 Piaget 1980: 57ff. Werner 1933: 221.

208 Marett 1904: 156f.

209 Hewitt 1916: 165. Auch in neuzeitlichen Gesellschaften lebt ein Empfinden davon noch nach. Bei entsprechenden Anlässen, wie feierlichen Gelöbnissen, Schwüren, Eheschlüssen, Amtseinführungen oder Vertragsunterzeichnungen wird Wert auf eine gewisse «gebundene», *formelhafte* Sprache gelegt. Izutsu 1956: 9.

210 Porzig 1967: 211 (Hervorhebung von mir, KEM).

211 Izutsu 1956: 49; vgl. 9ff., 103f.

212 Baumann 1959: 591.

213 Platon: *Kratylos* 397B.

214 Mills 1926: 268f.

215 Miller 1928: 80f.

216 Elwin 1947: 73f.

217 Miller 1928: 80f. Vilkuna 1959: 50f. Paulson 1963: 54. Beidelman 1986: 95.

218 Frazer 1963a: 318f. Rivers 1920: 54. Güntert 1921: 7.

219 Müller 1997: 36. Hornung 1996: 179.

220 Müller 1987: 232. 2001: 35.

221 Güntert 1921: 6f.
222 Maple 1971: 79.
223 Hegedüs 1958: 92ff.
224 Frazer 1963a: 394ff. Ōtō 1973: 116f.
225 Frazer 1963a: 406, 417.
226 Lasch 1907.
227 Zelënin 1930: 7ff. Havers 1946: 30.
228 Müller 1997: 38f. 1998: 55f. Vgl. Mills 1926: 269f. Frazer 1963a: 320ff., 374ff. Goldman 1963: 19. Hauser-Schäublin 1977: 251. Endicott 1979: 117.
229 *Die Märchen der Brüder Grimm*. München: Wilhelm Goldmann, 1957. Nr. 55; S. 198–200. *Tausend und ein Tag: Orientalische Erzählungen*. Bd. I. Leipzig: Insel-Verlag, 1919. S. 233–294.
230 Müller 2001: 31, 119.
231 Frazer 1963a: 384ff. Vgl. Güntert 1921: 7f. Hopfner 1965: 335ff. Toy 1970: 403. Endicot 1979: 117f.
232 Güntert 1921: 7f.
233 5. *Mose* 5,11.
234 Keysser 1911: 112.
235 Clemen 1921: 124.
236 Preuß 1904: 322b.
237 Frazer 1963: 52–54.
238 Vgl. Frazer 1963: 53.
239 Vgl. Malinowski 1936: 15. Rasmussen 1929: 107 (Eskimo). Hutton 1921: 34f. (Sema Naga, Assam). Majumdar 1937: VIII (Munda, Chota Nagpur, Indien). Beidelman 1971: 106 (Kaguru, Tansania). Jones & Jones 1976: 19f. (Nepal).
240 Mills 1926: 68.
241 Karsten 1935: 208.
242 Elwin 1947: 143.
243 Boyer 1990: 11.
244 Vgl. dazu allgemein Müller 2010: 375–399.
245 Vgl. z.B. Douglas 1963a: 205.
246 Vgl. z.B. Gohain 1977: 66.
247 Vgl. z.B. Rösing 2006: 73.
248 Angenendt 2004: 70.
249 Vgl. z.B. Smith 1925: 87.
250 Vaihinger 1922: 83.
251 Hensel 1977: 954.
252 Meigs 1978: 312f.
253 Vgl. Fortune 1932: 95f. Evans-Pritchard 1937: 435ff. 1967: 3. Webster 1948: 344.
254 Róheim 1955: 11.
255 Die Tradition setzte sich gelegentlich auch in den alten Hochkulturen noch fort, wie zum Beispiel bei Etruskern und Römern, die ebenfalls im Zentrum der geplanten Anlage zunächst eine Grube aushoben, um die herum dann, «wie um den Mittelpunkt eines Zirkels», die Grenzlinie der Ortschaft, Stadt oder auch des Militärlagers und anschließend das Hauptstraßenkreuz markiert wurden. Plutarch: *Romulus*, c. 11.Vacano 1961: 28.
256 Müller 1987: 33–36.
257 Hasenfratz 1982: 11. Eliade o.J.: 420. Vgl. Krige & Krige 1947: 75. Halama 2018: 89f. (Altvorderasien). Plutarch: *Romulus*, c. 11 (Etrusker u. Römer).
258 Vgl. Müller 2020: 36–45.
259 Halama 2018: 89f.
260 Bertholet & Campenhausen 1952: 263.
261 Bolz 1983: 428.
262 Müller 2010: 108.
263 Schwebe 1960: 39.
264 Dalman 1939: 59; vgl. 57.
265 Müller 1987: 36.
266 Schram 1954: 80.

267 Westermarck 1913: 279.
268 Nadel 1947: 60f.
269 Thurnwald 1966: 377.
270 Der Begriff entstammt den Sprachen der Polynesier, unmittelbar dem *tabu* auf Tonga, das dem *ta-pu* auf Samoa, den Marquesas-, den Gesellschaftsinseln und Neuseeland und dem *kapu* auf Hawaii entspricht. Webster 1942: 2.
271 Frazer 1963: 111f. Vgl. Marett 1909: 88. Baumann o.J.: 46, 48.
272 Tokarev 1959: 25f.
273 Webster 1942: 18, 29. Vgl. z.B. Mills 1926: 208, Fußn. 2. Parry 1932: 469. Sinha 1966: 54.
274 Parry 1932: 293.
275 Vgl. z.B. Shukla 1959: 63. Parry 1932: 340.
276 Hirayama 1973: 66.
277 Frazer 1963: 114.
278 Pankeev 2000: 19.
279 Weiss 1945: 306.
280 So u.a. bei den Kédang auf der indonesischen Insel Lembata (Lomblen). Barnes 1974: 219.
281 Pankeev 2000: 38.
282 Schwebe 1960: 69.
283 So u.a. wieder auch im Hannoverschen Wendland. Schwebe 1960: 163f.
284 Bourdieu 1963: 62. Vgl. Hall 1980: XVI (Ägypten).
285 Cancian 1961: 8.
286 Loux 1980: 61. Smoljak 1991: 42.
287 Porter 1974: 22.
288 Vgl. z.B. Smith 1925: 12. Hall 1980: XVI.
289 Porter 1974: 18.
290 Vgl. z.B. Lienhardt 1961: 22. Behrend 1987: 35.
291 1. *Chronik* 21,1.
292 2. *Samuel* 24,1–15. Vgl. Müller 1998: 57.
293 Rasmussen 1929: 107.
294 Smith 1925: 87.
295 Maul 2010: 74f.
296 Schmidt-Glintzer 1977: 46.
297 Assmann 2015: 116f.
298 Kuper 1996: 136.
299 Müller 2003: 36f.
300 Stollberg-Rilinger 2013: 126; vgl. 86–109.
301 Börm 2015: 258–260.
302 Fried 2007: 38.
303 Haug 1987: 180f. Vgl. Graus 1987: 158.
304 Angenendt 2004: 308.
305 Fried 1993: 502.
306 Ehmcke 2015: 129.
307 Ehmcke 2015: 141 (Hervorhebung von mir, KEM). Vgl. Holt 1989: 339. Angenendt 2004: 15f.
308 Tolstoj 2000: 19.
309 Nadel 1947: 105.
310 Grigson 1949: 202.
311 Nevermann 1965: 48.
312 Douglas 1963a: 24.
313 Kulišic 1966: X.
314 Wieser 1959: 53f. Broekman 1971: 98f.
315 Wieser 1959: 54f. Broekman 1971: 99.
316 Wieser 1959: 61f. Klaus & Liebscher 1970: 43.
317 Klaus & Liebscher 1970: 57ff.
318 Vgl. z.B. Landes 1938: 178.
319 Krige & Krige 1947: 294.

320 Reichard 1944: 33.
321 Vgl. Clements 1932: 186ff. Müller 1984: 280f., und die dort angegebenen Belege.
322 Müller 1984: 280.
323 Clemen 1921: 122.
324 Dirr 1928: 218f. Webster 1942: 500. Thurnwald 1951: 343f. Margetts 1975: 416. Nicolaisen 1961: 145. Hultkrantz 1982: 175. Helbling 1996: 244.
325 Müller 1987: 220, 329ff.
326 Webster 1942: 501. Vgl. Pettazzoni 1954: 44. Helbling 1996: 245.
327 Hood 2011: 292f.
328 Thomas Mann war unzutreffenderweise der Meinung, «daß der Liebeszauber recht eigentlich als der Inbegriff aller Magie, als ihr natürlicher Vorzugsgegenstand anzusprechen ist». Mann 2004: 553.
329 Beth 1927: 135.
330 Theokrit II 28f. Vergil: *Eclogae* VIII 81f.
331 Köhler 1973: 226f.
332 Laufer 1961: 402.
333 Laoust 1920: 312.
334 Adriani & Kruijt 1912: 267f.
335 Tokarev 1959: 60. Vgl. Smith 1925: 88.
336 Webster 1948: 306.
337 Frazer 1963b: 280.
338 Schur 1935: 67.
339 Grigorenko 1987: 16.
340 Preuß 1905: 347a. Beth 1927: 132. Thurnwald 1929: 500b.
341 Campen 1882: 447.
342 Grambo 1971: 939.
343 Mannhardt 1963: 341, Fußn. 1 (342).
344 Mabille 1906: 352.
345 Karsten 1923: 22.
346 Von den Steinen 1894: 459f. Knapp 2000 Jahre zuvor beobachtete der römische Ethnograph Cornelius Tacitus (ca. 55–120 n. Chr.), damals noch Legionär am Rhein, einen ganz ähnlichen Kriegstanz bei den Germanen. Vgl. *Germania*, c. 3.
347 Müller 1996: 16f.
348 Marks 2005: 62f.
349 Anisimov 1958: 106f.
350 Henning 1936: 104.
351 Beidelman 1971: 106.
352 Angenendt 2004: 180f.
353 Vgl. Evans-Pritchard 1967: 5.
354 Evans-Pritchard 1933: 308f.
355 Schwebe 1960: 69.
356 Müller & Ritz-Müller 2004: 57f., 74f.
357 Lehmann 2003: 2.
358 Krige & Krige 1947: 19.
359 Karsten 1935: 426.
360 Die ältesten Belege dafür liegen von den Sumerern vor. Doch von den mesopotamischen Hochkulturen (Babylonien, Assyrien) einmal abgesehen, war der Usus verheirateter Frauen, in der Öffentlichkeit eine Kopfbedeckung (und gelegentlich dazu einen Gesichtsschleier) zu tragen, *de facto* über den gesamten alten Mittelmeerraum und seine Randbereiche verbreitet – von Arabien, Syrien, Israel, den Iran, Kleinasien, die Ägäis, Griechenland (schon nach Homer bedeckten sowohl sterbliche Frauen als auch Nymphen und Göttinnen ihr Haupt entweder mit einem «Kopftuch», *krēdemon*, κρήδεμον, «Schleier», *kalýptra*, καλύπτρα, oder beidem zusammen. Vgl. *Ilias* XIV 184; XVIII 382; XXII 406f. *Odyssee* X 545) und Rom bis zu den Iberern Spaniens, den Kelten und Germanen verbreitet. Auch die Christen behielten, nach anfänglichem Zögern, die Sitte bei, so daß sie sich schließlich durchgehend bis zu Beginn des 20. Jahrhunderts in den Mittelmeerländern, Kaukasien und Europa zu behaupten vermochte. Entsprechend tragen Matronen auf den Bildern spätmittelalterlicher bis neuzeitlicher Maler stets ein lockeres oder zur Haube gesteiftes Kopftuch; daher der Ausdruck «unter die Hau-

be kommen» für «heiraten». Mit dem *Islam* haben genuin weder das Kopftuch noch der – mittels Kopfband daran befestigte – Gesichtsschleier etwas zu tun. Müller: 2019. Stagl 2019.

361 In ländlichen Bereichen Europas mit überwiegend katholischer Bevölkerung kehren am Dreikönigstag (*Ende* der kritischen Übergangszeit «zwischen den Jahren»!) bei Familien, die es wünschen, die «Sternsinger» – drei, oft mehr Kinder oder Erwachsene der Gemeinde – ein, singen einige fromme Lieder und bringen am Kopfbalken über der Haustür mit Kreide die Zeichen *C* + *M* + *B* an, was eigentlich «Kaspar, Melchior, Balthasar» bedeuten soll, von den Sternsingern (in Deutschland) aber mit «*Christus mansionem benedicat*» («Christus segne dieses Haus») übersetzt wird.

362 Vgl. z.B. Karsten 1935: 166, 385. Douglas 1965: 12.

363 Jackson 1968: 295. Vgl. z.B. Karsten 1935: 424. Porter 1974: 26.

364 Vgl. z.B. Lüpkes 1907: 109. Porter 1974: 27.

365 Webster 1942: 248. Müller 1987: 168f.

366 Benz 1977: 27. Ethologen sehen in diesem Gebaren das Erbe des tierlichen Drohverhaltens: Wer sich größer macht als er ist, sich hoch aufrichtet, aufplustert und lautstark kräht, schnattert, zischt oder brüllt, will den Eindruck überlegener Kampfkraft erwecken. Winkler & Schweikhardt 1982: 205.

367 Wrede 1922: 160 (in der Eifel).

368 Meyer 1884: 185. Oberweis 2017: 83–92. Diese Sprüche hatten im übrigen auch bereits das Interesse Friedrich Schillers geweckt, als er zur Vorbereitung auf sein *Lied von der Glocke* Recherchen zu Geschichte und Technik des Glockengießens anstellte! Oberweis 2017: 83.

369 Webster 1942: 29.

370 Webster 1942: 246–249.

371 Hegedüs 1958: 81.

372 Hegedüs 1958: 92ff.

373 Vgl. z.B. Smith 1925: 56f., 87. Mills 1926: 175; vgl. 68. Parry 1932: 293, 340. Shukla 1959: 63.

374 Dazu Müller 2020: 88f.

375 Vgl. Müller 1987: 217.

376 Müller 1987: 224. 1996a: 32.

377 Vgl. Seligmann 1922: 63ff., 130, 365ff.

378 Müller 1996a: 219–221.

379 Müller 2018: 149 (und die dort angeführten Belege).

380 Lang 1998: 284.

381 Schmidbauer 1971: 15.

382 Leeuw 1961: 190.

383 Pankeev 2000: 28f.

384 Fox 1927: 320.

385 Vgl. Frazer 1963c: 96ff.

386 Samter 1911: 90f.

387 Vgl. Kunike 1911: 346f. Frazer 1935: 244ff. Ruggles Gates 1944: 55a.

388 Müller 1987: 321f.

389 Thornton 1980: 61f.

390 Vgl. Müller 1987: 9.

391 Müller 1987: 323.

392 Heinrich von Lettland: *Chronicon Livoniae* II 5; vgl. XVII 2.

393 Müller 2010: 291–295.

394 Schwebe 1960: 150.

395 Lüpkes 1907: 115. Vgl. a. Porter 1974: 21.

396 Versnel 1996: 283.

397 Battaglia 1990: 65.

398 Leeuw 1961: 190.

399 Rasmussen 1929: 172.

400 Fehrle 1926: 59f. Das Motiv von der Heimsuchung durch Geister in einem Umfang, daß man sich in der «Stube» kaum mehr zu bewegen vermag, ist auch sonst für den Alpenraum bezeugt. Es kommt dort nicht nur in märchenhaften Erzählungen (vgl. Jegerlehner 1989: 282–284), sondern auch in Erlebnisberichten vor. Noch im ausgehenden 19. Jahrhundert behauptete eine angesehene Bäuerin in Visp, einer Ortschaft im mittleren Wallis (Schweiz), häufiger Besuch von Geistern erhalten zu haben. «Oft kamen so viele, daß sie in der Stube

für sich kaum mehr Platz hatten» (Guntern 1998: 188). Man ist rasch geneigt, dergleichen für eine Ausgeburt der blühenden Phantasie abergläubiger Menschen in entlegenen Rückzugsgebieten zu halten. Indes, selbst ein Gelehrter und Psychologe vom Rang Carl Gustav Jungs (1875–1961) bekennt, daß ihm dasselbe widerfahren sei: «Die Luft war dick, sage ich Ihnen [...] Das ganze Haus war angefüllt wie von einer Volksmenge, dicht voll von Geistern. Sie standen bis unter die Tür, und man hatte das Gefühl, kaum atmen zu können.» Das war 1916, kurz nach seinem «völligen geistigen Zusammenbruch». Immerhin erinnerte sich Jung auch Jahre danach noch sehr gut daran und scheint das Erfahrene keineswegs in Zweifel gezogen zu haben. Nach Peat 1992: 20f.

401 Opie & Opie 1959: 1.
402 Thornton 1980: 40.
403 Müller 1987: 273, 334.
404 Später, bei «Ketzern», vor allem die Bücher, die sie geschrieben hatten, das heißt ihr geistiges Besitztum.
405 Hood 2011: VIIf.
406 Mills 1926: 253.
407 Scheftelowitz 1914: 372.
408 Müller 2012: 109–124.
409 Wundt 1920: 278f.
410 Kluckhohn 1944: 89a (Navajo, SW-Nordamerika).
411 Fürer-Haimendorf 1948: 257.
412 Vierkandt 1907: 43a. Malinowski 1954: 71. Vgl. Rose 1957: 37.
413 Rose 1957: 28ff. Vgl. Vierkandt 1907: 43a. Malinowski 1954: 71.
414 2. *Könige* 13,14–17.
415 Frazer 1963: 55ff.
416 Hand 1970: 171ff.
417 Kris & Kurz 1980: 105.
418 Auch Goethe bekannte sich dazu, bestärkt durch eigenes Erleben: «Ich habe», versicherte er Eckermann, «in meinen Jünglingsjahren Fälle genug erlebt, wo auf einsamen Spaziergängen ein mächtiges Verlangen nach einem geliebten Mädchen mich überfiel und ich so lange an sie dachte, bis sie mir wirklich entgegenkam. ‹Es wurde mir in meinem Stübchen unruhig›, sagte sie, ‹ich konnte mir nicht helfen, ich mußte hierher›.» Eckermann o.J.: 143f.
419 Pechuël-Loesche 1907: 335. Vgl. Müller 1987: 245, Anm. 446, wo zahlreiche weitere Belege angegeben sind.
420 Fuchs 1950: 280.
421 Fox 1927: 218.
422 Paracelsus 1926: 52. Vgl. 1932: 322.
423 Vgl. Preuß 1905: 398a, 399. Beth 1927: 240f. Tokarev 1959: 26. Beauclair 1963: 76. Mauss 1972: 25, 48.
424 Vgl. Preuß 1905: 399, 414a. Fortune 1932: 295f. Mauss 1972: 48.
425 Marwick 1970: 80.
426 Evans-Pritchard 1929: 325.
427 Müller 1996: 27f.
428 Walk 1928: 78. Gifford 1958: 20ff. Müller 1987: 298f. (sowie die dort angeführten Belege).
429 Schäfer 1958: 89.
430 Gusinde 1937: 1305f. Fürer-Haimendorf 1943: 143. Hillner 1876–77: 27. Vgl. Loux 1980: 100.
431 Müller 1987: 299 (und die dort angeführten Belege).
432 1. *Korinther* 12,4–6.
433 Vgl. z.B. Buxton 1958: 83. Dittmer 1961: 115b, 117a. Firth 1969: 357. Thiel 2001: 72f.
434 Vgl. z.B. Firth 1969: 357.
435 Dittmer 1961: 117a–b.
436 Müller 2008. 2010: 101f., 141, 290.
437 Diese Bezeichnung erscheint mir angemessener als der von dem österreichischen Geographen Hans Bobek (1903–1990) vorgeschlagene Begriff «Rentenkapitalismus». Vgl Bobek 1959.
438 Müller 2010: 486–490. 2011: 446–451.
439 Vgl. z.B. Murray 1910: 93–96. Heintze 1977: 781. Elwin 1947: 183. Hauser-Schäublin 2004: 324. 2005: 748, 755. Lehmann 1930: 101ff. Harnischfeger 2015: 96, 99, 103.
440 Vgl. z.B. Rousseau 1990: 172.
441 Vgl. z.B. Krige & Krige 1947: 185. Elwin 1947: 183.

442 Vgl. z.B. Heintze 1977: 782. Muller 1975: 16. Buck 1936: 14. Parmentier 1987: 68. Harnischfeger 2015: 96.
443 Vgl. Tardits 1990: 36.
444 Müller 1996a: 273–277. 2010: 498f. Vgl. z.B. Murray 1910: 94. Muller 1975: 16. Harnischfeger 2015: 103f., 118f.
445 Müller 1973–74: 101. 2012: 141f. Unter der Bezeichnung «Gottesgnadentum» bestand der Anspruch, wenn auch abstrakter gefaßt, bis in die Neuzeit fort.
446 Boschung 2015a: 8. Vgl. z.B. Greßmann 1920: 7. Haberland 1973: 256. Vries 1956: 293. Schmidt 1965: 80. Beumann 1962: 29f. Ehmcke 2015: 130.
447 Später verstanden als der Heilige Geist.
448 1. *Samuel* 16,13.
449 1. *Korinther* 12,4–11.
450 Näf 2015: 16, 37.
451 Vries 1956: 295.
452 Moortgat 1949: 137.
453 Vries 1956: 293.
454 Assmann 1991: 245.
455 Müller 2012: 142f. Vgl. Assmann 1991: 259.
456 Schmidt 1965: 81.
457 Stollberg-Rilinger 2013: 106.
458 *Lukas* 3,21–22. *Matthäus* 3,16–17.
459 *Matthäus* 1,17.
460 Vgl. 1. *Mose* 49,10. 4. *Mose* 24,17. *Psalm* 2,72 und 110. 2. *Samuel* Kap. 7. *Matthäus* 1,1. *Lukas* 1,27.
461 *Lukas* 1,32–33.
462 *Lukas* 1,35. Im alten Ägypten leiteten sich die Könige des Neuen Reiches ebenfalls von einem Liebesakt des höchsten Gottes mit der Königin, also einer sterblichen Frau ab, um ihren Anspruch zu beglaubigen, daß mit ihrem Amtsantritt eine neue Heilsära einsetzen werde (Assmann 2000: 18f.). Auch unter den Griechen fand noch im 1. Jahrhundert n. Chr. Plutarch (ca. 46–120 n. Chr.), langjähriger Priester («Prophet») am Orakel zu Delphi, die Auffassung der Ägypter «so uneben nicht [...] daß der Geist Gottes mit einem Weibe Gemeinschaft haben und Lebenskeime in ihr zeugen könne». Plutarch: *Numa*, c. 4.
463 Müller 2018: 39f.
464 Greßmann 1920: 7.
465 1. *Samuel* 16,13.
466 *Matthäus* 3,16; vgl. *Lukas* 3,22.
467 *Johannes* 13,3. Von der Heilpraxis Jesu und seiner unmittelbaren Nachfolger, seiner Jünger und der Apostel, später auch einzelner Bischöfe, Ordensgeistlicher und Heiliger, ist bereits oben, S. 43) die Rede gewesen.
468 Richter 1960: 82–86, 92–96.
469 Vgl. Richter 1960: 97.
470 Vgl. Signori 2007: 99.
471 Röckelein 2017: 217.
472 Signori 2007: 141.
473 Müller 2003a: 30.
474 Müller 2003a: 29f.
475 Ferrari 2017: 131.
476 Vgl. Richter 1960: 92.
477 Röckelein 2017: 99.
478 Rader 2015: 76.
479 Müller 2005: 51f.
480 Signori 2007: 32.
481 Rader 2015: 63.
482 *Herodot* I 67.
483 Thiel 2001: 72.
484 Paul Eckert: «Mutter Natur unterstützt Kim Jong-il.» In: *Frankfurter Allgemeine Zeitung* vom 30. 09. 1997.
485 Richter 1960: 95.
486 Malinowski 1954: 83.

487 Einem «leeren Grab». Der Vater sah sich genötigt, seinen Sohn umbetten zu lassen, aus der begründeten Sorge, daß man nicht allein das Grab «andächtig» plündern, sondern auch den Leichnam seines Sohnes rauben könnte.
488 Weth 1984: 44–46.
489 Weth: aaO, 151f.
490 Thurnwald 1929: 485a.
491 King 1910: 202f. Mauss 1972: 23f.
492 Titiev 1960: 294f.
493 Jensen 1948: 229ff., 236. 1950: *passim*.
494 Vgl. Radcliffe-Brown 1939: 13. Tokarev 1959: 10, 11. Wax & Wax 1963: 497a.
495 Beth 1927: 128; vgl. 127.
496 Beth 1927: 80.
497 Tokarev 1959: 9f.
498 Schmidt 1912: 5.
499 Goode 1964: 52ff.
500 Frazer 1963: 222ff. Lowie 1937: 103. 1952: 147ff. Benedict 1938: 639, 642, 647. Nilsson 1954: 60f. Norbeck 1961: 52. Vries 1962: 218.
501 Werner 1928: 475f. Zeininger 1929: 70f., 76.
502 Werner 1928: 473.
503 Werner 1928: 466.
504 Hebbel 1906: 27.
505 Werner 1928: 467f. Zeininger 1929: 82ff.
506 Zeininger 1929: 45f.
507 Zeininger 1929: 96.
508 Werner 1928: 469. Zeininger 1929: 87.
509 Zeininger 1929: 47; vgl. 95.
510 Piaget 1980: 163ff. Vgl. Zeininger 1929: 31ff.
511 Zeininger 1929: 49.
512 Werner 1928: 472f. Zeininger 1929: 61f.
513 Zeininger 1929: 63.
514 Zeininger 1929: 48, 102f.
515 Werner 1928: 467, 470.
516 Vorwahl 1929: 42.
517 Zeininger 1929: 102.
518 Werner 1928: 466ff. Zeininger 1929: 13f., 20ff.
519 Zeininger 1929: 26.
520 Werner 1928: 467.
521 Werner 1928: 466ff. Zeininger 1929: 13f.
522 Zeininger 1929: 35 und 116.
523 Zeininger 1929: 28.
524 Aarne 1930: *passim*. Das Motiv besitzt eine nahezu weltweite Verbreitung und kommt auch in Europa in zahlreichen Märchen vor.
525 Danzel 1922: 61ff. Homans 1941: 166, 171f.
526 Freud 1974: 375 (Hervorhebungen von mir, KEM).
527 Fromm 1966: 42. Dongier 1971: 68.
528 Freud 1974: 374.
529 Freud 1974: 373.
530 Freud 1974: 367ff. Vgl. Birk 1970: 21f.
531 Storch 1922: 35: «Die gleiche fehlende Unterscheidung von Wünschen und Wollen ist auch der Boden, auf dem das magische Denken der Schizophrenen erwächst.» Vgl. a. 8f.
532 Für ein potentiell endemisches Irresein hielt der Volkskundler Lenz Kriss-Rettenbeck die Magie. Sie sei, so seine abwegige Behauptung, «weder eine historische Vorform der Religion noch eine Vorstufe der Wissenschaft [in Anspielung an Frazer], sondern ein stets [!] möglicher Irrweg und in ausgeprägter Form eine Krankheit des Geistes und des Gemütes, die in den verschiedenen Graden der Stärke sowohl Individuen wie ganze Traditionskreise [?] befallen kann.» Hansmann & Kriss-Rettenbeck 1966: 10.

533 Gallwitz 1960: 20ff.
534 Müller 2015: 72–75. In der Religion traten an ihre Stelle Maria und bestimmte Heilige beziehungsweise deren bildliche und plastische Darstellungen.
535 Müller 2003a: *passim*.
536 Gewöhnlich aus einem Stück Schilf- oder Weidenrohr geschnitten. Die ältesten Funde belegen zwei Varianten: ein Rohr mit mehreren Löchern (entsprechend der Blockflöte) sowie ein Instrument, das aus mehreren *seitlich* miteinander verbundenen Rohrflöten unterschiedlicher Länge bestand (entsprechend der «Pan-Pfeife»). Für diesen Hinweis und weitere, ebenso sachkundige wie hilfreiche Erläuterungen zur altvorderasiatischen Musik und Instrumentenkunde bin ich Herrn Tilman Lichtenthaeler, Kelsterbach, zu großem Dank verpflichtet.
537 Vgl. Platon: *Philebos* 17C und *Symposion* 197A–B.
538 Scherf 1982: 191–195.
539 Scherf 1982: 204–207.
540 Mit der David «Sauls düstere Stimmungen vertrieb» (Tilman Lichtenthaeler).
541 Bestehend aus einem mit Tierhaut überspannten Schallkasten mit Joch, über das 5–7 Saiten geführt waren; später erweitert zur Kithara mit größerem Korpus, geschwungenen Jocharmen, Saitenhalter, Steg und zuletzt (6. bis 5. Jh. v. Chr.) bis zu 18 Saiten.
542 Müller 2010a: 74–79. Vgl. Lüning 2004: 189f.
543 Homer: *Odyssee* XII 154–200.
544 Tacitus: *Germania*, c. 3.
545 Ein Musterbeispiel unseligen Angedenkens waren die von Hitlers «Leibarchitekten» Albert Speer (1905–1981) in Szene gesetzten «Nürnberger Parteitage» der NSDAP: Unten, auf weitem Gelände, blockförmig angeordnet die regionalen Abordnungen des «Parteivolkes», überwölbt von einem «Lichtdom» aus ringsum positionierten Flakscheinwerfern; oben, weit darüber, einsam auf einem Mauervorsprung stehend, der «Führer».
546 Vgl. z.B. Güntert 1921: 37f., 46f. Roy 1925: 284. Weiser-Aall 1937: 110. Firth 1958: 159. Allwohn 1959: 39. Hopfner 1965: 334. Nicolaisen 1961: 142. Koch 1963: 57. Tambiah 1968: 176. Château 1976: 247f.
547 Vgl. Ziel 1998: 93ff.
548 Malinowski 1953: 408; vgl. 1954a: 73f. Tokarev 1959: 23.
549 Tambiah 1968: 175, 186, 188.
550 Vgl. Frazer 1963a: 318ff. Izutsu 1956: 20. Tambiah 1968: 183.
551 Auch Kinder sind oft der Überzeugung, daß Worte die Wirklichkeit verändern können. Piaget 1980: 115.
552 Gusinde 1931: 684f.
553 *Psalm* 33,9. Vgl. 1. *Mose* 1,1ff. Güntert 1921: 19f. Lukas 1894: 233f. Inan 1954: 19.
554 Bödiger 1965: 73.
555 Die Analogie ist in der Tat gegeben. Unbedacht ausgesprochene Worte ließen sich, wie man allgemein glaubte, «widerrufen», gewissermaßen zurückrufen (Ong 1967: 31). Trobriand-Insulaner (Melanesien) verwandten Bronislaw Malinowski gegenüber in diesem Zusammenhang ausdrücklich den Begriff (in Malinowskis Übersetzung) «*missiles*» (Malinowski 1935: 248f.). Und ebenso verstand es auch später noch der japanische Sprachphilosoph Toshihiko Izutsu (1914–1993): «Der Atem belebt die potentiell in den Worten enthaltene magische Kraft und trägt sie geschoßgleich in jede vom Zauberer gewünschte Richtung.» Izutsu 1956: 27, 31f.
556 Mieder 1992: 7f.
557 Izutsu 1956: 49.
558 Hartmann 1973: 153.
559 Vgl. Goody, Esther 1972: 47ff.
560 Izutsu 1956: 40.
561 Mensching 1926: 100.
562 Versnel 1996: 262; vgl. 260.
563 Schimmel 1996: 189.
564 Gossen 1974: 47.
565 Vgl. Povinelli 1993: 47.
566 Gossen 1974: 49.
567 Reichard 1944: 12.
568 Vgl. Lang 1998: 443f.
569 Augustinus: *In Joannis Evangelium tractatus* 80, 3.
570 Harding 1975: 302, Fußn.
571 Havers 1946: 60.

572 Preuß 1905: 396.
573 Poseidonios bei Diodor V 29.
574 Goldziher 1971: 43f.
575 Goldziher 1971: 46.
576 Goldziher 1971: 48.
577 Schäfer 1958: 86.
578 Ellicott 1963: 314ff.
579 Keysser 1911: 161; vgl. 126.
580 Fehrle 1926: 35f. Vgl. Baumann 1959: 592ff.
581 Izutsu 1956: 130, 134. Luhmann & Fuchs 1992: 171.
582 Müller 2010a: 98f.
583 Auch Rainer Maria Rilke (1875–1926) behauptete noch, die *Duineser Elegien* nicht eigentlich selbst verfaßt, sondern von einem «Engel», der ihm in Duino regelmäßig erschien (und den er in den Elegien mehrfach anspricht) eingegeben bekommen zu haben. In Briefen spricht er von einer quasi ekstatischen Stimmung während des Schreibens (nach meiner Mitschrift einer Vorlesung des Literaturhistorikers für Neuere Deutsche Literatur Hermann Kunisch [1901–1991] über die *Duineser Elegien* in den 1960er Jahren an der Universität München). Rilke reiht sich damit, wenn man so will, unter die Heiligen ein, deren etliche, wie Franz von Assisi (1182–1226) und Angela von Foligno (ca. 1249–1309), laut Selbstzeugnis ihre Offenbarungen von einem Engel empfingen. Krauss 2000: 75.
584 Pikulik 1997: 54.
585 Heine 1980: 431.
586 Just 1991: 180.
587 Valéry 1962: 194.
588 Die Belegstelle des Zitats ist mir leider abhanden gekommen.
589 Rilke, Rainer Maria: *Duineser Elegien*. Wiesbaden: Insel-Verlag, 1955, 7. Elegie, Vers 1.
590 Winterfeldt 1965: 236.
591 Frind 1966: 132f.
592 Winterfeldt 1965: 232f.
593 Bork 1970: 16f.
594 Bork 1970: 19.
595 Hitler 1940: 116.
596 Hitler 1940: 334.
597 Hitler 1940: 30; vgl. 372.
598 Bork 1970: 29f.
599 Aristoteles: *Metaphysik* II 3, 1.
600 «*Judgments of similarity reveal the dimensions of our perceptions and their structure.*» Gärdenfors 2004: 10. Vgl. Müller 2010: 25f., 359f.
601 Vollmer 1985–86: 53.
602 Vgl. Müller 1987: 135f.
603 Luria 1977: 108–112.
604 Daher war man in der Ethnologie lange Zeit auch der Meinung, sie alle befänden sich gerade im Übergang von der prädatorischen zur agrarischen Lebensweise. Tatsächlich jedoch dürfte es sich eher um einen eigenen, jahrhundertealten und den Bedingungen der südamerikanischen Hyläa bestens angepaßten Kulturtyp handeln.
605 Everett 2010: 304, 315, 317.
606 Everett 2010: 388f.
607 Everett 2010: 356.
608 Everett 2010: 301f.
609 Müller 2010: 341.
610 Everett 2010: 363 (Hervorhebung im Original).
611 Everett 2010: 399f.
612 Schwebe 1960: 151.
613 Luria 1976: 114ff.
614 Vierkandt 1907: 44.
615 Beth 1927: 160f.
616 Preuß 1904: 322ff. 1905: 347ff.

617 Marett 1909a: 186–194. 1909.
618 Frazer 1963: 222ff. Preuß 1904: 322ff. 1905: 347ff. Beth 1927: 73 (u. *passim*). Lowie 1937: 103. 1952: 147ff. Nilsson 1954: 60f. Mauss 1972: 105ff., 117f., 136f. Freud 1974: 379.
619 Vgl. zu den entsprechenden katholisch-theologischen Vorstellungen Specht 2002: 139–151.
620 Tylor 1873: I, Kap. 11, II, Kap. 12–17. Vgl. Müller 1971: 315. 319. 2014: 162f.
621 Frazer 1963: XX, 233ff. Loisy 1920: 524, 538. Der Auffassung waren im übrigen auch die sowjetischen Ethnologen und Religionswissenschaftler, für die als Marxisten der Evolutionismus ohnehin kanonische Gültigkeit besaß. Vgl. z.B. Tokarev 1957: 857. Denisov 1959: 5. Belanovskaja 1967: 33. Ugrinovič 1973: 35, 44, 68ff., 89, 192.
622 Müller 2002–2004: 25f.
623 Lang 1900: 160–288. 1894: 336. Vgl. Gauld 1983: 336.
624 Schmidt 1912–55, 12 Bde.
625 Müller 2014: 154 (und die dort angeführten Einzelbelege).
626 Müller 2018: 205f.
627 Um nur *ein* Beispiel zu nennen: So ordnet der Wirtschaftswissenschaftler Albert Martin (geb. 1949) magisches Handeln in seinem 2011 erschienenen Buch *Handlungstheorie* noch wie selbstverständlich dem Oberbegriff «Abergläubische Praktiken» unter, die als solche allesamt – wenn auch mal mehr, mal weniger – «erheblich irrationalen» Maximen folgen. Martin 2011: 85–88.
628 Vgl. Martin 2011: 147.
629 Martin 2011: 141f.
630 Martin 2011: 69.
631 Karsten 1923: 12.
632 Von griech. συμπάθεια, *sympátheia*, «Mitempfinden», «Mitleiden», das heißt: Wenn *ein* Mitglied einer Gemeinschaft etwas erlitt, sei es gut- oder bösartig, betraf das immer auch alle anderen, wurden alle anderen sozusagen in «Mitleidenschaft» gezogen. Kummer wie Freude sprangen unmittelbar, quasi funkengleich über, «steckten» gewissermaßen «an». Beleidigungen eines Einzelnen griffen auf seine Familie und Verwandtschaft über. Erkrankte einer, fühlten sich *alle* ungut. Beging gar jemand ein schweres Vergehen, etwa eine Bluttat, stand nicht nur die Einigkeit, sondern potentiell die Existenz der Gruppe auf dem Spiel. «Das gute wie das böse Tun irgendeines Mitglieds» wirkte sich, wie Robert Thornton das für die Iraqw in Tansania bestätigt, «immer gleich auf die Gesamtgruppe aus.» Thornton 1980: 139.
633 Baxter 1965: 65f. Vgl. Müller 2018: 220–223.
634 Der Bräutigam verblieb üblicherweise in der Gruppe seiner väterlichen Vorfahren (Patrilokalität), so daß die Braut, da Inzest tabu war, nur exogener Herkunft sein konnte (Exogamie).
635 Vgl. Müller 2018: 68–70.
636 S. die Belege in Müller 2018: 221f.
637 Krige & Krige 1947: 19.
638 Vgl. Müller 1987: 42–45.
639 Endicott 1979: 68.
640 Vgl. Müller 2020: 45–47.
641 Seeger 1989: 203.
642 Vgl. Müller 2010: 441f.
643 Martin 2011: 211.
644 Martin 2011: 92.
645 Müller 2010: 502f.
646 Popper 1973: 36. Der promovierte Physiker und Philosoph (Schwerpunkt Erkenntnis- und Wissenschaftstheorie) Gerhard Vollmer (geb. 1943) bekannte sich nahezu gleichlautend zu derselben Auffassung: «Wir nehmen in den Dingen mehr Ordnung und Regelmäßigkeit an, als wirklich darin ist». Er verweist dabei auf die «Prägnanztendenz», ein – oder *das* – Leitkonzept in der «Gestaltpsychologie» zu Anfang des 20. Jahrhunderts (Vollmer 1981: 6). Vollmer zog dabei offenbar die Begriffe «Prägnanzprinzip», geprägt von Max Wertheimer (1880–1943), und «Gestaltdruck» (u.a. verwandt von David Katz, 1884–1953) zusammen, mit denen die Vertreter der besagten Psychologie – darunter, neben Wertheimer und Katz, insbesondere Wolfgang Köhler (1887–1967) und Kurt Koffka (1886–1941) – die Intention der Vorstellungsbildung bezeichneten, Wahrnehmungen der inneren und äußeren Erfahrung zu möglichst regelmäßigen, symmetrischen, geschlossenen und nicht zuletzt auch einfachen Figuren beziehungsweise Gestalten zu *ordnen*. Eine Reihe von Punkten, die nahezu auf einer Kreislinie liegen, werden so gesehen, als lägen sie tatsächlich auf ihr; ein Winkel von 87 oder 93

Grad erscheint als rechter, Figuren mit durchbrochener Umrißlinie wirken geschlossen – und so weiter mehr. Katz 1948: 46ff., 86f. Vgl. Koffka 1950. Köhler 1971. Petermann 1929.

647 Vgl. meine Auflistung der häufigsten transkulturellen Invarianzen in Müller 2010: 572–580.

648 Varela 1981: 14–23.

649 Vgl. Müller 2010: 568. West 2019: 108.

650 Müller 2010: 580f. West 2019: 117.

651 West 2019: 118.

652 Sydney Brenner bei West 2019: 120.

653 Dasselbe gilt auch für den umgekehrten Fall, wenn ein Außenstehender, selbst ein Verwandter, das Dorf besucht und mit irgendetwas von sensibler Bedeutung für die Menschen dort in Berührung kommt. Fiel zum Beispiel bei den Káfe im Hochland von Neuguinea der Schatten eines Schwagers – oder einer Schwägerin – auf den Topf, in dem gerade das Essen für die Familie garte, durfte keiner ihrer Angehörigen mehr von der Speise kosten: Sie war durch den «Fremdschatten» (bzw. die Vitalkraft, die er enthielt) kontaminiert; ihr Genuß hätte Übelkeit auslösen oder krankmachen können (Faithorn 1975: 138). Analog unterzog sich noch in den 80er Jahren des letzten Jahrhunderts eine mir bekannte Dame, die ihren Lebensabend in einem Seniorenheim verbrachte und gerne vom Nachtisch der Mittagstafel etwas Obst oder Kuchen für den Nachmittagskaffee mit auf ihr Zimmer nahm, lieber der Mühe, das Treppenhaus zu benutzen und mehrere Stockwerke hochzusteigen, als den Aufzug, in diesem Fall ein typischer Grenz- und Kontaktbereich, zu nehmen, da dieser vom Atem *alter und gebrechlicher* Menschen erfüllt sei, der ihren Kuchen und das Obst, wie sie der festen Überzeugung war, hätte «vergiften» können!

Personenregister

Sachregister